이한우

1961년 부산에서 태어나 고려대학교 영문과를 졸업하고 동 대학원 철학과 석사 및 한국외국어대학교 철학과 박사 과정을 수료했다. 〈뉴스위크 한국판〉과 〈문화일보〉를 거쳐 1994년부터 〈조선일보〉 기자로 일했고 2002~2003년에는 논설위원, 2014~2015년에는 문화부장을 지냈다.

2001년까지는 주로 영어권과 독일어권 철학책을 번역했고, 이후 『조선왕조실록』을 탐색하며 『이한우의 군주열전』(전 6권)을 비롯해 조선사를 조명한 책들을 쓰는 한편, 2012년부터는 『논어로 논어를 풀다』 등 동양 사상의 고전을 규명하고 번역하는 일을 동시에 진행해오고 있다.

2016년부터는 논어등반학교를 만들어 현대인의 눈높이에 맞추어 고전을 강의하고 있다. 2017년부터 2021년까지 약 5년에 걸쳐 『이한우의 태종실록』(전 19권)을 완역했으며, 그 외 대표 저서 및 역서로는 『이한우의 주역』(전 3권), 『완역 한서』(전 10권), 『이한우의 사서삼경』(전 4권), 『대학연의』(상·하) 등이 있다.

『논어』 강의 문의 논어등반학교 최인아책방(02-2088-7330)
『주역』 강의 및 『사기』 원문 강독 문의 서울숲양현재(010-7625-1503)

이한우의

태종 이방원

태종풍太宗風 탐구

이한우의

태종 이방원

태종풍太宗風 탐구

【상】

· 이한우 지음 ·

21세기북스

16년 만에 만난 태종

조선 3대 국왕 태종 이방원(李芳遠)이라는 인물을 가능한 한 깊이 파고든 종합적 탐구(探究)를 내놓는다. 그의 일생을 날줄[經]로 삼고 그가 탐독하고 체득해 삶과 정치를 풀어내는 지침으로 삼았던 고전들을 씨줄[緯]로 삼아 태종이라는 거인의 삶을 교직(交織)해보았다.

필자가 『태종, 조선의 길을 열다』(해냄)를 낸 것은 2005년이다. 그사이 16년이라는 시간을 돌이켜보니 어떻게든 태종 속으로 좀 더 나아가려는 고투(苦鬪)의 시간이었다. 이런 말을 하는 이유는, 정작 그 책을 마쳤을 때는 뭔가 태종 속으로 깊이 들어가지 못한 채 겉만 맴돈 듯한 아쉬움이 컸기 때문이다. 그 후 공부 방향도 많이 바뀌었다. 태종이 읽고 영향받은 책들을 직접 읽고 보다 깊이 이해함으로써 태종을 안에서부터 제대로 복원하려고 노력했다. 대표적인 책이 『논어』·『주역』·『한서』다. 우연인지 필자는 이 세 책에 대한 해설서·번역서를 직접 냈고 2016년부터 최근까지 5년 반의 시간 동안에 『이한우의 태종실록』을 완역했다. 이번 실록 번역은 기존 번역과 달리 충분한 주석(註釋) 작업을 했다. 이런 과정이 있었기에 이 책도 탄생할 수 있었다.

그 결과 16년 전 만난 태종 모습과 지금의 태종 모습은 많이 달라졌다. 16년 전 필자가 그려냈던 태종은 '호모 폴리티쿠스(Homo politicus)', 즉 타고난 정치적 인간이었다. 우선 그때의 '들어가는 말' 일부다.

호모 폴리티쿠스(Homo politicus), 인간은 본성상 정치적이라는 의미를 갖고 있는 이 말은 서양에서는 사상가 마키아벨리와 연결되지만, 이 땅에서는 현실정치인 태종과 불가분의 관계를 가질 수밖에 없다. 조선 500년을 통치한 27명의 국왕 중에서 흔히 이방원으로 불리는 태종만큼 호모 폴리티쿠스 이상에 충실했던 임금을 찾기란 불가능하다.

당연히 그의 삶 전체, 혹은 삶 자체는 권력 투쟁으로 이뤄져 있었다고 해도 과언이 아니다. 크게는 고려라는 나라가 무너지고 조선이라는 새 나라가 세워지는, 오천 년 한반도 역사에서 몇 차례 없었던 왕조교체라는 거대한 권력 투쟁의 한복판에 그가 있었다. 또 새로운 나라 조선의 기본 골격을 둘러싸고 임금과 신하가 함께 통치하는 군신공치(君臣共治)의 이상을 앞세웠던 정도전 세력과의 피비린내 나는 싸움에서 승리하고 왕권 중심의 나라를 틀 잡은 것도 그다.

무자비와 잔혹, 태종에 대해 부정적인 시각을 가진 사람들은 이 두

단어로 태종의 성품을 나타내기도 한다. 그러나 실록을 통해 확인한 그는 결코 무자비하거나 잔혹, 잔인한 성품의 소유자가 아니었다. 냉정 혹은 냉철이라고 해야 한다. 그는 열정과 냉정을 골고루 가진 인물이다. 앞으로 보게 되겠지만 그는 무조건 사람을 죽이는 스타일이 아니다. 1차 왕자의 난 때 세자 방석과 방번을 죽인 것은 그의 의지와 무관했다. 심지어 자신을 향해 2차 왕자의 난을 일으킨 방간을 끝까지 죽이지 않고 보호했다. 사실 그의 손으로 형제를 직접 죽인 경우는 전혀 없다. 그런데 역사는 방간이 했던 행위까지 방원의 몫으로 덮어씌워 비난해왔다.

막스 베버가 '위대한 혁명적 힘'이라고 부른 카리스마(Charisma)는 "한 개인이 가진 자질로서, 이 때문에 그는 초자연적, 초인간적 혹은 적어도 특수하게 예외적인 권력이나 자격을 지닌 비범한 존재로 취급된다." 간단히 이야기하면 삶과 죽음의 경계를 넘나든 인물이라야 카리스마를 가질 수 있다. 그것도 개인적인 이익이 아니라 공적인 대의(大義)를 위해. 우리가 이승만·박정희·김대중 대통령은 카리스마를 인정하면서도 전두환 대통령의 경우 사선을 넘나들긴 했지만, 그가 내건 대의에 많은 사람이 동의하지 못하기 때문에 그의 카리스마는 인정하지 않는 것인지 모른다.

이런 점에서 태종은 이승만·박정희·김대중 세 사람의 카리스마를 모두 합친 것 이상의 카리스마를 가졌다고 할 수 있다. 우선 적어도 3차례 목숨을 건 결단을 내렸고, 모두 자신의 승리로 끝났다. 국가 설계 차원에서도 누구도 따라갈 수 없는 안목과 비전으로 나라의 기반과 골격을 튼튼히 했다. 그의 나라 사랑과 백성 사랑은 세종대왕을 제외한다면 어느 국왕도 따라가기 힘들다.

물론 그렇다고 해서 600년 전의 그를 오늘날의 리더십의 표상으로 불러내는 일은 시대착오다. 그러나 적어도 그로부터 난세(亂世)를 치세(治世)로 바꾸어놓은 지혜는 배워야 한다. 그 핵심은 나라의 장래에 대한 원대한 구상과 그것을 관철하기 위한 확고한 결의와 추진력이다. 멸사봉공(滅私奉公)과 성심집중(誠心執中), 태종이 사람을 대하고 일을 만들어가는 태도는 이 여덟 자에 고스란히 담겨 있다.

그때와 지금의 필자는 다르다. 그때는 태종이 수련한 학문 내용을 제대로 알지 못했고, 태종의 깊은 심사(深思) 즉 그의 정신세계(精神世界)를 명료하게 이해하지 못했다. 한 예로, 태종이 2차 왕자의 난 때 맞섰던 형 이방간(李芳幹)을 끝내 살려준 진짜 까닭이다. 피상적으로는 그가 방간을 끝까지 살려준 이유를 그냥 형제애(兄弟愛)로 설명할 수 있다. 그러나 그의 정신세계를 파고들어 냉철하게 살펴보면 '왕권 강화 차원에서의 왕실 사람 보호'가 더 결정적인 이유였다. 왕실의 존엄을 높이는 일은 곧바로 왕권 강화를 위한 기반이었다. 이것이 이번에 다시 만난 태종의 한 면모다.

이렇게 되면 왜 태종이 이거이(李居易)·이저(李佇) 부자를 정치적으로 제거하되 또 끝까지 목숨은 보전시켰는지를 훨씬 쉽게 이해할 수 있다. 이거이 부자는 세자를 제외한 나머지 왕자들을 제거해야 한다는 의견을 처음으로 낸 사람들이다. 그에 앞서 이들 부자는 1차 왕자의 난 당시 세자 방석과 방번을 죽인 장본인들이기도 하다. 그래서 처벌을 받았지만, 동시에 왕실 사위 집안이었기에 '범(凡) 왕실'로 간주되어 목숨은 건질 수 있었다.

반면 민무구(閔無咎)·무질(無疾)을 비롯한 처남 민씨 4형제는 세자를 제외한 나머지 왕자들에 대해 이거이 부자와 비슷한 의견을 냈지만 결국 모두 비명횡사(非命橫死)했다. 사위 집안과 처가를 태종은 전혀 다르게 인식했다. 사위 집안은 친족 범위에 들지만, 공신을 겸한 세력가 집안인 외척(外戚) '민씨 집안'은 태종으로서는 너무도 강력한 왕실 위협 세력일 뿐이었다. 이는 태종 개인의 생각이 아니라 동양 군주제(君主制) 국가에서는 끊임없이 반복될 수밖에 없는 역사의 한 패턴(Pattern)이었다.

군주제하에서 군왕 권력을 잠재적으로 제약할 세력은 외척·공신·환관·조정 내 권간(權奸) 등이다. 조선 역사에서 환관은 중국과 달리 정치에서 아무런 힘을 발휘하지 못했다. 그러나 공신은 그 정변 성격에 따라 누릴 수 있는 파워가 크게 달랐다. 조선의 개국과 4차례 정변의 과정을 보면, 개국 때는 정도전·남은을 비롯한 권간이 힘을 장악했다. 이는 1차 왕자의 난이 일어나게 된 주요한 배경이기도 하다. 반면 4차례 정변은 누가 주도했느냐에 따라 정확히 비례해 임금과 신하가 권력을 나누었다.

태종은 전적으로 자신이 정변을 주도했기에 태종과 공신들 간에 팽팽한 긴장이 감돌곤 했어도 결국 공(公)과 사(私)의 논리에 입각해 공신을 공이 아닌 사로 간주하면서 다시 한번 자신을 위한 사직신하[社稷臣]가 될 것을 요구했다. 이를 위해 태종 자신부터 매사 공(公)에 입각해 말하고 행동했다. 이를 미처 이해하지 못하거나 의도적으로 거스를 경우 태종은 냉정하게 그리고 무자비하게 제거했다. 민씨 형제들이 당한 참화도 그런 경우 중 하나다.

세조와 공신들은 서로 거래를 하면서 공존했다. 그것은 정변 당시의 역할이 반반이었기 때문이다.

인조와 공신들 역학 관계는 인조보다는 공신 쪽으로 기울었다. 인조반정 당시 인조 역할이 그다지 크지 못했기 때문이다.

끝으로 군주 힘이 가장 미약했던 임금은 중종이다. 중종반정 당시 연산군을 내쫓는 과정에서 중종의 역할은 '0'이었다. 중종은 20년이 지나 공신들이 다 죽고 나서야 겨우 자기 정치를 할 수 있었지만 이렇다 할 치적을 보여주지는 못했다. 오히려 김안로(金安老)의 등장에서 보듯 권간(權奸) 시대를 열어놓았다.

외척은 태종과 세종 시대를 지나고 얼마 안 가서 큰 세력을 형성하게 된다. 세조비 정희왕후(貞熹王后) 윤씨(尹氏)와 문정왕후(文定王后) 윤씨가 대표적이다. 가장 심각했던 사례는 흔히 '르네상스' 운운하는 정조 때다. 정조가 아들 순조의 왕비 집안을 안동 김씨로 결정하면서부터 조선은 망하는 그날까지 '외척 나라'로 전락했다. 태종이 개국 초기부터 한사코 막으려 했던 바로 그런 외척 나라가 되면서 나라는 썩어 문드러지고 백성은 말 그대로 도탄(塗炭)에 빠졌다.

왕권은 저절로 강화되지 않는다. 신하들과의 치열한 권력 투쟁 결과물일 수밖에 없다. 이 점에서 태종은 한순간도 방심하지 않았다. 싸우고 또 싸우고, 한순간의 방심도 허락하지 않는 것이 신하들과의 권력 투쟁이다.

신하들이란 어떻게든 왕의 마음을 잡아 쥐려 온갖 노력하지만, 권력에서 소외되면 붕당(朋黨)을 지어 맞서기도 하고 반당(叛黨)을 이뤄 역모를 꾸미기도 한다. 왕은 이런 징후를 찾아내고 경계하고 처벌하지 않으면 안 된다. 이런 문제를 등한시하다가 연산군 꼴이 났고 광해군 꼴이 났다. 권력은 현실이다. 그러나 우리의 경우 권력의 역사를 도덕의 잣대로 재려 한다.

　이번 작업은 지난 작업에 결여되었던 태종의 내면을 채우는 데 집중했다. 그렇다고 그의 정신세계에 대한 철학적·인문학적 탐구에 전념했다는 말은 아니다. 그의 말을 이해하려 했고, 그의 일을 이해하려 했다. 그래서 그가 말하는 방식과 일하는 방식에 초점을 맞췄다. 말과 일[言行]로 구현된 그의 정신세계를 통합적으로 보려 했다. 역사적 의미가 큰 사건보다는 그의 말과 일[言行]을 잘 드러낼 수 있는 사건에 좀 더 집중했다. 그 점에서 이 작업은 분명히 말하지만, 역사학자들 작업과는 거리가 멀고, 오히려 리더십 탐구나 인문학적 인물 탐구에 좀 더 가깝다.

　태종을 향해 가는 길은 쉽지 않았다. 무엇보다 정치에 대한 도덕주의가 횡행하는 우리 사회 위선적 지적 풍토 때문이다. 역사학계가 찌들어 있는 방법론적 무지와 주자학적 사고방식은 태종을 향해 나아가는 길을 가로막았다. 이 점에서 필자는 16년 전에 비해 많은 진전을 이뤄냈다. 그때도 초보적이나마 문제의식은 있었다. 16년 전 들어가는 말 일부다.

　우리나라 역사학자들의 상당수는 왕권과 신권이 대립하면 무조건 신권을 거들어야 '민주적인' 학문을 한다는 편견이 있는 듯하다. 또 그것이 근대의 학문하는 태도인 양 생각하는 것 같다. 그러나 조선의 역사는 조선의 틀로 봐야 한다. 조선의 역사를 왕권과 신권의 대립 관계로 보면서 신권을 중시하는 국왕은 선(善), 신권을 무시하는 국왕은 악(惡)이라는 단순도식은 곤란하다. 이런 접근법은 일과 성취에 대해 눈을 감게 된다는 취약점을 갖고 있다.

실제로 개개의 역사학도들을 만나서 이야기를 나누다 보면 우리 역사학계가 하나의 패러다임처럼 갖고 있는 '신권중심주의'에 대해 비판적인 의견을 토로한다. 그러나 막상 그런 사람들도 역사 분야의 논문을 쓰고 책을 쓸 때는 '학계 공인'이라는 무언(無言)의 사고 틀 (Frame of thinking)에서 한 걸음도 벗어나지 못하는 것을 보게 된다. 당파성(黨派性)의 문제가 대표적인 경우다. 당파성은 굳이 일제의 식민사학이 아니어도 조선 초부터 늘 경계의 대상이었다. 태종이나 세종 때 이렇다 할 당파가 생겨나지 않은 것도 왕권이 안정되어 있었기 때문이다. 오히려 당파는 왕권이 거의 붕괴되고 공리공담(空理空談)을 일삼는 사림파(士林派)가 권력을 잡으면서 생겨난 폐해다. 그것을 여론정치니 민주정치니 하며 호도하는 논리를 보고 있노라면 실소(失笑)가 나올 정도다. 당파의 가장 큰 폐해는 일 중심의 사고에서 벗어난다는 데 있다. 조선 중기 이후 조선 사회가 온갖 학설의 횡행에도 불구하고 이렇다 할 사회발전을 이룩하지 못한 것이 이를 입증해준다. 오히려 중인 이하 민중에게서 자연 발생적으로 생겨난 발전적인 경향들을 억누른 것도 바로 이 당파에 매몰되어 있던 관료계급들이다.

그런데도 실상과 한참 벗어난 채로 맘껏 사색당파를 '정당 정치의 뿌리' 운운하며 정당화할 수 있는 것은, 조선 역사의 모든 부정적인 면을 식민사학의 유산으로 매도하고 신권중심주의로 '재해석'해온 학계의 그릇된 풍토와 무관치 않다. 필자가 몇 년 전에 청년기의 세종에 대한 전기의 제목을 '세종, 그가 바로 조선이다'로 정한 것도 조선 역사는 조선 내부의 척도에 따라 봐야 한다는 나름의 문제의식이 반영된 결과였다.

신권중심주의는 무엇보다 비현실적이다. 조선은 왕조 국가다. 기본적으로 전근대적인 국가다. 전(前)근대란 일단 백성 개개인의 인권이라는 개념조차 없다는 뜻이다. 전근대 국가의 역사를 살피면서 근대의 잣대를 들이대는 것은 역사에 대한 무지이자 늦게 태어난 이의 오만일 수밖에 없다. 우리 사회에 이런 무지와 오만이 강한 이유는 정상적인 근대화의 실패와 식민지 경험에서 나오는 강한 콤플렉스와 연결지어 설명할 수 있을 것이다.

누가 국립중앙박물관을 찾아 고려청자를 보면서 "귀족 놈들이 민중의 고혈을 짜내 만든 것"이라며 그것의 미적 가치까지 부정한다면 우리는 그런 사람을 어떻게 바로 보겠는가? 그런데도 조선 역사 전체에 대해 이런 시각이 지배하는 지금의 현실에 대해 우리는 아무 말도 하지 못하고 있다.

신권중심주의는 역사에 대한 오해, 나아가 왜곡을 부르는 시발점이다. 예를 들어 500년 고려를 붕괴시키고 그 후 500년을 이어가게 될 조선을 세운 태조 이성계에 대한 이렇다 할 전기 하나조차 없는 것이 우리 역사학계다. 반면 정도전에 관한 연구는 비교적 활발하다. 정도전 연구가 문제가 아니라 이성계 연구가 없다는 것이 문제다. 물론 학계 내부의 단편적인 연구들이야 축적되었겠지만, 그런 성과들은 일반인들이 공유할 때 의미가 있다. 태종에 관한 전기도 물론 없다. 여러 가지 이유가 있겠지만 기본적으로는 우리 역사학자들이 유전인자처럼 몸속에 갖고 있는 신권중심주의와 무관치 않아 보인다. 이런 편견의 최대 희생자가 바로 정도전과 정면대결을 펼쳤던 태종 이방원이었다.

큰 방향은 지금도 그때와 크게 다를 바 없다. 다만 그 후 알게 된 공자(孔子)와 주희(朱熹)의 정치관의 근본적인 차이, 즉 성리학(性理學)이나 주자학(朱子學)에 담긴 철저한 반(反)왕권 사상 등을 통해 그렇다면 과연 태종은 이런 사상적 문제를 어떻게 소화했는가에 깊은 관심을 쏟지 않을 수 없었다.

지금 와서 보니 태종과 정도전 대결은 공자의 왕권중심주의 사상을 철저하게 소화한 태종과 주희의 신권중심주의 사상을 어설프게 정리한 정도전의 대결이었다. '어설프게'라는 것은 정도전의 사상적 결핍을 지적하는 것이 아니라 그 당시에는 아직 주자학이 정교한 신권이론이라는 사실이 조선에 덜 알려져 있었다는 사실을 말할 뿐이다. 그런 단계에서 정도전이 군신공치(君臣共治)를 들고 나왔던 것은 오히려 그가 주자학에 담긴 정치적 함의를 선취(先取)한 것이라고 볼 수 있다.

실제로 신하 중심의 주자학적 나라를 명시적으로 내건 조선 최초 인물은 100년이 지나서 나온 조광조(趙光祖, 1482~1519년)다. 중종 때 그가 주창한 개혁이란 다름 아닌 조선을 주자학적으로 개조하는 일이었다. 이를 급진적으로 계승한 이가 이이(李珥, 1536~1584년)라고 알려져 있지만, 실은 송익필(宋翼弼, 1534~1599년)이다. 반면 조광조를 온건하게 계승한 이는 이황(李滉, 1501~1570년)이다. 송익필 계열은 서인(西人), 이황 계열은 남인(南人)이 되어 300년 가까운 사상투쟁을 벌였다.

특히 송익필의 예학(禮學)은 조선 중기 이후로 두고두고 역사에 깊은 영향을 미쳤다. 예송(禮訟)논쟁은 빙산의 일각일 뿐이었다. 송익필은 주자학과 『논어』를 파고들어 예학을 정치화하고 직

(直) 사상을 정립했다. 그것은 흔히 이이(李珥)의 성(誠) 사상, 이황의 경(敬) 사상과 대비되기도 한다.

송익필의 수제자 김장생(金長生, 1548~1631년)은 '예학의 정치화'를 이어받아 인조반정(仁祖反正)을 추진, 완성하는 주력 인물들을 길러냈다. 그들은 효(孝)를 내세워 충(忠)을 뒤집고, 사(私)의 논리로 공(公)의 논리를 뒤집었다. 광해군은 인목대비(仁穆大妃)에게 불효를 저질렀으니 임금 자리에 있을 자격이 없다는 서인의 주장이 그것이다. 광해군 폐출에 대한 정치적 평가와는 별개로 우리가 뚫어봐야 하는 것은 바로 이 지점이다. 이에 비해 태종은 종묘사직에 대한 충(忠)을 위해 아버지에 대한 효(孝)를 저버렸다. 그것이 바로 공과 사의 문제라 할 수 있다. 태종은 사를 버리고 공으로 나아가는 삶을 살았다. 반면 인조반정은 공을 버리고 사로 나아간 거사다.

김장생의 수제자 송시열(宋時烈, 1607~1689년)은 송익필의 직(直) 사상을 이어받았다. 숙종 15년(1689년) 6월 3일, 송시열은 죽음을 앞두고 제자 권상하(權尙夏, 1641~1721년)의 손을 붙잡고 당부했다.

천지가 만물을 낳아주는 이치와 성인(聖人-빼어난 이)이 만사에 대응하는 방법은 곧음[直]일 뿐이다. 공자와 맹자 이래로 서로 전하는 것은 오직 하나 직(直)자인데, 주부자(朱夫子-주희)께서 제자들에게 부탁한 것도 이것에서 벗어나지 않는다.

이 말에 딱히 새로운 것은 없다. 그저 송익필의 말을 반복했을 뿐이다. 다만 흥미롭게도 태종 역시 사람을 판별할 때 이 곧음[直]의 개념을 가장 중요하게 생각했다. 태종이나 송익필 모두 그 개념을 『논어』「안연(顏淵)」편에서 가져왔다. 제(齊)나라 경공(景公)이 정치란 무엇인가 하고 묻자 공자가 답했다.

> 임금은 임금답고 신하는 신하답고 부모는 부모답고 자식은 자식다워야 한다[君君臣臣父父子子].

필자는 오랜 『논어』 공부를 통해 이 말이 평범한 말이 아님을 알게 되었다. 이 말에서의 강조점은 부부자자(父父子子)가 아니라 군군신신(君君臣臣)이다. 그것은 공(公)의 영역이다. 다만, 부부자자(父父子子)에 기반을 둘 때라야 군군신신(君君臣臣)도 가능하다는 것이 공자의 생각이다. 공자는 결코 부부자자가 안 된다고 해서 군군신신을 무너트려야 한다고 말하지는 않았다. 그런데 바로 그런 지점으로 나아간 자들이 있었으니, 바로 주회이고 송익필이며 김장생이고 송시열이다. 결국 그들은 신하들이 판결권을 쥐고서 임금을 얼마든지 바꿀 수도 있다는 쪽으로 나아갔다.

태종은 공자의 원래 뜻에 가깝다. 부부자자가 중요하지만, 군군신신이 훨씬 중요하다고 보았다. 그것이 공이다. 그는 종묘사직을 위해서라면 아버지, 아내와 처남들, 장남 같은 혈친과의 대립과 충돌과 갈등도 꺼리지 않았고, 신하들 가운데 1등 공신들과의 대립도 꺼리지 않았다. 태종의 가장 심층적인 정신세계를 이해하는 키워드로 필자가 지공(至公)을 꼽은 것도 이 때문이다.

이런 이해 아래 태종은 『논어』에 담겨 있는 '사람 보는 법

'[知人之鑑=觀人之法]'으로서의 직(直), 즉 곧음이라는 개념에 주목
해 이를 체화했다. 이 점은 책 곳곳에서 보게 될 것이다. 태종은 서
인(西人) 송익필이나 송시열처럼 직(直)을 허무맹랑한 사상 차원으
로 끌어올리지 않았다. 현실정치 속에서 사람을 알아보는 잣대로
삼았을 뿐이다.

2가지 밝혀둘 사항이 있다. 먼저 종횡(縱橫)으로 태종을 그
려내다 보니 불가피하게 몇몇 대목에서 중복되는 느낌을 받을 수
있다. 그러나 같은 사안이라도 종으로 오르내리고 횡으로 가로지
르는 접근방법에서 생겨난 것으로, 다소 불가피했음을 이 자리에
서 밝혀둔다.

다음으로 한자 노출 방식이다. 필자는 최대한 우리말로 써야
한다고 본다. 그러나 이 책은 한문 교양을 갖춘 한 임금의 정신세
계를 다룬 책이다. 독자들에게 간접적으로라도 한문이 가진 맛을
조금이라도 느끼게 하고 싶었다. 그래서 어떤 경우에는 '말을 달다
[繫辭]'라고 풀다가도 '계사(繫辭)하다'라고 표현하기도 했다. 다소
불편하더라도 이 점을 이해해준다면 알게 모르게 한문 교양을 갖
추게 되어 태종의 정신세계와 좀 더 가까워지리라 생각한다.

감사 인사를 전하기에 앞서 필자가 이런 고전 번역과 저술 작
업을 하는 이유를 이 기회에 분명하게 밝히고자 한다.

다음 세대를 염두에 두면서 이런 작업을 하고 있다. 필자가 젊
은 시절에는 리더십에 관한 제대로 된 책이 없었고 그것을 제대로
가르쳐주는 사람도 없었다. 기껏해야 마키아벨리의 『군주론』이 전
부였다. 그러다 우연히 실록을 접하고 동양고전을 파고들면서 그것

들이 모두 리더십에 관한 것임을 깨달았고, 그래서 이 같은 깨달음을 체계적으로 정리하고 싶었다. 그것이 20년 이상 동양고전 작업을 하게 만든 가장 큰 동기다.

특히 이번 태종 저술 작업은 각별한 의미를 갖는다. 태종이 임금에 올랐을 때의 나이는 34세였다. 그럼에도 그는 모든 준비를 거의 갖추고 있었다. 우리는 리더를 기르는 문제에 대해 근본적인 인식 전환을 이뤄야 한다. 제대로 길러내기만 한다면 얼마든지 30대 인재들도 사회지도자로 활동할 수 있다. 관건은 그런 교육을 해낼 수 있는 양성 시스템일 뿐이라고 생각된다.

수많은 개별 사건을 해석함에 있어 필자는 16년 전과 많이 달라졌다. 여기에는 당연히 그 기간 동안 파고든 경전(經傳) 공부와 반고의 『한서』 같은 여러 중국 역사서의 번역 등이 큰 영향을 미쳤다. 또한 최근 완성한 『이한우의 태종실록』(18권)과 『이한우의 태종실록 별책: 태조·정종·세종실록에서 찾은 태종 이방원』(1권) 번역이 결정적이었음은 물론이다.

이번 작업에는 수많은 인물이 등장한다. 인물 정보는 우리나라 사람의 경우 『한국민족문화백과』, 중국 사람의 경우 『중국역대인명사전』의 도움을 받았음을 밝혀둔다. 이를 바탕으로 문맥상 꼭 필요한 정보들만 추려서 실었다.

더불어 『이한우의 태종실록』(18권)과 『이한우의 태종실록 별책: 태조·정종·세종실록에서 찾은 태종 이방원』은 선배 번역자들의 큰 노고가 있었기에 5년이라는 짧은 기간에 완성할 수 있었음을 밝히며 다시 한번 그분들께 깊은 감사를 올린다.

도움 주신 분들에게 감사할 차례다. 먼저 21세기북스 김영곤 대표의 큰 결단이 있어 실록 번역서 및 이번 책이 세상에 나올 수 있었다. 깊이 감사드린다. 당연히 편집자 여러분께도 감사한 마음 전한다.

고 김충렬 선생님의 맹렬한 동양사상 탐구와 이기상 선생님의 철저한 하이데거 탐구가 없었다면 필자의 이 작업은 애당초 불가능했을 것이다. 두 분께 진심 어린 감사의 마음을 전한다.

이 책의 기획부터 집필까지 많은 조언을 아끼지 않은 '서울숲 양현재' 권혜진 대표에게 특별히 감사한다. 더불어 그곳에서 지금도 함께 공부하는 즐거움을 누리고 있는 논어등반학교 대원 여러분께도 고마움을 전한다.

하늘에 계신 아버님과 장인어른, 두 어머니께도 감사드린다. 끝으로 늘 내 글쓰기의 든든한 응원자이자 영원한 원동력인 아내 김동화와 아들 이상훈에게 깊은 감사를 표한다.

2022년 2월 상도동 보심서실(普心書室)에서
탄주(灘舟) 이한우(李翰雨) 삼가 쓰다

‖ 차례 ‖

들어가는 말

1 ___

육가, "말 위에서 (천하를) 얻었다고 해서 어찌 말 위에서 다스릴 수 있겠습니까?"

육가(陸賈, 기원전 240~170년)[1]가 수시로 고제(高帝)[2] 앞에서 『시경』
과 『서경』을 높이 평가하며 강술하려 하자 고제가 욕하며 말했다.

"내가 말 위에서 (천하를) 얻었지 어찌 『시경』과 『서경』이 도움을 주
었겠는가?"

가가 말했다.

"말 위에서 (천하를) 얻었다고 해서 어찌 말 위에서 다스릴 수 있겠습
니까[居馬上得之 寧可以馬上治之]? 그래서 (은나라를 세운) 탕왕(湯王)
거 마상 득지 영 가이 마상 치지

---

1 초(楚)나라 사람으로 유방을 좇아 천하통일에 크게 공헌했다. 사신으로 남월(南越)에
  가서 남월왕 조타(趙佗)로 하여금 칭신(稱臣)하도록 했다. 돌아와 태중대부(太中大夫)
  에 임명되었다.
2 일개 평민으로서 불과 5년 만에 초나라 항우(項羽)를 꺾고 한나라를 세운 유방(劉邦)
  이다. 고조(高祖)라고도 한다.

과 (주나라를 세운) 무왕(武王)은 도리를 거슬러 천하를 차지했지만 [逆取] 도리에 순응해 나라를 지켰습니다. 문무(文武)를 함께 쓰는 것이야말로 장구한 계책입니다. 옛날에 오왕 부차(夫差)[3]와 진(晉)나라 지백(智伯)[4]은 무력을 지나치게 사용해 멸망했으며, 진(秦)은 형법만 쓰고 이를 바꾸지 않아 결국 조씨(趙氏-환관 조고(趙高))가 멸망시켰습니다. 예전에 만일 진나라 시황제가 천하를 얻고 나서 어짊과 마땅함[仁義]을 닦으며 옛 성인(聖人-빼어난 이)이나 성군(聖君-빼어난 임금)들을 본받았다면 (진나라는 망하지 않았을 터이니) 폐하께서 어찌 천하를 얻어 소유하실 수 있었겠습니까?"

이에 고제는 못마땅했지만 부끄러워하는 모습을 보이면서 가에게 말했다.

"그대는 나를 위해 진나라가 천하를 잃게 된 까닭, 내가 그로부터 얻어야 할 교훈, 옛날 왕조들의 성공과 실패 등에 관해 책을 짓도록 하라."

가는 모두 12편을 썼다. 매번 한 편씩 올릴 때마다 고제는 "처음 듣는 말[新語]"이라며 칭찬을 아끼지 않았고 좌우 신하들이 모두 만세를 불렀으니, 책의 이름을 『신어(新語)』[5]라고 한다.

---

3 춘추시대 말기 오(吳)나라 왕이다. 아버지가 월왕 구천에게 패해 죽자 월나라에 복수했다. 책사 오자서가 구천을 죽여야 한다고 진언했으나 듣지 않아 결국 월나라의 공격으로 오나라는 망했다.

4 전국시대 진나라 사람으로 지양자(智襄子)라고도 부른다. 진나라 말기 유력 씨족들이 분열해서 서로 다투게 됐을 때 자체 세력을 형성해 조양자(趙襄子)를 공격했지만 멸망했다.

5 『신어』는 지금까지도 전해져오고 있는데 도기(道基)·술사(術事)·보정(補政)·무위(無爲)·변혹(辨惑)·신미(愼微)·자질(資質)·지덕(至德)·회려(懷慮)·본행(本行)·명성(明誠)·사무(思務) 12편으로 이뤄져 있다.

이상은 반고(班固, 32~92년)[6]의 『한서』 「육가전(陸賈傳)」에 나오는 이야기다. 천하를 얻음과 천하를 다스림은 전혀 다른 일이다. 태조 이성계의 경우 말 위에서 천하를 얻었지만 다스리는 능력이 약해 조준(趙浚)과 정도전(鄭道傳)에게 스스로 국정을 일임했다. 물론 그 같은 위임 역시 제대로 할 경우 다스림의 한 방법이긴 하다.

이방원은 고려 재상 정몽주를 살해하는 그릇된 도리[逆道]로 나라를 세웠고 1·2차 왕자의 난으로 아버지 태조 이성계를 몰아내고 왕위에 올랐다[逆取]. 이 점은 부인할 수 없는 명백한 사실이다. 이렇게 태종은 3차례나 도리를 거슬러 마침내 나라를 차지했지만, 그가 더 뛰어난 능력을 보여준 것은 다스림 영역에서였다. 육가가 말한 "어짊과 마땅함[仁義]을 닦으며 옛 성인(聖人-빼어난 이)이나 성군(聖君-빼어난 임금)들을 본받았다면"이란 대목이 바로 태종이 지향했던 다스림이었다. 젊어서부터 이미 『한서』를 머릿속에 넣어 체화하고 있던 태종은 즉위 초 당연히 육가의 이 말을 떠올렸을 것이다.

필자는 이 지점에 주목하고자 한다. 시시각각 다가오는 내외의 각종 도전을 그가 어떻게 이해하고 응전(應戰)을 준비하고 실천해서 마침내 조선이라는 나라를 반석 위에 올려 아들 세종에게 물

---

6   박학능문(博學能文)해 아버지 유지를 이어 고향에서 『사기후전(史記後傳)』과 『한서』 편찬에 종사했다. 영평(永平) 5년(62년)에 사사롭게 국사(國史)를 개작한다는 중상모략으로 투옥되었다가 반초가 글을 올려 적극 변호해서 명제(明帝)로부터 용서를 받고 석방되었다. 20여 년이 걸려 『한서』를 완성했다. 명제가 그의 학문을 중시해 난대 영사(蘭臺令史)에 임명했다.

려줄 수 있었는가 하는 점이다. 이를 위해서는 먼저 그가 어떤 정신적 훈련을 받고서 자기 구상을 단계적으로 실천에 옮겼는지를 추적하는 것이 필수적이다.

2 ——

문명의 단절과 해석의 심연을 넘어: 중(中)과 정(正)

지금 이곳에 서서 태종을 향해 나아가려면 우리는 조선에서 식민지를 거쳐 대한민국으로 오는 과정을 거슬러 올라가야 한다. 그것은 문명의 단절을 잇는 작업이자 언어적 대전환을 이뤄내야 하는 일이다. 이를 위해서는 먼저 한문을 익히고 한문적 사고방식을 익혀야 한다. 그러고 나면 해석의 심연이 우리를 기다리고 있다. 조선 중후기를 지배한 주자학적 사고방식이 그것이다. 예를 들어, 숙종을 향해 나아가려면 문명의 단절만 이으면 되지만 주자학적 사고방식이 아직 자리 잡지 않았던 시기를 살았던 태종을 만나려면 주자학적 사고방식을 넘어서지 않고서는 불가능하다.

오늘날 역사학계나 동양 철학계는 여전히 주자학적 사고방식에 음으로 양으로 깊이 물들어 있다. 그러다 보니 자신들이 가진 사고방식이 주자학적 사고방식의 노예라는 사실조차 깨닫지 못하는 경우도 많다. 여기에 머물러 태종을 바라보게 되면 그는 한갓 도덕주의적 비판의 대상 이외에 아무것도 아니다. 지금도 만연되어 있는 '잔혹', '무자비' 등의 인상비평이 그것이다. 태종은 그 심연 너머에 있다. 주자학의 본질과 주자학적 사고방식을 꿰뚫어 그것을 넘어설 때라야 태종이 살아낸 본래 모습이 오롯이 드러난다. 이것이 바로 해석의 심연을 넘는 일이다. 그 둘을 한꺼번에 해결하는 방법이 있다. 중(中)과 정(正)의 개념을 정확히 이해한 다음 그 둘의 차이를 명확하게 인식하는 일이다.

자, 문명의 단절을 잇고 해석의 심연을 넘어보자.

그 첫걸음은 공자(孔子)다. 공자에 대해 우리가 가진 오해는 너무도 깊다. 공자는 지독한 현실주의자임에도 학계에서는 그를 이상론자에다가 허공에 붕 떠 있는 관념론자 정도로 여긴다. 특히 도덕주의자로 낙인찍어 시대와 동떨어진 고지식한 심신(心身) 수양론자 정도로 간주하기도 한다. 잘못된 견해다. "공자 왈 맹자 왈"이라는 비아냥거림이 대표적인 사례. 이는 뻔한 소리만 해댄다는 뜻이다.

그러나 『논어』나 『주역』에 나오는 공자 육성을 되살려 들어보면 이런 오해나 선입견과는 전혀 다른 면모가 보인다. 대표적인 사례가 제(齊)나라 명재상 관중(管仲, ?~기원전 645년)[7]에 대해 공자가

---

7 이름은 이오(夷吾)다. 포숙아(鮑叔牙)와 깊은 우정을 나눈 관포지교(管鮑之交)가 유명하다. 처음에 공자 규(公子糾)를 섬겨 노(魯)나라로 달아났다. 제 양공(齊襄公)이 피살당하자 공자 규와 공자 소백(公子小伯-훗날의 환공(桓公))이 자리를 두고 다투었는데, 패해 공자 규는 살해당하고 자신은 투옥되었다. 그때 포숙아가 소백 편에 서 있었는데, 그가 추천하자 환공이 지난날 원한을 잊고 발탁했다. 노 장공(魯莊公) 9년 경(卿)에 오르고 높여 중보(仲父-큰아버지)라 불렸다. 제도를 개혁하고 국토를 효율적으로

보여준 인식이다. 『논어』 「헌문(憲問)」편에 나오는 두 사례를 보자. 먼저 성품이 우직하고 단순한 제자 자로(子路)와 공자 간 대화다.

> 자로가 말했다. "환공이 공자 규를 죽이자 소홀(召忽)[8]은 죽었고 관중은 죽지 않았으니, 관중은 어질지 못합니다[不仁].
> _{불인}"
> 공자가 말했다. "환공이 제후들을 규합함에 있어 무력을 사용하지 않은 것은 관중이 힘쓴 덕분이었으니, 누가 그의 어짊[仁]만 하겠는
> _인
> 가? 누가 그의 어짊만 하겠는가?"

공자가 두 번 말을 반복하는 것은 강조하는 의미다. 주희는 『춘추좌씨전』을 근거로 이 사건의 역사적 배경을 소개했다.

> 제나라 양공이 도리를 잃자 포숙아가 공자 소백을 받들어 거(莒)나라로 망명했는데, (뒤에) 노(魯)나라 사람들이 공자 규를 제나라로 들여보내려 했으나 성공하지 못하고 소백이 들어갔으니 이 사람이 환공이다. 환공이 노나라로 하여금 규를 죽이고 관중과 소홀을 보낼 것을 요구하자 소홀은 죽고 관중은 함거(檻車)에 갇히기를 자청했는데, 포숙아가 환공에게 말해 관중을 재상으로 삼게 했다. 자로는 관

구분했다. 도성을 사향(士鄉) 15군데와 공상향(工商鄉) 6군데로 나누고, 지방을 오속(五屬)으로 구획해서 오대부(五大夫)가 나눠 다스리도록 했다. 염철관(鹽鐵官)을 두고 소금을 생산하면서 돈을 제조하게 했다. 군사력을 강화하고 상업과 수공업의 육성을 통해 부국강병을 꾀했다. 대외적으로는 동방이나 중원의 제후와 아홉 번 회맹(會盟)함으로써 환공에 대한 제후들의 신뢰를 얻는 한편 남쪽에서 세력을 떨치기 시작한 초나라를 누르려고 했다. 제환공은 춘추오패(春秋五覇)의 한 사람이 되었다.

8 관중과 함께 공자 규를 섬겼다.

중이 군주를 잊고 원수를 섬겼으니 마음을 잔인하게 하고 천리(天理)를 해쳐 어진 자가 될 수 없다고 의심한 것이다.

자로가 볼 때는 소홀이야말로 공자가 말했던 살신성인(殺身成仁), 즉 목숨을 바쳐 어짊을 이룬 것 아니냐는 생각이었다. 그러나 공자의 시야는 비할 바 없이 넓다. 통상 유학자들이 보여준 해석은 늘 자로에 근접해 있었다는 점에서 이어지는 공자 발언은 썩은 유학자들[腐儒]에 대한 통렬한 비판으로 읽어노 무방하다. 공자 말을 다시 읽어보자.

환공이 제후들을 규합함에 있어 무력을 사용하지 않은 것은 관중이 힘쓴 덕분이었으니, 누가 그의 어짊만 하겠는가? 누가 그의 어짊만 하겠는가?

바로 이어서 이번에는 자로보다는 사리(事理-일의 이치)에 뛰어난 제자 자공(子貢)이 역시 공자에게 불만을 품고서 질문을 던진다.

자공이 말했다. "(아무리 그렇게 말씀하셔도) 관중을 어진 사람이라고 할 수는 없을 것입니다. 환공이 공자 규를 죽였는데도 기꺼이 따라 죽지 못했고, 또 환공을 돕기까지 했습니다."
공자가 말했다. "관중이 환공을 도와 제후의 패자가 되게 해서 한 번 천하를 바로잡자 백성이 지금까지 그 혜택을 받고 있으니, 관중이 없었다면 우리는 머리를 헤쳐 풀고 옷깃을 왼편으로 하는 오랑캐가 되었을 것이다. 어찌 필부필부들이 작은 신의[諒]를 지키기 위해 스스로 목매 죽어서 시신이 도랑에 뒹굴어도 사람들이 알아주는 바가 없는 것같이 하겠는가?"

관중이 보여준 처신이 바르지는 않았다[不正]. 그러나 그 상황에 적중해[中=時中]⁹ 백성에게 큰 혜택을 베풀었다는 것이 공자의 반박이다. 그만큼 중(中)을 제대로 이해하기란 쉽지 않다. 이 문제를 『맹자』 「이루상(離婁上)」편에 나오는 대화를 통해 좀 더 쉽게 접근해보자.

(언변이 뛰어났던 제나라 사람) 순우곤(淳于髡)이 물었다.
"남녀 간에 물건을 주고받으면서 손이 닿지 않도록 하는 것이 예(禮-사리)입니까?"
맹자가 "예다"라고 하자 순우곤이 되물었다.
"(그렇다면) 형수나 제수[嫂]가 물에 빠졌을 때 손을 써서 구해주어야 합니까?"
이에 맹자는 다음과 같이 답했다.
"형수나 제수가 물에 빠졌는데도 (손을 써서) 구해주지 않는다면 이는 승냥이나 이리와 다를 바 없다. 남녀 간에 물건을 주고받으면서 손이 닿지 않도록 하는 것은 예이고, 형수나 제수가 물에 빠졌을 때 손을 써서 구해주는 것은 권도[權=權道=時中]다."
순우곤이 물었다.

---

9 이때 시(時)란 흔히 '때'로 옮기지만 시간보다는 상황을 뜻한다.

"지금 천하 백성이 물에 빠져 죽게 생겼는데 선생께서 구해주지 않은 이유는 무엇입니까?"

이에 맹자가 말했다.

"천하 백성이 도탄에 빠졌을 때는 선왕의 도리로 그들을 구하고, 형수나 제수가 물에 빠졌을 때는 손으로 구하는 것이다. 그대는 지금 손으로 세상을 구하려 하는가?"

예(禮)는 예법에 한정되는 것이 아니라 일의 이치[事理]이자 상도(常道)이고, 권(權)은 일의 형세[事勢]이자 명(命)이자 권도(權道)다. 인의(仁義-어짊과 마땅함)와 관련해서는, 권도가 인(仁) 즉 어짊이고 상도가 의(義) 즉 마땅함이다.

3 ___

『논어』에서 『주역』으로 가는 길, 상도에서 권도로

권(權)이라는 글자는 오늘날 권력, 권세라고만 쓰이다 보니 원래 뜻을 거의 상실해버렸다. 권(權)이란 원래 저울이나 저울추를 뜻했고, 동사로는 '저울질하다'라는 뜻으로 가장 많이 사용되었다. '저울질하다'라는 것은 그래서 상황에 알맞은 조치를 취한다는 뜻으로 이어진다. '잠시[暫]', '임시[姑]'라는 뜻도 거기서 파생되어 나왔다. 예를 들어 권지(權知)라는 말을 보면 권(權)이 바로 '임시'라는 뜻이고, 지(知)는 장(掌)이나 사(司), 전(典)과 같은 뜻으로 '일을 주관하다', '담당하다'라는 뜻이다. 이 글자들은 다 관아 이름에 쓰였다. 노비를 담당하는 장예원(掌隷院), 법을 담당하는 사헌부(司憲府), 음악을 담당하던 전악서(典樂署) 등이 그것이다. 오늘날 거의 유일하게 남아 있는 용례는 '경기도 지사'라고 할 때 그 지사(知事)다. 말 그대로 일을 맡아서 처리한다는 뜻이다.

권지(權知)는 오늘날 '인턴'과 같은 말이다. 정식 임용을 앞두고 일단 임시로 일을 맡아서 한다는 뜻이다. 조선 시대에는 과거에 급제하면 바로 정식 관리가 되는 것이 아니라 권지 단계를 거쳐야 했다. 합격자를 권지로 임명하고 각 관청에 보내 일정 기간이 지나면 실직(實職-실권 있는 자리)을 주었다. 특히 바로 6품에 임명되는 장원급제자를 제외한 나머지 급제자들은 모두 종9품을 받고 이른바 권지청(權知廳)에 분속되어 문과 급제자들은 성균관(成均館)·승문원(承文院)·교서관(校書館) 등에서, 무과 급제자들은 훈련원·별시위 등에서 권지 성균관 학유(學諭), 권지 승문원 부정자(副正字) 등으로 실무를 익히게 했다.

우리 역사에는 임금 중에도 권지(權知)가 있었다. 태조와 정종이 그런 경우다. 명나라에서 1402년 태종을 공식 책봉하기 전까지 조선 국왕의 공식 명칭은 '권지 고려국사(高麗國師)' 혹은 '고려 권지국사'였다. 권이 '임시'라는 뜻을 가졌기에 실은 권도라는 말도 임시방편이라는 뜻이 강했다. 권모술수(權謀術數)의 '권'도 같은 뉘앙스다. 그다지 좋은 뜻이 아니었다.

우선 중립적 뉘앙스부터 살펴보자. 태종 6년(1406년) 8월 24일 당시 태종이 세자에게 왕위를 넘기겠다는 선위(禪位) 의사를 밝혀 조정이 발칵 뒤집혔다. 이때 권근(權近, 1352~1409년)이 글을 올려 선위를 해서는 안 된다며 그 부당함을 역설했는데 그중 이런 대목이 나온다.

"신이 가만히 천하 일을 생각건대 일은 같으나 형세가 다른 것이 있으니, 태평하고 무사한 때를 당하면 상경(常經-상도)을 지키고 위태롭고 급변하는 때를 당하면 권도(權道)를 행했습니다.

진실로 태평한 때를 당해 권도를 쓰면 시중(時中-상황에 적중함)의 마땅함[適宜]을 잃게 되어 도리어 화란(禍亂)이 생기게 되므로 이를 살피지 않을 수 없습니다. 대체로 천하 국가를 소유한 이가 반드시 대대로 서로 전위(傳位-선위)하는 것은 예(禮)의 상경입니다. 무릇 제후가 나라를 전하는 데에 반드시 천자에게 명을 받는 것 또한 예의 상경입니다."

여기에는 우리가 집중적으로 파고들 사리(事理-일의 이치)로서 예(禮) 개념이 나타나 있다. 동시에 권도(權道)와 짝을 이루는 개념이 상경(常經)임을 알 수 있다. 상경은 상도(常道)라고도 한다. 권근은 권도와 상경의 차이에 대한 일반론을 밝힌 것이다.

그런데 대부분 부정적 뉘앙스를 담아 권도라는 말을 썼음을 확인할 수 있다. 장구한 계책이나 영구적인 법도와 대비되는 임기응변 정도의 의미다. 그러나 태종은 권도를 상당히 좋은 의미로 사용하고 있다. 『논어』에 정통했기 때문이다. 이 점을 확연히 보여주는 기사가 태종 17년(1417년) 6월 24일 자 실록에 나온다. 이 대목은 뒤에 다른 문맥에서 다시 살펴볼 것이다.

하구(河久)[10]에게 고기를 내려주었다.

---

10 아버지 자질(資秩-품계)로 인해 23세에 대언(代言)이 되었다. 1408년(태종 8년) 총제로서 임금 수레를 제대로 호위하지 못했다 해서 순금사에 하옥되었다가 3일 만에 석방되었다. 이듬해 사헌부에서 청성군(淸城君) 정탁(鄭擢), 연성군(蓮城君) 김정경(金定卿) 등과 함께 종묘 춘향제(春享祭) 헌관(獻官)으로서 제대로 서계(誓戒-경계)하지 못

하륜 아내 이씨가 의원 양홍달에게 말했다.

"아들 구가 오랫동안 아버지 상사(喪事)로 인해 기운이 허약한 데다가 병은 심하고 입이 써서 먹을 것을 생각하지 않네. 내가 육식을 권해도 구가 기꺼이 따르지 않으니 그대는 이 사정을 임금에게 아뢰어 구가 고기를 먹게 해주게."

홍달이 와서 아뢰었다.

"하구 어미 말이 이러하여 신이 진찰해보았더니 상중에 채소만 먹은 나머지 전식이 깊이 병들어 치료하기 어려웠습니다."

상이 즉시 내관 김용기에게 명해 하구에게 고기를 내려주며 말했다.

"네 어찌 과정(過庭)의 가르침[訓]이 없었으랴? 반드시 상경과 권도의 도리에 통달했을 것이다. 상중에 육식하지 않아야[11] 효자라 하겠지만, 그러다가 몸을 망쳐 요절이라도 한다면 어찌 몸이 건강해 제사를 받드는 것[12]에 비해 같겠느냐? 이것이 곧 효도 중에 가장 큰 것이다."

하륜은 태종 16년(1416년) 11월 어느 날 객지에서 세상을 떠났다. 태종이 한 말을 보면 그가 하륜을 "상경과 권도의 도리에 통

했다는 이유로 죄를 청했으나 공신 아들이라 해서 용서받았다. 또 부모가 모두 살아 있는데 시향(時享) 재계가 있다고 핑계 대고 당번인데도 숙직을 하지 않아 그 죄를 청했으나 태종이 특별히 용서해주었다. 같은 해 8월 좌군총제로서 병조판서 황희와 함께 약재를 보내준 것을 사은하기 위해 경사(京師-명나라 수도)에 갔다 온 뒤에 중군도총제·좌군총제를 거쳤다. 1412년 별사금(別司禁) 좌변제조(左邊提調), 1413년에 우군도총제가 되었다. 1416년에 좌군도총제에 임명되었으나 1417년 아버지 하륜 상을 당하자 병이 깊어져 38세 나이로 죽었다.

11 이것이 일정한 도리, 즉 상도 혹은 상경이다.
12 이것이 상황에 알맞게 하는 시중, 즉 권도다.

달했던 재상"으로 여겼음을 알 수 있다. 그런 아버지 아들이니 그런 이치 또한 알고 있지 않겠느냐는 말이다. 결국 "몸을 건강하게 해 아버지 제사를 잘 받드는 것"이 오히려 가장 큰 효도이며 이것이 바로 권도라는 말이다. 이 점을 모르면 태종 이방원이 정몽주를 죽이고 정도전을 죽이고 아버지를 권좌에 내몰고 했던 등의 일은 제대로 이해할 수 없다. 태종은 권도를 적시에 제대로 쓸 줄 아는 지도자였다.

다음으로 태종이 몸소 권도를 발휘한 대표적인 사례를 살펴볼 차례다.

세자를 폐하고 충녕을 세운 택현론이 권도

태종 18년(1418년) 6월 3일은 조선 역사 방향이 크게 바뀐 날이다. 세자가 계속 실행패덕(失行悖德-행실을 잃고 다움을 저버림)함을 이유로 세자 자리에서 내쫓아달라는[廢] 소(疏)가 이어지자 개경에 머물고 있던 태종은 마침내 이날 최종 결단을 신하들에게 알렸다.

"백관 소장(疏狀) 사연을 읽어보니 놀라고 두려워 몸이 오그라들었다[竦身]. 천명이 이미 떠나갔으니 내가 이를 따르겠다."

영의정 유정현, 좌의정 박은, 우의정 한상경을 필두로 공신들과 육조판서, 각급 문무 대신이 조계청(朝啓廳)[13]에 몰려들었다.

전날까지 연일 세자를 폐해야 한다는 소를 올렸던 신하들로서는 대환영이었다. 하지만 마냥 기뻐할 수만도 없었다. 폐세자 이후 누가 세자를 이을 것인가? 어떻게 보면 더 중대하고 위험한 사안이 기다리고 있었기 때문이다. 이 과정에서 뜻밖의 희생자가 다수 나올 수도 있는 초민감 사안이었다. 조계청 안은 극도로 긴장감에 휩싸였을 것이다. 누구 하나 쉽사리 입을 떼지 못했다. 잠시 후, 오늘날 대통령 비서실장격인 지신사(知申事-훗날의 도승지) 조말생과 그 직속 부하 좌대언 이명덕이 조계청을 찾아 태종이 내린 두 번째 지시를 전달하면서 숨 막힐 듯한 침묵이 마침내 깨졌다.

"국본(國本-나라의 근본, 세자)은 정하지 아니할 수가 없다. 만약 정하지 않는다면 인심이 흉흉할 것이다. 옛날 중국에서는 유복자(遺腹者)라도 세워 선왕(先王-돌아가신 임금) 유업(遺業)을 이어받게 했고, 또 본부인이 낳은 장자를 세우는 것은 예나 지금이나 변함없는 법도이다. (폐세자) 제(禔)에게 두 아들이 있는데 큰아이가 5살이고 작은 아이는 3살이니 나는 큰아들로 하여금 그 자리를 잇게 하고자 한다. 혹시 장자에게 일이 생기면 동생을 세워 후사(後嗣-뒤를 잇는 임금)로 삼을 것이다. 그 아이를 왕세손이라 칭할지 왕태손이라 칭할지 옛 제도를 상고해 토의해서 아뢰라."

---

13 조선 시대에 대신(大臣), 중요 아문의 당상관, 승지 등이 아침마다 임금에게 정무를 아뢰던 청사(廳舍)다. 조계는 상참(常參-아침 인사) 의식이 끝난 후 이어서 행하던 회의로, 편전(便殿)인 경복궁 사정전(思政殿)과 창덕궁 선정전(宣政殿)이 조계청에 해당한다.

폐세자를 기정사실로 하면서 폐세자 아들 중에서 후사를 고르겠다는 뜻을 보이고 그 참에 호칭 문제를 결정하라는 명이었다. 태종은 일단 유학 고유의 종법(宗法)을 따르겠다는 의지를 나타냈다. 한마디로 적장자 상속을 적용하겠다는 뜻이었다. 이것은 상도다.

태종이 정말 세자를 폐하고 종법에 따라 그의 아들, 특히 5살짜리 장남에게 '기계적으로' 왕위를 물려주려 했는지는 확인할 길이 없다. 실록만 봐서는 태종이 이미 어느 정도 방향을 잡고 있었지만, 마지막까지 약간 고심했던 것은 분명하다. 조선 장래가 걸린 일이기에 쉽게 결단할 수도 없었다.

조계청에서 신하들이 토의를 시작했다. 폐세자 장남을 후사로 삼겠다고 태종이 입장 표명을 한 때문인지, 우의정 한상경 이하 거의 모든 신하도 폐세자 장남을 세우는 게 좋겠다고 말했다. 흥미롭게도 그들을 제외한 나머지 두 사람, 영의정 유정현과 좌의정 박은은 뛰어난 사람[賢者]을 고르자는 택현론(擇賢論)을 조심스럽게 제기했다.
_{현자}

유정현이 조금 더 적극적이었다. 무조건 뛰어난 사람을 골라야 한다고 했다. 박은은 "아비를 폐하고 (자동으로) 아들을 세우는 것이 옛 제도에 정해져 있다면 모르겠지만, 그렇지 않다면 뛰어난 사람을 골라야 한다"는 조건부 택현론이었다. 이때 유정현이 말했다.

"신은 배우지 못해 옛일을 알지 못합니다. 그러나 일에는 권도와 상경이 있으니, (지금과 같은 비상한 상황에서는) 뛰어난 사람을 고르는 것[擇賢]이 마땅합니다."
택현

유정현은 박은이 던진 조건부 택현론을 묵살했다. 그리고 유
정현이 제기한 택현론을 뒷받침하는 이론적 근거가 바로 권도
였다. 택현이 바로 권도다. 태종은 다시 조말생을 불렀다.

"나는 제(禔-폐세자)의 아들에게 잇게 하려 했으나 여러 신하가 모두
안 된다고 하니 마땅히 뛰어난 사람을 골라 아뢰어라."

상경을 버리고 권도를 골랐다. 다만 마음속에 점 찍어둔 충녕
대군을 그냥 지명하면 될 것을, 태종은 다시 이런 식으로 신하들
에게 뛰어난 후사를 고르는 책임을 떠넘겼다. 뒤에 보게 되겠지만
이것이 태종풍(風) 일하기 방식이다. 공의(公議)를 만들어낸 다음
에 일을 추진하는 것이다. 이 말을 전해 들은 유정현 이하 신하들
은 "아들을 알고 신하를 아는 데는 임금만 한 이가 없다"라며 직
접 고르라고 태종에게 선택을 도로 미뤘다. 이들은 왜 핑퐁을 하고
있는 것일까? 신하들로서는 당연히 뒷날 일이 혹시라도 잘못될 경
우를 걱정하지 않을 수 없었다. 만에 하나 혹시 폐세자가 부활할
경우 엄청난 보복이 바로 자신들을 향할 수도 있었다.
반면 태종은 어떤 생각에서 이렇게 한 것일까? 이에 관한 명쾌
한 답은 박은이 올린 소에 나온다.

"뒷세상으로 하여금 전하께서 맏아들을 폐하고 뛰어난 이를 세운
거조(擧措-큰 결단)가 공론으로 되었다는 것을 알리고 또 세자로 하

여금 자신이 공론에서 용납되지 못했음을 알게 해서 원망하고 미워함이 없게 하는 일입니다."

폐세자는 태종 개인이 내린 순간적 결단이나 신하들이 독자적으로 한 공모가 아니라 태종과 신하들이 함께 의견을 모은 최종적 결론, 즉 공론공의(公論公議)였다는 형식을 만들어냄으로써 폐세자가 혹시라도 되살아날 수 있는 명분 자체를 없애버리는 것, 이것이 바로 그처럼 태종이 계속 의견을 우회적으로 표명하며 신하들에게 동의를 얻어내는 절차를 밟았던 까닭이었다. 이제 결단만 남았다. 태종은 최종 결심을 밝혔다.

"옛사람이 말하기를 '나라에 훌륭한 임금이 있으면 사직에 복이 된다'고 했다. 효령대군은 왕이 될 자질이 미약하고 또 성품이 심히 고지식해서[甚直] 개좌(開坐)[14]하기에는 적절치 못하다. 내 말을 들으면 그저 빙긋이 웃기만 할 뿐이어서 나와 중궁은 효령이 늘 웃는 것만 보았다.
충녕대군은 천성(天性)이 총명하고 명민하며[聰敏] 자못 배움을 좋아해 비록 몹시 추운 때나 몹시 더운 때를 당하더라도 밤새도록 글을 읽으니, 나는 그가 병이 날까 봐 두려워 항상 밤에 글 읽는 것을 금지시켰으나 나의 큰 책을 모두 청해 가져갔다. 또 치체(治體)를 알아서 매번 큰일에 헌의(獻議-윗사람에게 의견을 아룀)하는 것이 실로 합당하고 또 일반 사람들이 할 수 있는 생각 밖에서 나왔으니, 중국

14 벼슬아치들이 사무를 본다는 뜻으로, 여기서는 '정치'를 뜻한다.

사신을 접대할 때면 몸가짐과 말이 두루 예(禮)에 부합했다. 술 마시는 것이 비록 무익하나 중국 사신에게는 주인으로서 한 모금도 능히 마실 수 없다면 어찌 손님을 권해서 그 마음을 즐겁게 할 수 있겠느냐? 충녕은 비록 술을 잘 마시지 못하나 적당히 마시고 그친다. 또 그 아들 가운데 제법 자란 아들이 있다. 효령대군은 한 모금도 못 마시니 이는 실로 안 될 일이다. 충녕대군이 대위(大位-임금 자리)를 맡을 만하니 나는 충녕을 세자로 정하겠다."

유정현 등 신하들은 "신 등이 이른바 뛰어난 사람을 고르자는 것도 실로 충녕대군을 가리킨 것입니다"라며 화답했다.

이 점은 요(堯)임금이 아들 단주(丹朱)나 다른 아홉 서자를 내버려 두고 효행이라는 다움[德]으로 온 나라에 이름난 농사꾼 순(舜)에게 자리를 넘긴 것과 흡사하다. 뒤에 보게 되겠지만 이것이 바로 지공무사(至公無私)한 마음에서 나온 결단이었다.

사마천의 『사기』 「오제본기(五帝本紀)」에는 요임금이 순임금에게 제위(帝位)를 물려주려 하면서 고심하는 장면이 나온다. 태종이 했던 고민과 닮았다. 원문은 權授舜(권수순)이다. 흔히 "순에게 권력을 넘겨주려 했다"로 번역되는데, 오역이다. 『사기』에 주해를 단 당나라 학자 사마정(司馬貞, 679~732년)은 권(權)에 대해 이렇게 풀이했다.

아버지와 아들이 이어받아 세워지는 것[繼立]이 일정한 도리[常道]요, 뛰어난 이를 찾아서 그에게 선위하는 것은 때에 맞춰 풀어내는 도리[權道]다. 권이란 일정함에서 벗어나 도리에 합치한다는 뜻이다.

이 점은 이어지는 요임금의 고심에서도 확인할 수 있다. 즉 순에게 주면 천하는 그 이득을 얻지만, 단주는 손해를 보고, 반면 단주에게 주면 천하는 손해를 보지만 단주는 그 이득을 얻을 수 있다. 요가 말했다.

"천하가 손해를 보게 하면서 한 사람을 이롭게 할 수는 없다."

그러고는 상왕처럼 뒤로 물러나 순에게 섭정(攝政)하게 하고서 그가 천자로서 일을 잘 해내는지를 검증한 다음에 결국 순에게 천하를 넘겼다. 스스로 권력을 내려놓고 상왕으로 있는 것은 지공(至公)이고, 뛰어난 이를 고르는 택현은 지인(至仁)이다. 요가 했던 말이 바로 지극한 어짊[至仁]을 실천한 것이다. 뒤에 보게 되겠지만 공자는 인(仁)을 애인(愛人), 즉 다른 사람을 사랑하는 것이라고 했다. 그렇다면 지극한 어짊은 안민(安民), 즉 천하 백성을 편안하게 해주는 것이다. 어짊을 행할 수만 있다면 상도를 버리고 권도를 행해야 한다. 요임금은 지공과 지인을 함께 보여주었다. 참고로 자기가 임금이 될 수 있는데도 스스로 진정을 담아 사양한 사람에 대해서는 지덕(至德)이라고 했다. 먼 훗날 폐세자 군호에 사양하다는 양(讓)자가 들어가고 양녕대군 사당 명칭이 지덕사(至德祠)가 되는 것은 옛사람들이 지공·지인·지덕에 담긴 현실적 의미를 정확히 알고 있었다는 뜻이다.

훗날 태종이 하게 되는 고심 또한 이와 무관치 않다. 우리 맥락에서는 후사와 뛰어난 이를 각각 세자와 충녕대군으로 바꾸어 그대로 적용할 수 있다. 세자(훗날의 양녕대군)를 폐하고 충녕대군을 새 세자로 바꾸는 과정에서 보여준 태종풍 일하기는 정확히 공자가 말한 권도와 합치한다. 공자는 『논어』 「미자(微子)」편에서 여러 뛰어난 이를 언급한 다음에 이렇게 말한다.

> "나는 이들과 달라서 가한 것도 없고[無可] 불가한 것도 없다[無不可]."

그러면 새로운 상황을 맞아 취해야 할 잣대는 무엇인가? 공자는 그 실마리를 『논어』 「이인(里仁)」편에서 말했다.

> "군자는 천하에 나아가 일을 할 때 오로지 이래야 한다고 주장함도 없고 오로지 그렇게 해서는 안 된다고 주장함도 없다. (상황 속에서) 마땅함[義]에 따라 행할 뿐이다."

"오로지 이래야 한다고 주장함도 없고 오로지 그렇게 해서는 안 된다고 주장함도 없다"라는 말은 고스란히 "가한 것도 없고 불가한 것도 없다"라는 말과 똑같다. 이것이야말로 현대적 의미에서 진정한 '자유(自由)' 아닐까? 어쨌거나 '마땅함'만이 추가되었을 뿐이다. 그 마땅함이란 오랜 자기 수양과 일을 겪어본 경험을 통해서만 만들고 찾아낼 수 있는 잣대다. 그 잣대란 다름 아닌 널리 다른 사람을 사랑하는 것, 곧 어짊[仁]이다. 그래서 공자는 『논어』 「자한(子罕)」편에서 이렇게 말했다.

"더불어 함께 배울 수 있다고 해서[與共學] (그 사람들 모두와) 더불어 도리를 행하는 데로 나아갈[與適道] 수는 없으며, 또 더불어 도리를 행하는 데 나아간다고 해서 (그 사람들 모두와) 더불어 (조정에) 설[與立=與議] 수는 없으며, 또 더불어 조정에 설 수 있다고 해서 (그 사람들 모두와) 더불어 권도를 행할[與權] 수는 없다."

점점 단계가 높아진다. 더불어 조정에 선다는 것은 함께 일을 토의한다[與議]는 뜻이며 함께 상경(常經-상도)을 행하는 단계다. 이를 넘어서야 더불어 권도를 행할 수 있다. 일의 이치를 모르고서는 일의 형세로 나아갈 수 없다. 조선 시대 관제로 말하면, 판서까지는 상경을 행하는 자리이고 정승이 되어야 비로소 권도를 행할 수 있다. 사리(事理-일의 이치)와 사세(事勢-일의 형세)를 두루 알지 못하고서는 결코 행할 수 없는, 혹은 결코 행해서는 안 되는 것이 권도다. 권도는 특히 일의 형세를 정확히 읽을 줄 알 때 발휘해야 하고 발휘할 수 있다. 그래서 맨 마지막 단계에 권도를 행하는 것이 자리하고 있다. 우리가 흔히 50세에 이른다는 지천명(知天命)이 바로 일의 형세, 즉 하늘이 내려준 명을 안다는 말이다. 이를 어길 경우 비명횡사(非命橫死)가 기다리고 있다.

『논어』는 주로 사리와 상도에 관한 책이고 『주역』은 주로 사세와 권도에 관한 책이다. 필자가 산 아래에서 올려다볼 때는 제 모습을 보여주지 않던 두 책이 마침내 등반에 성공하자 너무도 명료하게 본모습을 보여주었다. 해석학적으로 말하자면 해석학적 순환(解釋學的循環)이 완성된 것이다. 다른 말로는 "비로소 이해된 것"이다.

4 ——

이해와 해석학적 순환

　　동양 고전 공부를 시작하고 처음으로 필자가 적용한 『논어』 이해(Verstehen, Understanding) 방법론을 소개한다. 필자는 2007년부터 『논어』를 파고들어 2012년에 『논어로 논어를 풀다』(해냄)라는 책을 내놓았다. 그때 썼던 방법론이 바로 이 '해석학적 순환(Der hermeneutischer Zirkel, Hermeneutic circle)'이라는 방법이다. 다만 서양철학 전공자가 행한 어설픈 동양철학 탐험이라는 비판을 피하기 위해 그동안 이 방법론에 대한 언급은 안 했다. 이제는 가능하리라 여긴다. 그것이 동양철학 전공자들을 위해서도 도움이 되리라 생각하기 때문이다.

　　이 방법론은 해석학 창시자라 할 수 있는 독일 신학자 슐라이어마허(1768~1834년)에서 시작되었다. 처음에는 주요 텍스트 이해에 활용되었다. 예를 들어 성서 같은 텍스트를 이해하려면 반드시 다음 과정을 거쳐야 한다. 텍스트 전체 의미에 대한 이해는 일차적으로 텍스트 각 부분에 대한 해석과 이해에 의해 이뤄질 수밖에 없다. 그런데 다시 이런 부분들에 대한 해석과 이해는 '아직 이뤄지지 않은' 텍스트 전체 의미를 미리 엉성하게라도 그려보는 데서 출발해야 한다. 이를 해석학에서는 예기(豫期, Anticipation)라고 하는데, 사전에 미리 윤곽을 그려본다는 말이다. 모든 해석은 이런 예기를 갖고서 텍스트에 접근하는 데서 시작한다. 선입견이나 편견 또한 이런 예기에 포함된다.

예를 들어 우리가 어떤 책을 샀다고 하자. 그러면 일단 우리는 대개 저자와 책 제목, 차례를 훑어봄으로써 텍스트 전체 의미에 대한 모호한 상(像)을 갖고서, 즉 예기를 갖고서 책을 읽기 시작한다. 이렇게 해서 각 부분을 차근차근 읽고 뜻을 밝혀 해석해감으로써 텍스트가 가진 전체 의미가 때로는 심화되기도 하고 때로는 원래부터 가지고 있는 전체 의미에서 벗어나기도 하는데, 이런 과정을 거치면서 조금씩 전체 의미에 대한 모호함이 제거되고 명료함으로 나아간다. 간단히 말하면 어둠에서 빛으로 나아가는 것이 해석학적 순환이다. 이렇게 해서 일독(一讀)이 이뤄지면 일차적으로 해석학적 순환은 완성된다. 이처럼 완성된 해석이 이해(理解)다. 그러나 책이 난해할 경우에는 각 부분에 대한 해석들이 충분히 명료하지 않아 해석학적 순환이 일차 완성되어도 모호함은 여전히 남아 있게 되고, 그러면 처음보다는 훨씬 구체화된 전체 의미를 확보한 상태에서 이독(二讀)에 들어간다. 특별히 어려운 책이 아니라면 대체로 이렇게 함으로써 남아 있던 모호함 또한 점차 제거되면서 그 텍스트 전체를 '비로소 이해하게 된다.' 어둠이 빛으로 바뀌는 것이다.

해석학이 발전해온 역사는 슐라이어마허를 통해 이 같은 문법적 해석에만 머물지 않고 텍스트 저자의 의도와 읽는 자의 해석이 서로 만나는 심리적 해석으로 나아갔다. 이어 빌헬름 딜타이(1833~1911년)는 텍스트 이해를 심리 현상에 국한하지 않고 정신(精神)을 이해하는 방법으로 발전시켰다. 정신과학적 해석학이 바로 그것이다. 지금 우리가 태종 이해를 위해 쓰게 될 방법이다.

칸트는 당시 눈부신 자연과학 발전을 지켜보면서 질문을 던졌다.

"인간은 어떻게 자연과학을 수행할 수 있는가?"

이에 대한 대답이 바로 『순수이성비판』이다. 간단히 말하면 자연과학을 수행할 수 있는 순수한 이성이 가진 한계를 비판적으로 검토하겠다는 뜻이 담긴 것이 이 책이다.

딜타이는 19세기에 독일에서 급격히 발전한 역사학 성과를 토대로 칸트와 비슷한 질문을 던졌다.

"인간은 어떻게 역사학을 수행할 수 있는가?"

이에 대한 답이 대표작 『정신과학에서의 역사적 세계 구축』이다. 필자는 그 책 중에서 특히 딜타이 해석학의 정수가 담긴 부분만 뽑아 2002년 『체험·표현·이해』(책세상)라는 번역서를 낸 바 있다. 필자가 이번에 태종을 탐구하면서 가장 많이 참고한 것이 이 방법론이기 때문에 이를 간략히라도 소개해야 독자들이 이 책을 제대로 정확히 읽는 데 도움이 될 것이다.

딜타이 구상은 명확하다. '체험·표현·이해'라는 도식은 개인적 단위로 이뤄지는 '삶의 이해'다. 우선 당사자가 겪어낸 역사 체험이 있어야 한다. 그 체험이 말이나 행동으로 드러나는 것이 바로 표현이다. 이 책에서 태종이 했던 '말과 일'에 주목한 것도 그 때문이다. 그러면 우리는 역으로 당사자가 겪은 체험을 향해 거슬러 올라가는 추체험(追體驗, Nacherleben)을 통해 행위자가 가졌던 그 당시 정신을 간접 체험함으로써 행위자가 원래 가졌던 정신세계에 대한 일정한 이해에 이르게 된다. 결국 딜타이 역사해석학에서 핵심은 추체험이다. 그렇다고 추체험이 그저 심리적 현상에만 국한되는 것은 아니다. 딜타이가 심리학을 거부하고 '정신과학(精神科學, Geisteswissenschaft)'이라는 용어를 고집했던 것도 체험을 심리 현상으로 한정시키는 것을 우려했기 때문이다. 오히려 하나의 정신과 또 다른 정신이 만나는 것이 추체험이다. 자연과학이 경험(經驗)에서 출발한다면 정신과학은 체험(體驗)에서 출발한다. 자연과학은 경험을 바탕으로 설명하고 정신과학은 체험을 바탕으로 이해한다. 그것이 오늘날 자연과학과 인문과학 간 차이다.

그런데 체험이나 이해의 경우, 그것이 개별 작품에 대한 것이든 전기나 자서전에 대한 것이든 각종 이해에 담긴 동심원(同心圓) 중심에는 늘 '나'라고 하는 개인 혹은 자기성(自己性)이 자리하고 있다. 체험이든 이해든 개인이 겪고 행하는 것이다. 그렇다고 해서 개인 혹은 자기성에 한정될 경우 체험이나 이해는 여전히 심리학(心理學, Psychology)이나 인간학(人間學, Anthropology)이라는 좁은 범위를 벗어나지 못한다. 그렇게 해서는 역사학이 성립할 수 없다.

이제 딜타이는 개인 범위 밖에 있는 것, 즉 공동체와 역사로 나아가기를 권한다. 부분과 전체 사이에서 작동하는 해석학적 순환의 관계와 의미 대(對) 의미의 관계는 여기에도 그대로 적용된다. 무슨 말인가 하면, 필자가 수행한 이번 작업은 태종과 이한우 간 해석학적 순환을 완성한 결과물임과 동시에 태종이 가진 의미지평(意味地平, Horizon of meaning)과 이한우라는 한 개인이 가진 의미지평이 만나서 작용을 이뤄낸 것이다. 단순히 이한우 개인이 어떤 심리학적 방법을 써서 태종이 가졌던 심리 현상을 추적해 찾아내는 작업과는 무관하다는 말이다. 이를 20세기에 '철학적 해석학' 주창자인 독일 철학자 가다머(Gadamer)는 '지평융합(Horizontverschmelzung, Fusion of horizons)'이라고 불렀다.

이렇게 해서 다음 단계로 나아가고 또 나아가면서 결국 도달하게 되는 최종적인 의의(意義) 부여 연관, 그것이 바로 보편사(普遍史)이다. 무슨 말인가 하면, 태종의 역사적 의의는 결국 조선 역사 전체를 통해 부여받게 된다는 말이다. 더불어 또다시 현대사에 비추어서도 재조명받게 된다. 그러나 이런 작업은 흔히 역사학자들이 말하는 '역사적 평가' 운운하는 '가치'에 종속된 하급 방법론과는 전혀 무관하다. 이런 방법론을 주창한 리케르트나 빈델반트는 결국 철학사에서 이름조차 제대로 남기지 못했다는 점을 지적해둔다. 역사를 '가치'로 접근해서는 안 된다는 교훈을 남긴 두 사람이다.

참고로 딜타이는 개인과 보편사 사이에 존재하는 다양한 매개 항으로서 시대·민족·종교·문화 체계 등을 제시했지만, 그러면서도 보편사에 대한 강조가 개인을 누락시키는 것으로 이어지지는 않게 했다. 그런 점에서 그는 여전히 역사학자가 아니라 철학자다. 이 점에서는 필자도 딜타이를 따른다. 태종과 역사, 태종과 지금의 우리를 연결하는 고리는 다름 아닌 '지공(至公)'이다.

딜타이 해석학 소개는 이 정도에서 그치고자 한다. 다만 한문(漢文)과 경전(經傳) 공부 이야기는 이런 맥락에서 반드시 짚어야 할 듯하다. 태종은 한문으로 공부하고 유가(儒家) 고전들을 누구보다 깊게 공부했다. 그렇다면 태종이 지녔던 정신세계에 조금이라도 제대로 다가가기 위해서는 이 둘을 먼저 갖추어야 한다. 앞서 회고한 『태종, 조선의 길을 열다』(2005년)는 남들이 번역한 실록을 텍스트로 삼았기에 태종이 했던 말에 담긴 깊은 유가적 의미(儒家的意味)를 거의 찾아내지 못했다. 제대로 추체험하지 못했다는 말이다. 그때와 비교해볼 때, 지금 태종에 대한 필자의 추체험 깊이는 전혀 다르다.

필자의 책 『논어로 논어를 풀다』가 문법적 해석방법을 적용해본 시도였다면 이번 작업은 정신과학적 해석방법을 적용한 결과물이라 하겠다. 이번 작업에 사용한 해석방법 사례 하나를 가져와 먼저 살펴보자.

상왕 태종은 왜 신왕 세종의 장인 심온을 죽였을까? 외척에 대한 사전 경계 차원이었을까? 아니면 그가 임금 장인이자 영의정으로서 명나라에 사신으로 갈 때 환송 인파로 한양 도성이 텅 비어버린 때문일까? 전자를 따를 경우 태종은 이미 외척 제거 차원에서 심온을 제거하기로 하고 사전 음모를 꾸민 것이 된다. 이를 따를 경우 태종은 잔혹하고 무자비한 임금이라는 평이 나오게 된다. 후자를 따를 경우 그저 질투심 차원에서 심온을 제거한 것이 된다. 치졸하기 그지없는 임금이라는 평이 나오게 된다. 둘 다 아니다.

이 사건은 그리 간단치 않다. 심온이 세종 즉위년(1418년) 12월 23일 세상을 떠나고 나서 이틀 후인 25일 자에 그의 졸기(卒記-실록에 있는 사망자 생애와 인물평)가 실려 있다. 여기에 상왕과 신왕이 나누는 매우 중요한 대화 하나가 실려 있다.

상이 동궁에 있을 때 심온이 아뢰어 말했다.
"지금 사대부들이 나를 보면 모두 은근한 뜻을 보내니 내가 심히 두렵습니다. 마땅히 손님을 끊고 조용히 여생을 보내야겠습니다."
상이 즉시 이 말을 아뢰었더니 상왕이 심히 옳게 여겼다. 이때(12월 23일)에 이르러 상왕이 상에게 말했다.
"심온이 전에 손님을 끊고 조용히 지내겠다는 뜻을 내가 심히 옳게 여겼건만, 지금 이와 같은 것은 무슨 까닭이냐?"

상왕 태종이 신왕 세종을 꾸짖고 있다. 태종은 임금 장인이라면 자중자애(自重自愛)해야 한다고 생각했다. 그러면서도 그 속내를 살피기 위해 권력을 미끼처럼 던져주는 임금이 바로 태종이다. 자기 장인 민제에게도 이런 수법을 썼던 태종이다. 덥석 무는 순간 패망(敗亡)이 기다릴 뿐이다. 이런 태종 마음을 신하 중에서 가장 잘 읽어낸 사람을 꼽으라면 아마도 하륜 다음으로 박은이라 할 것이다. 그랬기에 박은은 말년에 하륜 후임자 역할을 맡아 좌의정이 될 수 있었다.
세종 즉위년(1418년) 11월 23일 자에는 이 사안을 더 명료하게 이해할 수 있는 결정적 실마리가 나온다. 그날(11월 23일)보다 앞서 있었던 일로 보이는데 박은은 자기 집에 놀러 온 점쟁이 지화

(池和)에게 "내가 장차 좌의정을 사직하고 심온에게 내 후임을 맡게 하시라고 (상께) 청하고자 한다"라고 말했다. 그때 좌의정 박은과 이조판서 심온은 라이벌이었다. 얼마 후에 지화가 와서 "정승이 한 말을 심온에게 했더니 '네가 좌의정에게 가서 내가 좌의정이 될 수 있도록 청하라'고 했습니다"라고 말했다. 지금 이 말을 박은이 태종과 세종 앞에서 하고 있다. 이때는 심온이 아직 사신으로 갔다가 돌아오지 않았을 때로, 상왕에게 군사의 일을 고하지 않은 일로 고문을 받던 병조판서 박습과 참판 강상인이 주모자는 심온이라고 털어놓은 바로 그날이었다.

> "신이 지화가 하는 말을 듣고서 생각건대, 외척이란 마땅히 겸양하는 마음을 가져야 할 것인데 지금 심온이 한 이 말은 오직 권력만을 염두에 두고서 하는 말이니 무슨 뜻이겠습니까?"

그러면서 박은은 중요한 한마디를 한다. 애초에 심온이 영의정에 임명되었을 때 어떤 사람이 (임금 장인인) 그가 나라의 정권을 잡아서는 안 된다고 하자 심온은 "임금 장인 중에 좌의정에 임명된 사례가 있다"라고 답했다는 것이다. 실록은 "이는 대개 민제(閔霽-상왕 태종의 장인)를 가리킨 것"이라고 밝히고 있다. 실제로 민제는 태종이 정종 때 세자가 되자마자 좌의정을 맡았다.

훗날 박은은 태종보다 하루 앞서 세상을 떠났는데, 그가 세상을 떠난 세종 4년(1422년) 5월 9일 그의 졸기에서는 "박은은 췌마(揣摩)하는 재주가 있어 임금 의향을 잘 맞췄다"라고 평했다. 췌마란 남의 마음을 잘 헤아려 비벼댄다는 말이다. 적어도 당시 태종 마음을 읽어내는 면에서는 그를 따라갈 사람이 없었다. 그가 읽어 낸 태종 마음 곧 정신세계란, 외척은 권세를 잡아서는 안 된다는 것이었다. 심온은 여기서 문제를 드러냈다.

민제는 태종 시대 첫 좌의정이었다. 돌이켜보면 이때도 태종은 장인 민제의 심사를 떠보기 위해 좌의정을 제안했던 것이고, 민제 는 덥석 물었다. 16년 전 필자는 민제 졸기에 그가 늘 아들들에게 "너희들은 매우 교만하니 고치지 않으면 반드시 패망할 것이다"라 고 되어 있는 것만 보고서 그가 아들들을 경계시킨 것으로만 생각 했다. 그러나 이번 작업 때 태종을 추체험해서 태종에 근접한 의미 지평을 확보하고 보니 오히려 민씨 몰락을 자초한 첫걸음은 민제 자신이 내디뎠다는 사실이 비로소 시야에 들어왔다. 여기에 원경 왕후 민씨의 질투가 더해졌다. 오히려 처남 민씨 4형제는 이런 역 학 관계 속에서 희생물이 된 것이다.

이것이 정신과학적 해석방법을 사용한 성과 중 하나라고 하 겠다. 이렇게 되면 사전 음모설은 말할 것도 없고 심온이 사신 떠 나던 날 "환송 인파로 한양 도성이 텅 비어버린 때문"이라는 사실 을 빌미로 한 유치하고 피상적인 접근법 따위는 더는 설 자리가 없다.

5 —

이방원의 정신세계:
반종교 합리주의 현실주의자

　우리는 학교에서 태종이 숭유억불(崇儒抑佛)을 강력하게 시행한 임금이라고 배웠다. 이는 맞는 말도 아니고 틀린 말도 아니다. 그는 유가냐 불교냐 하는 선택 앞에 있었다기보다는, 훨씬 더 밑바닥에 있는 근원적인 층위(層位)에 놓인 정신세계로부터 스스로 결정을 내린 사람이다. 태종은 한마디로 반종교 합리주의를 기반으로 한 담담한 현실주의자다. 그에게 현실은 곧 '정치'였다. 그는 정치를 위한 일에 초(超)인간적 영역을 끌어들인 적이 단 한 번도 없었다. 그저 인간으로서 극한치까지 최선을 다했을 뿐이다. 이 점에서는 괴력난신(怪力亂神)을 입에 올리지 않았던 공자 정신세계와 매우 흡사하다.

　마침 이를 잘 보여주는 신하들과 대화가 태종 6년(1406년) 7월 11일에 있었다.

근신(近臣-주로 승정원 승지들을 가리킴)들과 더불어 벼락, 재이(災異-자연 재앙), 복서(卜筮-점치는 책) 등의 일을 토의했다. 전라도 도관찰사 박은이 지난달 벼락에 맞아 죽은 사람 이름과 숫자를 아뢰니 상이 말했다.

"벼락이 사람에게 치는 것은 무슨 이치인가? 내가 아직 모르겠다."

좌우에서 대답했다.

"세상에서는 벼락을 천벌(天伐-하늘의 응징)이라 합니다. 사람이 지은 죄악이 차고 넘치면 하늘이 이를 내리치는 것입니다."

상이 말했다.

"내가 일찍이 경서와 사서[經史]를 보니 역대 권신과 간신들이 나라를 도둑질하고 임금을 협박했는데도[盜國脅君] 오히려 (목숨이나 부귀를) 보전하면서 천벌을 받지 않았다. 이는 무슨 까닭인가? 사람이 어쩌다가 액운(厄運)을 만나거나 때마침 사악한 기운[邪氣]에 걸려서 그러할 뿐이다. 그러나 나로 말하면 실로 마음으로 두려워한다."

또 말했다.

"재이가 일어나는 변고에 대해 옛글에서 모두 말하기를 '사람의 일[人事]에 대해 (하늘이) 감응한 결과[所感]다'라고 했고 『중용』에서 또 말하기를 '나의 기(氣-기운)가 고분고분하면[順] 하늘과 땅의 기도 고분고분하다'[15]라고 했으니, 이는 곧 대개 한 사람의 기가 문득 하늘과 땅의 고분고분함을 가져온다는 뜻으로 이 이치[理]는 매우 신묘한 것이다. 그렇다면 이른바 나라는 사람도 여러 사람 가운데 한 사람일 뿐이니, 이제 여러 신하가 각기 직임을 맡아보아 한 사람

---

15 『중용』 본문[經]에 있는 말은 아니고, 제1장에 대한 주희의 풀이[傳]에 나오는 말이다.

도 삼가지 않음이 없는데 어찌 내가 경계할 것을 기다리고서야 고분고분함이 있단 말인가? 하늘의 도리[天道]^{16}는 선한 이에게 복을 주고 악한 이에게 화(禍-재앙)를 주지만, 그 길하고 흉한 효험이 오래 지난 뒤에야 이르는 까닭에 사람들이 흔히 이를 의심해 믿지 않는 것이다."

좌우에서 말했다.

"이런 이(理-이치)가 있으면 (그에 해당하는) 이런 기(氣-기운)가 있는 법입니다. 그러나 기는 빠르고 이는 더딘 까닭에, 사람이 좋은 일을 하고도 그 길함을 얻지 못하고 나쁜 일을 하고도 그 화를 입지 않습니다. 이것이 이른바 하늘[天](의 뜻)이 아직 정해지지 않은[未定] 것입니다. (하늘의 뜻이) 이미 정해진 것들[기정(既定)]에 이르러서는 하늘이 사람을 이기지 못하는 바가 없습니다."

상이 이어서 복서(卜筮-점) 일을 토의해 말했다.

"내가 젊어서 점을 남들에게 물었는데, 왕위에 오른다고 한 사람은 없었다. 다만 문성윤만은 '열토(列土)의 명(命)^{17}이 있으니 남에게 번거롭게 누설하지 마십시오'라고 해서 내가 마음속으로 심히 편하질 못했다."

문성윤(文成允) 이야기는 『태종실록』 총서(總序)에 실려 있는데, 물어본 사람은 태종 자신이 아니라 어머니 한씨다. 태종 14년

---

16 이는 문맥에 따라 하늘과도 같은 도리로 옮겨야 할 때도 있다. 그럴 때는 하늘은 천체가 아니라 단순 비유다.
17 봉토를 받아 제후가 된다는 명이다.

(1414년) 1월 3일 태종은 병조에 축수재(祝壽齋-장수를 축하하는 행사)를 없애라고 명했다. 이때 그가 한 말이다.

"목숨이 길고 짧은 것[脩短=壽夭]은 (저마다) 운수가 있는데 기도가
무슨 소용이냐? 이에 없애도록 하라."

여기서 출발해야 한다. 이 말은 불교뿐 아니라 음양오행이나 각종 신앙에 대해 그가 왜 거리를 두었는지를 이해할 수 있는 해석을 위한 초석(礎石)이다. 이런 담담한 혹은 담백한 인생관이 그로 하여금 현실주의적인 유학(儒學)을 선택하게 했고, 무엇보다 현실 정치에 자기가 가진 모든 것을 쏟게 했으며, 불교를 비롯한 여러 종교적 습속에 비판적 태도를 가지게 했다. 이는 고스란히 공자가 가졌던 인생관 및 세계관과도 통한다. 『논어』「술이(述而)」편에 나오는 한 구절이다. 한 제자가 본 공자 모습이다.

스승님께서는 괴이한 일과 용력(勇力)과 도리를 어지럽히는 일과 귀신에 관한 일[怪力亂神]은 말씀하지 않으셨다.

공자와 태종이 공유하는 이런 태도는 『태종실록』에서 수도 없이 보게 되는데 그중 하나다. 태종 11년(1411년) 1월 4일 달이 금성을 범(犯)하는 천변(天變-하늘의 변고)이 일어나자 이렇게 말한다.

"천변을 만났다고 반드시 빌 것은 없다. 어찌 임금과 신하가 각기 자기가 맡은 일을 바르게 하는 것만 하겠느냐!"

이 말을 공자식으로 옮기면, 군군신신(君君臣臣) 즉 임금은 임금답고 신하는 신하다워야 한다는 뜻이다. 태종은 인간사(人間事)에 종교적인 영역을 끌어들이는 것에 대해 극도로 부정적이었으며 오직 정치를 통해 해결하려 했고 또 해결할 수 있다고 믿었다. 그래서 그는 처음부터 끝까지 '호모 폴리티쿠스'였다. 이런 태도로 인해 그는 한양을 수도로 정할 때 담담하게 동전점[擲錢]척전으로 정할 수 있었고, 훗날 고려 왕씨(王氏) 척살을 금지하면서 "왕씨가 중요한 것이 아니라 우리가 얼마나 정치를 잘하느냐에 달린 것"이라고 말할 수 있었다. 태종은 하늘을 믿기보다는 사람을 믿었다.

태종은 자연현상에 대해서도 합리주의적으로 해석했다. 집권 초인 태종 1년(1401년) 7월 23일 사간원에서 여러 자연재해를 언급하며 태종에게 공구수성(恐懼修省)하라고 촉구하는 소를 올렸다. 공구수성이란 재이가 일어나면 임금이 두려워하고 조심하며 스스로를 돌이켜 반성한다는 뜻이다. 유학에서 상투적으로 제시하는 해법이다. 그러나 태종으로서는 자연재해를 없애는 것과 임금이 공구수성을 행하는 것 사이에 인과관계를 받아들일 수 없었다. 사간원에서 언급한 재이 중에 '압록강 물이 얕아졌다'라는 것도 포함되어 있었는데 이에 대해 태종은 이렇게 말했다.

"간관 소장(疏狀) 중에 '압록강 물이 얕아졌다'라고 했는데, 일반적으로 강물이란 얕아지기도 하고 깊어지기도 하는 것이다. 그 강의 물이 지금 때마침 얕아진 것인가?"

다만 그는 특이하게도 몇몇 도교(道敎) 제사에는 정성을 쏟았다. 그래서 김첨(金瞻, 1354~1418년) 같은 신하는 도교를 숭신(崇信)할 것을 권하기도 했다. 태종은 궐내에 소격전(昭格殿)을 두어 도교 제사를 거행하기도 했다. 이런 일은 공부(孔俯, ?~1416년)라는 신하가 맡아보았다. 그러나 잘 들여다보면 고려 때부터 해오던 관습을 이어받아 이행하는 차원이었을 뿐이고, 정사를 다룰 때 독실하게 도교를 신앙하는 모습은 찾아볼 수 없다.

이와 관련된 그 발언 하나가 태종 16년(1416년) 1월 27일 자 실록에 실렸다. 도교에는 이런지런 신선(神仙)을 설정해두고 아무개 군(君)이니 아무개 제(帝)니 하는 것들이 많은데, 태종은 한마디로 "잘못된 것"이라며 이렇게 말한다.

"내가 눈으로 접하고 경배하는 것은 북두(北斗)뿐이다."

그래서 태종 18년(1418년) 8월 8일 세자에게 전위할 뜻을 밝혔을 때 신하들이 의심의 눈초리를 거두지 않자 태종은 "종묘사직과 북두성에 맹세한다"라고 말하기도 했다. 종교적 사고 영역에 해당하는 부분에 대신 자리한 태종의 정신세계는 지공(至公), 좀 더 구체적으로는 종묘사직과 백성, 역사였다.

불교와 관련해 태종이 가졌던 생각을 좀 더 살펴보자. 그는 무엇보다 고려 말 불교가 백성을 향해 저지르는 각종 폐해를 보면서 젊은 시절을 보낸 유자(儒者)다. 사실 고려 초 건강한 불교를 보았다면 과연 태종이 그처럼 반(反)불교적 세계관을 갖췄을까 의구심이 들기도 한다. 불교는 신권(臣權)보다는 왕권(王權) 강화에 더 협조적인 종교이다. 그러나 태종은 애당초 인생관 차원에서 불교를 받아들일 수 없었다. 이미 즉위 초인 태종 1년(1401년) 윤3월 23일 신하들과 대화에서 태종은 불교에 대한 비판적인 생각을 드러냈다.

상이 웃으며 말했다.

"헌부(憲府-사헌부)에서도 청하기를, 오교양종(五敎兩宗)[18]의 이름과 이익만 좇는 중들을 없애고 사사(寺社-사찰)와 토전(土田-토지와 밭)과 장획(臧獲-노비)은 모두 관부에 속하게 하며 오직 산문(山門-산에 있는 절)에서 도 닦는 중들에게만 맡겨두도록 했다. 나도 그래서는 안 된다는 것을 알기에 간절하게 그것들을 없애고 싶지만, 태상왕께서 마침 불사(佛事-불교)를 좋아하시니 그 때문에 차마 갑자기 없애지를 못하고 있다."

또 말했다.

"옛날에 불씨(佛氏-불교)가 어느 시대에 처음 흥했고 부처를 좋아하게 된 것은 어느 시대이며 부처를 배척했던 것은 어느 시대인가?"

시독 김과가 역대로 부처를 좋아했으나 끝내 패망에 이른 경우와 부처를 배척하면서도 마침내 좋은 다스림에 이른 경우를 밝게 진술했는데, 그것을 『통감(通鑑)』[19]에 실려 있는 대로 잘 갖춰 아뢰니 상이 말했다

---

18 일반적으로 열반종·계율종·법상종·법성종·원융종의 5교종과 선종의 천태 및 조계 양종을 일러 오교양종이라고 했으나, 다시 계율·법상·열반·법성·원융의 5교는 각각 남산종(南山宗)·자은종(慈恩宗)·시흥종(始興宗)·중도종(中道宗)·원융종으로 불리게 된다. 그러나 조선 초 억불정책에 의해 오교양종은 선교 양종으로 통합, 정리되었다.
19 송나라 사마광(司馬光)의 『자치통감(資治通鑑)』을 가리킨다.

"헌부가 올린 장(狀-보고의 일종) 가운데도 이런 말을 썼으니, 분명 이는 유관(柳觀/柳寬, 1346~1433년)[20]이 한 말일 것이다."

유창(劉敞, ?~1421년)[21]이 말했다.

"불씨가 말하는 화복의 설은 허무맹랑해 믿을 만하지 못합니다."

상이 말했다.

"그렇다."

그러나 그는 맹목적인 반(反)불교는 아니었다. 태종 14년(1414년) 6월 20일 발언은 이 점을 분명하게 보여준다.

상이 편전(便殿)[22]에서 정사를 보았다. 상이 말했다.

"불씨(佛氏-불교)의 도(道)는 그 내력이 오래되었다. 나는 헐뜯지도 않고 칭송하지도 않으려 하지만, 그 도를 진정 다하는 사람이

---

20 뒤에 이름을 유관(柳觀)으로 바꿨다. 1371년(공민왕 20년) 문과에 급제해 전리정랑(典理正郎-조선 때 전리정랑)을 거쳐 고려 말 봉산군수·성균사예(成均司藝)·사헌중승(司憲中丞) 등을 역임했다. 조선이 건국되자 원종공신이 되고, 이어 내사사인(內史舍人)으로 왕명에 의해 『대학연의』를 진강했다. 1397년(태조 6년) 좌산기상시(左散騎常侍)·대사성을 거쳐 다음 해 형조전서를 지냈다. 세종 때 우의정에 올라 황희·허조와 함께 세종 시대를 대표하는 청백리로 꼽혔다.

21 강릉 유씨의 시조다. 1408년 태조가 죽자 의정부 참지사로 수묘관(守墓官)이 되어 3년간 능을 지켰다. 이성계와 일찍부터 사귀어 그에게 경사(經史)를 강론했으며 특히 『대학연의』를 즐겨 강론해 세도(世道)를 만회할 뜻을 품게 했다. 1393년에 좌산기상시로 있을 때 선술(仙術-도가의 신선술)을 공부하겠다며 사직을 요청하자 태조가 "선(仙)을 배우는 사람은 반드시 군부(君父)를 버리는데, 그대가 나를 버리면 불충이 되고 어버이를 버리면 불효가 된다. 그대가 선을 배우고자 하는 뜻이 무엇인가?"라며 만류했다고 한다.

22 임금이 평상시에 거처하면서 정사(政事)를 보는 궁전이다. 경복궁의 경우 근정전(勤政殿)이 정전(正殿)이고 사정전(思政殿)이 편전이다.

있다면 나는 마땅히 존경해 섬기겠다. 지난날에 승려 자초(自超, 1327~1405년)[23]를 사람들이 모두 숭앙했으나 끝내 그에게는 득도한 효험이 없었다. 이와 같은 무리를 나는 길거리 행인처럼 여긴다. 만일 지공(指空, ?~1363년)[24]과 같은 승려라면 어찌 존경해 섬기지 않을 수 있겠는가?"

그는 열려 있었고, 다만 실질(實質)이 그 잣대였을 뿐이다.

---

23 아버지 태조가 국사로 모셨던 무학대사를 가리킨다.

24 인도 마갈타국(摩羯陀國) 사람으로 8살 때 승려가 되었다. 이름은 제납박타(提納薄陀)다. 충숙왕 15년(1328년) 고려에 들어와서 금강산 법기도량(法起道場)에 참배하고 연복정(延福亭)에서 계를 설했다. 다시 원나라로 가 연경(燕京)에서 법원사(法源寺)를 짓고 머물렀는데, 이때 고려 혜근(慧勤)에게 선종을 전수했다. 그의 부도가 양주(楊州) 회암사(檜巖寺)와 개성 화장사(華藏寺)에 남아 있다.

6 ⏤

태종풍

굳이 부제에 풍(風)을 쓴 이유가 있다. 이번 탐구 주제를 분명히 하기 위함이다.

풍(風)은 휘몰아가는 바람이자 스타일이다. 다른 말로 하면 길이자 방식(方式, Way 혹은 Mode)이다. 해석학은 무엇(What)보다 어떻게(How)에 관심을 집중한다. 이번 작업의 핵심 관심사는 태종이 가졌던 정신세계에 대한 이해를 바탕으로 그가 '말하는 스타일'과 '일하는 스타일'을 복원하는 데 있다. 지금 시점에서 태종을 다시 불러온다고 했을 때 다름 아닌 이 2가지가 우리에게 가장 의미 있다고 보기 때문이다. 낡아빠진 옛이야기를 그대로 불러봐야 무슨 의미가 있으랴!

태종 시대 정치 전반을 논할 생각은 전혀 없다. 임금으로서, 리더로서 태종이라는 인물이 어떻게 일하고 어떻게 말했는지에 관심을 집중했다. '어떻게(How)'에 주목하는 것은 바로 스타일이나 방식에 주목하는 것이다.

중요한 대목은 필자가 압축 정리하기보다는 가능하면 실록 원문을 인용해 독자들에게 태종 육성(肉聲)을 있는 그대로 들려주려 한 것도 그 때문이다. 많은 대목에서 한문 독음을 달아 노출시킨 것도 가능한 한 그 당시 느낌을 간접적으로라도 독자들에게 전하기 위함이다. 읽기에 다소 불편할지라도 충분히 음미할 만한 읽을거리를 제공하고 싶었다.

풍(風)에 집중한 또 한 가지 이유를 들자면 '역사적 평가' 운운을 피하기 위함이다. 소극적으로 도피한다는 의미가 아니라 쓸데없는 시간 낭비라 여기기 때문이다. 지금 시점에서 그를 미화 찬양한다고 해서, 혹은 그를 비판 매도한다고 해서 무슨 의미가 있겠는가? 태종이 '말하고 일하는 스타일'을 탐구하는 것은 '말과 일을 모르는 자'들이나 일삼는 공리공담을 피하는 효과적 방법 가운데 하나라 할 수 있다. 더불어 이 같은 태종 스타일, 즉 태종풍이 바람처럼 오늘날 우리 사회 곳곳에 널리 불어 허위의식으로 가득한 공리공담 고담준론 따위를 쓸어가 버리기를 바라는 마음도 담았다.

끝으로 자부할 게 있다. 우리 지식 사회에 '동서고금(東西古今)을 통합시킨 전기(傳記) 저술'이라는 한 가지 방법을 제공했다는 점이다. 우리 학계가 장님 코끼리 더듬기 식 학문 수준에서 벗어나는 데 자그마한 자극제라도 된다면 그 또한 그간 악전고투가 가져다준 보람이다.

이번 작업과 관련해 한 가지 아쉬움을 적는다. 태조 어진(御眞)

은 지금까지도 전해지는 반면 태종 어진은 전해지지 않는다. 임금 초상화를 어진(御眞)·어용(御容)·진용(眞容)·쉬용(晬容)이라고 했는데, 실록을 보면 태종에게도 분명 어진이 있었다. 태종 어진을 그린 때는 상왕 시절이었던 것으로 보인다. 세종 26년(1444년) 10월 22일 자 실록이다.

애초에 상(上-세종)이 태종의 성용(聖容-임금의 얼굴)을 그리라고 명하니 태종이 그것을 보고 말했나.

"옛사람 말에 '만일 털끝만큼이라도 똑같지 않은 데가 있으면 나 자신이 아니다'라고 했다."

곧바로 불살라버리기를 명했다. 상이 차마 그렇게 못하고 간직해두었다가, 계해년(癸亥年-1443년)에 이르러 상이 궐내에 화공들을 모아놓고 상과 중궁의 쉬용을 그리게 하고 또 태조와 태종 어용을 다시 그리게 했다. 다 완성되자 드디어 선원전(璿源殿)[25]에 봉안하라고 명했다.

'다시 그리게 했다'라는 표현을 보면 이미 그전에 그렸던 것으로 보인다.

이렇게 전해진 태종 어용은 아쉽게도 6·25전쟁으로 부산에 옮겨두었던 왕실 보물 4,000여 점이 전쟁이 끝난 직후 화재로 소실될 때 함께 한 줌 재가 되어버렸다.

우리는 실록에 실려 있는 짤막한 파편 기록만으로 태종 모습

---

25 조선 시대에 태조 이하 역대 임금과 왕후의 영정을 봉안하던 곳이다.

을 그려볼 수 있을 뿐이다. 만일 어진이 남아 있었다면 태종의 캐릭터 파악에 조금이라도 도움을 얻었을 것이고, 그 정신세계 재구성 작업에도 분명 도움이 되었을 것이다.

다행히 태조 어진을 통해 우선 간접적으로나마 태종 얼굴을 그려볼 수 있다. 『태조실록』 총서는 태조 얼굴 모습에 대해 "우뚝한 콧마루와 임금다운 얼굴[隆準龍顏]"이라고 표현했다. 『태종실록』 총서에는 "태조는 우뚝한 콧마루와 임금다운 얼굴[隆準龍顏]이었는데, 태종 용모가 이를 닮았다"라고 말하고 있다. 또 태조 3년(1394년) 6월 1일 자 기사에 태종의 체형이나 체구를 가늠할 수 있는 소중한 기록 하나가 나온다. 이때 정안군 이방원이 아버지 명을 받고 명나라에 사신으로 가겠다고 하자 태조는 미안한 마음에 눈물을 흘리면서 이렇게 말한다.

"너의 체질이 파리하고 허약한데[羸瘦] 만 리 먼 길을 탈 없이 갔다 올 수 있겠는가?"

이수(羸瘦)란 여위고 마른 몸매를 말한다. 병약했다고는 볼 수 없고, 깡마른 체형이었을 듯하다.

태종 18년(1418년) 5월 13일 자 실록에는 전혀 엉뚱한 맥락이기는 하지만 태종의 키를 추정해볼 만한 말이 실려 있다. 대호군을 지낸 함경도 출신 무인 최점(崔霑)이 세자에게 빌붙어 세자를 '우리 임금[我主]'이라 부르면서 누군가에게 이렇게 말했다.

"상위(上位-태종)는 키가 작은데 아주(我主)께서는 키가 크십니다."

이 점은 태종과 세자 둘 다 만나보았던 명나라 황제 성조(成祖-영락제)가 했던 발언을 통해서도 확인할 수 있다. 태종 8년(1408년) 4월 2일 명나라에 갔던 세자가 돌아와 명나라에서 있었던 일을 전하는 중에 이런 대목이 나온다.

제(帝)가 서각문(西角門)에서 세자를 불러 만나보고, 섬돌에 오르기를 명해 자세히[諦=詳] 보더니 말했다.
"용모는 네[乃=汝] 아버지와 같은데 키만 좀 다를 뿐이구나!"[26]

이 3가지를 종합하면, 태종 외양(外樣)은 우리 역대 대통령 중에서는 키가 작고 다부졌던 박정희를 떠올리게 한다.

---

26 영락제(永樂帝-성조)는 연왕(燕王)으로 있을 때 왕자 이방원을 직접 만나본 적이 있었다.

제1장

잠룡 이방원:
변방 장수의 아들로 세상에 나오다

1 ___

동북면 함흥에서 나다

원나라 연호로 지정(至正) 27년, 고려 공민왕 16년이었다. 1367년 정미년 음력 5월 16일에 지금의 함경도(동북면) 함흥부(咸興府) 귀주(歸州)[1]의 명장(名將) 집안에서 한 아이가 다섯 번째 아들로 태어났다. 당대의 명장이던 아버지 이성계는 1335년생으로 이자춘(李子春, 1315~1360년)[2] 둘째 아들인데, 어려서부터 말을 잘 탔고 활을 잘 쏘았으며 특출난 무략(武略)을 일찍부터 드러

---

1   변계량은 태종 신도비에서 후주(厚州)라고 했다.

2   1394년(태조 3년) 태조가 4대조를 추존할 때 환왕(桓王)으로, 태종 때 다시 환조로 추존되었다. 그가 죽은 뒤 그 아들 이성계는 통의대부 금오위상장군 동북면상만호가 되어 약관으로 정3품 중앙 무관직과 선조 때부터 기반인 상만호 2가지 직책을 맡게 되었다. 이는 이성계가 동북면 토착 기반을 그대로 이어받은 것을 의미하는 것으로, 그대로 그것은 조선왕조를 건국할 수 있는 세력 기반이 되기도 했다. 능은 정릉(定陵)으로, 함흥 동쪽 귀주동(歸州洞)에 있다.

냈다. 이자춘의 첫째 아들은 이원계(李元桂)인데, 이성계와는 어머니가 달랐다. 22살 때인 1356년(공민왕 5년) 이성계는 유인우(柳仁雨, ?~1364년)³가 이끄는 고려 군대가 원나라 쌍성총관부를 칠 때 아버지와 함께 싸움에 나가 공을 세웠다. 5년 후인 1361년(공민왕 10년)에 아버지 벼슬을 이어받아 금오위 상장군 동북면 상만호가 되었고, 그해 10월 독로강 만호 박의(樸儀)가 반란을 일으키자 가서 평정했다. 도만호, 상만호, 만호는 오늘날 장군에 해당한다. 그런데 그 직후 사류(沙劉)가 이끄는 10만 홍건적이 압록강을 넘어 침략해 왔다. 파죽지세로 내려오는 홍건적을 고려군은 막아낼 수 없었다. 공민왕은 10월 19일 남쪽으로 몽진(蒙塵-파천/피난)을 떠났고, 일행이 경기도 이천에 도착한 24일 수도 개경은 홍건적에 함락되었다. 공민왕은 복주(福州-지금의 안동)로 옮겨가 임시정부 격인 행재(行在-임금의 임시 거처)를 마련하고 반격 준비에 들어갔다. 『고려사』에 따르면 그나마 이성계 군대만이 이 와중에 11월 국경을 넘어온 홍건적 왕원수(王元帥) 이하 100명의 목을 베는 공을 세웠다.

안동으로 옮긴 고려 조정은 이듬해 1월 군사를 재정비해 안우(安祐, ?~1362년), 이방실(李芳實, 1298~1362년), 황상(黃裳, 1328~1382년), 한방신(韓方信, ?~1376년), 이여경(李餘慶, ?~?), 김득

---

3 이때인 1356년(공민왕 5년) 밀직부사로 동북면병마사가 되어 쌍성총관부를 격파하고 옛 땅을 수복했다. 1358년 수사공 상서좌복야(守司空尙書左僕射)가 되었으며, 다음 해 개성부 판사로 옮겼다. 그 뒤 찬성사에 올라 1362년 하성절사(賀聖節使)로서 원나라에 갔다. 1364년(공민왕 13년) 1월에 덕흥군(德興君)을 옹립하려는 최유(崔濡)와 함께 원나라의 요양행성(遼陽行省) 군사 1만을 이끌고 고려를 공격하러 왔다가 다음 해 고려군에 붙잡혀 살해되었다.

배(金得培, 1312~1362년), 안우경(安遇慶, ?~1372년), 이구수(李龜壽, ?~1366년), 최영(崔瑩, 1316~1388년)[4], 이성계 등을 지도부로 하는 20만 병사를 황해도 장단군에 총집결시키고 개경 탈환 준비를 마쳤다. 총사령관 격인 총병관(摠兵官)은 정세운(鄭世雲, ?~1362년)[5]이었다. 개경 탈환 작전은 홍건적 세력이 모두 잠들어 있던 새벽에 이뤄졌다. 그때 공격 선봉장이 이성계다. 그는 친병(親兵) 2,000명을 거느리고 가장 먼저 성을 넘어 들어가 전투 주도권을 쥐는 결정적인 공을 세웠다. 고려군은 개경을 탈환했고, 홍건적은 달아났다. 4월 공민왕은 이성계에게 상호군으로서 동북면병마사를 맡게 했다. 전공을 인정받아 지방군인에서 중앙 고위장군이 되었을

---

4 1363년에 김용(金鏞)이 공민왕을 시해하려 했던 흥왕사(興王寺)의 변(變)을 평정했다. 1364년 원나라에 있던 최유(崔濡)가 덕흥군(德興君-충선왕의 셋째아들)을 왕으로 받들고 군사 1만 명을 거느리고 압록강을 건너 선주(宣州-평안북도 선천)에 웅거하자, 서북면도순위사로서 이성계 등과 함께 수주(隨州-평안북도 정주) 달천(㺚川)에서 싸워 물리쳤다. 1388년 다시 문하시중이 되어 왕의 밀령으로 부패와 횡포가 심하던 염흥방·임견미와 그 일당을 숙청했다. 그해 최영 딸이 우왕 비[寧妃-영비]가 되었다. 이때 명나라가 철령위(鐵嶺衛) 설치를 통고하고 철령 이북과 이서·이동을 요동에 예속시키려 했다. 이에 요동 정벌을 결심하고 팔도도통사가 되어 왕과 함께 평양에 가서 군사를 독려했다. 그러나 회군을 단행해 기세가 오른 이성계의 막강한 원정군을 막지 못해 결국 도성을 점령당하고 말았다. 이성계에게 잡혀 고향 고봉현(高峯縣-지금의 경기도 고양)으로 유배되었다. 그 뒤 다시 합포(合浦-지금의 경상남도 마산)·충주로 옮겨졌고, 공료죄(攻遼罪-요동을 공격한 죄)로 개성에 압송되어 순군옥에 갇혔다가 그해 12월에 참수되었다.

5 1359년 기철(奇轍)을 주살해 사직을 지켜낸 공으로 남양후(南陽侯) 홍언박(洪彦博), 참정상의(參政商議) 경천흥(慶千興)과 함께 1등 공신이 되었다. 성품이 충성스럽고 청렴해 밤낮으로 울분을 참지 못하고 적을 소탕할 것을 스스로 맹세했다. 1362년 정월 안우·이방실·황상·한방신·이여경·김득배·안우경·이구수·최영 등 여러 장수와 함께 군사 20여만 명을 거느리고 가서 개경을 포위 공격해 대승을 거두었다. 그러나 정세운을 시기한 김용이 왕의 뜻을 거짓으로 꾸미고 안우·이방실·김득배를 비밀리에 꾀어 정세운를 살해했다. 그 뒤 왕이 정세운를 살해한 죄를 논핵했고, 첨의정승(僉議政丞)을 추증해 장사를 지냈다.

뿐 아니라 '전쟁 영웅'으로 떠올랐다. 이성계가 아버지 이자춘처럼 지방 토호로 남아 있었다면 태종이라는 불세출의 군왕은 애당초 나올 수 없었다. 그것이 명(命), 즉 일의 형세[事勢]다. 유방(劉邦)에게 항우(項羽)가 도약할 기회를 준 대인(大人)이었다면, 이방원에게는 아버지 이성계가 바로 대인이었다.

동북면병마사 이성계는 7월 동북면 홍원(洪原) 지방 등을 침략한 원나라 장수 나하추(納哈出)를 격퇴했다. 나하추는 만주 일대에서 세력을 떨쳤는데, 고려 동북면 씽성(雙城-영흥)을 다시 장악하려 친히 군대 수만 명을 이끌고 북청(北靑), 홍원 등에 쳐들어왔다. 이성계는 함관령(咸關嶺)을 넘어 홍원에서 남쪽으로 30리 떨어진 적의 집결지 달단동(韃靼洞)을 기습해 격파한 뒤 적군을 함흥평야로 유인해 대파했다. 달아난 나하추는 그 후 명나라에 투항해 해서후(海西侯)를 봉작 받았다. 조선 건국 후인 태조 2년(1393년) 정도전은 이 승전을 노래했다. 성종(成宗) 때 성현(成俔, 1439~1504년) 등이 편찬한 『악학궤범』에 실린 「납씨가(納氏歌)」다.

납씨가 강력한 군사에 기대어
고려 동북방에 침입해서,
힘으로 행패를 마구 부려대니
그 예봉 감당키 어려웠노라.

우리 임금께서 더 용맹하시어
앞장서 나아가 적 심장을 바로 향하니,
한 번 쏘아 부장을 넘어트리고

두 번 쏘아 괴수를 맞추었도다.

상처를 싸매고 구제할 겨를도 없이

도망가는 적을 쫓아 유성의 불빛처럼 치달리셨네.

(이에 적은 두려워해) 원숭이 소리도 실로 두렵거니와

학 울음소리도 (태조가 추격하는 소리인가) 의심했다네.

탁월하도다! 감히 당할 자 없으니

동북 지방 영원히 근심 없앴도다.

공로가 이뤄진 것은 바로 이 거사에서이니

천 년 만년 드리워지리라.

군더더기 하나 없는 깔끔한 서사(敍事)다.

1364년 1월 최유(崔濡, ?~1364년)가 원나라 군사 1만 명을 이끌고 평안도 지방을 침략했다. 유(濡)는 고려 사람으로, 원나라에 가서 벼슬하면서 고려 조정을 어지럽혔는데, 고려 출신 기황후(奇皇后, ?~?)[6]가 자기 일족을 제거한 공민왕에 원한을 품고 있음을 알

---

6 1333년(충숙왕 복위 2년)에 원나라 휘정원(徽政院)에 있던 고려 출신 환관 고용보(高龍普) 추천으로 궁녀가 되었고, 순제로부터 총애받게 되자 정후인 다나시리[答納失里]로부터 학대받았다. 1339년 황자 아이유시리다라[愛猶識理達臘]를 낳았으며, 이듬해 2월에 바옌 세력이 물러나게 되자 4월에 드디어 제2황후로 책봉되었다. 이내 반대 세력을 몰아낸 뒤 휘정원을 자정원(資政院)으로 바꾸고 이를 배경으로 막대한 권력을 행사했다. 오빠인 기철(奇轍) 등은 권세를 휘두르다가 1356년(공민왕 5년) 공민왕이 추진한 반원개혁(反元改革) 때 주살되었다. 이에 기황후는 공민왕을 폐위시키고 충숙왕 동생 덕흥군(德興君)을 고려왕으로 옹립하기 위해 1364년(공민왕 13년) 최유로 하여금 군사 1만으로 고려를 침공케 했다. 하지만 최유 군사가 고려 최영 장군에게 크

고 기황후를 달래 공민왕을 폐하고 덕흥군(德興君)[7]을 왕으로 추대하려 했다. 최유가 원나라 군사 1만 명을 거느리고 압록강을 건너 의주를 포위하니, 고려군은 패해 물러 나와 안주를 지켰다. 최유가 선주(宣州-지금의 평안북도 선천)에 들어가 웅거하자 왕이 최영을 서북면도순위사로 임명하고 이성계에게는 정기(精騎-정예기병) 1,000명을 거느리고 나아가 응원하게 하니, 토벌군 사기가 올라 수주 달천에서 크게 승리했다.

이성계는 이어 2월에는 함주(咸州-함흥)를 친공한 여진족 김삼선·삼개 형제를 격퇴해 밀직부사 벼슬을 받고 익대공신 칭호와 금대(金帶)를 하사받았다. 말 그대로 승승장구(乘勝長驅)였다.

이성계가 활동한 무대는 그러나 개경이 아닌 함흥 지역이었다. 귀족 사회인 고려의 중앙 정치 무대에 발 딛기에는 아직 높은 신분이라 할 수 없었다.

이방원을 낳은 친모 안변 한씨는 함경도 안변의 평범한 집안 출신으로 1337년생이니, 1335년생인 아버지 이성계보다 2살 아래였다. 아버지 한경(韓卿)은 훗날 사위 덕에 밀직부사라는 3, 4품

게 패주함으로써 덕흥군 옹립 계획은 무산되었다. 1365년에는 전례를 깨뜨리고 정후가 되었으나 1368년 원나라가 멸망한 뒤에는 행적을 알 수 없게 되었다.

7 충선왕이 내쫓은 궁인이 원나라 사람 백문거(白文擧)와 결혼해 낳았다고 하나 확실치 않다. 일찍이 중이 되었다가 1351년(충정왕 3년) 공민왕이 즉위하자 원나라로 도망쳤다. 1356년(공민왕 5년) 왕이 반원개혁을 추진하면서 기철·노책·권겸 등을 죽이자, 당시 고려를 배반하고 원나라에 가 있던 최유 등이 기황후에게 무고했다. 이에 원나라에서는 1362년 공민왕을 폐하고 대신 덕흥군을 국왕으로 세우려 했다. 1363년 12월 요양(遼陽) 군사 1만 명을 이끌고 고려를 침공했다. 이듬해 정월 의주를 점령하고 남하하려다가 수주(隨州-평안북도 정주) 달천(獺川)에서 최영·이성계 등이 이끄는 고려군에 패해 원나라로 돌아갔다. 원나라에서 장형(杖刑)에 처해졌으며, 고려 요구에 따라 고려로 소환되려 할 때 등창이 나서 보류되었다.

정도의 관직을 받게 되지만, 그래도 변방에 있는 미미한 집안이었다. 열다섯에 이성계와 결혼한 한씨는 방우·방과·방의·방간·방원·방연 등 여섯 아들과 경신·경선 등 두 딸을 낳았다. 이방원은 고려의 떠오르는 별 이성계와 안변 한씨 사이에 다섯째 아들로, 고려 동북 땅 후미진 곳에서 나고 자랐다.

2 ——

'감반의 구은',
원주 선비 원천석에게 배우다

이방원의 어린 시절에 대해 『태종실록』 총서는 이렇게 기록하고 있다.

> 태종은 나면서부터 신이(神異)했고, 자라면서 영명함과 슬기로움[英睿]이 출중했으며, 책 읽기를 좋아해 배움이 날로 나아갔다.
>   영예

훗날 그가 보여준 행적을 감안할 때 "나면서부터"는 모르겠으나 나머지 부분은 조금도 과장이 없다. 영예(英睿)는 늘 태종 자질을 말할 때 등장하는 표현이다. 영(英)이란 타고난 자질이 뛰어났다는 뜻이고, 예(睿)는 일의 이치에 밝았다는 말이다. 여기서 주목할 부분은 "책 읽기를 좋아해 배움이 날로 나아갔다"라는 대목이다.

어린 방원이 누구에게 배웠는가 하는 문제부터 짚어보자. 그것은 훗날 그가 보여주는 정치 노선의 뿌리를 읽어낼 실마리가 되기 때문이다. 구체적으로 방원이 원천석(元天錫, 1330~?)이라는 강원도 치악산 자락에 살던 한 선비에게 학문을 익혔다는 사실은 뜻밖에도 『현종실록(顯宗實錄)』 현종 4년(1663년) 4월 27일 자 기사에서 확인할 수 있었다.

강원도 진사 한용명 등이 소를 올렸다. 그중 일부다.

'고려 진사 원천석은 학문이 정심(精深-정밀하며 깊음)하고 도덕이 순수했는데, 좋지 못한 때를 만난 탓에 치악산에서 은거하면서도 전혀 답답해하는 마음을 갖지 않고 더 이상 (새 임금을) 섬기지 않을 뜻을 굳혔습니다. 그러다가 고려왕조 운세가 끝을 고하고 진정한 인주(人主-태조 이성계)가 혁명함에 이르러서는 더욱 '율리(栗里)의 고절(高節)'에 힘쓰고 '서산(西山)의 청풍(淸風)'을 멀리 끌어당겨 유정(幽貞-그윽하고 반듯함)함을 끝내 보전하면서 이를 잊지 않겠다고 길이 맹세했습니다. 천석과 같은 자야말로 이른바 만고의 강상(綱常-표준)이 되고 백세의 사표(師表-모범)가 되는 자라 하겠습니다. 따라서 그는 실로 정몽주나 길재와 함께 아름다움과 짝하고 향기를 같이하는 존재로서, 마치 은(殷)나라에 세 사람의 인자(仁者-어진 사람)가 있었던 것[8]과 같은 격이라 할 것입니다.

---

8 이는 『논어』 「미자(微子)」편에 나오는 이야기를 끌어온 것이다. 미자는 떠나가고, 기자(箕子)는 종이 되고 비간(比干)은 간언하다가 죽임을 당했다. 공자가 말했다. "은나라에 3명의 어진 사람[三仁]이 있었다. 미자는 (은나라 마지막 임금) 주(紂)왕이 무도한 것을 보고 떠나가 종사(宗祀)를 보존했고 기자와 비간은 모두 간언했는데, 주왕이

생각건대 우리 태종대왕께서 '감반(甘盤)의 구은(舊恩)'이 있다고 해 거듭 은총을 더하셨고 산 입구까지 가시어 그 아들 원형(元洞)을 기천 수령으로 임명하심으로써 천석을 봉양할 여지를 마련해주시면서도 끝내 작록은 가하지 않아서 천석이 가진 뜻을 이뤄주셨으니, 천석의 고상한 풍도가 이에서 더욱 드러났다 하겠습니다.'

실록 사관은 이 점을 확인시켜준다.

"천석은 벼슬길에 나가지 않고 은거했는데, 이색(李穡, 1328~1396년)[9] 등 여러 사람과 평소 친했다. 우리 태종께서 일찍이 그를 따라 학업을 닦으셨는데, 즉위하고 나서 여러 차례 불렀지만 나아오지 않았다. 이에 태종께서 직접 그의 초막까지 왕림하셨는데도 천석이 도피하고 만나려 하지 않자, 태종께서 옛적의 식모를 불러 상품을 하사하고 천석 아들을 관직에 임명했다. 천석은 수고(手稿-원고) 6권을 남겼는데, 고려 말과 세상이 바뀔 때의 일을 매우 자세하게 기록했다. 그 책들을 풀로 붙이고 그 표지에 쓰기를 '뛰어난 자손이 아니면 열어보지 말라'고 했는데, 지금도 그 책이 남아 있으나 두 권은 분실되었다 한다."

태종의 정신세계를 이해하는 첫 단추이니 하나씩 정리해보자.

비간은 죽이고 기자는 가두어 종으로 삼으니 기자는 그로 인해 미친 척하고 욕을 당했다."

9 『이한우의 태종 이방원 하』 제1장 7절에 이색 줄기가 실려 있다.

첫째, 방원이 어려서 원천석에게 배웠음을 확인시켜주고 있다. 그 말이 바로 '감반(甘盤)의 구은(舊恩)'이다. 구은은 오래전에 받은 은혜라는 의미로 사용되지만, 특히 임금이 즉위하기 전 어릴 때 스승으로부터 받은 학문적 은혜를 가리키는 말이다. 그렇다면 감반은 무엇인가? 감반은 은나라 임금 무정(武丁), 즉 고종(高宗)을 보필했던 뛰어난 신하다. 고종은 흔히 은나라 중흥 군주(中興君主)로 불린다. 창업 군주 다음으로 위대한 임금이 중흥 군주다. 고종이 즉위하기 전 감반에게 글을 배운 일이 있었는데 후에 즉위해 그를 등용해서 정승으로 삼았다는 고사로부터 연유해 사제(師弟) 관계에서 스승을 말한다. 그렇다면 세종은 이수(李隨, 1374~1430년)에게 '감반의 구은'이 있다고 하겠다.

옛날에 어머니로부터 받은 가르침을 흔히 맹모삼천(孟母三遷)이라 하고 아버지로부터 받은 가르침을 과정지교(過庭之教)라 했다. '과정지교'란 뜰을 지나갈 때 넌지시 전해주는 가르침이라는 뜻이다. 『논어』 「계씨(季氏)」편에 나오는 공자와 그 아들 사이 일화에서 비롯되었다.

진강이 공자 아들 백어(伯魚)에게 물었다. "그대는 실로 (아버지로부터) 특이한 것을 들은 적이 있는가?"
이에 백어가 답했다. "(그런 특별한 것은) 들은 적이 없다. 일찍이 홀로 서 계실 때 내가 종종걸음으로 뜰을 지나가는데[過庭] '시(詩)를 배웠느냐?'라고 물으시기에 '아직 배우지 못했습니다' 했더니, '시를 배우지 않으면 말을 할 수 없다'라고 하셨다. 내가 물러 나와 시를 배웠다. 다른 날에 또 홀로 서 계실 때 종종걸음으로 뜰을 지나가는데

'예(禮)를 배웠느냐?'고 물으시기에 '아직 배우지 못했습니다' 하니, '예를 배우지 않으면 설 수 없다'라고 하셨다. 나는 물러 나와 예를 배웠다. 이 2가지를 들었을 뿐이다."

이에 진강이 물러나 기뻐하며 말하기를 "하나를 물어서 3가지를 얻었으니, 시를 듣고 예를 듣고 또 군자가 그 아들에게도 공평하게 대하는 것[遠之=公之]을 들었구나!"라고 했다.
원지 공지

'들어가는 말'에서 보았듯이, 태종도 이 말 '과정지교(過庭之敎)'를 정확히 알고 있었다.

여기서 또 주목해야 할 대목은 바로 공자가 아들에게 배우라고 말한, 예(禮) 즉 일의 이치[事理]를 배우지 않으면 설 수 없다[無以立]는 말이다. 30살에 이르러야 한다는 바로 그 이립(而立)이 여기에 나온 것이다. 이립(而立)은 "입기이례 이입인이례(立己以禮而立人以禮)"를 압축한 말로, 먼저 자기 자신을 일의 이치[事理=禮]로 세우고 난 다음에 다른 사람을 일의 이치로 세워주라는 말이다. 이립을 제대로 풀어주는 순간 그 자체가 리더십론이 된다.

둘째, '율리(栗里)의 고절(高節)'과 '서산(西山)의 청풍(淸風)'은 어쩌면 원천석을 매개로 태종에게 이어진 문풍(文風) 혹은 학풍(學風)일 수 있다는 점에서 주목해야 한다.

먼저 율리란 중국 시인 도연명(陶淵明, 365~427년)을 가리키는데, 그가 낙향해 은거했던 동네 이름이다. 즉 여기서는 원천석이 살았던 원주를 염두에 둔 말이다. 일반적으로 도연명 시는 생활로부터 흘러나온 마음의 부르짖음으로, 당시 유행하던 귀족 생활에서 풍겨 나온 여유 넘치는 유희문학(遊戲文學)과 달리 민초(民

草)의 삶 자체를 노래했다는 평을 듣는다. 실제 그는 향리에 물러나 살면서 스스로 괭이를 들고 농사지으며 가난과 병마에 시달리면서도 깨달음에 이르는 경지를 보여주었다고 한다. 원천석이 살아낸 삶과 겹친다.

서산은 남송의 정치가이자 대학자 진덕수(眞德秀, 1178~1235년)[10]를 가리킨다. 뒤에 가서 집중적으로 살피게 될 제왕학 교과서 『대학연의』 편저자다. 태종이 『대학연의』를 원천석에게 직접 배웠는지는 알 수 없지만, 그 기본정신은 원천석을 매개로 해서 일찍부터 태종으로 이어졌다.

셋째, 이색 등과 친했다는 점이다. 이를 통해 원천석이 가졌을 정치적 생각을 추론해볼 수 있다. 이색은 건국에 미온적 태도를 취하다가 정도전 등에 의해 배척당했다. 그러나 훗날 태종이 즉위하면서 이색 제자들은 대거 정계에 진출하게 된다. 이색과 친하다는 점을 주목해야 하는 것은 그 때문이다.

『태종실록』에는 원천석에 대한 직접 언급은 나오지 않는다. 다만 원주와의 인연을 입증해주는 기사가 여러 차례 나온다. 태종 10년(1410년) 12월 20일 자다.

---

10 송나라 건녕부 포성 사람이다. 호는 서산(西山)이다. 영종 경원 5년(1199년)에 진사가 되고 개희 원년(1205년)에 박학굉사과에 합격했다. 이종 때 예부시랑에 발탁되어 직학사원에 올랐다. 사미원이 그를 꺼려해 탄핵받고 파직되었다. 나중에 천주와 복주 지주(知州-지사)를 지냈다. 단평 원년(1234년)에 입조해 호부상서에 오르고, 한림학사와 지제고가 되었다. 다음 해 참지정사에 이르렀는데 얼마 뒤 죽었다. 강직하기로 유명해 명성이 자자했다. 시정에 대해 자주 건의했는데, 황제에게 써서 올린 주소(奏疏)가 수십만 자에 이르렀다. 저서로 『당서고의(唐書考疑)』와 『독서기』, 『문장정종(文章正宗)』, 『서산갑을고(西山甲乙稿)』, 『서산문집』 등이 있다.

원주 각림사(覺林寺)에 향을 내렸다. 상이 잠저(潛邸-왕이 되기 전에 살던 집)에 있을 때 이 절에서 글을 읽었다.

태종은 이 시절을 여러 차례 언급했다. 태종 17년(1417년) 2월 27일 사냥 갔다가 각림사를 방문해 회고했다.

"내가 어렸을 때 각림사에서 글을 읽었는데, 자라서도 매번 꿈을 꾸면 어릴 적 놀던 깃만 같았다."

이 정도 자료로 재구성해보면, 원주 시절은 그가 왕자였을 때가 아니라 10대 초 과거 시험을 준비하던 때로 봐야 한다. 실제로 고려 때는 선비들이 과거 공부를 절에서 하는 경우가 많았다. 물론 훗날 태종은 반(反)불교 성향이었지만 어릴 때는 관행을 따랐을 것이다. 게다가 아버지 이성계는 철저한 불교 신봉자였다. 아마도 이 시기에 태종은 원천석에게 유학의 기본기를 배웠을 것이다. 뒤에 드러나듯 그것은 주자학에 물든 유학과는 거리가 먼, 고려 전통 유학이었다. 고려 유학이란 왕권을 신권보다 우위에 두었던 공자 유학을 말한다.

3 ___

고려 과거에 급제하다

젊은 방원이 가진 영명(英明)함은 우왕 8년(1382년) 16세 나이로 진사시(성균시)에 급제하고 다음 해 문과에서 급제한 데서 일찍 드러났다. 『고려사』 권135 열전 48은 이 사실을 짤막하게 전한다.

"과거에서 김한로 등을 급제시켰는데, 우리 태종이 병과 7등으로 뽑혔다."(우왕 9년, 1383년 4월)

3년마다 33명을 뽑는 과거에 17세 나이로 급제했다면 매우 빠른 것이다. 실록에는 이 무렵의 관련 기록이 없지만, 다행히 이긍익(李肯翊, 1736~1806년)의 『연려실기술』「태종조 고사본말(太宗朝故事本末)」에 당시 이방원이 공부하던 모습과 방원이 문과에 급제한 직후 이성계가 기뻐하는 모습이 생생하게 담겨 있다.

태조는 본래 유학을 좋아해, 비록 군중에서라도 창을 놓고 쉬는 때면 유명한 선비를 청해 경서와 역사를 논의하느라고 밤중까지 자지 않기도 했다. 가문에 유학하는 사람이 없어 태종을 배움 길에 나아가게 했더니, 태종이 글 읽기를 게을리하지 않았다. 신덕왕후(神德王后-강씨)는 태종이 글 읽는 소리를 들을 때마다 "어찌 내 몸에서 나지 않았던고"라고 아쉬워했다. 고려 우왕 때 태종이 과거에 급제했는데, 태조가 대궐에 가서 배사(拜謝-감사 인사)하고 감격에 겨워 눈물을 흘렸다. 제학(提學-밀직제학)이 되니, 태조가 기쁨이 대단해 사람을 시켜 관교(官敎-임명장)를 두세 번 읽게 했다. 손님들과 연회할 때면 태종에게 연구(聯句-시 짓기)시키고 매번 "내가 손님들과 함께 즐길 수 있었던 데에는 네 힘이 컸다"라고 말했다.

첫 문장은 『태조실록』 총서에 나오는 말과 표현이 거의 흡사하다.

태조는 본래부터 유술(儒術-유학)을 존중해 비록 군중에 있더라도 매번 창을 던지고 휴식할 동안에는 유사(儒士)·유경 등을 불러서 경사(經史-경서와 역사)를 토론했다. 더욱이 진덕수의 『대학연의』 보기를 좋아해 혹은 밤중에 이르도록 자지 않았으며, 개연(慨然-큰 뜻을 품음)히 세상에 도의(道義)를 되찾게 해줄 뜻을 가졌다.

『태조실록』은 『대학연의』 언급을 잊지 않았다.

태조는 그사이 연이은 왜구 격퇴로 명성을 더욱 높이고 있었다. 특히 1380년(우왕 6년) 9월 전라도 남원 지리산 일대를 노략질하던 대규모 왜구를 물리친 황산대첩(黃山大捷)[11]은 이성계를 전 국적 인물로 만들었다. 그는 1382년 드디어 문하찬성사(門下贊成事-정2품)라는 고위직에 오른다. 단계단계 중앙 조정 내에서 입지가 높아졌다. 방원이 문과 급제하던 1383년 8월, 이성계는 동북면 도지휘사로 동북면 일대를 노략질한 여진족 장수 호발도(胡拔都)를 길주에서 궤멸시켰다. 그는 이 무렵 함주(咸州-함흥) 막사로 찾아온 정도전을 만나 의기투합했다.

이성계는 1388년 1월 마침내 재상급인 수문하시중(守門下侍中-종1품)이 되어 중앙 정치 핵심에 진입했다. "손님들과 연회할 때는 태종에게 연구(聯句-시)를 하게 하고"는 바로 이 무렵부터 공양왕 때까지에 해당한다. 아무래도 무장 출신 이성계는 학문에 능하지는 못했고 당연히 시 또한 제대로 지을 수 없었다. 그때마다 연회에서 이성계는 자기가 연구할 차례가 되면 아들 방원을 시켜 연구하게 했다.

조선 중기 명신 이수광(李睟光, 1563~1628년)이 지은 『지봉유설(芝峯類說)』 제12부 「문장(文章)」편에 태종이 쓴 시가 실려 있다. 제목은 「둥근 부채를 읊조리다[詠圓扇]」이다.
영 원선

---

11 9월 왜구는 남원 운봉현을 방화하고 인월에 주둔하며 장차 북상하겠다고 해서 조정을 놀라게 했다. 이에 조정에서는 지리산과 해주 방면에서 왜구 토벌에 용맹을 떨쳤던 이성계를 양광·전라·경상 삼도 도순찰사에 임명하고, 변안열을 체찰사에, 우인·이원계·박임종·도길부·홍인계·임성미 등을 원수로 삼아 왜구 대토벌 작전에 나서게 했다. 양측은 운봉 너머 황산 서북쪽 정산봉에서 치열한 전투를 벌였다. 적들이 험지에 자리 잡고 버티자 이성계가 산 위로 올라가 적을 맞아 싸웠다. 그러자 모든 군사가 총공격해 일대 격전을 벌인 끝에 두목 아지발도(阿只拔都)가 이끄는 왜구를 크게 물리쳤다.

바람 부는 탑(榻-임금 의자)에 기대었을 때는 밝은 달[朗月] 생각하게
되고

달빛 난간에서 읊조릴 때는 맑은 바람[淸風] 생각하게 되는데,

대나무 깎아 둥근 부채 만든 다음부터는

밝은 달 맑은 바람 내 손안에 있도다.

風榻倚時思朗月
풍 탑 의 시 사 낭월

月軒吟處想淸風
월헌 음처 상 청풍

自從削竹成圓扇
자종 삭죽 성 원선

朗月淸風在手中
낭월 청풍 재 수중

이수광에 앞서 성종(成宗) 때 학자 성현(成俔, 1439~1504년)은
『용재총화』에서 이 시에 대해 다음과 같은 평을 남겼다.

"옛날부터 문사(文士)로서 대업을 이룬 자는 거의 없고 문장
이 실로 이처럼 특출난 제왕도 거의 없었다. 사물을 인용한 비유와
함축된 의미는 빼어난 이[聖人]가 아니면 할 수 없다."
성인

태종은 재위 중에 시를 몇 편 지었다. 중국 사신에게 지어준
시 한 수가 있긴 한데, 의례적인 것이라 그의 심사(心思)를 살피기
에는 부적절하다. 태종이 지었다는 「하여가(何如歌)」는 중(中)을,
정몽주가 지었다는 「단심가(丹心歌)」는 정(正)을 노래한 시이기
는 한데, 진위 논란이 있어 다루지 않는다. 태종 11년(1411년) 6월
14일, 오랜 가뭄 끝에 비가 내리자 태종은 상왕 정종을 광연루(廣
延樓)에 모시고서 세자 종친과 신하를 불러 기쁨의 술자리를 가
졌다. 이때 지은 시다.

거가(車駕-수레와 가마)가 영림(榮臨-영광스럽게 왕림)하시어 옥잔을
드리오니

죽죽[霈然] 단비가 내려 홍의(紅衣)를 적시도다.
_{패연}

진한 듯 엷은 듯 새 단장(丹粧) 고우니

서자(西子)[12] 입가에 애교 담은 자태여라

비 내리는 기쁨을 적절히 제어해 오히려 태종이 가졌던 기쁜
마음이 생생하게 전해진다.

이 두 시를 통해 우리는 앞서 본, 어릴 적 스승 원천석의 가슴
속에 있던 "율리의 고절"과 "서산의 청풍"이 태종에게도 알게 모르
게 스며들었음을 느낄 수 있다.

청년 이방원이 가졌던 교유(交遊) 중에서 빼놓을 수 없는 인물
은 길재(吉再, 1353~1419년)다. 실록도 명백하게 두 사람이 가까웠
음을 밝히고 있다. 두 사람이 교제한 기간은 대략 이방원이 소과
(小科-성균시)에 급제하고 대과(大科-문과)를 준비하려고 성균관에
서 지낼 때였다.

길재는 18살 때 상주사록 박분(朴賁-'박비'로도 읽음)에게 배웠
고, 개경에서 벼슬하던 아버지를 보러 올라와 이색·정몽주·권근
등과 교유하며 성균관에 입학해 생원 진사과에 급제했다.『세종실
록』세종 1년(1419년) 4월 12일 자에는 길재 졸기가 실려 있는데,

---

12 춘추시대 월(越)나라 미인 서시(西施)를 가리킨다. 월나라 왕 구천이 오(吳)나라에 패
　한 뒤 미인계(美人計)로 서시를 오나라 왕 부차에게 보내니, 부차는 서시에게 혹해 고
　소대(姑蘇臺)를 짓고 정사를 돌보지 않다가 마침내 구천과 범소백(范少伯)에게 침공받
　아 멸망했다.

그중에 이런 대목이 나온다.

> 상왕(上王-태종)이 잠저에 있을 때 (성균관에) 입학해 글을 읽으니, 길
> 재는 한마을에 사는 관계로 서로 따르며 학문을 연구했고 정의(情
> 誼-정과 마땅함을 나눠 가짐)가 매우 단란했다.

주로 성균관 하급관리로 일했던 길재는 1390년 고려 쇠망을
짐작하고서 고향으로 내려갔다. 조선이 건국되고 1차 왕자의 난
이 일어나 정종이 즉위하고 이방원이 세자로 있을 때, 그를 태상박
사(太常博士-정6품)에 임명했으나 두 임금을 섬길 수 없다며 사양
했다. 그러나 세종이 즉위해 그 자손들을 임용하려 하자, 자신이
고려에 충성한 것처럼 자손들은 조선에 충성해야 할 것이라며 자
손들의 출사(出仕-벼슬 진출)를 인정해주었다. 길재가 의도했는지
모르나, 이후 그의 문하에서 김숙자·김종직 부자가 나오고 이어
김굉필·정여창·조광조로 이어지는 주자학 학맥이 형성된다. 흔히
말하는 도통(道統)이다.

이 무렵 장인 민제(閔霽, 1339~1408년)를 매개로 훗날 평생 동
지가 되는 하륜(河崙, 1347~1416년)과도 교분을 맺었다. 『태종실록』
총서에 나오는 왕재(王才)와 관련된 3가지 일화다.

> (첫째) 한씨가 하루는 여러 점쟁이 중에서 문성윤에게 물어보자 그
> 가 답해 말했다.
> "이 명은 귀하기가 말로 할 수 없으니, 삼가 가벼이 다른 점쟁이들에
> 게는 결코 물어보지 마소서."

(둘째) 남은(南誾, 1354~1398년)[13]은 태종을 만나뵐 때마다 반드시 다른 사람들에게 "이 사람은 하늘의 영묘한 기운[英氣]을 덮을 만 하다"라고 말했다.

(셋째) 가짜 성씨[僞姓][14]가 나라를 도적질한 이래로 간사한 신하들이 나라 명을 쥐자 정사가 어지러워지고 백성이 흩어지니, 태종은 비분강개해 세상을 구제할 뜻[濟世之志]을 품고서 능히 선비들에게도 몸을 굽히었다[下士].[15] 태조는 그를 다른 아들들과는 다르게 대했고 현비 강씨도 그를 특별하다 해 아끼니, 태종이 더욱 효도와 정성을 다했다. 태조는 코가 높고 평평하며[隆準] 용을 닮은 얼굴을 하고 있었는데 태종의 외모도 이와 닮았다. 하륜(河崙, 1347~1416년)과 여흥부원군 민제(閔霽, 1339~1408년)는 뜻이 같은 벗이었다. 륜(崙)이 평소 사람들의 관상을 보는 것[相人]을 좋아해 제에게 일러 말했다. "내가 다른 사람의 관상을 많이 보았는데 공의 둘째 사위 같은 사람은 여태껏 없었소. 내가 알현하고 싶으니 청컨대 공이 그것을 말해

---

13 1388년 이성계가 단행한 위화도회군에 동조하고 응양군 상호군 겸 군부판서를 거쳐 밀직부사에 올랐다. 조준·정도전·윤소종·조박 및 형 재(在)와 함께 이성계 일파로 활약했다. 1391년(공양왕 3년) 수시중 정몽주에 의해 원배(遠配-먼 곳으로 유배됨)되었으나, 이듬해 정몽주가 살해되면서 밀직사 동지사가 되었다. 이어 정도전 등 52인과 함께 이성계를 추대해 개국에 협력하고 개국공신 1등에 책록되었으며 중추원 판사가 되어 의성군(宜城君)에 봉해졌다. 문하부참찬사 겸 상서원판사 우군절제사에 이르렀다. 1398년 1차 왕자의 난 때 정도전과 함께 정안군 세력에게 살해되었다. 태종에 의해 태조 묘정에 배향되었다.

14 신돈의 신씨(辛氏)를 가리킨다. 우왕과 창왕은 왕씨가 아니라 신씨라는 것이 조선 건국 세력의 기본 인식이었다.

15 겸손하게 처신했다는 말이다.

주겠소?"

제가 태종에게 일러 말하기를 "하륜이 그대를 보고 싶어 하네"라고 하자 태종이 이에 그를 만나보니, 륜이 드디어 마음을 쏟아 섬겼다.

하륜처럼 청년 관리 이방원이 가진 잠재력을 알아본 이가 또 한 명 있었다. 태종 10년(1410년) 4월 10일 우사간대부 김지(金摯, ?~?)를 예조 우참의로 삼으라는 명이 있었다. 실은 하루 전에 김지는 우사간대부에서 사직을 청했다. 아마도 나이가 많았던 것으로 보인다. 명예직인 검교 한성윤(檢校漢城尹-검교란 일종의 명예직) 자리를 내리려다가 생각을 바꿔 실직(實職-실권이 있는 자리)인 우참의 자리를 내려주었다. 그 까닭이 지신사(知申事-오늘날의 비서실장) 안등(安騰)에게 한 말에 들어 있다.

"내가 (고려 때) 성균 정록소(正錄所)에서 벼슬할 적에 동료들이 모두 (나를 외면해) 흩어지고 나 혼자 있는데, 지(摯)가 그때 (사헌부) 헌납으로 있으면서 정록소에 왔길래 내가 술을 사서 대접한 일이 있다. 술이 취하자 자리를 앞으로 당겨 내 손을 잡고 말하기를 '그대는 반드시 큰사람[大人]이 될 것이니 바라건대 자신을 아껴'라고 했다. 내가 지금까지 잊지 않고 있다. 이 사람을 실행 참의(實行參議)에 제수한 연후에 전장(田庄-별장)에 돌아가서 노후를 보내도록 하는 것이 좋겠다."

김지에 관한 실록의 기사는 그 이후 더 나오지 않는다. 아마도 얼마 후에 세상을 떠난 듯하다.

4 ___

첫 번째 위기 속 한마디,
"최영은 일을 알지 못하는 사람이다"

1388년 5월 22일 우왕과 최영의 압박으로 요동 정벌에 나서야 했던 이성계는 위화도에 군영을 설치한 지 2주 만에 회군을 결정했다.

"돌아가 임금 곁에 있는 악한 자들을 제거해 세상을 편안케 하리라."

회군 후 이성계 군대가 개경 근처에 도착한 날은 6월 1일이다. 아래 기사는 그보다 훨씬 전인 5월 23일 전으로 봐야 한다. 늦어도 하루 정도면 회군 소식이 이미 개경 조정에 급보되었을 것이기 때문이다.

『태조실록』 총서가 전하는 당시 급박했던 상황과 22살 신진관리 방원이 긴급사태에 대처하는 솜씨를 보자.

애초에 신의왕후(神懿王后-한씨)는 (경기도) 포천 재벽동 전장에 있고, 강비는 포천 철현 전장에 있었다. 전하(殿下-태종)께서 전리정랑(典理正郎-이조정랑)이 되어 서울(개경)에 있었는데, 변고가 발생했다는 말을 듣고는 사저에 들어가지 않고 곧장 말을 달려 포천에 이르니 일을 주간하는 노비들은 이미 다 흩어져 도망친 상태였다. 전하께서 왕후와 강비를 모시고 동북면(함경도)을 향해 가면서, 말을 탈 때든지 말에서 내릴 때든지 모두 친히 부축했으며 스스로 허리춤에 불에 익힌 음식을 싸가지고 봉양했나. 경신공주·경선공주·무안군(撫安君-이방번)·소도군(昭悼君-이방석)이 모두 나이 어렸으나 역시 따라왔으므로, 전하께서 직접 안아 말에 태웠으며 길이 험하고 물이 깊은 곳에서는 전하께서 직접 말을 이끌기도 했다. 가는 길이 매우 험하고 양식이 모자라 길가 민가에서 밥을 얻어먹기도 했다. 철원관(鐵原關)을 지나다가 관리들이 붙잡으려고 한다는 말을 전해 듣고는 밤을 이용해 몰래 갔고 감히 남의 집에 들어가지 못해서 들판에 유숙했다. (강원도) 이천(伊川)의 한충(韓忠)[16] 집에 이르러서 가까운 마을의 장정 100여 명을 모아 항오(行伍-대오)를 나눠 변고에 대비하면서 말했다.

"최영은 일을 제대로 알지 못하는 사람[不曉事之人]이니 반드시 능히 나를 뒤쫓지는 못할 것이다. 비록 오더라도 나는 두렵지 않다."

7일 동안 머물다가 일이 안정된 것을 듣고 돌아왔다.

---

16 이천 사람이다. 농업에 종사하다가 김인찬과 함께 이성계를 만나 따르게 되었다. 1392년 9월 27일에 조견·한상경 등과 함께 개국공신 3등에 추록되었다. 아들은 을생(乙生)이다.

애초에 최영이 영을 내려 정벌에 나간 여러 장수 처자를 가두고자 했으나, 조금 후에 일이 급박해지자 결국 시행하지 못했다.

당시 방원이 두 어머니와 방번·방석 등 어린 동생들을 적기에 구조하지 않았다면 그들은 모두 최영에게 붙잡혀 죽거나 인질이 되었을 것이다. 게다가 회군한 아버지 또한 최영 세력과 일전을 감행할 수 없었을지 모른다. 우리는 여기 나오는 '7일 동안 머물다가'를 통해 이방원 일행이 5월 23일을 전후해 동북면으로 출발했음을 확인할 수 있다.

어떤 사람에 대해 "일을 알지 못한다"고 말하려면 적어도 그 말을 하는 사람 자신은 일을 잘 알아야 한다[曉事=知事]. 17세에 문과 급제하고 관리 생활을 시작한 22세 청년 방원은 이미 효사지인(曉事之人)이었다. '일'이라는 단어를 태종은 평생 입에 달고 살았다. 그 처음이 이 사건이다.

그렇다면 '일'이란 과연 무엇인가? 도대체 어찌해야 일을 안다[知事]고 하는가? 이 질문은 필자가 이 책을 쓰게 된 문제의식의 출발점이다. 태종 이방원이라는 인물에게서 배우는 말과 일[言行]이야말로 이 책이 탐구하려는 태종 리더십의 본령(本領) 중 하나다. 관찰자적 입장에서 그에 대해 논하고 평하는 것은 관심 밖일뿐더러, 우리 다음 세대에게 아무런 실익도 없다. "말과 일이란 과연 무엇인가?"라는 질문은 세대는 물론 시대를 뛰어넘어 관통한다.

공자는 『주역』 「계사전(繫辭傳)」에서 일[事]이란 통기변(通其變), 즉 "그 달라짐[其變]을 통하게 하는 것[通]"이라고 했다. 이에 대한 해석은 뒤로 미루고, 일단 "상황 변화 요인을 정확히 파악해서 새롭게 주어진 상황을 주도면밀하게[敬=綢密] 타개하는 것" 정도로 일을 정의하고 넘어가자.

5 ——

아버지 이성계, 회군 성공으로
중앙 정치의 한복판에 빨려 들어가다

회군 성공 후 1차 권력 투쟁에서 이색에게 패한 이성계

김영수 교수는 저서 『건국의 정치』에서 이렇게 말했다.

1388년(우왕 14년)부터 (조선이 건국하던) 1392년까지의 5년 동안 거대한 정국(政局)변동이 발생했다. 3명의 왕이 폐위되고 그중 2명이 죽었으며, 마침내 조선이 건국되었다. 1388년 우왕은 최영과 연합해 14년에 걸친 (이인임이 중심이 된) 권신 정치를 붕괴시키고 약간의 개혁 조치를 취했다. 그러나 우왕 자신은 전혀 개선되지 않았다. 최영에게는 개혁을 위한 시간이 주어지지 않았다. 이 무렵 대명 관계는 극도로 악화되어 요동을 둘러싼 긴장이 고조되었으며 마침내 군사적인 대결로 발전했다. 그러나 국경까지 진군한 정벌군은 말머리를 돌려 회군했다. 우왕이 폐위되고 그해가 가기 전에 최영도 처형되었다.

권력을 장악한 회군파는 국가의 향방을 둘러싸고 양분되었다. 회군의 정치적 의미를 일차적으로 매듭지었던 (공민왕 비) 정비(定妃)의 교서는 공민왕 대의 정치를 최선의 대안으로 찬양했다. 그러나 이에 대한 해석은 정파에 따라 달랐다. 조민수(曺敏修)파는 왕실과 이색(李穡)을 중심으로 한 온건개혁파를 결집해 이인임의 정치 노선으로 복귀하고자 했다. 그 반면 이성계를 중심으로 결집된 신진 성리학자 중 일부와 (이성계로 대표되는) 신흥 무장 세력은 급진적이고 전면적인 개혁을 추진하고자 했다. 이성계파는 (창왕 옹립을 둘러싼) 1차 권력 투쟁에서 패배했으나 마침내 조민수를 제거하는 데 성공했다. 그러나 반대 세력은 이색과 외척 세력을 중심으로 재집결했다. 그리하여 급진파들은 개혁과 함께 생존을 위해 목숨을 건 권력 투쟁에 돌입하지 않을 수 없었다.

회군을 함께했던 조민수(曺敏修, 1324~1390년)[17]는 왕씨(王氏) 후손을 새 왕으로 세울 것을 이성계와 사전에 약속해놓고는 이색과 손잡으며 우왕(禑王) 아들 창왕(昌王)을 옹립했다. 이것이 김 교수가 말한 '1차 권력 투쟁에서 패배' 내용이다. 이때부터 고려 조정

---

17 1388년 요동 정벌군 좌군도통사로 출정했다가 우군도통사 이성계와 함께 위화도에서 회군, 우왕을 폐하고 창왕을 세우는 데 중요한 역할을 했다. 1389년(창왕 1년) 이성계 일파가 추진한 전제개혁을 반대하다가 대사헌 조준 등의 탄핵으로 창녕에 유배되었다. 이해 창왕의 생일에 특사로 풀려나왔으나 다시 우왕 혈통을 둘러싼 논쟁에서 이성계 일파에 대항하다가 서인(庶人)으로 강등되었고, 다음 해 다시 창녕으로 유배되어 죽었다.

에서는 이색과 이성계 간 불안한 공존(共存)이 시작됐다.

1388년 6월 창왕이 세워지자 이성계는 다음 달에 문하찬성사 우인열(禹仁烈, 1337~1403년)[18], 정당문학 설장수(偰長壽, 1341~1399년)[19] 등 측근 인사를 명나라에 사신으로 보냈다. 전왕 폐위와 신왕 즉위를 고하기 위해서였다. 그러나 명나라도 세워진지 20년밖에 되지 않아 정세가 여전히 불안했다. 고려에서 전해져오는 소식 또한 걱정스러웠다. 이미 몇 차례 친명(親明)·친원(親元) 노선을 오락가락해 혼란상을 보인 바 있는 고려 조정에서 일어나고 있던 실상을 명으로서는 정확히 알기 어려웠기 때문이다. 9월에도 이성계는 명나라가 오랑캐를 평정한 일을 축하하는 사신단을 보내 고려 내정 상황을 보고했지만, 그래도 명나라는 불안감을 거두지 않았다.

이때 재상인 시중(侍中)을 맡고 있던 이색이 대담한 제안을

---

18 1390년(공양왕 2년) 계림윤이 되었으나, 전해에 일어난 김저 옥사에 변안열·이림·우현보 등과 함께 연루되었다는 탄핵을 받고 청풍군으로 유배되었다. 1392년 조선 개국 후 문하시랑 찬성사로서 사은사가 되어 명나라에 갔다가 이듬해 귀국해 개성부 판사가 되었으며, 원종공신에 올랐다. 1395년(태조 4년) 개성유후사 유후가 되고, 1400년(정종 2년) 승녕부 판사에 올랐다가 삼사 판사로서 정조사가 되어 명나라에 갔다. 1401년(태종 1년) 귀국해 이해에 단행된 정종 사위(辭位)와 태종 습위(襲位)를 허락한 데 대한 사은사로 다시 명나라에 다녀왔다. 1403년 검교 좌정승에 올라 병사했다.

19 공양왕을 세울 때 모의에 참여해 공이 있었으므로 1390년(공양왕 2년) 충의군(忠義君)에 봉해졌고 문하찬성사로 승진했다. 1392년 판삼사사(判三司事-삼사 판사)로서 지공거(知貢擧-과거 선발 책임자)를 겸했다. 이해 정몽주가 살해될 때 일당으로 지목되어 해도(海島)에 유배되었다. 건국 후 태조의 특명으로 1396년(태조 5년) 검교 문하시중에 복직되었다. 1398년 정종이 즉위한 뒤 계품사(啓稟使)로 명나라에 가다가, 도중에 명나라 태조가 죽자 진향사(進香使)로 사명(使命)이 바뀌어 북경에 갔다가 이듬해 귀국했다. 전후 8차에 걸쳐 명나라에 사신으로 왕래했다. 조상이 서역인이었고, 사역원(司譯院) 설치를 건의해 역관 양성에 크게 기여했다.

했다. 10월에 떠나는 하정사(賀正使-신년 축하 인사차 가는 사신)로 자신이 직접 가겠다고 나선 것이다. 당시 명나라와 관계는 국왕이나 이성계 같은 실세가 직접 명나라 수도 남경(南京)에 가서 설명해야만 겨우 오해가 풀릴 수 있을 만큼 심각했다.

'늙고 병든' 60대 초반 이색이 사신을 자원한 데는 나름 이유가 있었다. 어차피 창왕이 갈 수는 없고, 그렇다고 이성계가 가지는 않을 것이었다. 이런 상황에서 이색이 나선다면 누구도 반대하기 어려웠다. 이때 이색은 굳이 이방원을 콕 찍어서 함께 가겠다고 제안했다. 이성계로서는 거부하기 곤란한 제의였다. 아니면 자신이 가야 했다. 이때 이방원은 밀직사 대언(密直司代言-훗날 승정원 승지)으로 일하고 있었다.

이렇게 해서 문하시중 이색은 이방원을 '서장관(書狀官)' 자격으로 수행케 하고 명나라로 향했다. 서장관이란 정사(正使)와 부사(副使) 다음 지위이며, 주로 공식적인 사신 활동 기록을 맡았다. 관직에 들어온 지 5년밖에 안 된 22세 젊은 문신 이방원이 맡기에는 다소 벅찬 자리였다. 실은 이방원은 '인질'이었던 셈이다.

이색은 사신을 자원하면서 2가지를 노렸다. 하나는 방금 말한 대로 이성계 아들 중 가장 뛰어난 방원을 묶어둠으로써 자신이 개경에 없는 몇 달 사이에 이성계가 일을 벌일 가능성을 예방, 차단하는 것이었다. 또 하나는 비밀리에 명나라가 고려에 관리를 파견해 조정을 감시해달라고 청하기 위해서였다. 감국(監國) 요청이었다. 현대식으로 말하면 일종의 신탁통치 청원이다. 이색은 이성계와는 전혀 다른 길을 구상하고 있었다. 그로서는 그 길이 고려를 유지할 수 있는 마지막 생명선이라 여겼다.

이색에게 구상은 또 있었다. 그는 제자 이숭인(李崇仁, 1347~
1392년)에게 지시했다. 자신이 떠난 직후 별개 사신단을 급파해
명나라 황제에게 '고려 국왕이 친조(親朝)하라'라는 명을 받아내
라는 내용이었다. 그렇게만 된다면 함부로 이성계가 창왕을 폐하
고 왕위를 차지할 수 없으리라는 계산이었다. 실제로 이숭인은
11월 밀직사 강회백(姜淮伯, 1357~1402년)[20], 부사 이방우(李芳雨,
1354~1393년)를 명나라로 파견했다. 겉으로는 '명나라가 품은 의
혹 해소'를 내세웠다. 이방우는 이성계 장남으로 훗날 조선이 건
국되고 나서 진안공(鎭安公)에 책봉되었다가 진안대군으로 추봉
된다. 이방우는 이때 사신으로 다녀오면서 아버지 이성계가 혁명
할 뜻이 확고함을 알고서는 황해도 해주 한적한 곳에 숨어들어 술
과 함께 은둔하다가 일찍 생을 마친다. 아버지가 혁명에 뜻이 없다
면 굳이 두 아들을 사지에 내모는 것이나 마찬가지인 사신단에 포
함시킬 이유가 없다고 생각했기 때문일 것이다. 혁명은 본인 천성
에도 맞지 않았다.

강회백·이방우 일행은 이색 일행보다 한 달 늦게 떠났지만 한
달 빠른 다음 해 3월 개경으로 돌아왔다. 이색과 이숭인 입장에서
는 강회백이 명나라로부터 친조 명령을 받아내는 일이 더 급했다.

그러나 명나라 태조 주원장(朱元璋, 1328~1398년)은 고려 문제

---

20 뒤에 창왕을 폐할 때 지밀직(知密直) 윤사덕과 함께 부고(府庫)를 봉한 공이 있어,
1389년 공양왕이 즉위하자 공신 칭호를 받았다. 1392년 초 정몽주 사주를 받은 간
관 김진양 등이 조준·정도전 등을 탄핵할 때 동조해서 대관을 거느리고 소를 올렸는
데, 정몽주가 살해당하자 처음에는 막내아우 강회계(姜淮季)가 공양왕 사위였기 때문
에 탄핵을 면했으나 곧 진양(晉陽)에 유배되었다. 1398년(태조 7년) 동북면 도순문사
가 되었다.

를 귀찮아하는 수준에서 보고 있었다. 어차피 너희 마음대로 왕을 내쫓고 새 왕을 세우고 하면서 왜 중국에게 관여하기를 바라느냐고 반문하며, "새 왕을 명나라에 들어오지 못하게 하라"고 아예 못 박아버렸다. 이색이 했던 구상은 뿌리부터 부정당했다.

강회백 일행보다 한 달 늦게 돌아온 이색은 주원장을 직접 만나기는 했다. 이미 이색의 학문적 명성을 들은 바 있던 주원장은 "그대는 원나라에서 벼슬을 지냈으니 중국말을 할 줄 알겠구나"라고 말했고, 당황한 이색은 친조를 청한다는 뜻으로 '請親朝(청친조)'를 중국말로 했으나 주원장은 못 알아들었다. 어쩌면 못 알아듣는 척했는지 모른다. 예부(禮部) 관리가 통역하자 주원장은 "네 발음은 나하추와 같다"라며 핀잔을 주기도 했다. 나하추는 여진 지역을 지배했던 원나라 장수로 1362년 고려에 쳐들어왔다가 이성계에게 패한 바로 그 사람이다. 그는 결국 주원장에게 굴복했다. 주원장이 보인 부정적 반응으로 이색이 꾸던 꿈은 무너져 내렸다.

조선 선조 때 학자이자 문신인 이정형(李廷馨, 1549~1607년)의 『동각잡기』에 따르면 이색은 개경으로 돌아와 사람들에게 이렇게 말했다고 한다.

> "지금 황제는 주견(主見)이 없어서, 내가 마음속으로 황제가 반드시 이 일을 물으리라 생각한 것은 묻지 않고 황제가 물은 것은 모두 내가 생각했던 바와 달랐다."

당시 남경에서 일어났던 일을 그대로 보여주는 언급이다. 또 이긍익은 『연려실기술』에서 당시 배경을 이렇게 설명한다. 정확하다.

이색이 명나라에 사신 가기를 자청한 것은 장차 어떤 계획이 있었던 까닭이다. 태조가 의심할까 두려워서 태종(이방원)을 데리고 갔다. 명 태조를 보고 우리나라를 붙들어 보호해달라는 뜻을 말했으나, 황제는 일부러 알아듣지 못하는 척했다고 한다.

『동각잡기』는 또 당시 귀국하던 배에서 일어난 일화를 싣고 있다.

태종이 이색과 함께 돌아올 때, 발해에 이르러 두 객선과 동행이 되어 반양산 전횡도에 당도했다. 그때 회오리바람이 크게 일어 두 객선은 침몰하고 태종이 탔던 배도 위태롭게 되었는데, 사람들이 모두 놀라고 두려워 엎드렸으나 태종은 신색(身色)이 태연하더니 마침내 무사히 돌아왔다.

청년 이방원이 지녔던 담대함을 증언해주는 일화다. 그러면 그때 서장관으로 이색을 따라갔던 이방원은 이색과 함께했던 6개월 동안 무엇을 보고 느끼고 배웠을까? 우선 건국 20년을 넘기면서 욱일승천하던 명나라 기세를 보았을 것이다. 고려가 얼마나 작은 나라인가를 절감하면서 앞으로 가야 할 길은 명나라와 함께하는 길이라고 결심했을 것이다. 더불어 이색을 6개월 동안 가까이 관찰하면서 이성계 진영과는 전혀 다른 길을 모색하는 인물이라는 사실을 분명히 파악했을 것이다. 이색은 여전히 정치를 하고 있었고, 이성계·방원 부자는 혁명을 준비하고 있었다.

이성계파 조준의 대반격

다시 회군 직후로 돌아가 상황을 짚어보자. 최영 없는 고려 병권은 고스란히 이성계 손에 들어왔다. 조민수는 좌시중, 이성계는 우시중을 맡았고, 훗날 이방원에게 든든한 버팀목이 되어주는 조준(趙浚, 1346~1405년)은 대사헌이 되었다. 반면 최영 심복 안소·정승가·인원보·안주·김약채·정희계(鄭熙啓, 1348~1396년)[21] 등은 유배 길에 올랐다. 원나라 연호를 버리고 다시 명나라 연호 홍무(洪武)를 채택했고, 의복도 몽고식에서 다시 명나라식으로 바꾸었다. 그런데 정희계는 이성계 두 번째 부인 강씨의 처조카였기 때문에, 강씨 도움으로 풀려나 마침내 개국에 참여함으로써 개국공신 1등에 올라 훗날 정안군을 견제하기도 했다. 태종 3년(1403년) 6월 5일 태종은 신하들과 이야기를 나누던 중 정희계와 관련해 정안군 시절을 떠올리면서 이렇게 말한다.

---

21 부인은 태조 계비 신덕왕후 강씨의 질녀다. 공민왕 때 총애를 받아 근시(近侍)가 되었다가 대호군에 이르렀고, 우왕 때 최영 막하에 들어가서 서북면 도순문사를 거쳐 밀직사에 이르렀다. 최영이 패한 뒤 이성계가 실권을 잡자 그의 인친(姻親-인척)임을 고려해 판자혜부사(判慈惠府事-자혜부 판사)에 등용됐다. 그러나 1390년(공양왕 2년) 이성계를 해치려는 이른바 이초(李初)의 옥(獄)에 연루되어 안변에 유배되었다가, 이 듬해 풀려났다. 1392년 이성계 도움으로 개성부 판사에 이어 문하평리로서 응양위 상호군을 겸임했다. 이해 이성계를 추대하는 데 참여해 개국공신 1등으로 문하부 참찬사·팔위상장군에 올라 계림군(鷄林君)에 봉해졌다. 이어 판팔위사(判八衛事-팔위 판사)·좌참찬 등을 거쳐 한성부 판사로 있다 죽었다.

"부왕께서 즉위하시던 초창기에 용병(勇兵-동북면 가별치)들을 모두 내게 맡기시고 늘 인견해 일을 상의하셨는데, 정희계가 늘 나를 부왕께 참소하는[搆=讒] 바람에 그 후에 입궐하려고만 하면 문지기 환관까지 나를 비난했다. 그래서 설사 고할 일이 있어도 나는 들어갈 수가 없었다. 마음속으로 가만히 생각하기를 틈을 타서 들어가기만 한다면 일일이 고해야겠다고 했었다. 마침 하루는 명소(命召)해 말씀하시기를 '이런 때를 당해 국가 이해(利害)를 어째서 고하지 않느냐?'고 하셨다. 내가 대답하기를 '비록 들어와 고하려고 해도 문지기가 비난해 들어올 수가 없었습니다'라고 했더니, 태상전(太上殿-이성계)께서 무안한 기색을 보이며 말씀하시기를 '반드시 사람을 시켜 앉으라고 해야 않느냐?'고 하셨다."

'군사 영웅' 이성계 주위에는 사람들이 구름 떼처럼 몰려들었다. 방원 나이 22세 때였다. 17세에 과거 급제한 이방원은 이미 새로운 학문 성리학으로 무장한 당대의 관리 학자들과 어울리며 현실에 대한 비판적 안목을 키워가고 있었다. 정도전·정몽주·윤소종 등이 그들이다. 아버지가 보여준 신임 또한 절대적이었다. 외부인들이 볼 때는 이성계가 이방원이고 이방원이 곧 이성계였다. 군사 문제를 제외하고는 특히 그랬다.

이성계를 수행해 회군에 참여한 바 있던 남은, 조인옥(趙仁沃, 1347~1396년)²² 등 이성계 심복들이 회군 직후 이방원을 찾아왔다.

---

22 형 조인벽은 환조 이자춘(李子春) 부인 의비 최씨(懿妃崔氏) 소생 정화공주(貞和公主)
    를 아내로 맞이했으므로, 이성계 친인척이다. 1389년 이성계·정도전 등과 우왕을 폐

그 자리에서 두 사람은 '이성계 추대론'을 제기했다. 이에 이방원은 시기상조임을 강조했다. 하지 말자는 것이 아니라 신중해야 한다는 입장이었다. 그것은 곧 이성계 뜻이기도 했다.

여기서 잠깐 풍운아다운 삶을 살다간 남은의 형제 관계를 알아둘 필요가 있다. 남은의 형 남재(南在)는 훗날 태종 시대에 영의정에까지 오르게 되지만 동생 남지(南贄)는 1차 왕자의 난 때 남은과 함께 이방원 세력에 살해된다. 이것만으로도 그 시대 격동이 보여준 진폭을 알 수 있다.

최영은 제거되었지만, 이색을 중심으로 한 중신(重臣)들은 여전히 건재해서, 그들은 회군 이후 본격적으로 제기되기 시작한 이성계 추대론에 반대하며 대항 세력을 결집하기 시작했다. 이색의 위세는 또한 결코 만만하지 않았다.

개경 점령 5일 후 '위화도' 혁명군은 우왕에게 강화도로 떠나주기를 요청했다. 처음에는 버티던 우왕도 결국 옥새(玉璽)를 공민왕비 정비(定妃)에게 넘기고 강화도로 들어갔다. 이 무렵 조민수와 이성계 관계는 현대사에서 5·16 직후 장도영과 박정희 사이를 연상시킨다. 실질적인 기여는 별로 하지 않았지만, 상관인 조민수도 무장이었다. 그는 우왕 때 최고 실권자 이인임(李仁任, ?~1388년)[23]

위시키고 창왕을 옹립한 뒤 신진 세력 중심 인물로서 척불(斥佛) 운동과 전제개혁에 앞장섰다. 1390년(공양왕 2년) 우대언으로서 정몽주 일파에게 탄핵받아 파직되었으나, 1392년 이성계 천거로 밀직제학을 거쳐 이조판서가 되었다. 이해 개국공신 1등에 서훈되었다. 1395년 한산군(漢山君)에 봉해지고, 이듬해 명나라에 사신으로 다녀왔다가 병으로 죽었다.

23 공민왕이 피살되어 명덕태후(明德太后)와 시중 경복흥이 종친을 새로운 왕으로 세우려 하자 자기 일파와 모의해서 10세의 어린 우왕을 즉위시켰다. 1381년(우왕 7년) 2월

의 도움으로 그 자리까지 올랐다. 이성계와는 조금 다른 노선이
었다.

　이들의 노선은 다음 왕을 누구로 할 것인가를 두고 결정적으
로 갈라졌다. 이성계는 우왕 친자식 중에서 왕이 나오는 것을 꺼
렸다. 반면 조민수는 이인임과 외종 관계인 이림(李琳) 딸 근비와
우왕 사이에서 난 창을 세우려 했다. 약간 갈등이 있었지만, 당
시 양측 모두로부터 신뢰받던 이색이 "마땅히 전왕 아들을 세워
야 한다"고 주장하는 바람에 결국 9살 창이 왕위에 올랐다. 자신
과 가까운 왕실 종친을 세우려 했던 이성계 계획은 믿었던 이색에
의해 무산되었다. 이때 이색은 앞서 말한 대로 이성계와 다른 길을
모색하고 있었다.

　창왕이 즉위하자 조민수는 경기·전라·충청·경상·황해도 일
대를 책임지는 군사령관인 도총사(都摠使)가 되었고, 이성계는 평
안도·함경도·강원도를 책임지는 도총사에 임명되었다. 그러나 이
성계는 병을 이유로 이 직을 맡지 않았다. 조민수에 대한 불만 표
시였다. 즉위 한 달이 지날 무렵, 대사헌 조준은 권문세가의 권력
기반인 사전(私田)을 개혁해야 한다는 장문의 소를 올렸다. 이성
계 최측근 중 한 명인 조준은 이 분야 최고 전문가이기도 했다. 토

문하시중, 이듬해 6월 영문하부사(領門下府事-문하부 영사)를 거쳐 1384년 9월 문하부
판사, 1386년 8월 좌시중이 되었으나 이듬해 8월 노환으로 사직했다. 1388년 염흥방
가노(家奴) 이광이 주인 권세를 배경으로 전직 밀직부사 조반이 소유한 토지를 빼앗
자 이에 격분한 조반이 이광을 죽였다. 이에 염흥방이 조반을 국가모반죄로 몰아 순
군(巡軍)에 가두고 심하게 고문시킨 사건이 발생했다. 이를 계기로 그동안 기회를 엿
보던 우왕·최영·이성계 등이 오히려 염흥방·임견미·왕복해 등을 처단하고 그 일파
를 유배시켰는데, 이때 이인임도 경산부로 옮겨졌다가 곧 죽었다.

지를 세력 기반으로 삼던 권문세가들이 일제히 반대했음은 물론이다. 그 정점에 총리격인 문하시중 조민수가 있었다. 당연히 방해 공작은 집요하고 치열했다. 조준은 조민수가 백성 땅을 빼앗고 심지어 자기 소를 막으려 한다는 폭로성 소를 다시 올렸다. 이성계도 나서 창왕을 강력하게 압박했다. 결국 7월, 조민수는 권좌에서 물러나 경상도 창녕으로 유배 갔다. 애당초 조민수는 이성계에게 라이벌이 될 수도, 노선을 함께할 수도 없는 인물이었다. 조민수 후임으로 이색이 문하시중에 올랐고, 이성계는 수시중(守侍中) 즉 부총리에 해당하는 자리를 맡았다. 이성계로서는 1차 권력 투쟁에서 패한 후 비로소 반격에 성공한 것이다.

아쉽게도 이 정치 투쟁 속에서 이방원이 무슨 역할을 했는지에 관한 기록은 없다. 그러나 아버지의 정치 참모로서 중앙 정치에서 벌어지는 생생한 권력 투쟁 실상을 가까이에서 목격했을 것이고, 이는 훗날 그에게 중요한 정치적 자산이 되었을 것이다.

창왕을 폐하고 공양왕을 세우다

1388년 6월 강화도에 유배 중이던 우왕은 그해 9월 여흥군(지금의 경기도 여주)으로 옮겨졌다. 병사 호위까지 받으며 어느 정도 대우도 보장받았다. 그런데 다음 해인 1389년 11월, 최영 친조카 김저(金佇, ?~1389년)와 최영 심복 정득후(鄭得厚, ?~1389년)가 우왕을 찾아왔다. 두 사람 모두 회군 이후 관직에서 쫓겨났다. 그들을 만나본 우왕은 눈물을 흘리면서 "도저히 이렇게 살 수가 없다.

역사(力士)를 얻어 이성계를 죽여야 내 마음이 풀릴 것 같다"라고 하소연했다. 그러면서 "예의판서 곽충보(郭忠輔, ?~1403년)[24]와는 예전부터 좋은 사이이니 너희들이 찾아보고 함께 일을 도모하라"라며, 칼 1자루를 곽충보에게 전해주라면서 내주었다. 곽충보는 문신이면서도 왜구와의 전쟁에서 공을 많이 세웠으며, 회군 때도 줄곧 이성계 쪽에 서서 최영을 유배 보내는 데 결정적으로 기여했던 인물이다. 우왕이 사람을 잘못 본 것이다.

김저로부터 칼과 함께 "이번 팔관일(八關日)에 거사해서, 성공하면 왕비 여동생을 아내로 삼게 해주고 부귀영화를 함께 누리겠다"라는 우왕 말을 전해 들은 곽충보는, 그렇게 하겠노라고 거짓으로 약속하고 곧바로 이성계에게로 가서 우왕으로부터 받은 칼을 내놓고 사실을 다 털어놓았다. 이들 계획을 전해 들은 이성계는 팔관회 전날 밖에 나가지 않고 집에 머물러 있다가 집으로 찾아온 김저와 정득후를 포박했다. 정득후는 그 자리에서 자살했고, 김저는 관련자들 이름을 불었다. 변안렬·이림·우현보·우인열·왕안덕·우홍수(우현보의 맏아들) 등이 김저 입에서 나온 이름들이다. 이들은 모두 유배되었고, 우왕도 강릉으로 유배지를 옮겼다. 1389년 11월 14일에 일어난 일이다.

---

24 1390년(공양왕 2년) 왜구가 양광도에 침입해 음성·안성·죽주·괴주에 이르자 당시 지밀직사사(知密直司事-밀직사 지사) 윤사덕, 자윤(慈尹) 이방과, 밀직부사 유용생과 함께 이들을 영주 도고 아래에서 격파했다. 1392년 조선이 개국하자 중추원 상의사로 원종공신이 되었고, 이듬해 중추원 동지사 장사길과 함께 문화현·영녕현에 침입한 왜구를 격파해 공을 세웠다. 1399년(정종 1년) 아들 곽승우와 함께 사사로운 감정으로 황문(黃文) 등을 처벌한 것을 이유로 탄핵을 받아 청주에 유배되었으나, 곧 소환되어 태종 때인 1402년에 도총제가 되었다.

비교적 정치 문제에 적극적 태도를 보이지 않던 이성계는 이 사건을 계기로 일대 반격에 나섰다. 우왕을 강릉으로 유배 보낸 그날, 이성계는 조신(朝臣-조정 신하)들을 흥국사에 모이도록 했다. 바로 유명한 '흥국사(興國寺) 회의'다. 흥국사는 개경 내성 남문인 광화문(廣化門)을 나서 좌측에 있었다. 고려 국왕들 생일잔치가 반드시 이곳에서 열릴 만큼 중요한 사찰이었다. 이 자리에는 심덕부·지용기·정몽주·설장수·성석린·조준·박위·정도전 등이 참석했다. 주위에는 수많은 군졸이 삼엄한 경계를 펼치고 있었다. 논란 끝에 이성계 주장대로 창왕을 폐하고 고려 20대 왕 신종 7대손인 정창군(定昌君) 왕요(王瑤, 1345~1394년)를 왕위에 올리기로 했다. 그가 공양왕(恭讓王)이다. 훗날 받은 이 시호는 '공손하게 왕위를 양보했다'라는 의미를 담은 것이다. 실은 쫓겨났지만 말이다.

이성계는 우왕과 창왕(昌王)이 신돈 자식이니 신씨(辛氏)라며 왕씨를 다시 왕위에 올려야 한다고 주장했다. 폐가입진(廢假立眞), 즉 가짜 왕씨를 폐하고 진짜 왕씨를 세워야 한다는 이성계식 주장이 등장한 것이다. 훗날 『조선왕조실록』에서 공식적으로 채택하게 되는 우왕과 창왕, 두 왕이 공민왕이 아닌 신돈 자식이라는 설은 여기서 나왔다. 그러나 역사는 "정창군은 재산에만 관심이 있고 매사 우유부단했기 때문에 이성계를 위한 괴뢰(傀儡-허수아비) 역할에 적합한 인물"이라고 평했다. 정창군은 이성계와는 먼 인척 관계이기도 했다. 다음날 정창군이 왕위에 오르니 그가 고려 마지막 임금 공양왕이다. 우왕이 시도한 어설픈 친위 쿠데타를 제압한 역(逆)쿠데타가 가져온 결과였다.

여기에 태종이 어느 정도 관여를 했는지는 알 수가 없다. 다만 아버지와 대화를 통해 나름대로 자기 의견을 내기도 했고, 일의 진행 상황 또한 잘 알고 있었을 것이다. 이를 보여주는 태종의 한 마디가 태종 14년(1414년) 5월 10일 자 실록에 나온다.

"개국할 때 기밀(機密)의 일은 내가 모조리 알고 있다."

아버지 이성계의 반대를 뚫고
정몽주에 최후의 일격을 가하다

역(逆)쿠데타가 성공했음에도 여전히 조정에는 반(反)이성계 세력이 만만찮게 포진해 있었다. 전통적인 고려 중신(重臣)들이 중심이 된 이들은 다시 공양왕을 둘러쌌다. 1391년(공양왕 3년) 이성계는 공양왕 세력과 숨 막히는 신경전을 벌였다.

그해 6월 이성계 쪽 대간(臺諫-사헌부·사간원 관원)들이 유배 갔다 돌아온 반(反)이성계파 우현보(禹玄寶, 1333~1400년)를 다시 유배지로 돌려보내야 한다는 소를 올렸다. 우현보 생애를 살펴보면 그 시대가 얼마나 난세였는지 한눈에 알 수 있다. 우왕 때 정당문학 등을 지냈고 최영·정몽주·이색 등과 가까웠던 우현보는 자연스럽게 이성계 반대편에 섰다. 그래서 위화도회군 직후 파직되었다가 1390년(공양왕 2년) 나라 재정을 책임지는 삼사판사로 관직에 복귀했지만, 우왕 역모 사건에 연루되어 유배 갔다가 다시 개경에 돌아와 있으면서 탄핵받게 된 것이다. 훗날 그는 정몽주 시체를 수습해 장례를 치렀다는 이유로 경주에 유배되었다가 1398년(태조 7년) 1차 왕자의 난 직후 복직되어 이듬해 단양백(丹陽伯)에 봉해진다. 이방원이 과거에 급제할 때 그를 뽑았던 좌주(座主) 혹은 은문(恩門)이었기 때문이다. 1400년(정종 2년) 이방원과 함께 과거에 급제한 또 다른 제자인 이래로부터 2차 왕자의 난에 관한 사전 정보를 듣고는 이를 정안공 이방원에게 알린 공으로 좌명공신과는 별개로 추충보조공신(推忠輔祚功臣)에 책록된다.

그러나 이때만 해도 우현보는 이성계와 정면으로 대립하고 있었다. 손자 우승범이 공양왕 사위였다. 그래서 공양왕은 우현보를 다시 유배할 것을 청하는 3차례 소를 모두 무시한 채, 오히려 밀직사 판사로 있던 이성계 셋째아들 이방의(李芳毅, ?~1404년)[25]를 이성계 집으로 보내 "대간들의 소를 금하라"라고 통보했다. 이에 이성계는 "내가 대간들을 뒤에서 사주한다는 말이냐"며 문하시중 자리를 내던져버렸다. 이에 놀란 공양왕은 바로 우현보를 철원으로 유배시키고 이성계에게 다시 시중을 맡아달라고 매달렸다. 이성계는 병이 났다며 이방원을 보내 거칠게 항의하고 재차 사직했다.

당시 이방원은 밀직사 대언으로 공양왕을 가까이에서 모셨다. 밀직사는 조선 시대 승정원보다 더 중요한 업무를 많이 담당했다. 왕명 출납뿐 아니라 궁중의 숙위(宿衛-경호)와 군사기밀까지 관장했기 때문이다. 당시 이방원은 아버지를 대신해 공양왕과 아버지 반대 세력의 동태를 정탐했다고 보아야 할 것이다. 훗날 태종은 이

---

25 이성계 아들 중에 가장 야심이 적어 아우 방간과 방원의 왕위 계승 싸움에서 중립을 지켰고, 평소에 시사(時事)를 말하지 않았다.

시기를 회고하며, 자신은 주로 정사(政事)와 기밀 업무만 해보았지 사헌부처럼 법을 다루는 일은 해본 적이 없다는 말을 종종 하곤 했다. 그런데 이방원은 얼마 후인 1391년 친모 한씨 상을 당해 집안을 대표해 시묘살이를 해야 했다. 이방원으로서는 무엇보다 일단 중앙 정치에서 멀어졌다.

일은 뜻하지 않은 데서 터졌다. 다음 해(1392년) 3월 이성계는 황해도 해주에서 사냥하다가 말에서 떨어져 중상을 입는다. 그때 문하시중 정몽주는 만면에 미소를 띠었다. 그는 이성계를 중심으로 한 신진 세력 발호(跋扈)를 부정적으로 바라보고 있었다. 특히 조준·남은·정도전 등의 무리가 언젠가는 이성계를 추대하리라는 것을 알고서 대반전을 위한 기회를 노리고 있을 때였다. 『태조실록』총서가 당시 급박했던 상황을 전한다.

(1392년) 3월 (공양왕의 아들) 세자 석(奭)이 중국에 조현하고 돌아오니 태조가 황주에 나가 맞이하고 드디어 해주에서 사냥했다. 그에 앞서 장차 길을 떠나려 하자 무당 방올(方兀)이 강비에게 말했다.

"공의 이번 행차는, 비유하건대 사람이 백 척 높은 다락에 오르다가 실족해 떨어져서 거의 땅에 이르니 만인이 모여서 받드는 것과 같습니다."

강비가 매우 근심했다. 태조가 활을 쏘아 사냥하면서 새를 쫓다가 말이 진창에 빠져 넘어졌으므로, 드디어 떨어져 몸을 다쳐서 교자(轎子-가마)를 타고 돌아왔다. 공양왕이 환관을 연달아 보내 문병했다.

애초에 정몽주가 태조의 위엄과 덕망이 날로 커져 조정과 민간이 진심으로 붙좇음을 꺼려 했다. 태조가 말에서 떨어졌다는 말을 듣고는 기뻐하는 기색이 있더니, 기회를 타서 태조를 제거하고자 대간을 사주해 말했다.

"먼저 그의 보좌역 조준 등을 제거한 후에 그를 도모할 것이다."

이에 태조가 가까이하고 신뢰하는 삼사좌사 조준, 전 정당문학 정도전, 전 밀직부사 남은, 전 판서 윤소종, 전 판사 남재, 청주목사 조박을 탄핵하니, 공양왕이 그 글을 도당(都堂-조선 시대 의정부에 해당하는 도평의사사)에 내렸다. 봉수가 중간에서 이를 선동해 소준 등 6인을 모두 먼 곳으로 유배 보낸 뒤 그 무리 김구련·이반 등을 조준·정도전·남은 등이 유배 간 곳으로 나눠 보내 그들을 국문해 죽이고자 했다. 김구련 등이 길을 떠나려 할 적에 우리 전하(태종)께서는 모친상[內憂]을 당해 속촌 무덤 옆에서 여막살이를 하고 있었는데, 이제(李濟, ?~1398년)[26]가 차와 과일을 준비해서 가니 전하(殿下-태종)가 이제에게 말했다.

"몽주는 반드시 우리 집에 이롭지 못하니 마땅히 먼저 제거해야겠다."

이제가 말했다.

"예! 예! 지당한 말씀입니다."

태조가 (황해도) 벽란도에 이르러 유숙하니 전하가 달려와 아뢰었다.

---

26 이조년(李兆年) 증손이며 아버지는 권신 이인임(李仁任) 아우 이인립(李仁立)이다. 이성계 셋째 딸 경순공주(慶順公主)와 결혼했으며, 이때인 1392년(공양왕 4년) 전법판서로 있으면서 정몽주 살해에 가담하고 이성계를 추대한 공으로 개국공신 1등에 책록되어 흥안군에 봉해졌다. 의흥친군위 절제사를 거쳐 1393년(태조 2년) 우군 절제사에 올랐다가, 1398년 1차 왕자의 난 때 정도전 일파로 몰려 살해되었다. 이직(李稷)과는 사촌 간이다.

"몽주가 반드시 우리 집을 모함할 것입니다."

태조는 대답하지 않았다. 또 아뢰어 말했다.

"마땅히 곧 서울로 들어가셔야 할 것입니다. 여기 유숙해서는 안 됩니다."

태조가 허락하지 않다가 굳게 청한 후에야 병을 참고 밤에 행차하니, 전하가 태조를 부축해 저택에 이르렀다.

1388년 회군 당시 두 어머니와 동생들을 구했던 22세 청년 이방원이 4년이 지난 지금 다시 아버지를 구하려 하고 있다. 다시 『태조실록』 총서다. 방원이 정몽주를 죽이게 된 과정에 대한 가장 상세한 보고서다.

정몽주(鄭夢周, 1337~1392년)[27]가 성헌(省憲-사헌부·사간원)을 사주해 번갈아 글을 올려서 조준·정도전 등을 목 벨 것을 청하니, 태조가 아들 이방과(훗날의 정종)와 아우 화(和), 사위 이제와 휘하의 황희석(黃希碩, ?~1394년)[28]·조규(趙珪, ?~?) 등을 보내 대궐에 나아가

---

27 1360년 문과에 장원급제했다. 당시 이성계 위망이 날로 높아지자 조준·남은·정도전 등이 이성계를 추대하려는 책모가 있음을 알고 이들을 제거하려 했다.

28 1392년 3월에 이성계가 낙마해 위기에 몰렸을 때 병사들을 이끌고 이성계를 보호했다. 그해 정몽주가 격살당하자 사태 수습책으로 정몽주 일파를 탄핵하는 임무를 수행했다. 이어 구성로 등과 더불어 제군사부(諸軍事府) 군관 200여 명이 쓴 연서를 받아 정몽주 일파에게 죄줄 것을 청했다. 따라서 공양왕 폐위와 조선 건국에 중요한 명분을 세운 공로를 이루었다. 1392년(태조 1년) 8월 조선 개국공신 44인이 확정되고 원종공신 28인이 책봉될 때 공신이 되었다가, 한 달 뒤에 태조 특지(特旨)에 의해 개국공신 2등에 책록되어 상의중추원사(商議中樞院事-중추원 상의사)로서 의흥친군위 도진무를 겸했다. 1394년 지사로 있다 죽었다. 질병에 시달린다는 소식을 듣고 태조가 국의(國醫)를 보내 치료해주었다.

서 아뢰어 말했다.

"지금 대간에서는 전하를 왕으로 세울 때 조준이 다른 사람을 세울 의견이 있었는데 신(臣)이 이 일을 저지시켰다고 논핵하는데, 조준이 의견을 낸 사람이 어느 사람이며 신이 이를 저지시켰다는 말을 들은 사람은 누구입니까? 청컨대 조준 등을 불러와서 대간과 더불어 조정에서 변론하게 하소서."

이 말을 주고받기를 두세 번 했으나 공양왕이 듣지 않으니, 여러 소인이 해대는 참소와 모함이 더욱 급하므로 화(禍)가 알 수 없는 지경에 이르렀다. 우리 전하(태종)께서 몽주를 죽이기를 청했으나 태조가 허락하지 않았다. 전하가 나가서 상왕(정종)과 이화·이제와 더불어 의논하고는 또 들어와서 태조에게 아뢰어 말했다.

"지금 몽주 등이 사람을 보내 도전 등을 국문하면서 그 공사(供辭-심문 조서)를 우리 집안에 관련시키고자 하니, 일의 형세가 이미 급한데 장차 어찌해야 하겠습니까?"

태조가 말했다.

"죽고 사는 것은 명에 달렸으니, 다만 마땅히 순리대로 받아들일 뿐이다."

이어 우리 전하에게 말했다.

"속히 여막으로 돌아가 네가 맡은 대사(大事-모친상)를 마치도록 하라."

전하가 남아서 병환을 시중들기를 두세 번 청했으나 끝내 허락하지 않았다. 전하가 하는 수 없이 나와서 숭교리 옛 저택에 이르렀는데, 사랑채에 앉아 있으면서 근심하고 걱정스러워 결단하지 못했다. 조금 후 문을 두드리는 소리가 나므로 급히 나가보니 광흥창사 정탁

(鄭擢, 1363~1423년)이었다. 정탁이 극언했다.

"백성 이해(利害)가 이 시기에 결정되는데도 여러 소인이 반란을 일으킴이 저와 같은데 공은 어디로 가십니까? 왕후장상이 어찌 혈통이 있겠습니까?"

이렇게 간절히 말했다. 전하가 즉시 태조 사제(私第-사저)로 돌아와서 상왕과 이화·이제와 의논해 이두란(李豆蘭, 1331~1402년)[29]으로 하여금 몽주를 치려고 하자, 두란이 말했다.

"우리 공(公-태조)께서 모르는 일을 내가 어찌 감히 하겠습니까?"

전하가 말했다.

"아버님께서 내 말을 듣지 않으시지만, 몽주는 죽이지 않을 수 없으니 내가 마땅히 그 허물을 책임지겠다."

휘하 인사 조영규(趙英珪, ?~1395년)[30]를 불러 말했다.

"이씨가 왕실에 공로가 있는 것은 나라 사람들이 모두 알고 있으나

---

29 여진 천호(千戶) 아라부카[阿羅不花] 아들이다. 뒤에 이름을 지란(之蘭)으로 고쳤다. 부인은 혜안택주(惠安宅主) 윤씨(尹氏) 및 곡산 강씨(谷山康氏-태조비 신덕왕후의 조카딸)다. 가업을 이어 천호가 되었다가 원나라 말기에 그 일당을 이끌고 투항해 이성계 휘하로 들어와서 성(姓) 이씨를 받았다. 1392년(공양왕 4년) 지문하부사 판도평의사사사(知門下府事判 都評議使司)가 되었다가 이성계가 나라를 창건하자 개국공신이 되고, 이어 정사좌명공신이 되었다. 명나라를 도와 건주위(建州衛)를 정벌하고 청해군(靑海君)에 피봉되었다. 태조 사당에 배향공신으로 책록되었다.

30 고려 말 명족 중 하나인 연안 차씨(延安車氏) 차견질(車堅質) 첩녀를 아내로 맞이했다. 정몽주가 차원부 대고모의 외손자로서 조영규와 인척 관계에 있다. 일찍이 이성계 사병이었다가 천거로 벼슬에 올라 1385년(우왕 11년)에 판위위시사(判衛尉寺事-위위시판사)가 되어 이성계 휘하에 종군, 함주 일대에 창궐하는 왜구를 토벌했고, 그 뒤 여러 차례 왜구 토벌전에 참전해서 공을 세웠다. 1392년(공양왕 4년)에 이방원과 모의해 이성계 문병을 마치고 돌아가는 정몽주를 선죽교에서 격살하는 데 주동적 역할을 했다. 이해 정도전 등과 함께 이성계를 추대해 개국공신 2등에 책록되고 예조전서에 올랐다가 1395년 병으로 죽었다.

지금 소인들에게 모함을 당했다. 만약 스스로 변명하지 못하고 손을
묶인 채 살육을 당한다면 저 소인들은 반드시 이씨에게 나쁜 평판
을 뒤집어씌울 것이니, 뒷세상에서 누가 능히 이 사실을 알겠는가?
휘하 인사들이 많은데, 그중에 한 사람도 이씨를 위해 힘을 쓸 사람
이 없는가?"

영규가 개연(慨然-뜻을 떨쳐 일어나는 모습)히 말했다.

"감히 명령대로 하지 않겠습니까?"

영규·소영무·고려·이부 등으로 하여금 도평의사사에 들어가 몽주
를 치게 했는데, 변중량이 그 계획을 몽주에게 누설했다. 몽주가 이
를 알고 태조 사제에 나아와 병을 위문했으나, 실상은 변고를 엿보고
자 함이었다. 태조는 몽주를 대접하기를 전과 같이 했다. 이화가 우
리 전하에게 아뢰어 말했다.

"몽주를 죽이려면 이때가 그 시기입니다."

이미 계획을 정하고 나서 이화가 다시 말했다.

"공이 노하시면 두려운 일인데, 어찌하겠습니까?"

의견이 결정되지 못하니 전하가 말했다.

"기회는 잃어서는 안 된다. 공이 노하시면 내가 마땅히 대의(大義)로
써 아뢰어 위로해 풀도록 하겠다."

이에 노상에서 치기로 모의했다. 전하가 다시 영규에게 명해 상왕 저
택으로 가서 칼을 가지고 오게 해서 바로 몽주 집 동리 입구에 이르
러 몽주를 기다리게 하고는, 고려·이부 등 두서너 사람이 그 뒤를
따라가게 했다. 몽주가 집에 들어왔다가 머물지 않고 곧 나오니, 전
하는 일이 성공되지 못할까 두려워 친히 가서 지휘하고자 했다. 문
밖에 나오니 휘하 인사가 타던 말이 안장을 얹은 채 밖에 있는지라,

드디어 이를 타고 달려서 상왕 저택에 이르러 몽주가 지나갔는지 안 지나갔는지를 물었다.

"지나가지 않았습니다."

전하가 다시 방법과 계책을 지시하고 돌아왔다. 이때 전 판개성부사(判開城府事-개성부 판사) 유원(柳源)이 죽었다. 몽주가 지나면서 그 집에 조상(弔喪)하느라고 지체하니, 이 때문에 영규 등이 무기를 준비하고 기다렸다. 몽주가 이르자 영규가 달려가서 쳤으나 맞지 않았다. 몽주가 그를 꾸짖고 말을 채찍질해서 달아나니, 영규가 쫓아가 말머리를 쳐서 말이 넘어졌다. 몽주가 땅에 떨어졌다가 일어나 급히 달아났으나 고려 등이 쫓아가 죽였다. 영무가 돌아와 전하에게 이 사실을 아뢰니, 전하가 들어가서 태조에게 알렸다. 태조가 크게 노해 병을 참고 일어나서 전하에게 말했다.

"우리 집안은 본디 충효로써 세상에 알려졌다. 너희들이 마음대로 대신을 죽였으니, 나라 사람들이 내가 이 일을 몰랐다고 여기겠는가? 부모가 자식에게 경서를 가르친 것은 그 자식이 충성하고 효도하기를 바란 것인데, 네가 감히 불효한 짓을 이렇게 하니 내가 사약을 마시고 죽고 싶은 심정이다."

전하가 대답했다.

"몽주 등이 장차 우리 집을 모함하려고 하는데 어찌 앉아서 망하기를 기다리는 것이 이치에 부합하겠습니까? (몽주를 살해한) 이것이 곧 효도가 되는 까닭입니다."

태조가 성난 기색이 한창 성하자 강비가 곁에 있으면서 감히 아무 말도 하지 못하니, 전하가 말했다.

"어머니께서는 어찌 변명해주지 않습니까?"

강비가 노기를 띠고 고했다.

"공은 항상 대장군으로 자처했는데, 어찌 놀라고 두려워함이 이 같은 지경에 이르렀습니까?"

이로써 고려 500년은 종말을 고하고 있었다. 태종은 일생 동안 모두 4차례에 걸쳐 임금을 만들어냈다. 아버지·형·자신 그리고 아들이다. 그중 첫 번째 임금 만들기는 이렇게 해서 이뤄졌다.

이때 만일 방원이 보통 사람들이 생각하는 효(孝)에 十애되어 아버지가 요구하는 대로 어머니 묘소가 있는 속촌(粟村)으로 돌아갔다면 '조선 건국'이라는 역사는 이뤄지지 못했을 것이 분명하다. 이성계가 말한 효도가 정(正)이라면 이방원이 말한 효도는 중(中)이었다. 『용비어천가(龍飛御天歌)』도 이 점에 주목해 95장에서 이렇게 노래하고 있다.

(후주(後周) 세종이) 그 아버님 재궁(梓宮-천자의 널)을 잊지 못하시어 고평(高平)에 아니 가시면 하늘에 짝할 만한 큰일[配天之業]이 굳으셨겠습니까?
(조선 태종이) 어머님 산릉을 잊지 못하시어 (산릉이 있는) 속촌에 돌아오시면 나라 세우는 공[建國之功]을 이루셨겠습니까?

방원이 옳다고 여긴 효는 이 한마디에 다 담겨 있다. 이성계는 정(正)을 고집했고, 이방원은 중(中)을 잡아 줬다. 정안군 이방원은 그 후 1차 왕자의 난에서 승리를 거두면서 다시 아버지를 향한 충효(忠孝) 문제와 충돌하게 된다. 임금이자 아버지인 이성계를 자기 손으로 몰아내게 되기 때문이다. 태종이 했던 말이 귓가를 맴돈다.

> "몽주 등이 장차 우리 집을 모함하려고 하는데 어찌 앉아서 망하기를 기다리는 것이 이치에 부합하겠습니까? (몽주를 살해한) 이것이 곧 효도가 되는 까닭입니다."

앞서 본 바와 같이 『논어』「헌문(憲問)」편에는 제나라 명재상 관중(管仲, ?~기원전 645년)[31]에 대한 공자의 지극히 현실주의적인 평가가 나온다. 이 문맥 속에서라야 이방원이 보여준 결단을 제대로 이해할 수 있다.

> 자공(子貢)이 말했다. "관중은 어진 사람[仁者]이라고 할 수는 없을
>
> 것입니다. 환공이 (형제인) 공자 규를 죽였는데도 (규를 따랐던 관중
> 은) 기꺼이 따라 죽지 못했고, 심지어 환공을 돕기까지 했습니다."
>
> 공자가 말했다. "관중이 환공을 도와 제후의 패자가 되게 해서 한
> 번 천하를 바로잡자 백성이 지금까지 그 혜택을 받고 있으니, 관중이
> 없었다면 나는 머리를 헤쳐 풀고 옷깃을 왼편으로 하는 오랑캐가 되

---

31 이름은 이오(夷吾)고, 자는 중(仲)이다. 가난했던 소년 시절부터 평생토록 변함이 없었던 포숙아(鮑叔牙)와의 깊은 우정을 다룬 관포지교(管鮑之交)의 고사가 유명하다. 처음에 공자 규(公子糾)를 섬겨 노(魯)나라로 달아났다. 제양공(齊襄公)이 피살당하자 공자 규와 공자 소백(公子小伯, 환공(桓公))이 자리를 두고 다투었는데, 패해 공자 규는 살해당하고 자신은 투옥되었다. 그때 포숙아는 소백의 편에 있었는데, 그의 추천으로 환공이 지난날의 원한을 잊고 발탁했다. 노장공(魯莊公) 9년에 경(卿)에 오르고, 높여 중부(仲父)라 불렸다.

었을 것이다. 어찌 필부필부(匹夫匹婦)들이 작은 신의[諒]를 지키기
위해 스스로 목매 죽어서 시신이 도랑에 뒹굴어도 사람들이 알아주
는 이가 없는 것과 같이 하겠는가?"

역사와 인물을 제대로 보는 깊은 안목을 열어주는 통찰이다.
일의 이치[事理=禮=正]는 물론 평소에는 매우 중요하다. 그러나 일
의 형세[事勢=命=中]는 그보다 훨씬 중요하다. 비상한 상황에서는
마땅히 일의 형세를 고려한 판단과 행동이 중요하다. 다만 아무나
권도를 발휘할 수 있는 것은 아니다. 뛰어난 이라야 가능하다.

그런데 필부필부(匹夫匹婦)들은 작은 신의에 얽매인다. 이를 공
자는 아녀자의 어짊[婦人之仁=婦仁]이라고 했다. 이를 오늘날 시
각과 잣대에서 여성 비하로 오독하는 일은 없어야 할 것이다. 이는
개인적인 인정이나 의리를 우선시해서 사사로운 차원에서 행해지
는 어짊이나 착함을 말한다. 오늘날 상당수 역사학자가 역사를 보
는 시각은 대체로 이런 범주를 맴돌고 있다. 그러나 공자가 강조하
는 공적인 어짊[公仁]은 언제든지 아녀자의 어짊[私仁=婦人之仁]
을 넘어설 수 있다.

이방원이 정몽주를 죽인 사건에 대해서는 지금까지도 흔히 패
륜, 잔인 운운하지만, 그 일은 이미 국가 노선을 둘러싼 권력 투쟁
이며 그 죽임의 정당성은 결국 이방원이 그것을 통해 무엇을 지향
하고 이루었느냐에 따라 결정될 뿐이다. 이것이 공적인 어짊[公仁]
이다.

주자학적 사고에 사로잡힌 학자나 식자들은 한결같이 아녀자
의 어짊에 입각해 이방원을 비난하기만 했다. 그런 역사학자들은

알게 모르게 이미 주희를 추종하는 후예들인 셈이다. 그러나 관중에 대해 공자가 내린 평가를 고려한다면 우리는 주희 후예들과는 달리 시야를 확 넓히지 않으면 안 된다.

제 2 장

현룡 이방원: 1차 왕자의 난까지

1 ─

빼앗긴 세자 자리

1392년 7월 17일(음력) 드디어 아버지 이성계가 개경 수창궁에서 왕위에 올랐다. 8월 7일 강씨를 세워 현비(顯妃, ?~1396년)[1]로

---

1 신덕왕후가 집권 거사에 참여해 중요한 임무를 수행한 뒤 계비가 된 배경에는 신천 혹은 곡산 강씨가 가진 권문세족으로서 권세가 크게 작용했다. 아버지 강윤성과 작은아버지 강윤충·강윤휘 형제들은 고려 충혜왕·공민왕 때 재상으로 세도를 떨쳤다. 강윤휘 아들인 상장군 강우는 이성계 큰아버지 쌍성총관부 쌍성만호 이자흥 사위로, 두 집안은 겹사돈 관계였다. 강윤충은 충숙왕 폐행(嬖幸)이 되어 세를 떨쳤고, 충혜왕 때는 조적의 난을 평정한 공으로 1등 공신에 책봉되었다. 아버지 강윤성도 충혜왕과 충목왕 때에 찬성사가 되었으며, 또 강윤휘는 충정왕 때 판도사 판서를 역임했다. 1356년(공민왕 5년) 원나라의 파병 요청으로 장사성군(張士城軍) 토벌군이 동원된 적이 있는데, 이때 원나라에서 파견된 사신이 바로 이성계 재종숙이면서 원나라 이부낭중이었던 이나해와, 강씨 오빠이자 숭문소감(崇文少監)이었던 강순룡이다. 원나라에 기대던 부원기(附元期) 때 폐행 권신 일족으로 발호한 영산 신씨 신귀(辛貴) 처도 강씨 아우다. 이와 같이 막강한 고려 말기 권문세족 출신이었던 강씨가 이성계 둘째 부인으로, 위화도회군을 할 당시에는 포천 철현 전장을 맡아 살림을 따로 하고 있었다. 이때 변고에 대비해 이방원을 따라 일가족과 함께 동북면으로 피해 이천에 있는 한

삼았다. 같은 날 이방원도 다른 형제들과 더불어 군(君)에 봉해졌는데, 이방원은 정안군(靖安君)이라는 군호를 받았다. 정(靖)은 '평정하다', '안정시키다'라는 뜻이다. 흥미롭게도 이날 이방번도 무안군(撫安君)이라는 군호를 받았는데 이복동생이자 막내인 이방석만 빠졌다. 그 이유는 곧 드러나게 된다.

같은 달 20일 세자가 결정되었다. 그날 일을 『태조실록』은 매우 간략하게 전한다.

어린 서자 방석을 세워 왕세자로 삼았다. 애초에 공신 배극렴·조준·정도전이 세자를 세울 것을 청하면서 나이와 공로로써 청하고자 했으나, 상이 강씨를 존중해 뜻이 방번에 있었다. 그러나 방번은 광망(狂妄)하고 경솔해 볼품이 없었으므로 공신들이 이를 어렵게 여겨 남몰래 서로 일러 말했다.

"만약에 반드시 강씨가 낳은 아들을 세우려 한다면 막내아들이 조금 낫겠다."

이때에 이르러 상이 물었다.

충 집에서 머물렀다. 위화도회군 후 조선이 개국되자 1392년 8월에 현비(顯妃)로 책봉되었다. 신덕왕후 친가가 조선 개국 과정에서 중요한 임무를 수행했다는 많은 일화가 전해오고 있다. 신덕왕후 사후 존호와 능호를 각각 신덕과 정릉으로 정하고, 개국공신의 헌의로 국모를 높이는 뜻에서 공신수릉제(功臣守陵制)를 채용해 조선의 항식으로 삼았으며, 개국공신 이서(李舒)에게 수릉직을 맡게 했다. 그 기제(忌祭) 때에는 경복궁 내 강씨 처소를 인안전(仁安殿)으로 정하고 영정을 봉안했다가, 이듬해 9월 정릉에 영각(影閣)을 지어 옮겼다. 1399년(정종 1년) 기일에 흥천사(興天寺)를 원당으로 삼아 제사할 때 태상왕(太上王-태조)도 참례했다. 그러나 태상왕이 사망한 뒤 1409년(태종 9년) 2월 묘를 사을한(沙乙閑)에 이장했다가 다시 한강 남쪽 공현 뒤로 이장했고, 왕비 제례를 폐지하고 봄가을 중월제(中月祭)로 격하시켰다. 그 뒤 1412년 기제는 서모나 형수의 기신제 예에 따라 3품관으로 제사를 대행하게 했다.

"누가 세자가 될 만한 사람인가?"

장자(長子)를 세워야만 한다거나 공로가 있는 사람을 세워야 한다고 간절히 말하는 사람이 없었다. 극렴이 말했다.

"막내아들이 좋습니다."

상이 드디어 뜻을 결정해 세자로 세웠다.

"나이와 공로로써 청하고자 했다면" 두말할 것 없이 정안군 이방원이 세자가 되어야 했다. 그러나 강씨 존재감이 워낙 컸다. 강씨는 이성계에게 한없이 사랑받는 사람이었고 개국 과정에서도 알게 모르게 큰 공로가 있었다. 조선 최초 세자 책봉과 관련된 보다 상세한 기록은 뜻밖에도 공신 조준이 죽었을 때인 태종 5년(1405년) 6월 27일 자 『태종실록』에 실린 조준 졸기에 매우 자세하게 나온다.

무안군 방번은 차비(次妃-계비) 강씨가 낳았다. 태상이 그를 특별히 아꼈고 강씨가 개국에 공이 있다고 핑계를 대어 그를 세워 세자로 삼고 싶어 해서 준(浚)과 배극렴(裵克廉, 1325~1392년)[2], 김사형, 정도

2　1388년 요동 출병 때 우군조전원수로 우군도통사 이성계 휘하에 참여, 위화도회군을 도왔다. 1389년(창왕 1년) 10월 문하찬성사로 승진하고 하정사(賀正使)로 명나라에 다녀왔다. 1390년(공양왕 2년)에는 평리(評理)로서 회군공신에 추록되었으며, 같은 해에 양광도찰리사가 되어 한양 궁궐 조성을 감독했다. 이어 삼군도총제부 중군총제사가 되어 도총제사 이성계가 병권을 장악하는 데 일익을 담당했다. 1392년 수문하시중에 올랐고, 그해 7월 문하우시중으로 조준·정도전과 함께 공양왕을 폐하고 이성계를 추대, 조선 건국에 중요한 소임을 담당했다. 이어 개국공신 1등이 되고 성산백(星山伯)에 봉해졌으며 문하좌시중이 되었다. 1392년 11월 세상을 떠났으며 고려와 조선 두 왕조에 걸쳐 정승에 올랐다.

전, 남은 등을 불러 토의하니, 극렴이 말했다.

"적자를 세워 우두머리로 삼는 것은 고금에 통하는 의리입니다."

태상이 불쾌해했다. 준에게 물었다.

"경의 뜻은 어떠한가?"

준이 대답했다.

"세상이 태평하면 적장자를 먼저하고 세상이 어지러우면 공이 있는 이를 먼저 하오니, 바라건대 다시 세 번 생각하소서."

강씨가 이를 엿들어 알고는 우는 소리가 (내전) 밖에까지 들렸다. 태상이 종이와 붓을 가져다 준에게 주며 방번 이름을 쓰게 했는데, 준은 바닥에 엎드려 한사코 쓰지 않았다.

태상이 결국 강씨 작은아들 방석을 세워 세자로 삼으니, 준 등이 감히 더는 말하지 못했다.

조준도 뜻이 이방원에게 있었으나 끝내 관철시키지는 못했다. 반면 처음에는 적자를 세우자 했던 배극렴은 그 후 태도를 바꿨다. 개국하던 해 11월 26일 그는 세상을 떠났다. 그의 졸기 일부다.

고려 왕조 말기에 이르러 상(上-이성계)에게 마음을 돌려 조준 등과 더불어 서로 모의해서 임금으로 추대하고는 마침내 수상(首相)이 되었다. 그러나 배우지 못해 학술이 없어서 상에게 의견을 아뢴 것이 없었다. 세자를 세우는 토의에서도 마침내 상의 뜻에 아첨해 어린 서자를 세울 것을 청하고는 스스로 공로로 삼으니, 식자들이 이를 탄식했다.

당시 현비 강씨 질녀이자 취산군 신극례 누이이며 정희계 아내인 신씨(辛氏)가 현비에게 이렇게 말했다고 한다. 『태종실록』 총서다.

"정안군이 세자가 되면 심히 인망(人望)에 합할 것입니다. 지금 방석을 세우니 끝에 가서는 반드시 좋지 않을 것입니다."

어쩌면 이것이 당시 일반적인 생각이었을지 모른다. 실제로 태조 이성계가 내린 이 무리한 결정은 불과 6년 만에 큰 재앙을 불러들이는 화근이 되고 만다. 1차 왕자의 난이 일어나던 날, 태조는 결국 상황을 받아들이고 영안군 이방과를 세워 세자로 삼았다. 이때 내린 교서 일부다.[3]

적자를 세우되 장자로 하는 것은 만세의 상도(常道)이며, 종자(宗子-나머지 왕자)는 성(城)과 같으니 이것이 과인이 기대하는 바다. 다만 그대 아버지인 내가 일찍이 나라를 세우고 난 후에 장자를 버리고 유자(幼子-어린아이)를 세워 이에 방석을 세자로 삼았으니, 이 일은 다만 내가 사랑에 빠져 사리에 밝지 못했던 허물일 뿐 아니라 도전·남은 등도 그 책임을 사피(辭避)할 수가 없다. 그때 만약 초(楚)나라에서 작은아들을 사랑했던 경계[4]로써 상도에 의거해 조정에서 간

3　이 교서 전문은 『이한우의 태종 이방원 상』 제2장 5절에 나온다.
4　춘추시대(春秋時代) 초(楚)나라 평왕(平王)이 신하가 하는 참소를 듣고서 태자 건(建)을 폐하고 작은아들 진(珍)을 사랑해 나라가 어지러워졌던 고사(故事)를 말한다.

언했더라면 내 감히 따르지 않을 수 있었겠는가? 도전 같은 무리는 다만 간언하지 않았을 뿐 아니라 오히려 이에 방석을 세자로 세우지 못할까 두려워했다.

태조 스스로 자신이 사리(事理)에 밝지 못했음을 공식적으로 인정했다. 정도전과 남은은 임금을 바로잡기는커녕 오히려 약점 많은 세자를 세워 권간(權奸)이 되려 했다.

그러나 이는 아직 먼 훗날 이야기이고, 이날 이방원이 잃은 깃은 세자 자리만이 아니었다. 개국공신 명단에서도 빠졌다. 이날부터 이방원 삶은 바닥이 보이지 않는 심연(深淵) 속으로 빠져들었다.

이 일은 훗날 이방원이 권좌(權座)에 오르고 나서도 끝내 강씨와 정도전을 포용하지 못하고 미워하는 빌미가 되었다. 다만 태종은 남은에게만은 '개국의 공로'와 '아버지 태조에 대한 충신'이라는 이유를 들어 죄인 족쇄를 풀어주었다. 그리고 태조 배향공신으로 높였다.

2 ─

울분 속에 보내야 했던
정안군 시절

조선 개국은 명나라에 대한 사대(事大)와 밀접하게 연결되어 있다. 조선이라는 나라의 개국 자체가 반원친명(反元親明) 세력이 집권한 것이었다. 그래서 적어도 '1년(年) 3사(使)'라 해서, 신년에 하정사(賀正使)를, 황제의 생일에 성절사(聖節使)를, 황태자의 생일에 천추사(千秋使)를 파견하는 등 적어도 1년에 3회 이상 명나라에 사신을 보냈다.

그 밖에도 사은사(謝恩使)·주청사(奏請使)·계품사(啓稟使) 등 다양한 명분과 명칭으로 비(非)정기 사행(使行)이 있었다. 이에 명나라는 1년에 한두 차례 사신을 보내왔다.

그런데 태조 2년(1393년)에 온 명나라 사신 황영기(黃永奇)와 최연(崔淵)이 조정에 전달한 문서에는 "조선이 명나라를 업신여기고 있다"라고 책망하는 내용이 들어 있었다. 깜짝 놀란 태조는 즉

각 중추원 학사 남재(南在, 1351~1419년)를 주문사(奏聞使)로 삼아 명나라 수도 금릉(金陵-지금의 남경)으로 가서 황제에게 이를 해명하도록 했다. 당시 황제는 명나라를 세운 주원장(朱元璋)이었다. 그해 9월 돌아온 남재는 주원장이 "앞으로는 3년에 한 번씩만 사신을 보내라. 앞으로 하는 것을 보아가며 내가 사람을 보내 너희를 부르겠다"라고 말했다고 보고했다. 이성계는 바로 중추원 학사 이직(李稷, 1362~1431년)을 사은사로 삼아, 다시 예전처럼 '1년 3사'로 조공하도록 허락해달라고 요청하라며 금릉으로 보냈다. 그러나 이직 일행은 요동성 밖 백탑에 이르러 입국을 거부당하고 그냥 돌아와야 했다.

이처럼 뒤엉킨 명나라와 조선 사이 외교 갈등 문제는 다음 해인 태조 3년(1394년) 최연과 황영기가 각각 연이어 조선에 파견되면서 어느 정도 실마리가 잡히기 시작했다. 명나라는 북벌에 필요한 말 1만 필을 보낼 것, 이성계 장남이나 차남이 조선 해적 사건 범인을 직접 압송해서 금릉으로 올 것 등을 요구했다.

이성계는 고민에 빠졌다. 장남인 진안공 이방우는 이미 1년 전 세상을 떠났다. 다섯째 아들 정안공 이방원을 제외하고는 이렇다 할 학식을 갖춘 아들이 없었다. 게다가 이방원은 이미 6년 전인 1388년 이색을 따라 서장관으로 명나라에 다녀온 경험도 있었다. 그렇지만 이성계로서는 이 중차대한 순간에 목숨까지 위태로울 수 있는 일을 맡기자니 방원에게 미안한 마음이 들지 않을 수 없었다. 건국 직후 신하들 대부분이 당연하게 세자감으로 보았던 방원을 내치고 신덕왕후 강씨의 눈물 작전에 넘어가서 방석을 세자로 정한 게 불과 2년 전 일이 아니던가? 태조 3년(1394년) 6월 1일 태조는 이방원을 불러 이른다.

"천자가 만일 묻는 일이 있다면 네가 아니면 능히 대답할 사람이 없다."

여기서 우리는 이방원의 스케일[規模]을 보게 된다. 이성계의 요청도, 이방원의 대답도 간결했다.

"종묘사직의 큰 계책을 위한 일인데 어찌 감히 사양하겠습니까?"

태조는 눈물을 글썽였다고 실록은 기록했다.

"너의 체질이 파리하고 허약한데[羸瘦] 만 리 먼 길을 탈 없이 갔다 올 수 있겠느냐?"

조정 신하들은 하나같이 정안공이 위험에 처할 수 있다고 만류했다. 위험은 크게 2가지였다. 사행 도중 위험과 명나라에 인질로 잡힐 수 있는 위험이었다.

그런데 1년 전에도 금릉에 다녀왔던 문하부 참찬사 남재가 "정안군이 만 리 먼 길을 떠나는데 우리들이 어찌 베개를 베고 여기에서 죽겠습니까"라며 다시 자신이 따라가겠다고 나섰다. 남재는 이 결단으로 인해 훗날 1차 왕자의 난 때 죽은 남은의 형이었음에도 불구하고 목숨을 부지할 수 있었고 태종 때는 오히려 영의정에까지 오를 수 있었다.

이렇게 해서 이방원과 남재, 중추원 지사 조반(趙胖, 1341~1401년)[5]으로 구성된 사신단이 금릉에 들어갔다. 이들은 다행스럽게도 황제를 여러 차례 만날 수 있었고, "민생을 구휼하고 천명을 경계하라"라는 조칙을 받아서 돌아왔다. 주원장이 조선에 대해 갖고 있던 의구심을 말끔히 씻어내고 온 것이다. '1년 3사(使)' 외교 관계도 회복되었다.

금릉에 갔을 때, 조선 국왕 아들이 왔다고 해서 명나라 조정에서도 융숭하게 대접했다. 이방원은 사행 도중에 연경(燕京-지금의 북경)에서 주원장 아들 연왕(燕王)을 만날 기회가 있었다. 연왕을 만나본 이방원은 함께 갔던 사람들에게 말했다.

"연왕은 왕으로 있을 인물이 아니다."

---

5 12살에 아버지를 따라 북경(北京)에 가서 매부인 단평장(段平章) 집에 있으면서 한문과 몽고어를 배웠다. 이후 원나라 승상 탈탈(脫脫)에게 인정받아 중서성역사(中書省譯史)가 되었다. 1368년(공민왕 17년) 늙은 아버지를 봉양하기 위해 원나라 벼슬을 그만두고 고려로 돌아왔다. 1382년(우왕 8년) 판도판서(版圖判書)로서 하정사 겸 주청사가 되어 명나라에 가서 시호와 승습을 청했고, 돌아와 밀직부사가 되었다. 1389년(공양왕 1년) 순안군(順安君) 왕방(王昉)과 함께 명나라에 가서 왕의 즉위를 알렸다. 이때 윤이(尹彛)·이초(李初) 등의 본국에 대한 무고 사실을 명황제에게 잘 설명해서 의심을 풀게 했다. 다음 해 돌아와 윤이와 이초의 사건을 보고함으로써 이색 등 수십 명이 피해를 당하는 옥사를 일으켰다. 개국 세력이 정국 주도권을 쥐게 해준 결정적 사건 중 하나다. 1391년 공전(公田)을 함부로 빼앗아 성헌(省憲-사헌부)으로부터 탄핵을 받고 관직이 삭탈되어 죽림(竹林)으로 귀양 갔으나, 곧 풀려나 1392년 지밀직사사(知密直司事-밀직사 지사)가 되었다. 조선 개국 후 개국공신 2등에 책록되고 복흥군(復興君)에 봉해졌으며 지중추원사가 되었다. 또한 백관(百官)의 장문(狀文)을 가지고 조선 개국 사실을 알리러 명나라에 갔다가 석 달 만에 돌아왔다. 이때인 4년(태조 3년) 6월 정안군 이방원과 함께 명나라에 다녀왔다. 1395년 판중추원사에 제수되었다가 문하부 상의사를 거쳐 문하부 참찬사에 이르렀다.

황제에 오를 인물이라는 말이다. 평소에도 "준마와 사람 알아
보는 눈은 그 누구에게도 뒤지지 않는다"고 자부해온 이방원이다.
실제로 4년 후인 1398년(태조 7년) 명 태조 주원장이 사망하자 황
태자는 7년 전에 죽었기 때문에 황손 혜제(惠帝)가 즉위했지만, 얼
마 후 연왕은 형제 조카들과 피비린내 나는 내전(內戰)을 치른 끝
에 황제의 자리를 차지했다. 그가 바로 영락제(永樂帝) 성조(成祖,
1360~1424년)[6]다. 성조는 1421년(세종 3년) 수도를 금릉(金陵-남경)

---

6   태조 홍무제(洪武帝-주원장(朱元璋)) 넷째 아들로 묘호는 태종(太宗)이다. 후에 성조
    (成祖)로 개칭했으며, 연호에 따라 영락제(永樂帝)라 일컬어졌다. 처음에는 연왕(燕王)
    으로 북경에 봉해졌으나, 홍무제가 죽은 뒤 건문제(建文帝)가 즉위해 삭봉책(削封策)
    을 취하자 1399년에 거병했다. 건문제 황제 군대와 연왕 군대는 3년 동안 격전을 벌
    였다. 황제군은 연왕 군대에 비해 훨씬 많은 병력이었지만 이를 지휘할 경험 있는 장
    수가 부족했다. 이는 건문제 할아버지인 주원장에 의해 역전 노장들이 모두 숙청되
    었기 때문이다. 연왕 군대는 파죽지세로 공격해 수도 남경(南京-금릉)을 함락했다. 이
    를 정난(靖難-난을 평정함)의 변이라고 한다. 건문제는 황궁에 불을 지르고 달아나 승
    려로 변장해 은거했다는 설이 전해진다. 이어 산동성(山東省) 제령(濟寧)과 임청(臨淸)
    간의 회통하(會通河)를 개준(改浚-깊게 다시 팜)해 대운하의 양도(糧道-식량 도로)를
    열었다. 1421년 북평으로 수도를 옮겨 북경이라 고쳤으며, 수도의 터전을 닦았다. 영
    락제 치적 중에서 가장 두드러진 것은 주변 지역에 대한 대규모 정벌과, 그것에 의한
    명나라 국경 확보다. 즉, 동북 지방에서는 흑룡강 하류에 누르간도사[奴兒干道司]를,
    백두산 북쪽에 건주위(建州衛)를 두었다. 그 뒤로 많은 위소(衛所)를 두어 여진 부족
    을 통할하고, 타타르해협에서부터 남만주에 이르는 땅을 지배했다. 몽골은 원나라가
    멸망한 뒤 분열 상태에 있었으나 영락 초년 동부에 타타르, 서북부에 오이라트가 일
    어나 북변에 압력을 가했다. 1410년 영락제 스스로 고비사막 북쪽으로 원정했고, 이
    후 1424년 진중에서 병사할 때까지 5차례 친정(親征)으로 그 위협을 막았다. 서남 지
    역에서는 티베트로부터 조공을 받았고, 소수민족을 눌러 귀주 포정사사(貴州布政使
    司)를 두었으며, 1406년에는 안남(安南-베트남)과 수마트라까지 원정해 교지 포정사사
    (交趾布政使司)를 두고 직할 지배하에 넣었다. 또 환관 정화(鄭和)로 하여금 대함대를
    이끌고 동남아시아, 서남아시아를 거쳐 아프리카 케냐 해안까지 7회에 걸친 대원정군
    을 보내어 명나라를 해외에 과시하면서 세력을 확장했다. 당시 정화 함대는 역사 이
    래 최대 선단으로 평가되고 있다. 아시카가 요시미쓰[足利義滿]를 일본 국왕에 봉해
    왜구를 누르고 감합무역(勘合貿易)의 길을 연 것도 그의 시대였다. 내정 면에서는 문
    화 정책에 힘을 기울여, 2만여 권에 이르는 『영락대전(永樂大典)』(1408년) 외에도 『사

에서 북경(北京)으로 옮긴다. 자금성 공사를 설계하고 기초를 다진 것도 영락제 때이며, 유명한 환관 정화의 7차례 해외 원정도 그의 주도로 이뤄졌다. 대외 확장형 황제였다.

구조적으로 본다면 연왕의 황위 탈취 과정은 조선 세조(世祖)와 비슷하다. 그래서 수양대군(首陽大君)이 안평대군(安平大君)과 김종서(金宗瑞, 1383~1453년) 등을 숙청하고 단종(端宗)으로부터 왕위를 가져왔을 때 그 주도세력을 '정난(靖難)공신'이라고 불렀다. 그러나 무력을 통한 권력 쟁취라는 면에서는 영락제와 태종 관계도 크게 다를 바 없다. 물론 태종은 당 태종 권력 쟁취와 더 닮기는 했지만 말이다. 그리고 두 사람 재위 기간도 영락제가 조금 더 길기는 하지만 비슷하게 겹친다. 재위 기간까지 비슷하게 겹치면서 영락제와 태종은 때로는 긴밀하게, 때로는 긴장하면서 각자 자기 통치를 해나갔다.

이런 문제와는 별도로, 정안공 이방원이 2차례나 명나라 금릉을 다녀왔다는 사실은 중요한 의미가 있다. 무엇보다 직접 조선의 실상을 명나라와 비교할 기회가 있었다는 점이다. 이는 조선 영토에 대한 현실적인 감각을 갖게 해주는 동시에 세계에 대한 열린 시야를 갖도록 해주었을 것이다. 또 요동을 둘러싼 주변 나라 간 역학 관계에 대한 나름의 인식을 정확하고 분명하게 다질 기회이기도 했다. 위험을 감수한 2차례 금릉행은 훗날 태종에게 중요한 외

서대전(四書大全)』,『오경대전(五經大全)』,『성리대전(性理大全)』 등을 편찬해서 주자학이 국가 교학으로서 지위를 굳히게 했다. 그러나 그의 시기에 환관이 대두하기 시작해 이후 명나라 정치에 큰 영향을 끼치게 되었다.

교 자산이 되었다.

금릉에 간 정안군은 태조 3년(1394년) 11월 19일 돌아왔다. 『태조실록』이 전하는 후일담이다.

태종이 명나라 서울에서 돌아왔다. 남재와 조반도 같이 왔다. 정안군이 명나라 서울에 이르니 황제가 두세 번 인견했는데, 정안군이 소상하게 (사신 통행에 대해) 주문(奏聞)하니 황제가 우대하고 돌려보냈다.
애초에 정안군이 떠날 때 찬성사 성석린이 시를 지어 정안군을 전송했다.
"자식을 알고 신하를 아는 예감(睿鑑-지혜로운 식견)이 밝고
하늘을 두려워하는 성의(誠意)는 백성을 살리기 위함이라.
모두 말하기를 만세의 조선 경사는
이 더위와 장마에 산을 넘고 물을 건너가는 데 있다 하더라."
명나라 선비들이 정안군을 보고 모두 조선 세자라 하면서 대단히 존경했다. 정안군이 연부(燕府-연왕 관청)를 지날 때는 연왕【즉 성조 황제 곧 영락제】이 친히 마주해 보았는데, 곁에 시위하는 군사도 없이 다만 한 사람만이 모시고 서 있었다. 온순한 말과 예절로써 두텁게 대접하고, 모시고 선 사람을 시켜 술과 음식을 내오게 했는데 극히 풍성하고 깨끗했다. 정안군이 연부를 떠나 도중에 올랐을 때, 연왕이 서울(금릉)에 조회하기 위해 편안한 연(輦-수레)을 타고 말을 몰아서 빨리 달려갔다. 정안군이 말 위에서 내려 길가에서 인사하니, 연왕이 수레를 멈추고 재빨리 연의 휘장을 열고 오래도록 온순한 말로 서로 이야기한 뒤 지나갔다.

아마도 이방원이 연왕을 알아본 것처럼 연왕도 이방원을 보면서 '조만간 임금이 될 사람'임을 알아차렸을 것이다. 하필이면 이방원의 군호(君號)도 '난을 진압해 평안을 이룬다'라는 뜻의 정안(靖安)이 아닌가?

함께 갔던 남재가 세상을 떠난 세종 1년(1419년) 12월 14일, 그의 졸기에 사행(使行-사신 행차)과 관련해 의미심장한 이야기가 실려 있다.

갑술년(甲戌年-1394년) 사이에 상왕이 왕자로서 명나라에 갔을 때 재가 따라갔는데, 그때 함께 갔던 재상이 자못 불공했으나 홀로 재만은 예로써 공경했다.

문맥상 그 재상은 조반이다. 실은 조반뿐 아니라 당시 조정 내 많은 사람이 정안군을 바라보던 시각이기도 했다.

훗날 그가 보여준 성품이나 배우기를 좋아하는 마음가짐[好學之心]을 감안할 때, 정안군은 오히려 이 시기를 제왕학 수련기로 받아들이고 경사(經史) 즉 경전과 역사 공부에 많은 시간을 보냈을 것이다. 그 생애를 볼 때, 그가 마음껏 공부에 전념할 수 있었던 기간은 과거를 준비하던 어릴 때를 제외한다면 이 시기 6년과 정종 밑에서 세자로 있었던 1년여가 전부라 할 수 있기 때문이다. 태종 5년(1405년) 6월 27일 조준 졸기에 실려 있는 일화도 정안군 시절 일이다.

상이 잠저(潛邸-정안군 시절의 집)에 있을 때 일찍이 조준 집을 지났는

데, 준이 중당(中堂)에 맞이해서 술자리를 베풀고 매우 삼가면서 그
참에 진덕수의 『대학연의』를 드리며 말했다.

"이것을 읽으면 가히 나라를 다스릴 수 있을 것입니다."

상이 그 뜻을 알고 받았다.

이 책은 고려 공민왕이 좋아했고 이성계도 군막(軍幕)에서,
그리고 훗날 경연에서 즐겨 읽었다. 『태조실록』 태조 1년(1392년)
11월 14일 자에는 이 책이 어떤 내용인지를 일목요연하게 보여주
는 글이 나오는데 이에 대해서는 뒤에 보다 자세하게 살펴보기로
한다.

이 장 제목에 현룡(見龍)이라는 말이 있다. 이는 『주역』에서 군
왕의 도리를 풀어낸 건괘(乾卦, ☰)의 아래에서 두 번째 붙은 양효
[九二]에 대한 풀이다.
구이

구이(九二)는 나타난 용이 밭에 있으니[7] 대인을 만나보는 것이 이
롭다[見龍在田 利見大人].
현룡 재전 이 견 대인

이는 주공(周公)이 구이(九二)에 말을 단 것이다. 다시 공자는
이를 좀 더 쉽게 풀어낸다.

---

7 용은 대인이나 임금 자질을 가진 자인데, 아직 조정이 아니라 밭에 있다는 것은 때가
맞지 않기 때문이다.

'(구이(九二)는) 나타난 용이 밭에 있다[見龍在田]'라고 한 것은 (지상
에 나타나) 다움을 널리 베풀었기 때문이다[見龍在田 德施普也].

이때의 다움이란 다름 아닌 임금다움[君德]이다. 임금은 아니
지만, 임금다운 모습을 보임으로써 많은 이에게 기대하게 만든다
는 뜻이다.

그러나 주공의 효사로 돌아가서 보자면 그것만으로는 충분치
않다. 대인(大人)을 만나야 이롭다고 했다. 대체로 아버지를 도와
조선을 이루는 데까지 이방원 삶이 건괘 구이에 해당한다. 그렇다
면 그가 훗날 임금이 될 수 있는 길을 열어준 대인은 바로 아버지
이성계라고 보아야 한다. 이성계가 위화도에서 회군해 고려 조정의
핵심 정치인이 됨으로써 비로소 이방원이 왕을 향해 나아갈 수 있
는 길이 열렸기 때문이다.

3 ——

정안군 이방원의 사람들

방무도와 방유도

　방무도(邦無道)란 나라에 도리가 없다는 뜻이고, 방유도(邦有道)란 나라에 도리가 있다는 뜻이다. 나라에 도리가 있다는 것은 군군신신(君君臣臣)[8] 즉 임금이 임금답고 신하가 신하다운 나라라는 말이고, 나라에 도리가 없다는 것은 군신신군(君臣臣君) 즉 임금이 신하 같고 신하가 임금 같은 나라라는 말이다. 누가 보아도 고려 말 정치가 그랬다. 게다가 정안군이 볼 때는 사실상 자신이 앞장서서 세운 나라 조선 또한 고려와 크게 다르지 않았다. 정도전·남은이 권간(權奸)이 되어 설치고 있었고 부왕 이성계는 정치

8　『논어』「안연(顏淵)」편에 나오는 말이다.

에서 한 걸음 물러나 신하들에게 휘둘리고 있는 형국이었다.

이를 바로잡을 수 있는 사람은 누구일까? 정안군 이방원은 이를 바로잡아야 할 사람은 자신이라고 여겼음이 분명하다. 그러나 울분만으로, 공부만으로 될 일이 아니라 함께할 사람이 있어야 했다. 다행히 '왕자'라는 자격과 '사실상의 개국공신'이라는 허울밖에 없는 그에게도 기대를 품는 사람들이 안팎으로 많았다. 게다가 이방원은 선비들에게 자신을 낮출 줄 아는 사람이었다.

부인 민씨와 장인 민제, 처남들의 헌신

누가 뭐래도 처가 민씨(閔氏) 집안이야말로 심연에 빠진 정안군을 버틸 수 있게 해준 최고 후원자들이다.

선봉장은 장인 민제(閔霽, 1339~1408년)다. 그는 조정 일에서 손을 떼야 했던 정안군에게 조정 내부 동향을 수시로 전달할 수 있는 위치에 있었다. 민제는 태조 정권 내내 중요한 자리를 맡았다. 예문관 대학사, 정당문학(政堂文學)[9], 삼사 우복야(三司右僕射)[10] 등을 지냈는데, 이 정도 자리면 조정 내 특수 기밀 업무를 제외한 어지간한 동향을 파악할 수 있었다. 그때그때 중요한 사항을 사위

---

9 조선 시대에는 개국 초 백관(百官)을 통솔하고 서정(庶政)을 총괄하던 문하부 정2품 관으로 정원 2명을 두었는데, 1401년(태종 1년) 문하부를 의정부로 개편하면서 의정부 문학(議政府文學)으로 개칭했다.

10 조선 초 재정(財政)을 맡아보던 관아(官衙)의 하나다. 태종 1년(1401년) 사평부(司平府)로 고쳤고, 5년(1405년)에 호조(戶曹)에 통합됐다.

정안군에게 전해주었을 것이다.

　민무구·무질 형제도 부인 민씨와 더불어 정안공을 헌신적으로 도왔다. 이들에 대해서는 뒤에 별도로 살펴볼 것이다.

왕실 종친의 든든한 지원

　종친 중에서 변함없이 이방원을 지켜준 인물은 이성계 이복 동생 의안대군 이화(李和, 1348~1408년)다. 이화는 늘 이성계와 이방원 노선을 추종했으며, 특히 이방원에게 고비마다 결정적 조언을 해준 인물이다. 정몽주가 낙마로 병상에 누운 이성계 동태를 살피고 돌아갈 때 이방원에게 "몽주를 죽일 때는 지금"이라고 조언했다. 조선 건국 후에는 최고 지휘권을 갖고서 물심양면으로 정안군 이방원을 도왔고, 그 후로도 이방원이 거사할 때마다 늘 곁을 지켰다. 1차 왕자의 난 때는 대궐 내부 분위기를 이방원에게 전해주었고, 특히 2차 왕자의 난 때는 골육상쟁을 다시 할 수 없다며 눈물을 흘리는 이방원에게 함께 울면서도 "방간의 흉악함이 이 지경에 이르렀는데 어찌 형제간 작은 정 때문에 나라의 큰 계책을 돌보지 않는가"라며 오히려 이방원을 떠밀다시피 해서 함께 싸움터로 나갔던 그다. 그래서 개국(開國)·정사(定社)·좌명(佐命) 삼공신에 올라 당시 가장 많은 땅과 재산을 가졌다고 한다.

　그 밖에 이방원과 같은 어머니에서 난 익안공 이방의, 회안공 이방간 등도 1차 왕자의 난 때까지는 세자 방석과 정도전 견제라는 공동 대응 차원에서 입장을 같이했다. 태조와 의형제라 할 수 있는 이지란, 태조 이복형 이원계 아들인 이양우와 이천우도 확실한 이방원 지지 세력이었다. 두 사람 중 이양우는 이방원과 이방간 둘 사이를 오갔고, 이천우는 한결같이 이방원 쪽이었다.

같은 어머니 한씨에게서 난 경신공주 남편 이저(李佇), 경선공주 남편 심종(沈悰, ?~?)[11]도 당연히 이방원 편이었고, 반면 강씨 소생 경순공주 남편 이제(李濟, ?~1398년)는 세자 편이었다. 이저는 아버지 이거이(李居易)와 동생 이백강(李伯剛, 1381~1451년)[12]을 끌어들였다. 이백강은 훗날 태종 첫째 딸 정순공주 남편, 즉 이방원 사위가 되고, 그 덕에 이거이는 영의정에까지 오르게 된다.

개국 2등, 정사 2등에 책록된 조온(趙溫, 1347~1417년)[13]은 이

---

11 아버지는 좌정승 심덕부로 세종의 장인 심온과 형제다. 1398년(태조 7년) 8월에 청원군(靑原君)으로 봉해졌다가 그해 다시 청원후(靑原侯)로 개봉되었다. 그러나 얼마 뒤 다시 청원군으로 봉해졌다. 같은 해 이방원이 정도전·남은 등을 제거하기 위해 일으킨 1차 왕자의 난 때 이방원을 도와 난을 성공시킨 공으로 정사공신 2등에 책록되었다. 동복형제 사이에 일어난 이방간과 이방원 싸움인 2차 왕자의 난 때에는 중립적인 처신을 했기 때문에 무사했다. 그러나 1416년(태종 16년) 전주에 유배 중인 이방간과 은밀히 사통하면서 선물을 받은 것이 탄로되어, 벼슬이 깎이고 서인으로 강등되어 자원안치(自願安置-자기가 원하는 곳으로 가는 유배형)되었다.

12 1397년(태조 6년)에 음보로 별장이 되었으며, 1399년(정종 1년)에 감찰이 되었고, 이방원 맏딸 정순공주와 결혼해 청평위(淸平尉)가 되었다. 병조좌랑과 형조좌랑을 지낸 뒤 1400년 2차 왕자의 난 때 이방원을 도와 공을 세움으로써 아버지와 함께 공신에 들었으며, 이듬해 우장군을 거쳐 대장군에 올랐다. 태종이 즉위하자 숭정대부 청평군(淸平君)에 봉해졌다. 1404년에 아버지 이거이가 불궤(不軌)를 도모한다 해서 서인으로 폐해지고 동성에서 유배 생활을 했으나 이듬해 풀려났다. 1418년(세종 즉위년) 대광보국숭록대부 청평부원군(淸平府院君)에 봉해지니, 부마를 부원군으로 봉하는 것이 이로부터 시작되었다. 1422년 진하사로 명나라에 다녀왔으며, 1450년에 수록대부 청평위(淸平尉)가 되고 궤장(几杖)을 하사받았다. 부마 중에서 청렴하고 근면하다고 일컬어졌다.

13 어려서부터 외삼촌 이성계를 유달리 섬겼고, 1388년(우왕 14년) 위화도회군 때 이조판서로 회군에 참여, 회군공신에 책록되었다. 이후 밀직부사를 거쳐 1392년(공양왕

150

성계 조카다. 이성계 여동생이 조온 어머니였다. 그래서 위화도회군 때부터 줄곧 이성계를 따랐고, 개국 후에는 정도전과 대립하던 사촌 동생 이방원을 지원했다.

이들 중에는 이방원이 지향하는 정치 노선을 지지하는 사람도 있었지만, 상당수는 정치적 이해관계 때문이다. 개국공신이기도 했던 이들은 정도전·남은·심효생이 주도하는 정국 운영에서 소외되었을 뿐 아니라 정도전이 급진적으로 추진한 사병 혁파를 받아들일 경우 사병을 거느린 자신들이 몰락할 수밖에 없는 운명에 처해 있었기 때문에 이방원과 공동 전선을 펼친 측면이 강하다. 이방원 또한 이들이 느끼던 소외감을 정확하게 포착하고 거사에 끌어들여 활용했다.

정안공 편에 선 개국공신과 그의 심복들

병사(兵事)에 관한 이방원 1급 참모가 이화(李和)였다면 조준

4년) 이성계 추대에 공을 세워 개국공신 2등으로 평양윤(平壤尹)에 임명되고 한천군 (漢川君)에 봉해졌다. 1393년(태조 2년) 서북면도순문사로 수주(隋州)에 쳐들어온 왜구를 격파했고, 연의주도(鍊義州道) 장정들을 군적(軍籍)에 등록시켜 군사력 강화를 꾀했다. 1398년 1차 왕자의 난에 친군위도진무로서 이방원 집권을 도와 그 공으로 정사공신 2등이 되었다. 중추원사를 거쳐 의흥삼군부 좌군동지절제사·상의문하부사 (商議門下府事)를 역임했다. 1400년(정종 2년) 2차 왕자의 난 때 참찬문하부사(參贊門下府事)로서 이방간의 난을 평정하는 데 공을 세웠다. 이해 상왕(태조)의 명으로 1차 왕자의 난 때 정도전 등을 죽인 죄로 완산부에 유배되었다가 곧 풀려나와 삼사좌사에 올랐다. 1401년 태종이 즉위하자 의정부 참찬사로서 좌명공신 4등에 책록되어 부원군에 진봉되고, 이해 성절사(聖節使)로 명나라에 다녀왔다. 1402년 의정부찬성사·동북면찰리사를 지냈다.

(趙浚)은 국가 경영 면에서 1급 참모였다. 두 사람이 가까워진 때는 정확히 언제인지 알 수 없지만, 조준 졸기에서 '일찍이'라고 했으므로 이방원이 세자에서 탈락하고 울분을 삼켜야 했던 이 무렵이 아닌가 생각된다. 조준과 함께 개국공신 1등이었던 김사형도 변함없이 조준을 따라 이방원을 받들었다. 태조 시기에 조준·김사형 두 정승이 정도전·남은을 견제해주지 않았다면 이방원의 운명도 달라졌을 것이다.

이성계 의형제 이지란(李之蘭, 1331~1402년)도 늘 이방원을 지원했다. 그는 개국공신 1등이었고 정사공신 2등, 좌명공신 3등이었다. 정사, 좌명공신이었다는 것은 1차, 2차 왕자의 난 때 정안군 편에 섰다는 뜻이다. 태종에 대한 기여도만 놓고 본다면 이화 바로 다음이라고 할 만하다.

개국공신 1등 장사길(張思吉, ?~1418년), 3등 장사정(張思靖, ?~?) 형제는 나란히 정사공신 2등에 오른다. 조영무(趙英茂, ?~1414년)는 고려 말부터 오랜 심복으로 정몽주 격살에 관여했고 정사공신 1등에 책록된다. 박포(朴苞, ?~1400년)[14]는 훗날 자신이 정사공신 1등에 책록되지 않은 데 대한 불만으로 회안공 이방간을 꾀어 2차 왕자의 난을 일으키는 주동자로 다른 길을 걷게 되지만, 그 이전까지는 충실한 심복이었다. 결국 형장에서 생을 마감하게 된다.

---

14 조선 건국에 대장군으로서 공을 세워 개국공신 2등에 책봉되었다. 그 뒤 2차 왕자의 난에 간여했다가 주살되었다.

이방원을 중심으로 한 처가·왕실·심복들의 연결고리를 보여
주는 상징적인 사건이 태조 4년(1395년) 6월 13일 자 실록에 실려
있다. 의안백(義安伯)[15] 이화가 이방원을 초청해 서교(西郊)에 가서
사냥했다. 당시 서교는 한양 주변 대표적인 사냥터였다. 이때 이방
원은 성난 표범과 맞닥트렸다. 위기일발 속에서 낭장 송거신(宋居
信, 1369~1447년)이 말을 달려 따라가니, 표범이 이번에는 송거신
을 향해 앞에서 달려들어 말 위에 올라 안장을 깨물었다. 송거신
은 말 위에 누우면서 가까스로 피했고, 이때 표범이 말에서 떨어
져 나갔다. 낭장 김덕생이 뒤에서 달려가 한 발에 표범을 쏘아 죽
였다. 이 사냥에는 장인 민제도 함께 갔다. 이방원의 다른 심복들
도 함께 갔음은 당연하다.

이때 목숨을 걸고 이방원을 구한 송거신도 이방원 부인 민씨
인척으로 민제 사람이었다. 이 무렵 이방원과도 가깝게 지냈으며,
훗날 이방원이 집권하자 사복시 부정, 상호군, 우군첨총제 등 군사
분야의 요직을 두루 거쳐 부사령관 격인 우군도총제에 오른다. 세
종 8년(1426년)에는 여산부원군에 책록된다.

화살 한 발로 표범을 쏘아 맞힌 김덕생(金德生, ?~?)은 고려
말 무과에 급제한 전형적인 무인으로, 이날 뜻하지 않은 공을 세
웠다. 그래서 훗날 태종 즉위에 공이 큰 인물에게 내렸던 좌명공신
에 처음에는 포함되지 않았다가, 4등 공신에 포함되어 있던 조박
과 윤목 등 두 사람이 민무구 형제 사건과 관련되어 삭제되자 바

---

15 아직은 군·대군의 칭호가 사용되지 않을 때라 백(伯)이라고 했다. 중국 작위 체계 공
후백자남(公侯伯子男)의 백이다.

로 그 자리에 송거신과 함께 이름을 올리게 된다. 이것을 보면 두 사람 다 거사 자체에는 참여하지 않은 것 같고, 이방원 목숨을 구한 이 사건으로 공신 목록의 말석에 뒤늦게라도 차지할 수 있었던 듯하다.

김덕생 동생 김우생(金佑生, 1372~1457년)은 고려 말의 문신으로 정몽주에게 배웠다. 문하시중 최영이 요동 정벌을 강행하려 하자 이성계에게 글을 보내 불가함을 논했다. 이로써 이성계와 인연을 맺었고, 조선이 건국되면서 순천부사를 지냈다. 1400년 2차 왕자의 난이 일어났을 때 형 김덕생이 뒤늦게 좌명공신 4등에 책봉되었다가 동료들에게 시기 질투를 받아 처형당하자 관직을 멀리하고 유유자적하게 살았다.

이 무렵 정안공 이방원을 보여주는 또 한 가지 일화가 있다. 태조 6년(1397년) 5월 18일 경상전라 도안무사 박자안(朴子安, ?~1408년)[16]이 왜적을 제대로 막지 못하자 태조 이성계가 크게 화를 내며 목을 베라고 명했다. 그때 박자안 아들 박실(朴實, 1367~1431년)[17]이 아버지를 살려달라며 정안공의 집에 찾아와 울

---

16 1393년(태조 2년) 좌도수군도절제사가 되어 우도수군도절제사 김을귀(金乙貴)와 함께 왜구를 소탕했다. 이때인 1397년 전라도도절제사에 임명되었으나, 침입한 왜적을 막지 못했다는 이유로 전라도 진포(鎭浦)의 군중(軍中)에서 참형(斬刑)을 당하게 되었다. 하지만 아들 박실이 정안군에게 호소함으로써 장(杖)을 맞고 삼척에 유배되었다.

17 1402년(태종 2년) 전농시정(典農寺正)이 되었다가 남포진병마사·용기사첨절제사를 거쳐 1417년 경상도 수군도절제사가 되었다. 이듬해 좌군동지총제(左軍同知摠制)·중군총제(中軍摠制)를 역임하고 이어서 1419년(세종 1년) 대마도정벌에 좌군도절제사로 참가했다. 본래 학술이나 무예에 뛰어나지는 않았으나, 참형을 당하게 된 아버지의 구명운동을 극진하게 전개하자 이를 가상하게 여긴 태종이 금려(禁旅-근위병)로 채용, 벼슬길에 올랐다.

며불며 애걸했다. 박실은 정안공 휘하 사람이었다. 왕자 정안공도 마땅한 길이 없었다. 그도 처음에는 "국가의 큰일을 내가 어찌하겠는가?"라고 말했다. 박실은 땅에 엎드려 떠날 줄을 몰랐다. 어쩔 수 없이 사이는 안 좋지만, 태조에게 총애를 받는 남은에게 가서 도움을 청했다. 그러나 남은은 "사자가 이미 떠났으니 어찌하겠는가?"라며 외면했다.

일이 어렵게 되었지만 남은 앞에 꿇어앉아 대성통곡하는 박실을 보고 불쌍한 생각이 든 정안공은 다시 자기 집에 있던 영안공 이방과(李芳果-훗날 정종)와 의안공 이화 등 종친들에게 함께 주상을 찾아뵙자고 제안했다. 그러나 이들도 처음에는 부정적이었다.

"이는 국가의 기밀인데 상감께서 만일 어디서 알았느냐고 물으면 무슨 말로 대답하시렵니까?"

정안공은 "그 책임은 내가 지겠소"라고 답한다. 종친과 함께 대궐에 간 정안공은 내시 조순을 시켜 청을 올리게 했다. 그때 순이 물었다. "비밀스러운 사안인데 여러 종친이 어떻게 아셨습니까?" 정안공은 "사람을 형벌하고 사람을 죽이는 것은 나라의 큰일인데, 바깥 사람이라고 해서 어찌 알지 못할 리가 있겠는가?"라고 답했다. 이 말을 전해 들은 이성계는 처음에는 화를 내며 "너희들은 자안이 죄가 없다고 생각하는가?"라고 했다가, 잠시 후 중추원에 명을 내렸다.

"급히 말 잘 타는 사람을 보내 자안의 죄를 용서한다는 명을 전하라."

중추원 심구수가 힘차게 말을 달렸다. 한 사람 목숨이 자기 손에 달려 있었다. 그런데 도중에 말에서 떨어져 크게 다쳤다. 어쩔 수 없이 역참 관리로 하여금 대신 자기가 받은 명을 전달하도록 부탁했다. 다행히 그 역리는 박자안 사형 집행이 이뤄지기 직전에 사형장에 도착해서 사면령을 전달할 수 있었다.

이때 아들과 정안공 덕에 가까스로 목숨을 건진 박자안은 3년 후 정안공이 왕위에 오르자 왕위 계승에 대한 승인을 구하는 습위주문사(襲位奏聞使)가 되어 명나라에 가고, 귀국 후에는 의흥 삼군부사 참판사와 경상도 도절제사를 거쳐 1405년에는 오늘날 해군참모총장 격인 수군도절제사까지 겸하게 된다.

정종 2년(1400년) 6월 2일 '세자' 이방원은 세자빈객 정탁(鄭擢)과 충효에 대해 강론하던 중 효의 사례로 이 사건을 언급한다. 당시 세자 이방원 마음이 소상하게 드러난다.

"사람이 죽고 사는 것은 명에 달렸고 사람이 할 수 있는 것이 아니다. 정축년(丁丑年-1397년)에 박자안이 왜적을 막지 못했으므로 태상왕께서 크게 노하시어 사람을 보내 목을 베라고 명하셨다. 그 아들 박실은 내 휘하였는데, 그 아비를 구원하고자 울며불며 와서 고했다. 내가 구원하고자 했으나 길이 없었다. 드디어 남은 집에 가서 상의하니, 남은이 말하기를 '사자가 이미 떠났으니 어찌하겠는가?'라고 했다. 박실이 남은 앞에서 대성통곡하므로 내가 더욱 슬프게 여겨, 돌아와 전하(殿下-정종)와 의안공(義安公-이화)을 모시고 태상왕께 아뢰어 요행히 살아날 수 있었다. 남의 자식 된 자[人子]로서
박실과 같으면 효자라 할 수 있다."

남의 자식[人子]이라고 할 때 남이란 바로 자기 부모를 가리

킨다. 인군(人君)이라고 하면 '남' 즉 '신하'들의 군왕이라는 뜻이고 인신(人臣)이라고 하면 '남' 즉 '임금'의 신하라는 뜻인 것과 같다. 이는 공자가 어짊[仁]을 남을 사랑하는 것[愛人]이라고 정의했을 때의 '남'과 정확히 통한다.

4 ─

표전 사건으로 궁지에 몰린
정도전의 승부수

"정도전을 금릉으로 보내라!"

정안공 이방원이 금릉에 가서 성공적으로 교섭하고 온 지 1년 도 안 된 태조 4년(1395년) 10월, 하정사(賀正使)로 명나라에 갔던 대학사 유구(柳珣, 1335~1398년)[18]와 한성부윤 정신의(鄭臣義,

---

18 1373년 경상도안렴사·우산기상시(右散騎常侍)를 지냈다. 이때 환관의 폐해를 열거하면서 인원을 줄일 것을 건의했다. 1380년(우왕 6년) 밀직부사가 되었고, 1389년(공양왕 1년) 예문관대제학을 역임하면서 강화도에 있는 창왕을 죽였다. 이듬해 양광도도관찰사가 되고, 1392년 조선 건국으로 전주가 완산부로 승격되자 그곳 부윤이 되었다. 1395년(태조 4년) 정당문학을 역임했다. 이때 회암사(檜巖寺) 등에 파견되어 소재법석(消災法席)을 열었다. 이해 명나라에 갔다가 표전문(表箋文)에 무례한 문자가 있다고 하여 억류되었다.

?~?)[19]가 싸 가지고 간 하정표문(賀正表文-신년 축하를 위해 황제에게 올리는 글)에 자신을 모독하는 말이 포함되어 있다며 명 황제는 유구 등을 억류했다. 이때 유구는 표문 작성자가 정도전이라고 밝혔다. 명나라에서는 정도전을 보내오면 유구 등을 돌려보내겠다고 했다. 이 내용은 통역관 고인백과 김을진 등이 먼저 돌아와 다음 해 2월 조정에 보고함으로써 알려졌다.[20]

놀란 조정에서는 당장 가장 뛰어난 통역관 곽해룡(郭海龍, ?~?)[21]으로 하여금 표문을 지은 김약항(金若恒, 1353~1397년)[22]을 명나라에 동행하게 하면서 "원래 표문은 성균 대사성 정탁이 짓고 황태자에게 올리는 전문은 전교시 판사 김약항이 지었는데, 지금 정탁은 풍질 때문에 가기 어려워 김약항만 보낸다"라고 해명했다. 김약항에게는 죽으러 가는 길이었다. 그를 위로하기 위해 의주까

---

19 1393년(태조 2년) 중추원부사, 1395년 4월 한성부윤이 되었다. 같은 해 10월 정조사 부사가 되어 예문춘추관 대학사 유구(柳拘)와 함께 명나라에 파견되었는데, 표전(表箋)에 "명나라를 모멸한 문구가 있다"라는 명나라의 트집으로 이듬해 11월까지 구류되었다가 귀국했다.

20 당시에는 사신단이 명나라 수도에 가면 40일에서 60일 정도 머물며 문물도 관찰하고 놀다가 돌아오는 것이 관례였다. 반면 이들 통사(通事-통역관) 중 일부는 먼저 조선으로 돌아와서 명나라 조정과 협의된 사항들을 전달해야 했다. 이런 통사를 선래통사(先來通事)라고 불렀다.

21 1384년(우왕 10년) 왕에게 건의해 무예도감을 설치했다. 벼슬은 군기감 판사를 지냈다.

22 1371년(공민왕 20년) 문과에 급제해 여러 벼슬을 지냈다. 조선이 개국되자 판전교시사(判典校寺事)가 되고, 1395년(태조 4년)에는 명나라에 들어가 억류된 사절 유순 등을 송환시키는 데 성공했다. 그러나 표전(表箋)의 내용이 불공하다 하여 명나라에 불려가 억류되었다가 곧 풀려나, 현지에 있는 상태에서 조선 조정으로부터 광산군(光山君)으로 봉해졌다. 뒤에 다시 다른 일로 인해 양자강(揚子江)으로 유배 갔다가 1397년 유배지에서 사망했다.

지 따라온 이성계 측근 함부림(咸傅霖, 1360~1410년)에게 김약항은 이런 말을 남겼다.

"신이 죽고 사는 문제로 염려 마소서. 신은 나라를 위해 죽기로 결심한 지 이미 오래입니다."

실제로 그는 명나라에 억류되었다가 풀려나지만, 고국으로 돌아오지 못하고 현지에서 사망했다. 한 달 후인 3월에는 조선 국왕 승인을 요청하는 계품사로 명나라에 갔던 예문춘추관 대학사 성총(鄭摠) 일행 중 한 명이 돌아와 명나라 예부 지문(咨文 외교문서)을 전함으로써 2차 표전문 사건이 터졌다. 조선에서 보낸 표문에 황제를 모욕하는 내용이 들어 있다면서 계품사 정총(鄭摠, 1358~1397년)[23]을 억류한다는 내용이었다. 더불어 계품사가 들고 온 글을 지은 사람 및 교정자를 당장 금릉으로 보내라고 요구했다.

4월에는 하정사 유구(柳珣)와 함께 갔던 일행 중에서 박광춘(朴光春)이 돌아와 억류된 유구와 정신의(鄭臣義) 처자를 보내오지 않으면 사신들을 유배시키겠다는 명나라 예부 자문을 전했다. 2차례 표전문 파동으로 유구·박신의·정총·김약항 등이 명나라에 억류되는 기막힌 사건이 터졌다. 명이 노린 타깃은 정도전이

---

23 1376년(우왕 2년) 문과에 장원급제해 19세로 춘추관검열이 되었고, 대간·응교·사예를 거쳐 대호군이 되었으며, 1391년 이조판서를 거쳐 정당문학에 이르렀다. 당시 중국에 보낸 표전문은 대부분 그가 지었다. 개국 후 개국공신 1등에 서훈되고 첨서중추원사(簽書中樞院事)로서 서원군(西原君)에 봉해졌다. 1394년(태조 3년) 정당문학이 되고 다시 예문춘추관 태학사가 되어 정도전과 같이 『고려사』를 편찬하고 그 서문을 썼다. 1395년 태조 이성계에게 고명(誥命) 및 인신(印信)을 줄 것을 청하러 명나라에 사신으로 파견되었다가, 때마침 표전문이 불손하다고 명나라 황제에게 트집잡혀 대리위(大理衛)에 유배 가던 도중 죽었다.

었다.

당시 명나라는 문자옥(文字獄)이 한창이었다. 명나라 태조 주원장은 어려서 절에 들어가야 할 만큼 출신이 미미했다. 그러다 보니 콤플렉스, 특히 학자나 문신들에 대한 열등감이 심했다. 그래서 자신에게 올리는 글 중에서 자신의 불우했던 출신을 연상시키거나 역모를 떠올리게 하는 단어, 혹은 그와 유사한 문자가 있으면 다짜고짜 그 글을 쓴 사람을 잡아다 죽이고 있었다. 예를 들어 광(光)자가 승려 시절 자신의 까까머리를 떠올린다면서 그 글자가 포함된 글을 올린 사람을 죽여버렸다. 따라서 딱히 조선에서 올린 표전문만을 문제 삼은 것은 아니었으나, 이런 명나라 내부 사정을 알 리 없는 조선 조정에서는 그저 최선을 다해 표전문을 작성할 뿐이었다.

명나라에서는 일부 단어가 '경박스럽고 황제를 놀리고 모욕하고 있다'라고 해서 정도전과 정탁을 압송하라고 계속 압력을 가해왔다. 아마 이때 정도전이 압송되어 갔더라면 죽임을 당하거나, 살더라도 명나라에서 유배되어 고국으로 돌아오지 못했을 것이다. 이를 잘 아는 정도전은 가지 않겠다고 버텼다. 그의 최측근인 문하성 참찬사 남은은 7월 태조에게 글을 올려, 글을 지은 자는 물론이고 명에서 요구한 유구 등의 가족도 명나라에 보내서는 안 된다고 주장했다. 노골적인 정도전 옹호론이었다.

그해 7월, 조선을 찾은 명나라 사신이 돌아가는 편에 사역원 판사 이을수가 관압사(管押使-압송 업무를 맡은 통사)가 되어 표전(表箋) 작성에 참석한 권근·정탁·노인도 등을 금릉으로 압송해 갔고, 동시에 하륜을 계품사로 삼아 명나라 황제에게 전후 상황을 소상하게 설명하게 했다.

"삼가 분부하신 대로 표문을 지은 정탁과 이를 교정한 권근, 교정에 참여한 노인도를 이을수를 시켜 금릉으로 보내 폐하께 결재를 청합니다. 다만 정도전은 정탁이 지은 표문을 지우거나 고친 바가 없으므로 이 일과 관련이 없습니다. 그리고 본인이 복통과 각기병을 앓고 있어 보내지 못했습니다."

이들은 9월경에 명 황제를 알현했다. 황제 주원장은 이들 중 몇 명은 돌려보내지 말라고 지시했다. 그래서 권근과 노인도는 억류당하고 하륜과 정탁은 바로 돌아왔다. 그리고 이들이 돌아올 때 유구와 정신의도 함께 왔다. 이때가 태조 5년(1396년) 11월경이다. 이제 명나라에 억류되어 있는 사신은 김약항·정총·권근·노인도 네 사람으로 바뀌었다. 조정에서는 김약항·정총·권근의 처자를 수마포 20필씩과 함께 명나라에 보냈고 노인도에게도 수마포 6필을 보내 위로했다.

명나라에 있던 네 사람은 연말에 조선에서 태조의 계비 강씨가 사망했다(태조 5년 9월 15일)는 소식을 듣게 된다. 그래도 권근은 황제가 내려준 옷을 입었지만, 정총은 조의를 표하는 차원에서 흰옷을 입었다. 이런 복장으로 알현하니 주원장이 진노하며 정총을 가두어 국문케 하고, 반면 권근은 귀국시켰다. 정총은 유배되어 처형당했고, 김약항과 노인도도 이때 함께 목숨을 잃었다.

해가 바뀌어 태조 6년(1397년)이 되어서도 정도전에 대한 명나라 공세는 그치지 않았다. 지난해 11월 억류되었던 사신들이 돌아오자 감사하는 뜻을 표하기 위해 명나라에 갔던 설장수(偰長壽, 1341~1399년)가 태조 6년 4월 17일 예부 자문(咨文)을 가지고 돌아왔다. 자문에는 정도전이 '조선의 화원(禍源)'이라고 표현되어 있었다. 만화(萬禍)의 근원이니 제거해야 한다는 뜻이 담겨 있었다. 이 같은 명나라 인식은, 이유는 다르지만, 결론적으로 이 무렵 정안공 이방원 생각과 정확하게 합치했다.

요동 정벌론으로 정면돌파를 시도하는 정도전

위기에 몰린 정도전은 요동 정벌 추진과 군사력 강화를 통해 돌파를 시도한다. 역사학계는 정도전이 요동 정벌 운동을 언제 시작했느냐를 놓고 의견이 갈려 있다. 대체로 정도전을 지지하는 입장은 그가 일찍부터 요동 정벌을 구상했다고 본다. 그 증거 중 하나로 사병 혁파와 군사력 강화 노력을 이미 태조 2년(1393년)부터 시작한 사실을 든다. 이는 곧 태종 이방원에 대한 비판적 입장과 연결된다.

반면 태종 입장은 실록에 고스란히 나와 있다. 조선 시대 수많은 기록도 실록 입장을 취한다. 정도전은 동료들이 죽는데도 비겁하게 중국에 가지 않았을 뿐 아니라 자신이 살기 위해 요동 정벌론을 들고나와 종묘사직을 위험에 빠트리려 했던 인물로 묘사된다. 실제로 이방원은 조정이 비슷한 위험에 처했던 태조 3년(1394년)에도 아버지 부탁을 뿌리치지 않고 죽음을 무릅쓰며 기꺼이 명나라에 갔다. 그러니 그의 눈에 정도전이 더욱더 부정적으로 보였을 것이다.

우리는 정도전과 이방원, 어느 한쪽을 골라야 하는 강박관념에 빠질 필요가 없다. 지금 우리가 정도전이나 태종 중 어느 한 사람을 지지해야 할 일은 없기 때문이다. 다만 기성 학계 연구는 지나치게 친(親)정도전이라는 점만 지적해둔다.

당시 요동 상황을 정확히 알 수는 없다. 다만 아직 확실한 요동 주인이 떠오르지 않은 상황에서 요동 정벌론은 충분히 의미 있고 검토해볼 만한 일이었음은 분명하다. 그러나 나라를 세운 지 5년 남짓한 작은 나라가 과연 대국을 상대로 해외 원정을 감당할 수 있을는지, 그 시점에 꼭 해야 하는 과세였는지는 다른 차원에 속하는 문제다.

태조 6년(1397년) 6월 14일 정도전은 의흥삼군부 판사로 관직에 복귀한다. 병권(兵權)을 거머쥔 것이다. 그는 명나라 압력이 거세던 태조 5년(1396년) 7월 명나라를 달래는 차원에서 삼사(三司) 판사직에서 물러난 바 있었다. 병권을 잡은 정도전은 곧바로 각 절제사와 군관들로 하여금 자신이 지은『진도(陣圖)』와『수수도(蒐狩圖)』등 병법서를 간행해 익히도록 했다. 얼마 후 남은·심효생 등과 함께 태조에게 "군사를 일으켜 국경 밖으로 나아가고자 한다"며 요동 정벌론을 본격적으로 제기했다. 정도전과 남은은 병으로 휴가 중이던 좌정승 조준에게 "요동을 공격하는 일은 이미 결정되었으니 공은 다시 거론하지 마십시오"라고 통보했다. 이 문제에 관한 한 조준 입장은 곧 정안공 입장이었다. 조준은 아픈 몸을 이끌고 대궐에 나아가 요동 정벌 불가론을 개진했다.

"사대(事大)하는 예(禮)에 어긋날 뿐 아니라 나라를 세우는 마당에
명분 없이 군대를 가벼이 움직이는 것은 매우 옳지 않습니다."

조준을 따르는 우정승 김사형도 같은 의견을 올렸다. 남은을 앞장세운 정도전의 정벌론에 설득되었던 이성계는 일단 정벌 시도를 유보한다. 사실 이 무렵 이성계가 정벌론에 기운 데에는 명나라의 도에 지나친 압박과 함께 정총의 죽음도 얼마간 영향을 주었을 듯하다. 정총은 사실 자신이 그렇게도 사랑했던 부인 강씨 죽음을 멀리 타국 땅에서 애통해하다가 주원장에게 죽은 것이나 마찬가지였다. 명나라에 대한 감정이 좋을 수 없었다. 그렇다고는 해도 위험 요소가 아주 많았다. 특히 정벌 성패(成敗)와 관계없이 왕실이 위태로워질 수 있다고 판단했을지도 모른다.

정도전이 가한 막판 일격

조준의 반대로 잠잠해졌던 요동 정벌론은 1년 후인 태조 7년(1398년) 8월 다시 고개를 든다. 그에 앞서 3월, 정도전은 함경도 지방 주부군현(州府郡縣) 이름과 행정 체계를 갖춰놓고 한양으로 돌아왔다. 이미 수도를 한양으로 옮긴 후였다. 태조는 너무나 기뻤다. 그 자신이 영토 확장을 위해 젊은 시절을 보냈던 함경도 지방이 마침내 어엿하게 조선 국토로 편입되었기 때문이다.

"경의 공은 윤관(尹瓘, ?~1111년)[24]보다 낫다. 윤관은 9성을 쌓고 비

---

24 1107년(예종 2년) 여진족 동태가 심상치 않다는 변장(邊將) 보고를 접하자 원수(元帥)가 되어, 부원수인 지추밀원사 오연총과 함께 17만 대군을 이끌고 정주로 출발했다.

(碑)를 세운 것뿐인데, 경은 주군(州郡)과 참로(站路)를 구획하는 데 서부터 관리의 명분까지 모든 제도를 정해서 삭방도(朔方道-함경도)를 다른 도들과 다를 바 없게 만들었다."

태조는 이런 정도전을 위로하는 잔치를 베풀었다. 이 자리에서 정도전과 남은에게 하고 싶은 말이 있으면 뭐든지 해보라고 말했다. 늘 그렇듯이 정도전 대신 남은이 나서서, 왕자와 공신들이 절제사가 되어 군사를 장악하고 있는 것은 옳지 못하니 관군(官軍)으로 통합할 것을 건의했다. 한마디로 사병 혁파 건의였고, 이에 태조는 쾌히 찬성했다.

태조 승인을 얻어낸 정도전과 남은은 사병 혁파를 무섭게 몰아붙였다. 석 달 후인 윤5월 28일, 태조는 양주목장에서 이틀 동안 정도전이 지은 『오진도(五陣圖)』에 따른 군사 훈련을 실시했다.

먼저 여진 추장에게 거짓 통보를 하여 고려가 앞서 잡아둔 허정(許貞)·나불(羅弗) 등을 돌려보낸다고 하자 여진족이 400여 명을 보내왔다. 이때 이들을 유인해 거의 섬멸시키고 사로잡았다. 5만 3,000명을 거느리고 정주에 도착한 뒤 중군을 김한충, 좌군을 문관, 우군을 김덕진으로 하여금 지휘하게 했다. 수군은 선병별감 양유송 등 2,600명으로 도린포(都鱗浦-함경남도 정평군과 함주군에 걸쳐 있는 호수. 광포호 혹은 도련포라 불린다) 바다로부터 공격했다. 막강한 고려군 위세에 눌린 여진이 동음성(冬音城)으로 숨자 정예부대를 동원해 이를 격파했다. 여진군이 숨은 석성(石城)은 척준경을 시켜 공격하게 함으로써 그들의 태반을 섬멸했다. 여진 전략 거점을 무찌른 곳이 135곳이고 적 사망자 4,940명, 생포 130명의 빛나는 전과를 거두었다. 조정에 전승 보고를 올리고 탈환한 각지에 장수를 보내 국토를 획정하고 9성을 축조했다. 남쪽으로부터 백성을 이주시켜 이곳을 개척해 살게 했다. 새로 성을 구축한 곳은 함주(咸州)에 이주민 1,948가구, 영주(英州)에 성곽 950칸과 이주민 1,238가구, 웅주(雄州)에 성곽 992칸과 이주민 1,436가구, 복주(福州)에 성곽 774칸과 이주민 680가구, 길주(吉州)에 성곽 670칸과 이주민 680가구, 공험진(公嶮鎭)에 이주민 532가구였다. 이 6성 외에, 이듬해에는 숭녕(崇寧)·통태(通泰)·진양(眞陽)의 3성을 더 쌓아 이른바 윤관의 9성 설치가 완결되었다.

양주목장이란 당시 군마를 기르던 곳이다. 갑자기 이때부터 실록에는『진도』훈련에 관한 기사들이 집중 등장한다.

　6월 24일 태조는 환관 박영문을 전라도와 경상도에 보내『진도』연습 상황을 점검케 했다. 7월 25일 박영문이 돌아와 전라도 나주진만 조금 익히고 있고 나머지 진들은 모두『진도』를 익히지 않고 있다고 보고하자, 태조는 각 진 훈도관들과 첨절제사들을 처벌하라고 지시했다. 8월 1일에는 여러 왕자와 상장군·대장군 등이『진도』를 익히지 않은 이유를 알아보게 했고, 4일 사헌부에서『진도』를 익히지 않은 절제사·상장군·대장군·군관 등 292명을 탄핵했다. 8월 9일 대사헌 성석용(成石瑢, 1352~1403년)[25]은 이들 292명에게 가할 형벌로 직첩 박탈, 태형 등을 제시했다. 여기에는 정안군 이방원도 포함되어 있었다. 그러나 태조는 "절제사 남은·이지란·장사길 등은 개국공신이고, 이천우는 지금 내갑사 제조가 되었으며, 의안백 이화, 회안공 이방간, 익안공 이방의, 무안공 이방번, 영안군 이양우, 영안공 이방과(훗날 정종), 순녕군 이지(李枝, 1349~1427년)[26], 흥안군 이제, 정안공 이방원은 왕실 지친(至親)이

25　성석린 동생이다. 1376년(우왕 2년) 문과에 급제해, 고려 시대에 동지경연사(同知經筵事)를 비롯해 대언(代言)·지신사(知申事)·밀직부사(密直副使)·밀직제학(密直提學) 등을 역임했다. 조선 건국에 공이 있어 태조가 원종공신(原從功臣) 녹권을 내렸다. 벼슬은 대사헌을 거쳐, 개성유후(開城留後)·보문각대제학(寶文閣大提學)에 이르렀다.

26　태조 종제(從弟-사촌 동생)다. 8세 때 부모를 여의고 이왕기(李王琦) 집에서 양육되었다. 뒤에 태조의 배려로 잠저(潛邸)에서 생활하면서 항상 가까이 있었다. 1388년 위화도회군 당시 중랑장(中郎將)으로 정예기마병을 인솔하고 앞장서서 큰 공을 인정받았다. 1392년 조선이 건국되면서 원종공신이 되어 상호군에 오른 뒤 이조·호조·예조의 전서(典書)를 거쳐 순녕군(順寧君)에 봉해졌고, 좌상군사를 겸했다. 1398년(태조 7년) 이방원이 정도전·남은 등을 제거한 1차 왕자의 난 당시 연루되어 귀양을 갔다가, 1400년 태종이 왕위에 오르자 유배에서 풀려나서 다시 순녕군에 봉해졌다.

고, 유만수(柳曼殊, ?~1398년)[27]와 정신의 등은 원종공신이므로 모두 죄를 논의할 수 없다. 대신 그들 휘하에 있는 사람에게 모두 태형 50대씩을 치고, 이무는 관직을 파면시킬 것이며, 외방 여러 진(鎭)의 절제사로서『진도』를 익히지 않는 사람은 모두 곤장을 치게 하라"라고 지시했다. 이에 대해 실록은 "애초에 정도전과 남은이 임금을 날마다 뵈옵고 요동을 공격하기를 권고한 까닭으로『진도』를 익히게 한 것이 이같이 급했다"라고 평하고 있다. 마치 그 당시 정안공 이방원 입장을 그대로 듣는 듯하다.

시위패라는 이름으로 공신과 종친들이 거느리고 있던, 사실상 사병이 이로써 혁파되었다. 한순간에 정안공 이방원 손에서 군사들이 사라졌다. 사병 혁파를 주도한 남은을 제외한, 여기 거명된 모든 종친과 공신은 이를 갈 수밖에 없었다. 원래 정도전 사람이었던 이무가 이방원 장인 민제와의 친분을 바탕으로 막판에 이방원에게 투항해온 것도 이때 파면당한 것과 무관치 않아 보인다. 17일 후인 8월 26일, 이방원은 드디어 거병(擧兵)한다.

1414년(태종 14년) 영공안돈녕부사(領恭安敦寧府事)에서 우의정에 오른 뒤 좌의정을 거쳐 1418년 영의정으로 치사했다가 다시 영돈녕부사가 되었다.

27 1388년(우왕 14년) 이성계를 따라 위화도에서 회군해 개경 숭인문 방어전에서 최영에게 패퇴했다. 그러나 이성계가 권력을 잡자 문하부 지사로 승진했다. 1392년 조선이 건국되자 원종공신에 책록되고 개성부 판사가 되었으며, 1393년(태조 2년) 회군공신 1등에 추록되면서 문하시랑 찬성사에 이르렀다. 1차 왕자의 난 때 이방원 세력에게 참살당했다.

5 ___

거병해 세상을 뒤집다

태조 7년(1398년) 8월 26일 밤, 실록 속으로 들어가 보자.

기사일(己巳日-26일)에 봉화백(奉化伯) 정도전, 의성군(宜城君) 남은,

부성군(富城君) 심효생(沈孝生, 1349~1398년)²⁸ 등이 여러 왕자를 해

---

28 고려 말 이성계(李成桂)에게 귀의하면서부터 현직(顯職)에 올라, 1391년(공양왕 3년)에
    문하시중(門下侍中) 이성계 휘하에서 문하사인(門下舍人)이 되었다. 조선 개창 직전인
    1392년 6월에 사헌부장령(司憲府掌令)이 되었다. 같은 해 7월 이성계를 추대해 개국
    공신 3등에 올랐으며 사헌중승(司憲中丞)이 되었다. 이어 경상도안렴사(慶尙道按廉使)
    를 거쳐 중추부사(中樞副使)가 되었다. 1394년(태조 3년)에는 대장군(大將軍)과 첨절
    제사(僉節制使)를 각각 겸하면서 고려 왕 후손들인 왕화(王和)와 왕거(王琚)를 안동
    옥(安東獄)에 감금하고 거제도에서 왕우(王瑀) 부자의 제사를 지내는 등 고려 왕족의
    세력을 견제했다. 같은 해 10월 이조전서(吏曹典書) 재직 중일 때 딸이 세자 이방석
    빈(嬪)이 되고 아내 유씨(柳氏)는 정경옹주(貞慶翁主)에 봉해졌다. 이듬해에는 중추원
    학사가 되었다. 1397년에는 정도전(鄭道傳)·남은(南誾) 등과 함께 군사권을 장악하고
    공료 정책(攻遼政策-요동 정벌 정책)을 추진하기도 했다. 같은 해 지중추원사(知中樞院

치려 꾀하다가 성공하지 못하고 형벌에 엎어져 참형을 당했다.

애초에 상(태조 이성계)이, 정안군이 건국한 공로는 여러 왕자가 견줄 만한 이가 없었기에 특별히 대대로 전해온 동북면 가별치(加別赤-특공대) 500여 호를 내려주었고, 그 후에 여러 왕자와 공신을 각 도 절제사로 삼아서 시위하는 병마를 나눠 맡게 하니, 정안군은 전라도를 맡게 되고 무안군 이방번은 동북면을 맡게 되었다. 이에 정안군이 가별치를 방번에게 양보하자 방번은 이를 사양하지 않고 받았으며, 상이 그것을 알았으니 돌려줄 것을 요구하지 않았다.

도전과 남은 등은 권세를 마음대로 부리고자 어린 서자를 반드시 세자로 세우려고 했다. 효생은 외롭고 한미하면 제어하기가 쉽다고 생각해서 자신의 딸을 부덕(婦德-부인다움)이 있다고 칭찬해서 세자 방석의 빈(嬪)으로 만들고, 세자의 동모형 방번과 자부(매부) 홍안군(興安君) 이제 등과 같이 모의해서 자기편 당을 많이 만들었다. 효생 등이 장차 여러 왕자를 제거하고자 몰래 환자 김사행(金師幸, ?~1398년)[29]을 사주해서, 중국의 여러 황자(皇子)를 왕으로 봉한 예에 의거해 여러 왕자를 각 도에 나눠 보낼 것을 비밀리에 계청했으나

事-중추원 지사)로서 태조의 서경궁(西京宮) 경영 계획을 반대해 그치게 했다. 그 뒤 예문관대제학이 되고 부성군(富城君)에 봉해졌다. 1398년 8월 무인정사(戊寅定社-1차 왕자의 난) 때 정도전·남은 등과 함께 세자 이방석파로 지목되어 이방원 세력에 살해되었다.

29 여말선초 대표적인 환관이다. 1391년(공양왕 3년) 판내시부사(判內侍府事)로 있을 때, 경연에 참석하려는 왕에게 경연에 하루 참석하지 않아도 정사에 해로울 것이 없다고 꾀어 나가지 못하게 하면서 불법을 강론해 이를 믿게 했다. 조선이 개국된 이듬해에 태조의 명을 따라 팔각전을 보수했으며, 이해 7월에 개국 원종공신에 녹훈되었다. 1394년(태조 3년) 왕명에 따라 홀치방동(忽赤房洞)에 내구(內廐-임금 전용 마구간)를 지었다. 1397년에 가락백(駕洛伯)에 봉해졌으며, 곧이어 문묘조성제조(文廟造成提調)가 되었다. 이듬해 1차 왕자의 난 때 삼군부 문에 효수되었다.

상이 대답하지 않았다.

그 후에 상이 정안군에게 넌지시 타일렀다.

"외간 의논을 너희들이 알지 않아서는 안 되니, 마땅히 여러 형에게 타일러 이를 경계하고 조심해야 할 것이다."

도전 등이 또 산기상시 변중량(卞仲良, ?~1398년)[30]을 사주해 소를 올려서 여러 왕자의 병권을 빼앗을 것을 청한 것이 두세 번에 이르렀으나 상은 윤허하지 않았다.

점치는 사람 안식(安植)이 말했다.

"세자의 이복형 중에 천명을 받을 사람이 하나만이 아니다."

도전이 이 말을 듣고 말했다.

"곧 마땅히 제거할 것인데 무슨 근심이 있겠는가?"

의안군 이화가 그 계획을 알고 비밀리에 정안군에게 알렸다. 이때에 이르러 환관 조순이 상의 가르침을 전했다.

"내가 병이 심하니 사람을 접견하고 싶지 않다. 다만 세자 외에는 들어와서 보는 것을 금하라."

김사행과 조순은 모두 그들의 당여다. 도전·남은·효생과 판중추(判中樞) 이근, 전 참찬 이무, 홍성군 장지화(張至和, ?~1398년)[31], 성산군

---

30 대제학 변계량 형이며, 태조 이성계 백형인 이원계 사위이다. 정몽주 문인이다. 1392년(공양왕 4년) 스승 정몽주를 제거하려는 이방원과 이제 등의 계획을 미리 눈치 채고 이성계에게 문병 가는 것을 말렸으나, 정몽주는 정세를 살피기 위해 이성계 집에 다녀오다가 이방원 문객 조영규·고려 등에게 살해되었다. 1398년 우부승지·우산기상시에 이르렀다. 1차 왕자의 난 때 정도전 일파로 몰려 참살되었다.

31 세자 이방석 인친이다. 1392년(공양왕 4년) 이성계 추대에 참여해 개국공신 3등으로 교서감에 임명되었고, 이어 홍성군(興城君)에 봉해졌다. 1395년(태조 4년) 간관을 거쳐 1398 충청도관찰출척사를 지냈으나 같은 해 8월 1차 왕자의 난 때 피살됐다.

(星山君) 이직 등이 상의 병을 성문(省問-병문안)한다고 핑계하고는 밤낮으로 송현(松峴)에 있는 남은의 첩 집에 모여 서로 비밀리에 모의하기를, 이방석·이제와 친군위도진무 박위, 좌부승지 노석주, 우부승지 변중량으로 하여금 대궐 안에 있으면서 상의 병이 위독하다고 일컬어 여러 왕자를 급히 불러들이고는, 왕자들이 이르면 내노(內奴)와 갑사로써 공격하는 한편 도전과 남은 등이 밖에서 응하기로 하고서 기사일에 일을 일으키기로 약속했다.

이에 앞서 정안군은 비밀리에 지안산군사(知安山郡事-안산군 지사) 이숙번에게 일러 말했다.

"간악한 무리가 평소에는 실로 의심이 없지마는 상께서 병환이 나심을 기다려 반드시 변고를 낼 것이니, 내가 만약 그대를 부르거든 마땅히 빨리 와야만 될 것이다."

이때에 이르러 민무구가 정안군의 명으로 숙번을 불러서 이르게 했다.

이때 상의 병이 매우 위급하니 정안군과 익안군 이방의, 회안군 이방간, 청원군 심종, 상당군 이백경, 의안군 이화와 이제 등이 모두 근정문 밖 서쪽 행랑에 모여 숙직했다. 이날 신시(申時-오후 4시 전후)에 이르러 민무질이 정안군 사저에 나아가 들어가서 정안군 부인과 마주 앉아 이야기를 한참 동안 하다가, 부인이 급히 종 소근을 불러 말했다.

"네가 빨리 대궐에 나아가 공을 오시라고 청하라."

소근이 대답했다.

"여러 군이 모두 한 청에 모여 있는데, 제가 장차 무슨 말로써 아뢰어야겠습니까?"

부인이 말했다.

"네가 내 가슴과 배가 갑자기 아파서 달려와 아뢴다고 하면 공께서 마땅히 빨리 오실 것이다."

소근이 말을 이끌고 서쪽 행랑에 나아가서 자세히 사실대로 알리니, 의안군이 청심환(淸心丸)과 소합환(蘇合丸) 등의 약을 주면서 말했다.

"마땅히 빨리 가서 병을 치료하십시오."

정안군이 사저로 즉시 돌아오니, 조금 후에 민무질이 다시 와서 정안군 및 부인과 함께 세 사람이 서서 비밀리에 한참 동안을 이야기했다.

부인이 정안군의 옷을 잡고서 대궐에 나아가지 말기를 청하니, 정안군이 말했다.

"어찌 죽음을 두려워해 대궐에 나아가지 않겠소! 더구나 여러 형이 모두 대궐 안에 있으니 사실을 알리지 않을 수가 없소. 만약 변고가 있으면 내가 마땅히 나와서 군사를 일으켜 나라 사람들의 마음을 살펴봐야 할 것이오."

이에 옷소매를 떨치며 나가니, 부인이 지게문 밖에까지 뒤따라오면서 말했다.

"조심하고 조심하세요."

날이 이미 어두워졌다. 이때 여러 왕자가 거느린 시위패를 없애게 한 것이 이미 10여 일이 되었는데, 다만 방번만은 군사를 거느림이 그전과 같았다. 정안군은 처음에 군사를 없애고 영중(營中)의 군기(軍器)를 모두 불에 태워버렸는데, 이때에 와서 부인이 몰래 병장기를 준비해 변고에 대응할 계책을 세웠다. 이무는 본래부터 중립하려는 계획이 있어 비밀리에 남은 등의 모의를 일찍이 정안군에게 알리더니, 이때에 와서 민무질을 따라와 정안군을 뵈옵고 조금 후에 먼저 갔다. 이무는 무질의 가까운 인척이었고, 죽성군도 그사이를 왕래하면서 저쪽의 동정을 몰래 정탐했다. 이에 정안군은 민무구에게 명해 숙번으로 하여금 병갑(兵甲)을 준비해서 본댁 문 앞에 있는 신극례 집에 유숙하면서 변고를 기다리게 하고는, 그제야 대궐에 나아가 서쪽 행랑에 들어가서 직숙했다.

여러 군(君)은 모두 말을 남겨두지 않았으나, 홀로 정안군만 소근을 시켜 서쪽 행랑 뒤에서 말을 먹이게 했다. 방번이 안으로 들어가려 하는데 정안군이 그를 부르니, 방번이 머리를 긁으며 머뭇거리다가 대답하지 않고 들어갔다. 밤 초경(初更)에 이르러 어떤 사람이 안으로부터 나와서 말했다.

"상께서 병이 위급해 병을 피하고자 하니, 여러 왕자는 빨리 안으로 들어오되 종자(從者)는 모두 들어오지 못하게 하시오."

화(和)·종(淙)·제(濟)가 먼저 나가서 뜰에 서고, 정안군은 익안군·회안군·상당군 등 여러 군과 더불어 지게문 밖에 잠시 서서 있다가 비밀리에 말했다.

"옛 제도에 궁중의 여러 문에서는 밤에는 반드시 등불을 밝혔는데, 지금 보니 궁문에 등불이 없다."

더욱 의심했다.

화와 제·종은 먼저 안으로 들어갔으나 정안군이 배가 아프다고 말하면서 서쪽 행랑 문밖으로 나와서 뒷간에 들어가 앉아서 한참 동안 생각하고 있는데, 익안군과 회안군 등이 달려 나오면서 정안군을 두 번이나 부르니 정안군이 (홀로) 말했다.

"여러 형님이 어찌 큰 소리로 부르는가?"

이에 또 서서 양쪽 소매로 치면서 말했다.

"형세상 어쩔 수가 없게 되었다."

마침내 즉시 말을 달려 궁성 서문으로 나가니 익안군·회안군·상당 군도 모두 달아났는데, 다만 상당군만 능히 정안군의 말을 따라오고 익안군과 회안군은 혹은 넘어지기도 했다. 정안군이 마천목을 시켜 방번을 불러 말했다.

"나와서 나를 따르기를 바란다. 종말에는 저들이 너도 보전해주지 않을 것이다."

방번이 안 행랑방에 누웠다가 마천목을 보고 일어나 앉아서 이 말을 다 듣고는 도로 들어가서 누웠다. 방번의 겸종(傔從)은 모두 불량한 무리로, 다만 활 쏘고 말타기만 힘쓸 뿐이며 또한 망령되이 세자 자리를 (방번에게) 옮기려고 꾀한 지가 오래되었다. 어느 날 (누가) 방번에게 일러 말했다.

"우리들이 이미 중궁에 연줄이 있으니, 공으로 하여금 방석 자리를 대신하게 한다는 교명(教命)이 장차 이르게 될 것이니 청하건대 나가지 말고 기다리십시오."

방번이 이 말을 믿고 밖으로 나오지 않았으니, 사람들이 이를 비웃었다.

정안군은 그들이 서로 용납하지 못한 줄을 알고 있었던 까닭으로 방번을 나오라고 불렀으나 따르지 않은 것이었다.

정안군이 본저 동구(本邸洞口) 군영 앞길에 이르러 말을 멈추고 숙번을 부르니, 숙번이 장사 두 사람을 거느리고 갑옷 차림으로 나왔으며 익안군·상당군과 회안군 부자 또한 말을 타고 있었다. 또 이거이·조영무·신극례·서익(徐益, ?~1412년)[32]·문빈(文彬, ?~1413년)[33]·심구령(沈龜齡, 1349~1413년)[34] 등이 있었다. 이들은 모두 정안군을 진심으로 추종하는 사람들이었는데, 이때에 이르러 민무구·무질과 더불어 모두 모였으나 기병은 겨우 10명뿐이고 보졸은 겨우 9명뿐이었다. 이에 부인이 준비해둔 철창(鐵槍)을 내어 그 절반을 군사에게 나눠주었으며, 여러 군의 종자(從者)들과 각 사람의 노복이 10여 명인데 모두 막대기를 쥐었으되 홀로 소근만이 칼을 쥐었다. 정안군이 달려서 둑소(纛所-원수의 큰 깃발이 있는 곳) 북쪽 길에 이르러 숙번을 불러 말했다.

"오늘 일은 어찌하면 되겠는가?"

---

32 서익은 일개 졸병이었으나 창을 잘 쓰기로 이름이 높았다. 태종이 널리 무사를 구하던 개국 초에 우연히 발탁되어 태종의 심복이 되었다. 1400년(정종 2년) 2차 왕자의 난(일명 이방간의 난이라고도 함) 때 선봉장으로 활약, 이방원을 끝까지 호종해 난을 평정한 공으로 우군동지총제가 되고, 1401년(태종 1년)에 익대좌명공신 4등에 책록되고 마성군(麻城君)에 봉해졌다. 그 뒤 1408년 풍해도조전절제사가 되었고, 이어 운검총제 등을 지냈다.

33 1400년(정종 2년) 대장군으로 있을 때 2차 왕자의 난을 평정하고 이방원이 왕위에 오르는 데 협력한 공으로 1401년(태종 1년) 익대좌명공신 4등에 책록되고 월천군(越川君)에 봉해졌다. 여러 무관직을 거쳐 1409년 풍해도첨절제사가 되었다.

34 1398년(태조 7년) 1차 왕자의 난 때 정도전 등을 제거하는 데 공을 세웠다. 그 뒤 1400년(정종 2년) 2차 왕자의 난 때에도 상장군으로서 이방원을 호종해 좌명공신 4등에 책록되고 풍천군(豊川君)에 봉해졌다. 1406년(태종 6년) 겸중군동지총제가 되었고, 이어서 우군동지총제에 임명되었다. 당시 남해안 일대에 왜구가 침입하자 조전절제사로 왜구 격퇴에 큰 공을 세웠다. 그 뒤 천추사(千秋使)로서 명나라에 다녀왔고, 부진무·겸동지의흥부사를 역임했다. 1410년 군령과 군기 관리의 소홀이라는 혐의로 대간에 의해 탄핵, 파직되기도 했으나, 국왕의 신임이 두터워 이듬해에는 오히려 지의흥부사로 승진했다. 이어서 별시위 일번절제사를 역임하고 공안부 판사에 이르렀다. 성품이 강직하고 사어(射御-활쏘기와 말 타기)에 능해 일찍부터 태종을 호종했다. 신분은 비록 미천했으나 지위가 높아짐에 따라 자신 직임을 잘 알았으며 통솔력도 매우 뛰어났다고 한다.

숙번이 대답했다.

"일이 이미 이 지경에 이르렀으니 두려워할 필요는 없습니다. 군호(軍號-암호)【방언(方言)에 말마기[言的]라 한다.】를 내려줄 것을 청합니다."

정안군이 '산성(山城)'이란 두 글자로 명하고 삼군부 문 앞에 이르러 천명을 기다렸다. 방석 등이 변고가 일어났다는 말을 듣고 군사를 거느리고 나와 싸우고자 해서 군사 예빈소경 봉원량(奉元良)으로 하여금 궁의 남문에 올라 군사가 많고 적은 것을 엿보게 했더니 광화문부터 남산까지 정예 기병들이 꽉 찼으므로, 방석 등이 두려워서 감히 나오지 못했다. 그때 사람들이 신(神)의 도움이라고 했다. 정안군이 또 숙번을 불러 말했다.

"어찌하면 좋겠는가?"

숙번이 대답했다.

"간당(姦黨)들이 모인 장소에 이르러 군사로 포위하고 불을 질러서, 밖으로 나오는 사람은 곧장 죽이는 것이 좋겠습니다."

밤이 이경(二更-밤 9시에서 11시)인데, 송현(松峴)을 지나다가 숙번이 말을 달려 고했다.

"이곳이 소동(小洞)이니 곧 남은의 첩의 집입니다."

정안군이 말을 멈추고 먼저 보졸과 소근(小斤) 등 10인으로 하여금 그 집을 포위하게 했다. 안장 갖춘 말 두서너 필이 그 문밖에 있고 노복(奴僕-머슴)은 모두 잠들었는데, 도전과 남은 등이 등불을 밝히고 모여 앉아 웃으면서 이야기를 나누고 있었다. 소근 등이 지게문을 엿보고 들어가지 않았는데, 갑자기 화살 3개가 잇달아 지붕 기와에 떨어져서 소리가 났다. 소근 등이 도로 동구(洞口)로 나와서 화살이 어디서 왔는가를 물으니, 숙번이 말했다.

"내가 쏜 화살이다."

소근 등으로 하여금 도로 들어가 그 집을 포위하고 그 이웃집 세 곳에 불을 지르게 하니, 도전 등은 모두 도망쳐 숨었으나 심효생·이근·장지화 등은 살해당했다. 도전이 도망쳐 그 이웃의 전 판사 민부(閔富)의 집으로 들어가니, 민부가 아뢰었다.

"배가 불룩한 사람이 내 집에 들어왔습니다."

정안군은 그 사람이 도전인 줄을 알고 이에 소근 등 4인을 시켜 잡도록 했다. 도전이 침실 안에 숨어 있는데, 소근 등이 그를 꾸짖어 밖으로 나오게 했다. 도전이 자그마한 칼을 가진 채 걸음을 걷지 못하고 엉금엉금 기어서 나왔다. 소근 등이 꾸짖어 칼을 버리게 하니, 도전이 칼을 던지고 문밖에 나와서 말했다.

"청컨대 죽이지 마시오. 한마디 말만 하고 죽겠습니다."

소근 등이 끌어내 정안군 말 앞으로 가니 도전이 말했다.

"예전에 공이 이미 나를 살렸으니, 이번에도 한 번 살려주소서."

예전이란 임신년(壬申年-1392년)을 가리킨 것이다. 정안군이 말했다.

"네가 조선의 봉화백(奉化伯)이 되고도 도리어 부족하게 여겼더냐? 어떻게 악한 짓을 하는 것이 이 지경에 이를 수 있느냐?"

마침내 그를 목 베게 했다.[35]

---

35 정도전(鄭道傳, 1341~1398년)에 대한 실록 줄기는 당연히 부정적이다. 태종의 시각을 그대로 반영한 정도전 줄기 일부다. '개국할 즈음에 왕왕 취중(醉中)에 가만히 이야기했다. "한(漢) 고조(高祖)가 장자방(張子房-장량)을 쓴 것이 아니라 장자방이 곧 한 고조를 쓴 것이다." 무릇 임금을 도울 만한 것은 모의하지 않은 것이 없었으므로, 마침내 큰 공업(功業)을 이뤄 진실로 상등의 공훈이 되었다. 그러나 도량이 좁고 시기가 많았으며 또한 겁이 많았다. 자기보다 나은 사람들은 반드시 해쳐서 그 묵은 감정을

애초에 정안군 부인이 자기 스스로 정안군이 있는 곳까지 이르러 그와 화패(禍敗)를 같이하고자 해서 걸어 나오니 정안군 휘하의 병사 최광대 등이 극력으로 간언해 이를 말렸는데, 종 김부개가 도전의 갓과 칼을 가지고 온 것을 보고는 부인이 그제야 돌아갔다. 도전에게는 아들 4명이 있었는데, 정유와 정영은 변고가 났다는 말을 듣고 급함을 구원하러 가다가 유병(遊兵-유격병)에게 살해되었고 정담은 집에서 자기 목을 찔러서 죽었다. 애초에 담(湛)이 아버지에게 고했다.

"오늘의 일은 정안군에게 알리지 않을 수 없습니다."

도전이 말했다.

"내가 이미 고려를 배반했는데 지금 또 이편을 배반하고 저편에 붙는다면, 사람들이 비록 말하지 않더라도 홀로 마음에 부끄러움이 없겠는가?"

이무가 문밖으로 나오다가 빗나가는 화살을 맞고서 말했다.

보복하고자 하여, 매번 임금(태조)에게 사람을 죽여 위엄을 세우기를 권고했으나 임금이 모두 듣지 않았다. 그가 찬술한 『고려국사(高麗國史)』는 공민왕 이후에는 가필하고 삭제한 것이 사실대로 하지 않은 것이 많았으므로, 식견 있는 사람들이 이를 그르게 여겼다. 처음에 도전이 이색을 스승으로 섬기고 정몽주와 이숭인과 친구가 되어 친밀한 우정이 실제로 깊었는데, 후에 조준과 교제하고자 하여 세 사람을 참소하고 헐뜯어 원수가 되었다. 또 외조부 우연(禹延)의 처부(妻父) 김전(金戩)이 일찍이 중이 되어 종 수이(樹伊)의 아내를 몰래 간통해 딸 하나를 낳으니 이가 도전의 외조모였는데, 우현보의 자손이 김전(金戩)의 인척인 이유로 그 내력을 자세히 듣고 있었다. 도전이 당초에 관직에 임명될 적에 고신(告身)이 지체된 것을, 우현보의 자손이 그 내력을 남에게 알려서 그렇게 된 것이라 생각했다. 이에 그 원망을 쌓아두더니, 그가 뜻대로 되자 반드시 현보의 한 집안을 무함해 그 죄를 만들어내고자 해서 몰래 거정(居正-황거정) 등을 사주해 그 세 아들과 이숭인 등 5인을 죽였다. 또 남은 등과 더불어 어린 서자의 세력을 믿고 자기의 뜻을 마음대로 행하고자 종친을 해치려고 모의하다가 자신과 세 아들이 모두 죽음에 이르렀다.'

"나는 이무다."

보졸이 이무를 죽이려고 하니, 정안군이 말했다.

"죽이지 말라."

마침내 말을 그에게 주었다. 남은은 반인(伴人) 하경·최운 등을 거느리고 도망해 숨었고, 이직은 지붕에 올라가서 거짓으로 노복이 되어 불을 끄는 시늉을 해 이내 도망쳐 빠져나갈 수 있었다. 대궐 안에 있던 사람이 송현에 불꽃이 하늘에 가득한 것을 보고는 달려가서 상에게 고하니, 궁중을 호위하는 군사들이 북을 치고 피리를 불면서 고함을 쳤다. 이천우가 자기 집에서 반인 2명을 거느리고 대궐로 가는데, 마천목이 이를 보고 안국방(安國坊) 동구에까지 뒤쫓아 가서 말했다.

"천우영공(天祐令公)이 아니십니까?"

천우가 대답하지 않으므로 천목(天牧)이 말했다.

"영공께서 대답하지 않고 가신다면 화살이 두렵습니다."

천우가 말했다.

"그대는 마사직(馬司直)이 아닌가? 무슨 일로 나를 부르는가?"

천목이 대답했다.

"정안군께서 여러 왕자와 함께 이곳에 모여 있습니다."

천우가 달려서 정안군에게 나아가 또 말했다.

"이번에 이 일을 일으키면서 어찌 일찍이 나에게 알리지 않았습니까?"

정안군이 와 민무질을 보내 좌정승 조준을 불러오게 했다. 조준이 망설이면서 점치는 사람으로 하여금 그 거취를 점치게 하고는 즉시 나오지 않았다. 다시 숙번으로 하여금 그를 재촉하게 하고, 정안군이 중로(中路)에까지 나와서 맞이했다. 조준이 이미 우정승 김사형과 더불어 오는데, 갑옷을 입은 반인들이 많이 따라왔다. 가회방(嘉會坊) 동구 다리에 이르니 보졸이 무기로 파수해 막으면서 말했다.

"다만 두 정승만 들어가십시오."

조준과 김사형 등이 말에서 내려 빠른 걸음으로 다리를 지나가자 정안군이 말했다.

"경 등은 어찌 이씨 사직을 걱정하지 않는가?"

조준과 김사형 등이 몹시 두려워하면서 말 앞에 꿇어앉았다. 이에 정안군이 말했다.

"정도전과 남은 등이 어린 서자를 세자로 꼭 세우고 나의 동모 형제들을 제거하고자 하므로, 내가 이에 약자로서 선수를 쓴 것이다."

조준 등이 머리를 조아리면서 말했다.

"저들이 하는 짓을 우리는 일찍이 알지 못했습니다."

정안군이 말했다.

"이 같은 큰일은 마땅히 국가에 알려야만 될 것이나 오늘 일은 형세가 급박해 미처 알리지 못했으니, 공(公) 등은 마땅히 빨리 합좌(合坐-당상관들이 모여 대사를 토의함)해야 할 것이오."

노석주와 변중량이 대궐 안에 있으면서 사람을 시켜 도승지 이문화와 우승지 김류의 집으로 가서 그들을 불러오게 하니, 문화가 달려와서 나아가 물었다.

"상의 옥체는 어떠하신가?"

석주가 말했다.

"상의 병환이 위독하므로, 오늘 밤 자시에 병을 피해 서쪽 작은 양정(涼亭)으로 거처를 옮기고자 한다."

이에 여러 승지가 모두 근정문으로 나아갔다. 도진무 박위가 근정문에 서서 높은 목소리로 불렀다.

"군사가 왔는가? 안 왔는가?"

문화가 물었다.

"지금 상이 거처를 피해 옮기는가? 어찌 피리를 부는가?"

박위가 말했다.

"어찌 상이 거처를 피해 옮긴다고 하겠는가? 봉화백과 의성군이 모인 곳에 많은 군마가 포위하고 불을 지른 까닭으로 피리를 불었을 뿐이다."

이에 앞서 정안군이 숙번에게 일러 말했다.

"세력으로는 대적할 수 없다. 그런즉 도전과 남은 등을 목 벤 후에 우리 형제 4~5인이 삼군부 문 앞에 말을 멈추고 나라 사람들의 마음을 살펴보아서, 인심이 따르지 않는다면 그만이겠지만 한결같이 쭉 따른다면 우리들은 살게 될 것이다."

이때에 이르러 정안군이 돌아와 삼군부 문 앞에 이르러 말을 멈추니, 밤이 벌써 사경(四更-새벽 3시 전후)이나 되었는데도 평소에 주의하던 사람들이 서로 잇달아 와서 모였다. 찬성 유만수가 아들 원지를 거느리고 말 앞에 와서 배알하니, 정안군이 말했다.

"무슨 이유로 왔는가?"

만수가 말했다.

"듣건대 상께서 장차 신의 집으로 옮겨 거처하려 하신다더니 지금 옮겨 거처하지 않으셨으며, 또 변고가 있다는 말을 듣고 급히 와서 시위하고자 한 것입니다."

정안군이 말했다.

"갑옷을 입고 왔는가?"

만수가 말했다.

"입지 않았습니다."

즉시 그에게 갑옷을 주고 말 뒤에 서게 하니, 천우가 아뢰었다.

"만수는 곧 도전과 남은의 무리이니 죽이지 않을 수 없습니다."

정안군이 말했다.

"그렇지 않다."

이에 회안군과 천우 등이 강요하며 말했다.

"이같이 창졸한 즈음에는 여러 사람의 의견을 저지시킬 수 없습니다."

정안군이 숙번을 돌아보면서 일러 말했다.

"형세상으로 그만두기가 어렵겠다."

그 죄를 헤아리게 하니, 만수가 즉시 말에서 내려 정안군이 탄 말의 고삐를 잡고서 말했다.

"내가 마땅히 자백하겠습니다."

정안군이 종자를 시켜 말고삐를 놓게 했으나 만수는 오히려 단단히 잡고 놓지 않으므로, 소근이 작은 칼로 턱밑을 찔렀다. 만수가 고개를 쳐들고 거꾸러지는지라, 이에 목을 베었다. 정안군이 원지에게 이르렀다.

"너는 죄가 없으니 집으로 돌아가라."

회안군이 뒤따라가서 예빈시 문 앞에서 (원지의) 목을 베었다. 조준과 김사형 등이 도평의사사(都評議使司-도당)로 들어가 앉았는데, 정안군이 생각하기를 '방석 등이 만약 시위하는 군사를 거느리고 궁문 밖에 나와서 교전한다면 우리 군사가 적으므로 형세상으로 장차 밀릴 것인데, 만약 조금이라도 밀리게 된다면 합좌(合坐)한 여러 정승은 마땅히 저편 군사의 뒤에 있게 될 것이다' 해서, 혹시 저편을 따를까 여겨 사람을 시켜 도당에 말했다.

"우리 형제가 노상에 있는데 여러 정승이 도당에 들어가 앉아 있는 것은 옳지 못하니, 마땅히 즉시 운종가(雲從街) 위로 옮겨야 할 것이다."

마침내 예조에 명해 백관들을 재촉해서 모이게 했다. 친군위 도진무 조온 또한 대궐 안에 숙직하고 있었는데, 정안군이 사람을 시켜 조온과 박위(朴葳, ?~1398년)[36]를 불렀다. 조온은 명을 듣고 즉시 휘하의 갑사·패두(牌頭-군사 인솔자) 등을 거느리고 나와서 말 앞에서 배알했지만, 박위는 한참 동안 응하지 않다가 마지못해 칼을 차고 왔다. 정안군이 온화한 말로써 대접하니, 박위는 (정안군 쪽) 군대의 세력이 약한 것을 보고는 이에 고했다.

"모든 처분은 날이 밝기를 기다리겠습니다."

그의 뜻은 날이 밝으면 군사가 약한 형세가 드러나서 여러 사람의 마음이 붙좇지 않으리라고 여긴 것이었다. 정안군이 그를 도당으로 가게 했는데, 회안군이 정안군에게 청해 사람을 시켜 목 베게 했다. 정안군이 조온에게 명해 숙위하는 갑사를 다 나오게 하자, 조온이 즉시 패두 등을 대궐로 보내 숙위하는 갑사를 다 나오게 했다. 이에

---

36 1388년(우왕 14년) 요동 정벌 때 이성계를 도와 위화도에서 회군해 최영을 몰아냈고, 경상도 도순문사가 되어 함선 100여 척을 이끌고 대마도를 쳐서 적선 300여 척을 불태웠다. 1390년(공양왕 3년) 김종연(金宗衍) 옥사(獄事)에 연루되어 풍주(豊州)에 유배되었으나, 곧 풀려 회군공신으로 녹권(錄券)과 녹전(祿田)을 받았다. 조선 건국 후에는 문하부참찬사를 거쳐 양광도 절도사가 되어 왜구를 물리쳤다. 1차 왕자의 난 때 정도전·남은·심효생 등과 함께 정안군에게 피살당했다.

근정전 이남의 갑사는 다 나와서 갑옷을 벗고 무기를 버리니, 명해서 각기 제집으로 돌아가게 했다.

애초에 이무는 군대 세력이 약한 것을 보고는 거짓으로 정신이 흐리멍덩하다고 일컬으면서 사람을 시켜 부축하고서 정안군에게 아뢰었다.

"화살 맞은 곳이 매우 아프니, 도당 아방(兒房-장수들이 머물러 자는 공간)에 나아가서 휴식할 것을 청합니다."

정안군이 말했다.

"좋다."

조금 후에 이무는 박위가 참형당했다는 말을 듣고는 즉시 도로 나왔다. 이튿날 닭이 울 적에 상이 노석주를 불러 대궐로 들어오게 하고 이른 새벽에 또 이문화를 부르니, 문화가 서쪽 양정으로 나아갔다. 세자와 방번·제(濟)·화(和)·양우(良祐)·종(淙)과 추상(樞相-중추원 상신)인 장사길·장담·정신의 등이 모두 벌써 대궐에 들어와 있었다. 여러 군과 추상, 대소 내관들과 아래로 내노(內奴)까지 모두 갑옷을 입고 칼을 가졌는데, 다만 조순과 김륙·노석주·변중량만은 갑옷을 입지 않았다. 석주가 문화에게 가르침을 전했다.

"교서를 지으라."

문화가 사양할 것을 청하므로 석주가 말했다.

"한산군(韓山君-목은 이색)이 지은 「주삼원수교서(誅三元帥教書)」[37]의 뜻을 모방해 지으면 된다."

---

37 고려 공민왕 때의 명장 안우··이방실·김득배 등 세 사람의 원수(元帥)를 목 벤 교서를 말한다.

문화가 말했다.

"그대가 이를 아는가?"

석주가 말했다.

"적을 부순 공로는 한때에 혹 있을 수 있지만, 임금을 업신여기는 마음[無君之心]은 만세에 용서할 수 없다는 것이 그 문사(文詞-글의 취지)다."
무군지심

문화가 말했다.

"지금 죄인의 우두머리는 누구인가?"

석주가 말했다.

"죄인의 우두머리는 다시 상께 품신하겠으니, 먼저 글 초안부터 잡으라."

독촉하기를 급하게 했다. 문화가 붓을 잡고 쓰면서 말했다.

"그대도 글을 지을 줄 아니, 친히 품신하려는 뜻으로 지어주면 내가 마땅히 이를 쓰겠다."

이에 석주가 글을 지었다.

'아무아무[某某] 등이 몰래 반역을 도모해 개국원훈을 해치고자 했
모모
는데, 아무아무 등이 그 계획을 누설시켜 잡혀서 모두 죽임을 당했다. 그 협박에 따라 반역한 무리는 모두 용서하고 죄를 묻지 않겠다.'

초안이 작성되자 석주가 초안을 가지고 들어가 아뢰니, 상이 말했다.

"일단은 두 정승이 오기를 기다려서 토의해 이를 반포하라."

조금 후에 도당에서 백관을 거느리고 상에게 아뢰었다.

"정도전·남은·심효생 등이 도당(徒黨)을 결성하고 비밀리에 모의해서 우리 종친·원훈을 해치고 우리 국가를 어지럽게 하고자 했으므

로, 신 등은 일이 급박해 미처 아뢰지 못했으나 이미 주륙되고 제거되었습니다. 바라건대 상께서는 놀라지 마옵소서."

이제가 그때 상 곁에 있다가 아뢰었다.

"여러 왕자가 군사를 일으켜 함께 남은 등을 목 베었으니, 화가 장차 신(臣)에게 미칠 것입니다. 청컨대 시위하는 군사를 거느리고 나가서 공격하겠습니다."

상이 말했다.

"걱정하지 마라. 화가 어찌 너에게 미치겠는가?"

화(和-이화) 또한 말리며 말했다.

"내부에서 일어난 일이니 서로 싸울 필요가 없다."

이에 이제가 칼을 빼고 노려보기를 두세 번 했으나, 화는 편안히 앉아서 움직이지 않았다. 이때 영안군(永安君-훗날의 정종 이방과)이 상을 위해 병을 빌려 소격전(昭格殿-도교의 제사를 지내는 곳)에서 재계를 드리고 있었는데, 변고가 났다는 말을 듣고는 몰래 종 하나를 거느리고 줄에 매달려 성을 나와서 풍양(豊壤-경기도 남양주군 진접면 인근) 김인귀의 집에 이르러 숨어 있었다. 정안군이 사람을 시켜 그를 찾아서 맞이하게 하자, 궁성 남문 밖에 이르니 해가 장차 기울어질 때였다. 이때 사람들이 모두 상에게 청해 정안군을 세자로 삼고자 했으나, 정안군이 굳게 사양하면서 영안군을 세자로 삼기를 청하니 영안군이 말했다.

"당초부터 의리를 수립해 나라를 세우고 오늘날의 일에까지 이르게 된 것이 모두 정안군의 공로이니, 내가 세자가 될 수 없다."

이에 정안군이 사양하기를 더욱 굳게 하면서 말했다.

"나라의 근본을 정하고자 한다면 마땅히 적장자에게 있어야 할 것입니다."

영안군이 말했다.

"그렇다면 내가 마땅히 그리 처신하겠다."

이에 정안군이 도당으로 하여금 백관을 거느리고 소를 올리게 했다. '적자를 세자로 세우면서 장자로 하는 것은 만세의 상도(常道)인데 전하께서는 장자를 버리고 유자(幼子)를 세웠으며, 도전 등은 세자를 감싸고서 여러 왕자를 해치고자 하여 화가 예측할 수 없는 처지에 있었습니다. 다행히 천지와 종사(宗社-종묘사직)의 신령에 힘입게 되어 난신들이 형벌에 엎어지고 참형을 당했습니다. 바라건대 전하께서는 적장자 영안군을 세워 세자로 삼으소서.'

소가 올라가자 문화가 이를 읽기를 마치었는데, 세자 또한 상 곁에 있었다. 상이 한참 만에 말했다.

"모두 내 아들이니, 어찌 옳지 않음이 있겠는가?"

방석을 돌아보고 일러 말했다.

"너에게는 편하게 되었다."

즉시 윤허를 내렸다. 대궐 안에 있던 정승들이 무슨 일인가를 물으니 문화가 대답했다.

"세자를 바꾸는 일입니다."

석주가 교초(敎草-가르침의 초안)를 봉해 문화로 하여금 서명하게 하니 문화가 받지 않았다. 다음에 화(和)에게 청했으나 역시 받지 않았다. 다음에 자리에 있던 여러 정승에게 청했으나 모두 받지 않았다. 이에 문화가 말했다.

"그대가 지은 글을 어찌 자기가 서명하지 않는가?"

석주가 말했다.

"좋다."

이에 서명하고 그것을 소매 속에 넣었다. 조금 후에 석주가 대궐에 들어가 명을 받아 나오면서 말했다.

"교서를 고쳐 써서 빨리 내려라."

문화가 말했다.

"어떻게 이를 고치겠는가?"

석주가 말했다.

"개국공신 정도전과 남은 등이 몰래 반역을 도모해 왕자와 종실을 해치려고 꾀하다가 지금 그 계획이 누설되어, 공이 죄를 가릴 수가 없으므로 이미 모두 살육되었습니다. 그 협박에 따라 행동한 당여는 죄를 다스리지 말 것입니다."

변중량으로 하여금 이를 써서 올리니, 상이 시녀로 하여금 부축하게 해서 일어나 압서(押署-서명)했다. 마치고는 돌아와 누웠는데, 병이 심해져서 토하고자 해도 토하지 못하며 말했다.

"어떤 물건이 목구멍 사이에 있는 듯하면서 내려가지 않는다."

정안군이 군기직장 김겸(金謙, 1375~1425년)[38]을 시켜 무기고를 열고 갑옷과 창을 내어 화통군 100여 명에게 주니 군대의 형세가 조금 떨쳐졌다. 갑사 신용봉이 대궐에 들어가서 정안군의 말을 전했다.

"흥안군(興安君-이제)과 무안군(撫安君-이방번)은 각기 사제(私第-사저)로 돌아갔는데, 의안군 이하의 왕자는 어찌 나오지 않는가?"

여러 왕자가 서로 눈짓하면서 말하지 않으므로, 다시 독촉하니 화(和) 이하 왕자들이 모두 나오다가 종(淙)은 궁성 수문을 통해 도

---

38 정종비 정안왕후(定安王后)의 종질이다.

망쳐 갔고, 정신의만이 오래 머무르므로 이를 재촉하니 그제야 나왔다. 도당에서 방석을 내보내줄 것을 청하니, 상이 말했다.

"이미 주안(奏案)을 윤허했으니, 나가더라도 무엇이 해롭겠는가?"

방석이 울면서 하직하니 현빈(賢嬪)이 옷자락을 당기면서 통곡했는데, 방석이 옷을 떨치고서 나왔다. 애초에 방석을 먼 지방에 안치하기로 의결했는데, 방석이 궁성 서문을 나가자 이거이·이백경·조박 등이 도당에서 토의해 사람을 시켜 도중에서 죽이게 했다. 도당에서 또 방번을 내보내기를 청하니, 상이 방번에게 일렀다.

"세자는 끝났지만 너는 먼 지방에 안치하는 데 불과할 뿐이다."

방번이 장차 궁성 남문을 나가려 하는데, 정안군이 말에서 내려 문 안에 들어와 손을 이끌면서 말했다.

"남은 등이 이미 우리 무리를 제거하게 된다면 너 또한 마침내 면할 수가 없는 까닭으로 내가 너를 부른 것인데, 너는 어찌 따르지 않았는가? 지금 비록 외방에 나가더라도, 얼마 안 되어 반드시 돌아올 것이니 잘 가거라, 잘 가거라."

장차 통진에 안치하고자 양화도(楊花渡-양화 나루)를 건너 도승관(渡丞館)에서 유숙하게 했는데, 방간이 이백경 등과 더불어 또 도당에서 토의해 사람을 시켜 방번을 죽였다. 정안군이 방석과 방번이 죽었다는 말을 듣고 비밀리에 숙번에게 일렀다.

"유만수도 내가 오히려 그 생명을 보전하고자 했는데 하물며 형제이겠는가? 이거이 부자가 나에게는 알리지도 않고 도당에서만 토의해서 나의 동기를 살해했으나, 지금 인심이 안정되지 않은 까닭으로 내가 속으로 견디어 참으면서 감히 성낸 기색을 보이지 못한다. 그대는 이 말을 입 밖에 내지 말라."

군사들이 변중량·노석주와 남지(南贄)[39] 등을 잡아서 나오니, 중량이 정안군을 우러러보면서 말했다.

"내가 공에게 뜻을 기울이고 있은 지가 지금 벌써 두서너 해 되었습니다."

정안군이 말했다.

"저 입 또한 고깃덩어리다."

또 남지는 남은의 아우로서 이때 우상절도사가 되었는데, 모두 순군옥에 가두었다가 뒤에 길에서 목을 베었다. 이제가 나오니 정안군이 이제에게 일렀다.

"본가로 돌아가라."

상이 마침내 영안군을 책명해서 세자로 삼고 교지를 내렸다.

'적자를 세우되 장자로 하는 것은 만세의 상도(常道)이며, 종자(宗子-나머지 왕자들)는 성(城)과 같으니 과인이 기대하는 바다. 다만 그대의 아버지인 내가 일찍이 나라를 세우고 난 후에 장자를 버리고 유자(幼子)를 세워 이에 방석을 세자로 삼았으니, 이 일은 다만 내가 사랑에 빠져 의리에 밝지 못한 허물일 뿐 아니라 도전·남은 등도 그 책임을 사피(辭避)할 수 없을 것이다. 그때에 만약 초나라에서 작은아들을 사랑했던 경계[40]로써 상도(常道)에 의거해 조정에서 간언했더라면 내 감히 따르지 않을 수 있었겠는가? 도전 같은 무리는 다만 간언하지 않을 뿐 아니라 오히려 그 세자로 세우지 못할까를 두

---

39 남재·남은의 동생이다.
40 춘추시대 초나라 평왕(平王)이 신하의 참소를 듣고서 태자 건(建)을 폐하고 작은아들 진(珍)을 사랑해 나라가 어지러웠던 고사(故事)를 말한다.

려워했다. 얼마 전에 정도전·남은·심효생·장지화 등이 몰래 반역을 도모해 국가의 근본을 요란시켰으나, 다행히 천지와 종묘사직의 도 움에 힘입어 죄인이 형벌에 엎여져 참형당하고 왕실이 다시 편안하 게 되었다. 방석은 화의 근본이니 국도(國都-수도)에 남겨둘 수가 없 으므로 동쪽 변방으로 내쫓게 했다. 내가 이미 전일의 과실을 뉘우 치고 또 백관의 청으로 인해 이에 너를 세워 왕세자로 삼으니, 그 임 금다움[德]을 능히 밝혀 너를 낳은 분에게 욕되게 함이 없도록 하고 그 마음을 다해 우리 사직을 진무(鎭撫)하라.'

마침내 문화와 김륙에게 명해 나가서 세자를 알현하게 하니, 세자가 문화를 불러 말했다.

"대궐 안에 시위할 만한 사람이 없으니 그대가 빨리 대궐 안으로 도 로 들어가라."

문화가 즉시 도로 들어갔는데, 조순이 세자의 명을 전달했다.

"시녀와 내노를 제외한 나머지 사람은 모두 밖으로 나가게 하라."

문화가 다시 나오니 세자가 말했다.

"그대는 어찌 나오는가?"

문화가 그 사유를 상세히 아뢰자 세자가 말했다.

"그대를 이르는 것이 아니니 마땅히 빨리 도로 들어가 시위하라."

또 상장군 이부(李敷, ?~1422년)[41]로 하여금 대궐 안에 들어가 시위

---

41 조영규 부하로, 1392년(공양왕 4년) 이방원의 지시로 조영규·조영무·고려(高呂) 등과 함께 이성계를 문병하고 돌아가던 정몽주를 미행해 선죽교에서 살해했다. 그 후 이성 계를 추대해 개국에 공을 세워 개국공신 3등에 녹훈되고 흥원군(興原君)에 봉해졌다. 이어 판봉상시사(判奉常寺事-봉상시 판사) 등을 역임했고, 태종 때는 총제가 되어 외 갑사(外甲士)를 지휘하는 등 건국 초기 군사 제도 확립에 기여했다.

하게 하니, 상이 조순에게 명해 세자에게 갓과 안장 갖춘 말을 내려주었다. 세자가 대궐 안으로 들어갔다. 이제가 사제로 돌아가니 옹주가 이제에게 말했다.

"내가 공과 함께 정안군 사저에 간다면 반드시 살 수 있을 것입니다."

그러나 이제는 듣지 않았는데, 저녁때 군사들이 뒤따라와서 그를 죽였다. 그제야 정안군이 이 소식을 듣고 놀라서, 즉시 진무(鎭撫) 전흥(田興, 1376~1457년)[42]을 불러서 말했다.

"홍안군이 죽었으니 노비들이 반드시 장차 도망쳐 흩어질 것이다. 그대가 군사 10여 명을 거느리고 홍안군 집에 가서 시체를 거두게 하고, 노비들에게 신신당부하기를 '만약 도망하는 사람이 있으면 후일에 반드시 중한 죄를 줄 것이다'라고 말하라."

전흥이 그 집에 이르러 시비(侍婢)를 시켜 들어가 고했다.

"놀라지 마시오! 나는 정안군의 진무입니다."

이에 시체를 염습하는 모든 일을 한결같이 정안군 명대로 하니, 옹주가 감격해 울었다. 남은은 도망쳐서 성 수문을 나가 성 밖 포막(圃幕-채소밭 장막집)에 숨었는데, 최운·하경 등이 잠시도 그 곁을 떠나지 않았다. 남은이 순군옥에 나아가고자 하니 최운 등이 말리자, 남은이 말했다.

"정도전은 남들에게 미움을 받았던 까닭으로 참형당했지만, 나는

---

42 태종을 잠저 때부터 섬겼으며, 태종이 즉위한 뒤에는 원종공신 1등에 책록되었다. 세종대 이르러 삼번절제사·의금부제조·경시서제조·판원주목사·판홍주목사·형조참판을 지냈다.

미워하는 사람이 없다."

이에 스스로 순군문 밖에 이르렀다가 참형당했다. (훗날) 전하(태종)
께서 왕위에 오르자 하경과 최운을 섬기는 주인에 충성했다는 이유
로 모두 발탁 임용했다. 정안군이 여러 왕자와 함께 감순청(監巡廳)
앞에 장막을 치고 3일 동안 모여 숙직하고 그 후에는 삼군부에 들어
가 숙직하다가, 세자가 내선을 받은 후에 각기 사제로 돌아갔다.

이렇게 해서 9월 5일, 세자 즉 이방과가 직장자 자격으로 태조
이성계로부터 선위(禪位)받아 경복궁 근정전에서 즉위했다. 그가
2대 임금 정종(定宗)이다.

좌 하륜 우 숙번

1차 왕자의 난이 터지기 한 달여 전인 1398년(태조 7년) 7월
19일, 하륜(河崙)은 충청도 도관찰출척사(관찰사)로 발령받았다.
하륜은 가깝게 지내던 지인들을 집으로 초대해 송별잔치를 벌
였다. 그러나 왠지 쫓겨 가는 느낌이었다. 당대 최고 실력자는 정도
전이었고, 하륜은 한양 천도 문제로 정도전과 대립하다가 돌아올
수 없는 다리를 건넌 상태였다. 더욱이 정도전은 하륜이 가까이 지
내고 있던 정안공 이방원 목을 하루하루 죄어오고 있었다.
하륜은 환송연이 있던 날 '일'을 벌였다. 그날 술자리에는 정안
공도 있었다. 정안공이 앞에 나가 술잔을 돌릴 때 하륜은 취한 척
하며 일부러 술상을 엎어 정안공 옷을 더럽혔다. 이에 정안공은

크게 화를 내며 자리를 박차고 집으로 가버렸다. 얼마 후 하륜은 다른 손님들에게 "왕자가 노해 가시니 내가 가서 사죄해야겠다"라고 양해를 구한 뒤 급히 말을 달려 정안군을 뒤쫓았다.

화가 머리끝까지 난 정안공은 하륜이 뒤쫓아오는 것을 알면서도 모르는 척 집에까지 갔다. 정안공은 중문을 거쳐 안문으로 들어선 뒤에야 분을 참지 못한 채 뒤돌아보며 "왜 그랬는가?"라고 물었다. 이때 하륜은 "장차 경복(傾覆-뒤집어짐)될 환란이 있겠기에 미리 고하기 위해 상을 엎지른 것입니다"라고 말했다.

정안공은 하륜을 내실로 데리고 들어갔다.

"그러면 앞으로 어떻게 해야 하는가?"

하륜은 자신은 왕명을 받아 지방으로 가야 한다며 안산군수 이숙번(李叔蕃, 1373~1440년)[43]을 추천했다. 마침 이숙번은 신덕왕후 강씨 능인 정릉(貞陵)을 이장할 군사를 거느리고 서울에 들어와 있었다.

"이 사람에게 대사를 맡길 수 있습니다."

정안공은 당장 은밀하게 이숙번을 불렀다. 하륜 이야기를 전하면서 의향을 묻자, 이숙번은 "이런 일은 손바닥 뒤집기보다 쉬운 일인데 무엇이 어렵겠습니까"라고 답했다. 절호의 기회를 모색하며

---

43 1393년(태조 2년) 문과에 급제했다. 이때인 1398년에 지안산군사(知安山郡事-안산군지사)로 있으면서 방원(芳遠-뒤의 태종)을 도와 군사를 출동시켜서 세자 방석과 정도전·남은·심효생 등을 제거하는 데 공을 세웠다. 이로써 정사공신 2등에 책록되고 안성군(安城君)에 봉해졌으며 우부승지에 임명되었다. 그 뒤 이방원 최측근이 되었고, 정종이 왕위에 오르자 이방원에게 "공을 왕으로 추대하고 싶을 뿐이다"라고 말했다. 1399년(정종 1년) 좌부승지가 되고, 이듬해 초 박포가 방원과 반목하던 방간을 충동해 거병하자 군사를 동원해 이들을 제거했다.

7년을 참아온 정안공은 그 순간 마침내 결심했다. 이때 정안공은 32세, 하륜은 52세, 이숙번은 26세였다.

무인년 왕자의 난에 대한 태종의 회고:
"무인년 일은 죽음을 면하고 살고자 한 일이다."

임금이 되고 나서 태종은 1398년 무인년 사건에 대해 다양한 언급을 남겼다. 이 문제에 관한 한 태종은 변명하기보다는 "살기 위해서"였음을 강조하면서도 그것이 부자간 도리에는 맞지 않았음을 있는 그대로 인정했다. 그의 생생한 육성을 들어보자.

"예전에 무인년과 경진년(庚辰年-2차 왕자의 난) 사이에 있었던 일은, 다름이 아니라 공신들 가운데 길이 같지 않은 자가 있어 스스로 서로 당파를 나눠 의심하고 시기하며 난을 꾸미기를 좋아했기 때문이다."(태종 4년(1404년) 10월 21일)

"태조께서도 을해(乙亥-1395년) 연간에 방석에게 전위하고 물러나 후궁에 계셨다면 우리들이 마침내 움직이지 못했을 것이다. (그랬다면) 어찌 무인(戊寅-1398년)의 변이 있었겠는가?"(태종 9년(1409년) 8월 10일)

"가뭄의 연고를 깊이 생각해보니, 그 까닭은 다름 아니라 다만 무인(戊寅-1398년 1차 왕자의 난)·경진(庚辰-1400년 2차 왕자의 난)·임오

(壬午-1402년 조사의의 난)의 사건이 부자·형제의 도리에 어긋남이 있었음이다. 하지만 그것은 실로 하늘이 그렇게 한 것이지 내가 즐겨서 한 것은 아니다."(태종 16년(1416년) 5월 19일)

대체로 태종 입장에서는 역시 '어쩔 수 없이[不得已]' 그렇게 했다는 데 가깝다. 정도전 측의 입장에서는, 사병 혁파 이외에 정안공을 비롯한 왕자들을 해치기 위한 구체적인 선제 조치가 실제로는 없었을 수도 있다는 말이다.

이번에는 이 사건에 대해 조선 시대 식자들이 내린 공식 평가를 살펴보자. 먼저 태종이 홍(薨)한 뒤 변계량(卞季良, 1369~ 1430년)[44]이 신도비(神道碑)[45]를 지었는데, 이는 태종 사후 첫 평가라는 점에서 주목할 만하다. 여기에는 무인년 왕자의 난 이후 정종에게 왕위가 넘어가는 과정까지 함께 실려 있다.

---

44 1385년 문과에 급제해 전교주부가 되었다. 1396년(태조 4년)에는 교서감승에 지제교(知製敎)를 겸했다. 1407년(태종 7년) 문과중시에 을과 제1인으로 뽑혀 당상관에 오르고 예조우참의가 되었다. 이듬해 세자좌보덕이 되고 1415년 세자우부빈객이 되었다. 이때 가뭄이 심해 상왕이 크게 근심하자 하늘에 제사하는 것이 예는 아니나 상황이 절박하니 원단(圓壇)에 빌어야 한다고 청했다. 이에 태종이 그에게 제문을 짓게 하고 영의정 유정현을 보내 제사드리게 하니 과연 큰비가 내렸다. 1420년(세종 2년) 집현전이 설치된 뒤 그 대제학이 되었다. 특히 문장에 뛰어나 거의 20년간 대제학을 맡아 외교 문서를 작성했다. 과거 시관으로 지극히 공정을 기해 고려 말의 폐단을 개혁했다. 그러나 대제학으로서 귀신과 부처를 섬기고 하늘에 제사를 지냈다 하여 '살기를 탐내고 죽기를 두려워한 사람'이라는 비난을 받았다.

45 죽은 사람의 평생 사적을 기록해 무덤 앞에 세우는 비(碑)다. 원래는 군왕의 공로와 다움[功德]을 기록하는 것인데, 우리나라에서는 조선 시대 이후 정2품 이상으로서 공업이 뚜렷하고 학문이 뛰어나 후세의 사표(師表)가 될 때는 군왕보다도 위대할 수 있는 일이라 해서 신도비를 세워 기리도록 했다. 그것은 신권 중심 주자학이 큰 영향을 주었다.

무인년 가을 8월에 태조가 편찮으시자 권신들 가운데 집안끼리 무리를 짓고 붕당을 모아서 유얼(幼孽-어린 서자 이방석)을 끼고 정권을 마음대로 잡고는 자기들의 뜻을 마음대로 펴고자 하는 자가 있었는데, 화의 발생이 임박해지니 태종이 기미를 밝게 알아 모두 없애버렸다. 그때 종친과 장상들이 모두 우리 태종을 세자로 삼기를 청했으나, 태종이 굳게 사양하고 공정왕(恭靖王-정종)을 추대해 높이고 위로 태조에게 청해서 세자에 책봉하게 함으로써 종묘와 사직을 안정시켰다. 9월 성축일에 태조가 병이 낫지 않으므로 공정왕에게 선위했다.

주목할 대목은 "태종이 기미를 밝게 알아"이다. 구체적으로 정도전·남은 등이 태종 친형제들을 제거하려는 계획이 있었는지는 확인할 길이 없다. 다만 형세상 압박을 받고 있었고, 그런 상황에서 선제적으로 거병해서 세상을 뒤집었다고 보면 될 듯하다.

6 ___

이방원의 정치적 삶을 읽어내는 틀,
『주역』 건괘

이방원이 『주역』을 공부하는 모습이 실록에 처음 실린 것은 1400년(정종 2년) 1월 28일 2차 왕자의 난에서 형 이방간을 꺾고 세자가 된 다음이다.

마침내 현룡(見龍) 단계에서 벗어난 것이다. 공식적인 서연(書筵-세자의 학문 연마 기구)이 열리지는 않았지만 자주 빈객들과 제왕학 훈련에 전념할 때였다.

그런 점에서 같은 해 5월 17일 자 기록은 이 시점, 즉 34세 이방원이 갖고 있던 정신세계가 어느 단계에 이르렀는지를 살펴볼 수 있는 매우 소중한 자료다.

신사일(辛巳日-17일)에 세자가 빈객들과 더불어 『주역』과 사학(史學)

을 강(講)했다. 좌빈객(左賓客) 이서(李舒, 1332~1410년)[46]가 세자에게 말했다.

"예전 사람들이 붕망(朋亡)이라고 말했으니, 대개 붕망이라는 것은 인정(人情)을 끊는 것입니다. 남의 윗사람이 된 자가 법을 세우고 제도를 정했다면, 법을 범하면 비록 종친이라도 용서하지 말아야 합니다."

세자가 말했다.

"인정은 끊기가 대단히 어렵나."

2가지를 주목해야 한다.

첫째, 세자 이방원과 빈객 이서가 거의 대등하게 『주역』을 강론하고 있다는 점이다. 이미 34살 이방원도 『주역』을 잘 알고 있었다는 뜻이다.

둘째, 관련된 구절이다. 붕망(朋亡)이란 지천태괘(地天泰卦, ䷊) 아래에서 두 번째 양효(陽爻) 풀이에 나오는 말이다. 원래 주나라 주공(周公)은 이렇게 풀었다.

"구이(九二-아래에서 두 번째 양효)는 더러운 것들을 품어주고

---

46 1357년(공민왕 6년) 문과에 급제해 여러 벼슬을 거쳐 군부좌랑에 올랐으나, 세상이 어지럽고 정치가 문란해지자 관직을 버리고 고향으로 돌아가 은둔했다. 1392년(태조 1년) 이성계 추대에 참여해 개국공신 3등에 책록되어 안평군(安平君)에 봉해지고 형조전서에 임명되었다. 1394년 사헌부 대사헌이 되고, 1396년 신덕왕후가 죽자 3년간 정릉을 지켰다. 1398년 문하부 참찬사에 오르고, 1400년 태종이 즉위하자 문하시랑 찬성사에 이어 우정승으로 부원군에 봉해졌다. 이해 고명사(誥命使)로 명나라에 다녀오고 이어 영의정부사가 되었다. 1402년(태종 2년) 사임한 뒤에는, 앞서 1398년 왕자의 난으로 상심해서 함흥에 가 있던 태조를 중 설오와 함께 안주에 나가서 맞아 귀경하게 했으며, 1404년 다시 우정승이 되었다.

[包荒] 그렇게 함으로써 황하를 맨몸으로 건너며 멀리 있는 것을 버리지 않고 붕당을 없애면 적중된 도리를 쓰는 것[中行]에 합치할 수 있다[包荒 用馮河 不遐遺 朋亡 得尙于中行]."

이 말을 공자 도움으로 풀어보자. 구이가 세상을 제대로 바꾸려면 4가지 조건이 있다. 그것이 바로 주공이 제시한 "더러운 것들을 품어주고[包荒], 그렇게 함으로써 황하를 맨몸으로 건너고, 멀리 있는 것을 버리지 않고, 붕당을 없애면"이다.

첫째, '더러운 것들을 품어줌'의 문제다. 태평한 시대라고는 하나 세상에는 여전히 낡은 사고에 젖은 채 자신들 권세와 부만을 유지하는 데 급급해서 새로운 시대의 움직임을 거부하려는 사람이나 세력이 강고하게 남아 있기 마련이다. 물론 여기에는 어질지 못하거나 불초한 자들도 포함된다. 송나라 유학자 정이천은 이렇게 추가로 풀었다.

사람의 마음이란 편안해서 풀어놓게 되면 정치도 느슨해져 법도가 무너지고 해이해져서 모든 일이 절도를 잃게 된다[无節]. 이를 다스리는 방법에 반드시 더러운 것을 품어 안는 도량이 있게 된다면, 그것을 베풂[施爲]이 너그럽고 넉넉하되[寬裕] 상세하고 치밀해져서[詳密] 폐단이 고쳐지고 일이 잘 다스려지며 사람들이 그것을 편안하게 여긴다. 만일 크게 품어 안아주는 도량이 없이 분노하고 미워하는 마음만 있다면, 깊고 멀리 사려하지 못하기 때문에 갑작스레 어지러워지는 근심이 생겨나서 뿌리 깊은 폐단을 제거하기도 전에 가까운 데서 근심이 생겨날 것이다. 그렇기 때문에 더러운 것들을 품어주는 데에 (개혁의 성공이) 달려 있다.

공자는 『논어』「태백(泰伯)」편에서 "사람이 어질지 못하다[不仁]고 하여 너무 미워하는 것도 난을 일으킨다"라고 했는데 정확히 여기에 합치된다. 불인(不仁)을 미워하되 미워함에도 절도가 있어야 한다는 말이다.

둘째, '황하를 맨몸으로 건너고[用馮河]'다. 이는 원래 『논어』「술이(述而)」편에 나오는 말이다. 자로가 "만일 스승님께서 삼군을 통솔하신다면 누구와 함께하시겠습니까?"라고 묻자 공자는 "맨손으로 호랑이를 때려잡고 맨몸으로 강을 건너려[暴虎馮河] 하면서 죽어도 후회할 줄 모르는 사람과 나는 함께할 수 없다"라고 말했다. 앞뒤 재지 않고 용맹만 앞세우려는 자로를 비판하는 대목이다.

따라서 『논어』에서 빙하(馮河)는 분명 부정적 의미다. 그런데 먼저 정이천의 풀이를 보자.

> 태평하고 안녕한 세상[泰寧之世]에서는 사람의 마음이 오래도록 편안함에 익숙하고 평소의 관습을 지키는 안일함에 빠져 기존의 풍습들을 그냥 따르는 타성에 젖어서 바꾸고 고치는 것을 꺼리기 때문에, 맨몸으로 황하를 건너는 용기나 용맹스러움이 없으면 이런 때 큰일[有爲]을 할 수가 없다.

정이천은 빙하(馮河)를 상당히 긍정적 의미로 사용했다. 이를 따를 경우 앞에서 더러움도 품어 안으라던 관용적인 권고와 자칫 모순처럼 보일 수도 있다. 이 때문에 정이천은 스스로 질문을 던져 "앞에서는 포용과 관대함을 말하고 여기서는 맹렬하고 신속하게

개혁하라는 것이니, 서로 반대되는 것 아닌가" 하고서는 "이런 생
각은 넓게 포용하는 도량으로 굳세고 과감한[剛果] 다움을 쓰는
것이 빼어난 이와 뛰어난 이가 일을 행하는 방식임을 알지 못해서
나온 것"이라고 했다.

셋째, '멀리 있는 것을 버리지 않고[不遐遺]'를 풀어볼 차례다.
정이천의 풀이만으로도 충분하다.

> 태평한 때에 사람들의 마음이 편안함에 익숙해지면 구차스럽게 안
> 일하려고 할 뿐이니, 어찌 다시 깊게 사고하고 멀리 생각해[深思
> 遠慮] 먼 미래의 일에까지 미칠 수 있겠는가? 태평한 때를 다스리는
> 자는 마땅히 주도면밀하게[周=周密=周到綿密] 모든 일을 다 챙겨야
> 하니, 설사 먼 곳의 일이라도 버려서는 안 된다.

그러면서 먼 곳의 일이란 "일이 아직 미미해 드러나지 않은 것
[微隱]이나 뛰어나고 재능 있는 인재[賢才]가 미천하고 누추한 곳
에 방치되어 있는 것이 모두 먼 곳에 해당한다. 태평한 때에는 이
런 것들을 소홀히 하게 된다"라고 보다 구체적으로 지적했다.

넷째, '붕당을 없애는 것[朋亡]'이다. 다시 정이천의 풀이다.

> 태평스러울 때는 편안함에 익숙해져 그 마음이 안일해지고 절도를
> 잃게 되니, 장차 이를 다잡아 바로잡으려 한다면[約而正] (먼저) 붕당
> 의 사사로운 감정부터 끊어내지 않고서는 불가능하다. 예로부터 법
> 을 세워 일을 제어함에 있어 사사로운 정에 이끌려 끝내는 실행하지
> 못하는 경우가 많았다.

이런 맥락을 정확히 파악하고 있었기에 세자 이방원은 "인정은 끊기가 대단히 어렵다"라고 정확하게 반응할 수 있었다. 군주를 향해 가는 길은 인정(人情)을 끊고 공도(公道)로 나아가는 길이다. 이는 다짐만으로는 불가능하며, 수많은 일을 겪으면서 단련할 수밖에 없다. 물론 세자 이방원 앞에는 지금까지와는 비교도 안 되는 수많은 이와 비슷한 어려운 일들이 기다리고 있었다.

이방원이 했던 『주역』 공부 이야기를 길게 하는 이유는 임금을 상징하는 괘인 건괘(乾卦, ☰)가 담고 있는 의미를 정확히 짚어보기 위함이다. 필자는 이미 공자와 정이천 입장에 따라 『주역』을 점치는 책이 아니라 제왕학으로 해석한 책을 낸 바 있다. 다름 아닌 강명(剛明)한 군주를 길러내는 책으로 『주역』을 읽어내야 한다는 해석이다. 반면 주희는 『주역』을 점치는 책으로 간주하고 볼 필요도 없다고까지 극언했다. 주희가 보여준 이런 입장은 신권(臣權) 강화 이론인데, 한마디로 강명한 군주를 꺼리는 데서 나온 발상으로 볼 수밖에 없다.

『주역』에는 모두 64개 괘가 있는데, 그중에서 건괘(乾卦)와 곤괘(坤卦, ☷)는 각각 현실 속에는 없는 이상적 임금과 신하의 유형, 즉 임금과 신하가 갖춰야 할 가장 이상적인 모습(The ideal type)을 나타내고 있다. 나머지 62개 괘는 현실 속 특정한 상황들을 나타낸다. 각 괘는 효(爻) 6개로 이뤄진다. 384개 효는 모두 각각의 상황 속에서 발휘하는 구체적인 행동 지침과 관련이 있다. 행동 지침이란 공인(公人)이 일에 나설 때 자세나 결행 여부, 그에 따라 예상되는 결과 등이다.

공자는 직접 『주역』 전반을 풀이한 자신의 글 「계사전(繫辭

傳)」에서 괘와 효의 활용법에 대해 이렇게 말했다.

군자가 평소 가만히 지내면서 편안하게 짚어보는 것은 역(易)의 차례이고, 즐기면서 깊이 음미하는 것은 효(爻)의 말[辭]이다.

역의 차례란 곧 건괘·곤괘를 포함한 64개 괘가 가진 순서를 말한다. 순서란 곧 상황이 대체로 변해가는 차례와 관련이 있다. 또 일에 임해서는 효를 깊이 음미하고 그때마다 달라진 상황을 잘 감안해가며 판단하고 결행해야 한다.

군주가 되어 큰일을 하고 싶었던 정안군(혹은 정안공) 시절 이방원이었다면 당연히 가장 먼저 건괘(乾卦) 여섯 효를 맨 아래에서부터 짚어보았을 것이다.

64개 모든 괘별로 6개씩인 효마다 거기에는 자리[位]가 있다. 무슨 말인가 하면, 맨 아래는 신진이나 무명 시절, 두 번째는 중간관리, 세 번째는 판서급, 네 번째는 재상이나 왕비 혹은 세자, 다섯 번째는 임금이나 조직의 수장, 여섯 번째는 상왕이나 명예회장 등이 해당한다. 이 점을 염두에 두면서 주공이 건괘(乾卦) 여섯 효에 달아놓은 글, 즉 효사(爻辭)를 살펴보자.

초구(初九)는 (연못 속에) 잠겨 있는 용이니 쓰지 말라[潛龍勿用].**47**

---

47 보는 입장에 따라 물용(勿用)은 "쓰여서는 안 된다"고 풀어도 된다. 양이 맨 아래에 있어 이렇게 말한 것이다.

구이(九二)는 나타난 용이 밭에 있으니[48] 대인을 만나보는 것이 이롭다[見龍在田 利見大人].
_{현룡 재전 이견 대인}

구삼(九三)은 군자가 하루 종일 쉼 없이 힘쓰고[乾乾] 저녁에도 두려워하면[49] 위태로우나 허물이 없다[君子終日乾乾 夕惕若 厲无咎].
_{군자 종일 건건 석 척약 여 무구}

구사(九四)는 혹 (못에서) 뛰어오르거나 그냥 못에 있으니[50] 허물이 없다[或躍在淵 无咎].
_{혹 약 재연 무구}

구오(九五)는 날아가는 용이 하늘에 있으니 대인을 만나보는 것이 이롭다[飛龍在天 利見大人].
_{비룡 재천 이견 대인}

상구(上九)는 끝까지 올라간 용이니 뉘우침이 있다[亢龍有悔].
_{항룡 유회}

초구에서 잠룡(潛龍)은 무명 시절이다. 흔히 임금에 오르기 전 시기를 총괄해서 잠저기(潛邸期)라고 하는데, 그 잠(潛)자도 여기서 왔다. 임금이 되기 전에 살던 사가를 잠저(潛邸)라고 하는 것도 마찬가지다. 대체로 이방원에게 잠룡기는 문과 급제할 때까지, 혹은 아버지 이성계가 회군하던 1388년까지라고 할 수 있다.

구이에서 나타난 용, 현룡(見龍)이란 임금의 임금다움[君德=龍德]을 세상에 살짝 드러내는 시기다. 이방원에게 대인은 누가 뭐래도 아버지 이성계다. 한나라를 세운 유방(劉邦)에게 대인은 항우(項羽)다. 다시 우리 역사에서 찾으면, 왕건(王建)에게 대인은 궁예

---

48 용은 대인이나 임금 자질을 가진 자인데, 아직 조정이 아니라 밭에 있다는 것은 때가 맞지 않기 때문이다.

49 저녁은 일이 끝나고 편안히 쉬는 사사로운 때다. 이때에도 조심하고 두려워해야 한다는 말이다.

50 "혹 연못에서 뛰어오르는 것이니"로 옮기기도 한다.

(弓裔)다. 대인이란 큰 발판이다.

그러나 시련기를 피할 수는 없다. 세자에서 탈락한 이후부터 1차 왕자의 난으로 권력을 회복할 때까지 이방원은 정확히 구삼에 해당한다. 이런 때는 쉼 없이 스스로를 연마하고 매사에 조심한다면 위태롭기는 해도 허물이 없겠지만, 자칫 시련을 견디지 못해 울분을 드러낼 경우에는 허물 정도가 아니라 크게 흉한 일까지 당할 수 있다. '정안군'에서 벗어나지 않고 강씨와 정도전, 남은의 감시 속에서 7년 동안 "하루 종일 쉼 없이 힘쓰고 저녁에도 두려워했기에" 미래가 열릴 수 있었다.

구사 효사를 미리 보자면, 정확히 1차 왕자의 난 때부터 즉위 직전까지 처신 그대로다. 구오에서 임금이 되어 만난 대인이란 다름 아닌 하륜(河崙)이다. 그리고 스스로 상왕으로 물러났으니 상구의 뉘우침도 태종 이방원에게는 없었다. 이를 끝을 삼가며 잘 마쳤다고 해서 경종(敬終)이라고 한다. 이승만 대통령이나 박정희 대통령은 큰 업적에도 불구하고 경종하지 못한 지도자라 하겠다. 스스로 물러날 줄을 몰랐기 때문이다. 그 점에서 태종이 내린 선위 결단은 더욱 빛을 발한다.

군주론 혹은 제왕학에 누구보다 관심이 깊었던 정안군이 건괘에 담긴 의미를 몰랐을 리 없다. 오히려 효사마다 담겨 있는 깊은 뜻을 새기고 또 새겼으리라. 그랬기에 세자 시절 처음으로 『주역』을 강하는 자리에서 이서가 하는 말을 듣자마자 "인정은 끊기가 대단히 어렵다"라는, 짤막하지만 정곡을 찌르는 답을 할 수 있었다. 말은 이렇게 했지만, 태종은 그 후 집권 내내 지공(至公) 앞에서 인정을 끊어내는 정치를 보여주었다.

구삼이 1차 왕자의 난 이전 정안군 시절에 해당한다면 1차 왕자의 난 이후 왕위에 오르기까지 정안군에게 주어진 명(命)은 구사에 비춰보아야 한다. 구사 효사다.

　　혹 (못에서) 뛰어오르거나 그냥 못에 있으니 허물이 없다[或躍在淵
无咎].

제 3 장

혹 (못에서) 뛰어오르거나
그냥 못에 있으니 허물이 없다

1 ——

멈출 줄 아는 사람
이방원

양보하는 다움〔讓德=退讓〕을 보이다

　　1398년이면 정안군 이방원 나이 32살이다. 그런 그가 왕위(王位)를 사양했다. 이렇게 마음만 먹으면 얼마든지 할 수 있는데도 스스로 왕위를 사양하는 것을 『논어』「태백(泰伯)」편에서는 지덕(至德)이라고 불렀다. 태백(泰伯)은 장남으로 주나라 왕이 될 수도 있었지만, 막냇동생 계력(季歷) 아들 창(昌)이 뛰어남을 보고서 왕위를 계력에게 물려주게 했다. 이 창이 바로 뒷날 주나라 임금 문왕이다. 문왕도 이미 천하의 삼분지이(三分之二) 제후들을 복속시켰으나 은나라 마지막 왕 주(紂)를 치지 않았다. 이런 양보하는 다움을 쌓았기에 마침내 아들 무왕이 천하를 차지하게 된다. 그런 점에서 태백도 지덕한 자이고 문왕도 지덕한 자라고 중국 역사에서는 평한다.

태종은 둘째 형 방과(芳果)에게 왕위를 양보했다. 쉽지 않은 일이다. 당연히 모두가 의아해했다. 변계량이 쓴 태종 신도비 글에 나오는 대로다.

> 그때에 종친(宗親)과 장상(將相)들이 모두 우리 태종을 세자로 삼기를 청했으나 태종이 굳게 사양하며 공정왕(恭靖王-정종)을 추대해 높이고, 위로 태소에게 청해 세자(世子)에 채봉(冊封)하게 해서 종묘(宗廟)와 사직(社稷)을 안정시켰다.

일단 태종에 대해서도 지덕했다고 할 수 있다. 그러나 여기서는 그보다 정(正)과 중(中)의 틀로 보아야 실상에 가까이 갈 수 있다. 이 당시 정안군은 사리(事理-일의 이치)보다는 사세(事勢-일의 형세)를 따랐다.

지지(知止), 당시 책을 좀 읽은 사람이라면 누구나 다 아는 말이었다. 원래 『노자(老子)』 "지지불태(知止不殆)"에서 온 말이다. 좀더 추가하면 "그칠 줄 알면 위태롭지 않고, 이렇게 하면 오래갈 수 있다"라는 뜻이다.

게다가 정안군은 뒤에 보게 되듯 『논어』에 정통한 인물이었기에 「태백(泰伯)」편에 나오는 다음 구절을 깊이 새겼을 것이다.

> 공자가 말했다. "높디높도다! 순(舜)임금과 우왕(禹王)이 천하를 소유하면서 (그 과정에) 관여하지 않음이여![子曰 巍巍乎 舜禹之有天下也
> 자왈   외외호   순우 지 유천하 야
> 而不與焉]"
> 이 불여 언

이 말을 정확히 파악해보자. 왜 요(堯)임금은 언급하지 않고 순임금과 우왕만 들어서 이렇게 "높디높도다!"라고 극찬한 것일까? 요임금은 왕위를 조상에게 물려받았다. 반면 순임금은 대효(大孝)라는 다움[德]으로 요임금으로부터 선위(禪位) 받았고, 우왕은 치수(治水)한 공로[功]로 순임금으로부터 선위 받았다. 그렇다면 공자는 요임금을 어떻게 평했을까? 바로 이어서 나온다.

"크시도다! 요임금의 임금다움이여. 높디높도다! 오직 하늘(의 다움)만이 크시거늘, 오직 요임금만이 이를 본받았도다[大哉 堯之爲君也. 巍巍乎 唯天爲大 唯堯則之]."

이는 두 부분으로 나눠봐야 한다. 앞부분은 요임금이 임금 노릇을 잘했다는 찬사다. 중요한 것은 뒷부분이다. 뒤에서도 먼저 "높디높도다!"라고 찬사한 다음, 하늘만이 큰데 오직 요임금만이 그런 하늘을 본받았다고 말한다. 이때 하늘이 크다는 말은 다름 아니라 하늘과도 같은 이치, 즉 지공(至公-지극한 공)의 이치를 말한다.

그렇다면 요임금이 이를 본받았다는 말은 무슨 뜻인가? 왕위가 세습되던 시대에 요임금은 아들 단주(丹朱)가 성품이 오만하고 놀기를 좋아해서 다움을 잃었다[失德]고 여겼다. 그래서 큰 효자로 이름이 자자했던 산골 농사꾼 순을 불러서 우선 일을 맡기고 깊이 살핀 다음에 마침내 제위(帝位)를 넘겨주었다. 선위(禪位) 혹은 내선(內禪)이 생겨난 것이다. 이는 훗날 태종이 다움을 잃은 세자를 폐하고 뛰어난 아들을 골라[擇賢] 뒤를 잇게 하는 결단의 선

구 모델이 되기도 한다. 태종이 일생을 통해 견지하려 한 지공(至
公) 문제는 뒤에 별도의 장에서 심도 있게 살펴보자.

다시 순임금으로 돌아가면, 순임금은 천하를 소유하는 데, 즉
천자가 되는 과정에 조금도 사심을 개입시키지 않았으며 우왕도
마찬가지였다. 따라서 이 세 천자 중에 가장 위대한 인물은 공자가
볼 때 순임금이 될 수밖에 없다. 우왕은 다시 아들 계(啓)에게 물
려준다.

이는 조선 시대 식자(識者)라면 누구나 알았던 지식이자 교양
이었다. 오늘날 잣대는 버리고 보아야 한다. 그런데 왕자의 난 이후
형들이 있는데도 자신이 왕위를 차지하게 되면 이는 불효(不孝)와
불충(不忠)을 동시에 범하는 것이다. 왕자의 난이 '어쩔 수 없어서
[不得已=不獲已]' 일으킨 것이 아니라 자신이 왕이 되고 싶어서 이
   부득이   불획이
복형제들까지 죽여버린 꼴이 되고 만다.

흥미롭게도 정안군이 사행(使行) 길에 마주쳤던 명나라 영락
제도 처지가 비슷했다. 연왕(燕王)이던 그는 조선에서 왕자의 난이
일어난 지 1년 후인 1399년에 거병해서 3년에 걸쳐 조카인 건문제
(建文帝)와 전쟁을 벌인 끝에 1402년 마침내 황제 자리에 오른다.
그 또한 이방원과 생각이 비슷했다. 1403년 하륜이 하등극사(賀
登極使-명나라 황제 등극을 축하하는 사신단)가 되어 명나라 수도 남
경(南京)을 다녀왔는데, 그때 영락제는 하륜 등을 불러 이렇게 말
했다.

"너희들은 짐(朕)이 즉위하게 된 까닭을 아느냐? 건문이 고황제(高皇
帝-주원장)의 뜻을 돌보지 않고 마침내 숙부 주왕(周王)을 쫓아내고

골육을 잔혹하게 해치며 또 짐을 해치려고 군사를 일으켰기에, 짐도 역시 죽을까 두려워 어쩔 수 없이[不得已] 군사를 일으켰다. 짐은 두
_{부득이}
번이나 화친하려고 했건만 건문이 듣지 않아, 이에 군사를 들어 그일을 꾸미는 신하들을 치고자 했다. 건문이 서로 만나기를 부끄러워해 궁문을 닫고 스스로 불타 죽었다. 주왕과 대신이 짐에게 '고황제의 적장자이니 마땅히 제위에 올라야 한다'고 하므로 어쩔 수 없이
[不得已] 자리에 나아온 것이다. 애초에 어찌 (황제의) 자리를 얻는
_{부득이}
데 뜻이 있었겠느냐?"

외국 사신에게까지 자신이 권력을 탐해 건문제를 죽이지 않았음을 강변하고 있는 장면이다. 특히 자신은 결코 죽이려는 생각이 없었음을 강조하고 있다. 사람 이름 몇 개만 고치면 고스란히 정안군이 앞으로 임금이 되어서 하게 될 말이다. 자신이 곧바로 왕위를 이어받는 것은 도리가 아님을 정안군도 역시 잘 알고 있었다.
건괘(乾卦) 구사의 효사는 "혹 (못에서) 뛰어오르거나 그냥 못에 있으니¹ 허물이 없다[或躍在淵 无咎]"이다. 그런데 공자는 이를
_{혹 약 재연   무구}
보다 적극적으로 풀어낸다.

혹 (못에서) 뛰어오르거나 그냥 못에 있다[或躍在淵]는 것은 나아가
_{혹 약 재연}
더라도 허물이 없다는 것이다[或躍在淵 進无咎也].
_{혹 약 재연 진 무구 야}

전반적인 뉘앙스는 나아가라는 말이다. 공자식 말하기에서

---

1   "혹 연못에서 뛰어오르는 것이니"로 옮기기도 한다.

"나아가더라도"라고 말하는 것은 사실상 "나아가라"라는 말이다. 이제 상황, 즉 때가 알맞다[時中]고 보았기 때문이다. 정안공이 임금 자리에 나아가는 것은 단지 시간문제였다.

고민하는 실권자 이방원

왕위에 오르지는 않았지만, 당시 기록을 보면 정안공은 왕이나 마찬가지였다. 1400년(정종 2년) 9월 12일 자 실록의 기사다.

갑신일(甲申日-12일)에 정탁을 청주에, 박포를 죽주에 유배 보냈다. 포가 사직을 안정시킨 후에 스스로 공로가 여러 신하 아래에 있지 않다고 생각해서 불만을 품고 불평하면서 이에 탁에게 이야기했다. "이무가 비록 정사공신 반열에 참여했지만, 공로가 다른 사람들 마음에 만족스럽지 못하고, 또 이랬다저랬다 하므로 예측하기 어렵다." 판중추(判中樞) 김로(金輅, 1355~1416년)[2]가 이 말을 듣고 조영무에게 말해서 우리 전하(殿下-태종)에게 알려 상(정종)에게 아뢰게 되니, 상이 노해 두 사람 모두 폄직시켰다. 애초에 무가 중립을 지키면서 변고를 관망하며 거취를 생각하다가 마침내 공신에 참여하게 되니, 식

---

2 개국할 때 태조를 도와 개국공신 3등에 책록되었으며 이어 대호군이 되었다. 1397년 사농경이 되고, 이듬해 중추원 동지사, 의흥삼군부 우군동지절제사 등을 역임했다. 같은 해 중추원 판사에 오르면서 1차 왕자의 난을 평정하는 데 협력한 공으로 정사공신 2등에 책록되었다. 그 뒤 의정부 지사로 있을 때 연성군(延城君)에 봉해졌다. 1409년(태종 9년)에 하정사로 명나라에 다녀오고, 1411년 이숭인을 함부로 처벌했다는 죄로 탄핵받았다.

216

견 있는 사람들은 이를 비난했다.

1차 왕자의 난 논공행상(論功行賞)을 둘러싸고 공신들 사이가 분열되고 있었다. 박포는 2등 공신, 이무는 1등 공신을 받게 됐다. 박포는 무신으로 개국공신 2등이기도 했고 왕자의 난 때도 공을 세웠다. 사관의 평을 보더라도 기회주의적으로 처신한 이무에 비해 박포가 2등밖에 받지 못한 데 대한 분노는 충분히 그럴 수 있었다. 마침내 이 불만으로 박포는 죽주에서 소환된 후 결국 2차 왕자의 난을 유발했다는 죄목으로 비극적 최후를 맞게 된다. 그런데 이 과정에도 정안군이 개입한다.

실제로 닷새 후인 17일, 사직을 안정시킨 공로로 정사공신을 정하는데 여기서도 "상(정종)이 우리 전하(태종)와 더불어 정사공신 등급을 논했다"라고 한다. 이 정도면 어지간한 중요 국정 사안은 정종이 혼자 처리하지 못했다는 뜻이다.

당시는 누가 보아도 명실(名實)이 괴리되어 있었다. 11월 7일 기사는 이를 그대로 보여준다.

기묘일(己卯日-7일)에 유씨(柳氏)를 후궁에 맞아들였다. 유씨는 상(정종)이 잠저에 있을 때 첩으로, 대사헌 조박 족매(族妹)다. 일찍이 다른 사람에게 시집가서 이름이 불노(佛奴)라는 아들이 있으며 죽주에 살고 있었다. 이때에 와서 조박이 상에게 아뢰니 상이 유씨와 그 아들을 맞이해 그 집에 두었다가, 장비를 갖추어 궐내에 들어오게 하고서 그를 책봉해 가의옹주(嘉懿翁主)로 삼고 그 아들을 일컬어 원자라 했다.

이숙번이 정안공 사저에 나아가니 정안공이 그를 침실 안으로 불러 들였다. 이에 숙번이 말했다.

"사직을 안정한 지가 지금 몇 달이 되지 않았는데, 조박은 공의 가까운 인척임에도 그 마음이 조금 변했으니 그 나머지 사람들의 마음도 역시 알 수가 없습니다. 오직 공께서는 스스로 편안하게 할 계책을 깊이 생각하시고 병비(兵備) 역시 해이하게 하지 마소서."

정안공이 노해 말했다.

"그대들이 부귀가 부족해서 이런 말을 하는가?"

숙번이 대답했다.

"부귀가 부족한 것이 아닙니다. 우리들 1~2명 시복(廝僕-말을 기르고 땔감 하는 종)이 목숨을 돌아보지 않고서 사직을 창졸간에 안정시킨 것은 공을 추대해서 임금으로 삼고자 한 때문입니다. 그런데 지금 원자라 일컫는 사람이 궁중에 들어와 있으니, 우리들이 감히 알 바는 아닙니다만 공께서 만약 내 말을 듣지 않으신다면 반드시 후회가 있을 것입니다. 나는 진실로 일개 필부이니 머리를 깎고 도망할 수도 있지만, 공은 매우 귀중한 몸으로서 장차 어떻게 처리하겠습니까?"

정안공이 대답하지 않았다.

정안공이 대답은 하지 않았지만, 무엇보다 "원자(元子)"라는 말이 머릿속에 맴돌았을 것임은 얼마든지 추측할 수 있다.

'원자라, 원자라⋯.'

누가 보아도 보통 사건이 아니었다는 뜻이다. 그러나 얼마 후에 정종이 한사코 자기 아들이 아니라고 변명하면서 이 문제가 큰 사건으로 비화되지는 않았다. 실상이 모호한 사건이었다.

2 —

윗동서 조박이 정종에게 붙다

정안공 머릿속을 또 어지럽힌 것은 이숙번이 했던 다음과 같은 말이다.

"조박은 공의 가까운 인척임에도 그 마음이 조금 변했으니 그 나머지 사람의 마음도 역시 알 수가 없습니다."

만약 조박에게 실제로 '그 마음이 조금 변한' 실상이 없었다면 정안공은 훨씬 세게 이숙번을 질책했을 것이다. 이는 훗날 보여주듯 정안공이 가장 싫어하는 참소(讒訴) 즉, 중상모략일 수도 있었기 때문이다. 조박(趙璞, 1356~1408년)이 누구인가. 정안공 윗동서다. 태종 8년(1408년) 12월 6일 그가 죽었을 때 졸기는 "상이 잠저(潛邸)에 있을 때 조박과 동서지간이므로 가장 친하고 오래된

사이였다. 이런 이유로 태조(이성계)를 마음으로 따랐다"라고 적고
있다. 그런 조박이 자신에 대한 마음을 바꿨다? 이럴 때 즉각 대응
한다면 이방원이 아니다. 실상이 드러날 때까지 일단 충분히 지켜
본다. 그 무렵 조박을 따라가 보자.

정사공신 1등 조박은 학문에 뛰어나 경연지사가 되어 정종의
학문 수련을 돕는다. 자연스럽게 정종과 자주 접촉할 수밖에 없
었다. 11월에는 『대학』을 진강했고, 해가 바뀌어 1399년 1월에는
『논어』를 진강하는 데 그 수준이 상당하다. 「선진(先進)」편에 나오
는 구절을 풀어내는 실력을 보자.

> 노(魯)나라 사람들이 장부(長府)라는 창고를 고쳐 지으려 하자 (공자
> 의 제자인) 민자건(閔子騫)이 이렇게 말했다.
> "옛일을 그대로 따르는 것이 어떻겠는가[仍舊貫如之何]? 어찌 반드
> 시 고쳐 지으려 하는가?"
> 공자가 말했다. "저 사람이 평소에는 말이 많지 않지만, 일단 말을
> 하면 반드시 사리에 적중한다."

이 중에서 "옛일을 그대로 따르는 것이 어떻겠는가?"라는 대
목에 대해 정종이 묻자, 조박은 정확하게 답한다.

"이것은 임금에게 백성을 괴롭히는 토목의 역사를 없애고자 한
것입니다."

그런데 조박은 그해 8월 29일 내쳐졌다. 1차 왕자의 난으로 주

살된 이방석의 기생첩을 상당후(上黨侯) 이저(李佇)가 차지함으로써 이거이·이저 부자 사이에 천상(天常)이 어지럽혀졌음을 폭로한 일로 이천에 유배된 것이다. 그러나 이는 어쩌면 조박에게는 행운이었다. 그대로 남아 정종 총애를 누리다가 친척 누이가 정종과 사이에서 낳은 아들 불노(佛奴)를 원자로 만든 죄로 정안공과 사이가 틀어졌다면 비명횡사(非命橫死)했을 가능성이 컸다. 조박은 얼마 후 조정에 복귀해 경상도 관찰사로 나가는데, 1400년 8월 다시 처가 민씨들 뜻을 이어받아 태종이 밀었던 조준을 무고했다가 이천에 유배 가게 된다. 이 역시 결과적으로 목숨을 구한 셈이 되었다. 물론 조박은 공신 칭호까지 박탈당했다. 그는 줄곧 아랫동서 이방원보다는 처가를 따랐던 인물이었다.

불노 문제 또한 이방원 심기를 건드렸다. 아마도 불노는 정종 아들이었을 가능성이 크다. 그러나 정종은 그 문제로 방원과 갈등하고 싶지 않았다. 그러면서도 왕위에 대한 미련이 없지는 않았을 것이다. 이를 파고든 것이 조박이었다. 결국 원자로 들이는 데까지 성공했다. 조박으로서는 불노가 원자가 된다면 정종과 그 아들에게 사실상 공신이 되는 것이다. 게다가 유씨와는 서로 집안이라 혈통으로도 '원자' 불노와 이어진다. 결국 정종이 자기 욕심을 누름으로써 이 일은 없었던 일이 되었다.

조박은 민씨 집안과도 가까이 지내 태종 마음속에는 그에 대한 서운함이 쌓여가고 있었다. 행인지 불행인지 벼슬살이와 유배살이를 반복하던 조박은 1408년 동북면 도체찰사로 나갔다가 53세 나이로 세상을 떠났다. 1409년에는 공신녹권도 추탈되었다.

태종 10년(1410년) 1월 22일 대간에서 민무구·무질을 죽이라고 하면서 더불어 불노도 사형에 처할 것을 청했다. 이때 태종이 성석린·조영무 등에게 말했다.

"불노가 당초에 나이 겨우 10여 세였으니, 상왕 아들이라고 요망하게 사칭한 것은 다만 조박이 생각해낸 꾀일 뿐이다. 어찌 어린아이가 알 수 있는 일이겠는가? 상벌은 하늘의 뜻에 맞게 할 뿐이니, 아무것도 모르는 어린아이를 죽이는 것이 어찌 하늘의 뜻에 부합하겠는가? 이는 결코 내가 들어줄 수 없다. 무구·무질·윤목(尹穆) 등의 일은 전날에 이미 대간과 더불어 분명하게 말했으니 마땅히 재결할 날이 있을 것이다."

여기서 임금의 고유 권한인 상벌(賞罰) 혹은 위복(威福)에 대한 태종 생각이 인상적이다. 이는 『서경』에 나오는 말로, 정확히 왕권을 가리키는 말이다.

"상벌은 하늘의 뜻에 맞게 할 뿐이다."

하늘이 누구를 편파적으로 대하지 않듯 자신 또한 공명정대하게 행사할 뿐이라는 말이다.

3 —

은근히 착수한 사병 혁파 1단계

1399년 8월 3일 정종이 분경(奔競)을 금지하는 조처를 내렸다. 분경이란 벼슬을 얻기 위해 권세 있는 집을 분주하게 찾아다니던 일을 말하는데, 고려 말에 그 폐단이 극에 이르렀다. 그런데 개국에 이어 1차, 2차 왕자의 난이 일어나면서 여러 공신이 생겨나는 바람에 그 병폐가 되살아났다. 당시 분경이 어느 정도였는지는 이날 정종이 한 말에서 알 수 있다.

"고려 말년에 이르러 기강이 해이해져서 붕당을 서로 만들고 참소하기를 서로 좋아하더니 임금과 신하를 이간질하고 골육을 상잔(傷殘)해서 멸망하는 데에까지 이르렀다. 삼가 생각건대 우리 태상왕께서 천지(天地)·조종(祖宗)의 도움에 힘입어 조선 사직의 기업을 창조하시고 과인에 이르러 어렵고 큰일을 이어 지키니, 어찌 모두 함께 새로워지는 교화를 도모하지 않겠는가! 그러나 남은 풍속이 끊어지지 않아서, 사사로이 서로 비부(比附-연결)하고 분경을 일삼아서 모여들어 남을 참소하고 난(亂)을 선동하는 자가 많도다. 만일 무거운 법전을 써서 금령(禁令)을 내리지 않는다면, 침윤(浸潤)하는 참소와 부수(膚受)하는 호소3가 마음대로 행해져서 장차 반드시 우리 맹호(盟好-동맹 우호)를 저해하고 우리 종실을 의심하며 우리 군신을 이간질하는 데까지 이르고야 말 것이니 고려 때보다 나을 것이 무엇이 있겠는가! 지금으로부터 종실·공후대신과 개국·정사공신에서 백료·서사(庶士)까지 각기 자기 직책에 이바지해서 서로 사알(私謁-사사로운 청탁)하지 말고, 만일 원통하고 억울해서 고소할 것이 있거든 각기 그 아문(衙門)이나 공회처(公會處-관청)에서 뵙고 진고하도록 하고 서로 은밀히 참소하고 힐뜯지 말라. 어기는 자는 헌사(憲司)에서 주객을 규찰해서 모두 면 지방에 유배 보내 종신토록 벼슬길에 나오지 못하게 하리라."

하고 싶은 말이 있으면 공적인 장소, 즉 관청에서 하라는 뜻이다. 분경 금지 조치에 이어 11월 1일에는 대사헌 권근이 책임자로 있던 사헌부에서 소를 올려 가병(家兵-사병) 혁파를 청했다.

'군사라는 것은 빼어난 이가 어쩔 수 없이 만들어놓은 것입니다. 편

---

3 『논어』 「안연(顏淵)」편에 나오는 말이다. 자장이 밝음[明]에 관해 묻자 공자는 말했다. "서서히 젖어 드는 참소(讒訴)와 피부를 파고드는 호소[愬]가 행해지지 않는다면 그 정사는 밝다고 이를 만하다. 그런 참소와 하소연이 행해지지 않는다면 공정하다[遠]고 이를 만하다."

히 쉬기를 멈추지 않으면 자멸하는 재앙이 있습니다. 지금 국가가 다행히 전하의 덕(德-다움)에 힘입어 안으로는 간사한 무리가 난을 일으킬 틈이 없고 밖으로는 변방 도적이 침략할 근심이 없지만, 군사를 맡은 자가 많아서 여항(閭巷-저잣거리)과 천맥(阡陌-농토) 사이에 간과(干戈-무기)가 서로 비끼어 항상 변이 있는 것과 같으니 어찌 문(文)을 지키는 성조(聖朝-성대한 조정)의 정치에 누가 되지 않겠습니까? 『주역』에 이르기를 "군사의 일은 혹 여러 사람이 주장하면 흉하다[師或輿尸|凶]"라고 했는데, 정자(程子-정이천)가 풀이하기를 "여시(輿尸)라는 것은 여러 사람이 주관한다[衆主]는 말이다"라고 했습니다. 바라건대 전하께서는 깊이 여시(輿尸)에 대한 경계를 살피시어, 장수를 임명해 군사를 줌에 모두 예전 제도에 따라서 종친·공신 이외에는 군사를 맡는 것을 허락하지 마소서.'

물론 권근 뒤에는 정안공 이방원이 있었다. 소가 올라오자 일단 종친과 훈신이 갖고 있던 군사를 축소해서 정안공은 강원도 동북면, 익안공 이방의는 경기와 충청도, 회안공 이방간은 풍해도와 서북면, 상당후 이저(李佇-이백경)는 경상도와 전라도를 맡게 했다. 문하부 참찬사 이거이·조영무, 문하부 참지사 조온, 중추원 동지사 이천우도 군사를 맡는 데 참여하게 하고, 나머지 군사를 맡은 자는 모두 혁파했다. 즉 부분적 혁파 혹은 단계적 혁파를 시도하는 선에서 그쳤다. 아직은 훈신들 반발을 제압할 정도로 힘을 갖추지 못했기 때문이다. 일단 전면적 혁파는 유보한 채 부분적인 혁파에 그쳤다.

권근은 사병 혁파 명분으로 『주역』의 괘 중 사괘(師卦, ䷆) 밑에서 세 번째 음효(六三)의 효사(爻辭) "군사의 일은 혹 여러 사람이 주장하면 흉하다[師或輿尸 凶]"를 끌어들였다. 옛 뛰어난 유학자들이 보여주는 전형적인 『주역』 활용 사례다.

공자는 "군사의 일은 여러 사람이 주장하면 크게 공로를 이룰 수 없다"라고 했다. 주공의 효사와 비교하면 '흉하다'라는 부분을 '크게 공로를 이룰 수 없다'라고 덧붙여 풀이한 정도다. 이에 비해 정이천은 육삼의 효체(爻體)에 대해 더 자세히 설명해준다.

> 육삼은 하괘(下卦, ☷)의 맨 위에 있으니 중요한 자리를 차지해 임무를 맡은 자다. 그러나 그 자질이 음유(陰柔)할 뿐 아니라 중(中-가운데)도 아니고 정(正)[4]도 아니다. 군대의 일[師旅之事]이란 마땅히 한 사람에게 전권을 맡겨야 한다. (그런데) 구이가 이미 굳세고 가운데 있는[剛中] 자질을 갖고서 윗사람(육오)이 믿고 의지하니 반드시 군사적인 일을 홀로 책임지고 공로를 이뤄야 성공할 터인데, 만약에 다시 여러 사람이 일을 맡으려 한다면 흉한 길이다. 여시(輿尸)란 여러 사람이 주관한다는 것으로, 육삼을 가리킨다.

여시(輿尸)란 원래 군대가 패해 시신을 수레에 싣고 돌아온다는 말이다. 양효인 구이(九二)가 능력 면에서 출중함에도 음효인 육삼이 구이보다 지위가 높다는 이유로 지휘 권한을 갖게 될 경우 성공은커녕 패망이 불 보듯 뻔하다.

꼭 군대가 아니더라도, 능력도 없이 윗자리에 있다는 이유로

---

4 삼(三)은 양의 자리인데 음효가 왔으니 부정(不正)이다.

뛰어난 아랫사람을 가로막는 사례는 일반 조직에서도 흔하다. 임금 자리에 있는 사람이 눈 밝지 못할 경우[不明] 얼마든지 일어날 수 있는 일이다. 즉 육삼에 대한 효사와 공자 풀이를 새겨들어야 할 사람은 육삼 자신이 아니라 임금 자리[五]에 있는 사람이다.

분경 금지가 문무(文武)에 걸쳐 일어난 폐단에 대한 해결책이라면, 사병 혁파는 병권 분산을 막고 중앙으로 군권으로 모으려는 시도다. 아직 충분치는 않아도 크게 보면 세자 이방원이 원하는 방향으로 점차 움직이고 있었다.

4 —

2차 왕자의 난

언제인지는 정확히 알 수 없으나 정종 즉위 뒤에 남재가 대궐 뜰에서 큰 소리로 "지금 곧 마땅히 정안공을 세워 세자로 삼아야 한다. 이 일은 늦출 수가 없다"라고 떠들어댄 사실이 1400년 1월 28일 자 실록에 실려 있다. 이를 듣고 정안공은 크게 노해 꾸짖었다. 남재는 훗날에도 충녕을 세자로 삼아야 한다고 말했다가 태종으로부터 "과감하다! 이 늙은이"라는 칭찬 아닌 칭찬을 받는 인물이다. 정종에게는 적사(嫡嗣)가 없었으므로 당시 사람들은 모두 정안공이 세자가 되리라 생각했다.

남재가 한 이 발언은 아마도 당시의 분위기를 전하기 위해 사관이 기록했을 듯하다. 공교롭게도 같은 날 2차 왕자의 난이 터진다. 1차 왕자의 난만큼 긴박감은 없지만 향후 정국 이해에 매우 중요하다. 실록을 따라가 보자.

회안공 이방간(李芳幹, ?~1421년)[5]을 (황해도) 토산으로 추방했다.

방의·방간과 정안공은 모두 상(정종)의 동복아우니, 상에게 적사가 없으므로 동복아우가 마땅히 후사가 될 터였다. 익안공(益安公-방의)은 성품이 순후(醇厚)하고 근신해 다른 생각이 없었고, 방간은 자기가 차례로는 마땅히 후사가 되어야 한다고 생각했으나 배우지 못해 광망하고 어리석었다. 반면 정안공은 영예(英睿)하고 숙성(夙成-일찍 이뤄짐)하며 경서와 이치에 통달해서 개국과 정사(定社-1차 왕자의 난)가 모두 그의 공이었으니, 나라 사람들이 모두 마음으로 귀부(歸附)했다. 방간이 정안공을 깊이 꺼려서 처질(妻姪-처조카) 판교서감사(判校書監事-교서감 판사) 이래(李來, 1362~1416년)에게 말했다.

"정안공이 나를 시기하고 있으니, 내가 어찌 필부처럼 남의 손에 개죽음당하겠는가[徒死]!"

래가 깜짝 놀라 말했다.

"공이 소인이 하는 참소(讒疏-중상모략)를 듣고 골육을 해치고자 하

---

5 태조 이성계의 넷째 아들이다. 첫째 부인은 판서 민선(閔璿)의 딸이고, 둘째 부인은 판서 황형(黃亨) 딸이며, 셋째 부인은 정랑 금인배(琴仁排) 딸이다. 1398년(정종 즉위년) 8월에 발생한 1차 왕자의 난에 정안군 이방원을 도와 정도전 일파를 제거하는 데 세운 공으로 정사공신 1등에 책록되었다. 1399년 풍해도와 서북면 병사를 분령했다. 이듬해 중추부 지사에 회유되어 2차 왕자의 난을 일으켰으나 실패하면서 토산(兎山-지금의 황해도 토산)으로 유배되었다. 1400년 2월에 삼성 장무(掌務)가 "방간이 사사로이 군대를 일으켜 골육을 해치려고 했을 때, 왕께서 처음에는 도승지를 보내 동병하지 말 것을 명했으나 듣지 않고 군대를 발했으니 대법으로 다스리소서"라고 하면서 치죄할 것을 주장했다. 그러나 정종과 이방원이 베푼 관용으로 죄가 더해지지는 않았다. 천수를 누리다가 홍주에서 죽었다. 오랫동안 『선원록(璿源錄-조선 왕실 계보도)』에서 제외됐다가 1605년(선조 38년) 선원교정청(璿源錄校正廳)의 계(啓-보고)를 계기로 신설(伸雪-신원)이 논의되었다. 그 뒤 1680년(숙종 6년) 선원록이정청(璿源錄釐正廳)의 계품(啓稟)에 따라 그 자손과 함께 『선원록』에 실리면서 신원되었다.

니, 어찌 차마 들을 수 있겠습니까? 하물며 정안공은 왕실에 큰 훈로가 있습니다. 개국과 정사가 누구의 힘입니까? 공의 부귀 또한 그 때문입니다. 공이 반드시 그렇게 하신다면 반드시 대악(大惡)이라는 이름을 얻을 것이고, 일 또한 이뤄지지 않을 것입니다."

방간이 불끈 성을 내 좋아하지 않으면서 말했다.

"나를 도울 사람이라면 말을 이같이 하지 않을 것이다."

환자 강인부는 방간 처의 양부인데, 꿇어앉아서 손을 비비며 말했다.

"공은 왜 이런 말을 하십니까? 다시는 하지 마십시오."

래(來)는 우현보(禹玄寶, 1333~1400년)[6]의 문생(門生-문인 혹은 제자)이었기에, 현보의 집으로 가서 그 말을 자세히 전하며 방간이 이달 그믐날에 거사하려 한다고 이른 뒤 또 말했다.

"정안공도 공의 문생이니 빨리 비밀리에 일러주어야 합니다."

현보가 그 아들 우홍부를 시켜 정안공에게 고했다. 이날 밤에 정안공이 하륜·이무 등과 더불어 변고에 대응할 계책을 비밀리에 토의했다. 이에 앞서 방간이 다른 음모를 꾸미며 정안공을 자신의 집으로

---

6 이성계가 위화도에서 회군하자 우왕 명에 따라 좌시중에 임명되어 방어하려 했으나 실패하고 파직되었다. 그 뒤 공양왕이 즉위하자 인척인 관계로 단양부원군(丹陽府院君)에 봉해졌다. 1390년(공양왕 2년) 삼사 판사가 되었으나, 이초(彝初: 윤이(尹彝)와 이초(李初))의 옥사에 연루되어 외방으로 유배되었다가 곧 석방되었다. 1392년 이방원 일파에 의해 정몽주가 살해되자 시체를 거둬 장례를 치렀다. 이로 인해 도평의사사에 의해 다시 탄핵을 받고 경주에 유배되었다가 석방되었다. 조선이 건국되자 광주(光州)에 다시 유배되었다가 이듬해 석방되었다. 1398년(태조 7년) 정도전 일파가 제거된 뒤 복관되었고, 1399년 단양백(丹陽伯)에 봉해졌다. 1400년(정종 2년) 2차 왕자의 난 때 문인 이래로부터 반란의 소식을 듣고 이를 이방원에게 알려준 공으로 추충보조공신(推忠輔祚功臣)에 봉해졌으나, 곧 병사했다. 장손 우성범이 공양왕 부마였다. 이색·이숭인·정몽주 등과 교분이 두터웠다.

청했는데, 정안공이 가려고 하다가 갑자기 병이 나서 가지 못했다.

다른 날 방간이 정안공과 더불어서 대궐에 나아가 상을 뵈온 뒤에 말을 나란히 해서 돌아오는데, 방간이 한 번도 같이 말하지 않았다. 그때 삼군부에서 여러 공후(公侯)로 하여금 사냥을 해서 둑제(纛祭)[7]에 쓰도록 했다. 정안공이 다음날 사냥을 가기 위해 먼저 조영무를 시켜 몰이꾼[驅軍]을 거느리고 새벽에 들로 나가게 했다. 방간의 아들 의녕군 맹종(孟宗)이 정안공 저택(邸宅)에 와서 사냥하는 곳을 묻고는 그 참에 말했다.

"우리 아버지도 오늘 사냥을 나가십니다."

정안공이 사람을 방간의 집에 보내 그 사냥하는 곳을 정탐했는데, 방간의 군사가 모두 갑옷을 입고 모여 분주히 움직였다. 정안공이 이에 변이 있으리라는 것을 알았다. 이때 의안공 이화, 완산군 이천우 등 10인이 모두 정안공 집에 모였다. 정안공이 군사로써 스스로 호위하고 나가지 않으려 하자, 이화와 이천우가 곧장 침실로 찾아 들어가서 군사를 내어 대응할 것을 극력 청했다. 정안공이 눈물을 흘리며 굳게 거절해 말했다.

"골육을 서로 해치면 불의함이 심하게 된다. 내가 무슨 얼굴로 응전하겠는가?"

화와 천우 등이 울며 청해 마지않았으나 역시 따르지 않고, 곧바로 사람을 방간에게 보내 대의(大義)로써 일깨우며 감정을 풀고 서로 만나기를 청했다.

방간이 화를 내며 말했다.

---

7   대가(大駕)나 군중(軍中) 앞에 세우는 둑기(纛旗)에 지내던 제사를 말한다.

"내 뜻이 이미 정해졌으니 어찌 다시 돌이킬 수 있겠는가?"

화가 정안공에게 사뢰어 말했다.

"방간이 흉험함이 이미 극에 이르러 일의 형세가 여기에 이르렀으니, 어찌 작은 절조를 지키고 종묘사직의 대계(大計)를 돌보지 않을 수 있겠습니까?"

정안공이 오히려 굳게 거절하고 나오지 않았다. 화가 정안공을 힘껏 끌어 외청(外廳)으로 나왔다. 정안공이 어쩔 수 없이 종 소근을 불러서 갑옷을 내어 여러 장수에게 나눠주게 한 뒤 안으로 들어가니, 부인이 곧 갑옷을 꺼내 입히고 단의(單衣)를 더하면서 대의(大義)에 의거해 권해 군사를 움직이게 했다. 정안공이 마침내 나오니, 화·천우 등이 껴안아 말에 오르게 했다. 정안공이 예조전서 신극례(辛克禮, ?~1407년)[8]를 시켜 상에게 아뢰어 말했다.

"대궐문을 단단히 지켜 비상(非常)에 대비하도록 명하심이 마땅합니다."

상이 믿지 않았다. 조금 뒤에는 방간이 그 휘하 상장군 오용권을 시켜 아뢰어 말했다.

"정안공이 나를 해치고자 하므로 내가 어쩔 수 없이 군사를 일으켜 공격하려 합니다. 청컨대 주상께서는 놀라지 마십시오."

상이 크게 노해 도승지 이문화(李文和, 1358~1414년)를 시켜 방간에

---

8 1398년(태조 7년) 1차 왕자의 난 때 상장군으로 있으면서 공을 세워 좌명공신 1등에 녹훈되고 취산군(鷲山君)에 봉해졌다. 정종·태종 연간에 예조전서·좌군동지총제 등의 벼슬을 역임했다. 1407년(태종 7년) 민무구·무질 등과 함께 종친 사이를 이간질했다 해서 이화 등의 탄핵으로 강원도 원주에 유배되었으나, 태종의 지우(知遇-알아줌)를 받아 자원부처하게 되었다. 관직에서 물러난 뒤에도 의정부·사헌부·사간원 등으로부터 계속되는 탄핵을 받아오다가 그해 11월 양주에서 죽었다.

게 가서 타일러 말했다.

"네가 난언(亂言)을 혹해 듣고 동기를 해치고자 꾀하니 미치고 패악하기가 심하다. 네가 군사를 버리고 단기로 대궐에 나오면 내가 장차 보전하겠다."

그러나 문화가 도착하기 전에 방간은 이미 인척 민원공, 기사 이성기 등의 부추김을 받아 갑옷을 입고 무기를 잡은 채 맹종과 휘하 수백 인을 거느리고 태상전을 지나다가, 사람을 시켜 아뢰었다.

"정안이 장차 신을 해치려 하니 신이 속절없이 죽을 수는 없습니다. 그러므로 군사를 발동해 응변합니다."

태상왕이 크게 노해 말했다.

"네가 정안과 아비가 다르냐, 어미가 다르냐? 저 소 같은 위인이 어쩌다 이 지경에 이르렀는가?"

방간이 군사를 움직여 내성(內城) 동대문으로 향했다. 문화가 선죽교 옆에서 만나 말했다.

"교지가 있다."

방간이 말에서 내렸다. 문화가 교지를 전하니, 방간이 듣지 않고 드디어 말에 올라 군사들을 가조가(可祚街)에 포진시켰다. 정안공이 아랫동서 노한(盧閈, 1376~1443년)[9]을 시켜 익안공(益安公-이방의)에

---

9 1391년 16살에 음보(蔭補)로 등용되어 사간원 지사를 거쳐 1403년(태종 3년)에 좌부승지가 되었다. 이듬해 이조전서·경기도관찰사를 역임했고, 1405년 좌군동지총제, 이듬해 풍해도도관찰사가 되었다. 1408년에 한성부윤에 이르렀으나 이듬해 처남 민무구·무질 사건에 연좌되어 1409년에 파직당했다. 이에 양주별장에서 14년간을 은거했는데, 1422년(세종 4년)에 상왕 태종의 "노한이 민씨에게 장가를 들었다고 고신(告身)까지 거두었는데, 그의 죄가 아니니 급히 불러들이라"라는 전교에 의해 다시 한성부윤에 복관되었다. 그 뒤 1434년에 찬성 겸 대사헌, 이듬해 우의정 등을 지냈고,

게 고해 말했다.

"형은 병들었으니, 청컨대 군사를 엄하게 해 스스로 호위하고 움직이지 마십시오."

또 이응(李膺, 1365~1414년)[10]을 시켜 내성 동대문을 닫았다. 승지 이숙번이 정안공을 따라 사냥을 가고자 백금반가(白金反街)에 이르렀는데, 민무구가 사람을 보내 말했다.

"빨리 병갑을 갖추고 오라!"

이숙번이 이에 달려서 정안공 저택에 갔으나, 그가 이르기 전에 정안공은 이미 군사를 정돈해 나와서 시반교를 지나 말을 멈추고 있었다. 여러 군사가 달려와 말 앞에 모여들어서 거리가 막혀 나아가지 못하니, 숙번이 군사들로 하여금 각각 본패(本牌)로 돌아가도록 한 뒤 부오(部伍-대오)가 정해지자 정안공에게 고해 말했다.

"제가 먼저 적에게 나아가겠습니다. 맹세코 패해 달아나지는 않을 것입니다. 공은 빨리 오십시오."

무사 두어 사람을 거느리고 먼저 달려갔다. 정안공이 말했다.

"우리 군사가 한곳에 모여 있다가 저쪽에서 만일 쏘면 하나의 화살도 헛되게 나가는 것이 없을 것이다. 일찍이 석전(石戰)을 보니 갑자기 한두 사람이 작은 옆 골목에서 소리를 지르며 뛰쳐나오자 적들이 모두 놀라서 무너졌다. 지금 작은 골목에 있을지 모를 복병이 심

1437년에 사직했다.

10 1385년(우왕 11년) 문과에 급제했으며, 이때인 1400년(정종 2년) 이방간의 난을 평정하는 데 기여한 공으로 그 뒤 좌부대언·의정부 참지사를 거쳐 1410년 예조·호조판서에 이르렀다. 1412년 의정부 지사를 지냈고, 1414년 병조판서가 되어 마패법(馬牌法)을 제정했다. 그해 6월 군사 훈련에 필요한 취각법(吹角法)을 제정하기도 했다.

히 두려운 것이다."

이지란에게 명해 군사를 나눠서 활동(闊洞)으로 들어가 남산을 타고 행진해서 태묘(太廟) 동구에 이르게 하고, 이화로 하여금 군사를 거느리고 남산에 오르게 하고, 또 파자반(把子反)·주을정(注乙井)·묘각(妙覺) 등 여러 골목에 모두 군사를 보내 방비하게 했다. 숙번이 선죽(善竹) 노상에 이르렀는데, 한규(韓珪, ?~1416년)[11]·김우(金宇, ?~1418년)[12] 등이 탄 말이 화살에 맞아 퇴각해 달아났다. 숙번이 한규에게 일러 말했다.

"네 말이 죽게 되었으니 곧 바꿔 타라."

김우에게 일러 말했다.

"네 말은 상하지 않았으니 빨리 되돌아가 싸우라."

숙번이 달려서 양군(兩軍) 사이로 들어가니, 서귀룡이 먼저 들어가 숙번을 부르면서 말했다.

"한곳에 서서 쏩시다."

숙번이 대답해 말했다.

"이런 때는 이름을 부르는 게 아니다. 나는 내[川] 가운데 서서 쏘
      천

---

11 태조 때 전라수군대장군을 지냈다. 1400년(정종 2년) 방간의 난을 평정하고 태종이 왕위에 오르는 데 협력한 공으로 1401년(태종 1년) 좌명공신 4등에 책록되고 면성군(沔城君)에 봉해졌다. 1403년(태종 3년) 8월 중군총제가 되었고, 1406년(태종 6년) 우군총제를 겸했으며, 1408년(태종 8년) 개성유후사·호익상호군·우군도총제를 지냈고, 1412년(태종 12년) 중군절제사가 되었다.

12 정안군 시절부터 태종을 시종했다. 1400년(정종 2년) 대장군으로 있을 때 이방원을 도와 2차 왕자의 난을 평정하는 데 공을 세웠다. 1401년(태종 1년) 좌명공신 4등에 책록되고 희천군(熙川君)에 봉해졌다. 1407년에는 좌군총제, 1409년에는 평양도첨절제사에 이어 안주도병마도절제사를 지냈다. 1415년에 우군도총제가 되었다가 1417년에 좌군도총제와 병조판서를 역임했다.

겠다."

정안공이 한규에게 말을 주어 도로 나가 싸우게 했다. 상이 또 대장군 이지실을 보내 방간에게 일러 중지하게 하려 했으나, 화살이 비 오듯이 쏟아져서 들어가지 못하고 돌아왔다. 방간이 선죽으로부터 가조가에 이르러 군사를 멈추고 양군이 교전했는데, 방간의 보졸 40여 인이 마정동(馬井洞) 안에 서고 기병 20여 인이 전목 동구에서 나왔다. 정안공 휘하의 목인해(睦仁海, ?~1408년)가 얼굴에 화살을 맞았고, 김법생은 화살에 맞아 즉사했다. 이어 방간 군사가 다투어 숙번을 쏘았고 숙번도 10여 살을 쏘았으나 모두 맞지 않았다. 양군이 서로 대치했다. 상은 방간이 명을 거역했다는 말을 듣고 더욱 노하고 또 해를 당할까 두려워해서 탄식하며 말했다.

"방간이 비록 광패(狂悖)하나 그 본심이 아니다. 반드시 간사한 자에게 매수된 것이다. 골육이 이렇게 될 줄은 생각지 못했다."

문하부 참찬사 하륜이 아뢰어 말했다.

"교서를 내려 달래신다면 풀 수 있을 것입니다."

곧 하륜에게 명해 교서를 짓게 했다.

'내가 부덕한 몸으로 신민의 위에 자리해서 종실과 훈구, 대소신하가 마음을 같이하고 힘을 다함에 힘입어 태평에 이를까 했더니, 뜻밖에 동복아우 회안공 방간이 무뢰한 무리의 참소하고 이간하는 말에 유혹되어 골육을 해치기를 꾀하니 내가 심히 애통하게 여긴다. 다만 양쪽을 온전하게 해서 종사(宗社)를 편안하게 하려 하니, 방간이 곧 군사를 놓아 해산하고 사제로 돌아간다면 성명(性命)을 보전할 수 있을 것이다. 내가 식언(食言-거짓말)하지 않기를 하늘에 있는 해를 두고 맹세한다. 그 한 줄의 군사라도 교지를 내린 뒤에 곧 해산

하지 않는 자들은 용서하지 않고 아울러 군법으로 처단하겠다.'

좌승지 정구(鄭矩, 1350~1418년)에게 명해 교서를 가지고 군전(軍前)에 가게 했는데, 이르기 전에 상당후 이저가 자기 소속인 경상도 시위군을 거느리고 검동원을 거쳐 묘련점을 통과했다. 정안공이 검동 앞길에 군사를 머무르게 하고 자주 사람을 시켜 전구(前驅-선발 부대)를 경계시켰다.

"만일 우리 형을 보거든 화살을 쏘지 말라. 어기는 자는 베겠다."

이화 등은 남산에 오르고, 이저는 묘련점 응달에 이르러 함께 각(角-취각)을 불었다. 숙번이 기사 한 사람을 쏘아 맞혔는데, 활시위 소리에 응해 꺼꾸러지니 곧 방간의 조아(爪牙-핵심 장수) 이성기였다. 이맹종은 본래 활을 잘 쏘았으나 이날은 활을 당기어도 잘 벌어지지 않아 능히 쏘지 못했다. 대군(大軍)이 각을 부니 방간의 군사가 모두 무너져 달아났다. 서익·마천목(馬天牧, 1358~1431년)·이유 등이 선봉이 되어 쫓으니 방간 군사 세 사람이 창을 잡고 한데 서 있었다. 마천목이 두 사람을 쳐 죽이고 또 한 사람을 죽이려 했는데, 정안공이 보고서 말했다.

"저들은 죄가 없으니 죽이지 말라."

서익이 창을 잡고 방간을 쫓으니, 방간이 형세가 궁해 북쪽으로 달아났다. 정안공이 소근을 불러 말했다.

"무지한 사람이 혹 형을 해칠까 두렵다. 빨리 네가 달려가서 소리쳐 해치지 말게 하라."

소근이 고신부·이광득·권희달(權希達, ?~1434년)[13] 등과 더불어 말

---

13 희달의 사람됨이, 강하고 사나우며 화를 잘 내고 거칠어서 시랑(豺狼)과 같은 점이 있

을 달려 쫓으니, 방간이 혼자 달려 묘련 북동으로 들어갔다. 소근 등이 미처 보지 못하고 곧장 달려서 성균관을 지났다. 탄현문으로부터 오는 자를 만나서 물으니 모두 말했다.

"보지 못했다."

소근이 도로 달려 보국 서쪽 고개에 올라가서 바라보니, 방간이 묘련 북동에서 마전(麻前) 갈림길로 나와서 보국동으로 들어가는데 안장을 띤 작은 유마(騮馬)가 뒤따라갔다. 소근 등이 뒤쫓자 방간이 보국 북점을 지나 성균관 서동으로 들어서서 예전 적경원(積慶園) 터에 도착하더니, 말에서 내려 갑옷을 벗고 활과 화살을 버린 채 누웠다. 희달 등이 쫓아 이르는 것을 보고 말했다.

"너희들이 나를 죽이러 오는구나."

희달 등이 말했다.

"그게 무슨 말씀입니까? 공은 두려워하지 마시오."

이에 방간이 갑옷을 고신부에게 주고, 궁시(弓矢-활과 화살)를 권희달에게 주고, 환도(環刀)를 이광득에게 주고, 소근에게 말했다.

"내가 더 가진 물건이 없기 때문에 네게는 줄 것이 없구나. 내가 살아만 나면 뒤에 반드시 후하게 갚겠다."

희달 등이 방간을 부축해 작은 유마에 태우고 옹위해서 성균관 문 바깥 동봉에 이르러 말에서 내리게 했다. 방간이 울며 희달 등에게 일러 말했다.

었다. 그래서 이때 사람들은 강포(强暴)한 사람이 있으면 지목해 말하기를 "권 총제(權摠制) 같다"라고 했다. 태종이 잠저(潛邸)에 있을 때의 옛정을 생각해 드디어 높은 반열에 이르게 했다.

"내가 남의 말을 들어서 이 지경이 되었다."

정구가 이르러 교서를 펴서 읽고 방간의 품속에 넣어주니, 방간이 절하고 말했다.

"상의 지극한 은혜에 감사합니다. 신은 처음부터 불궤(不軌-반역)한 마음이 없었습니다. 다만 정안(靖安)을 원망한 것뿐입니다. 지금 교서가 이와 같으니 상께서 어찌 나를 속이겠습니까? 바라건대 여생을 (보전하게 되기를) 빕니다."

여기까지가 2차 왕자의 난 본말(本末)이다. 이어서 정안군 부인 민씨 및 이방간과 관련된 후일담이 이어진다.

이때 목인해가 탔던 정안공 집의 말이 화살을 맞고 도망쳐 와서 스스로 제집 마구간으로 들어갔다. 부인은 (이를 보고 정안공이) 반드시 싸움에 패한 것이라 생각하고 스스로 싸움터에 가서 공과 함께 죽고자 걸어갔는데, 시녀 김씨【김씨는 곧 경녕군(敬寧君)의 어머니다.】등 다섯 사람이 만류했으나 그만두게 하지 못하자 종 한기 등이 길을 가로막아 그만두게 했다.

애초에 난이 바야흐로 일어날 즈음에, 이화와 이천우가 정안공을 붙들어 말에 오르게 하자 부인이 무녀 추비방·유방 등을 불러 승부를 물었다. 모두 말했다.

"반드시 이길 것이니 근심할 것 없습니다."

이웃에 정사파라는 자가 살았는데, 그 이름은 가야지다. 그 또한 왔기에 부인이 일러 말했다.

"어젯밤 새벽녘 꿈에 내가 신교 옛집에 있다가 보니 태양이 공중에 있었는데, 아기 막동(莫同)이【금상(今上-세종)의 아이 때의 휘(諱-이름)】가 해 바퀴 가운데에 앉아 있었으니 이것이 무슨 징조인가?"

정사파가 판단해 말했다.

"공이 마땅히 왕이 되어 항상 이 아기를 안아줄 징조입니다."

부인이 말했다.

"그게 무슨 말인가? 그러한 일을 어찌 바랄 수 있겠는가?"

정사파는 마침내 제집으로 돌아갔다. 이때에 이르러 정사파가 이겼다는 소문을 듣고 와서 고하니 부인이 그제야 돌아왔다. 정안공이 군사를 거두어 마전(麻前) 갈림길 냇가 언덕 위에서 말을 멈추고 소리 놓아 크게 우니, 대소 군사가 모두 울었다. 정안공이 숙번을 불러 말했다.

"형의 성품이 본래 우직하므로, 내가 생각건대 반드시 남의 말에 혹해 이런 일을 저질렀으리라 여겼더니 과연 그렇다. 네가 가서 형을 보고 난(亂)을 일으킨 이유를 물어보라."[14]

숙번이 달려가 방간에게 물으니 방간이 대답하지 않았다. 숙번이 다시 물었다.

"공이 이미 희달에게 말을 하고서 왜 말을 하지 않습니까? 공이 만일 말하지 않으면 국가에서 반드시 물을 것인데, 끝내 숨길 수 있겠습니까?"

방간이 어쩔 수 없이 대답했다.

"지난해 동지에 박포(朴苞, ?~1400년)가 내 집에 와서 말하기를 '오

---

14 이는 뒤에 살펴보게 되겠지만 태종 특유의 상황을 규정하는 말하기다. 이렇게 함으로써 형의 책임을 덜어내려는 것이다.

240

늘 큰비[大雨]에 대해 공은 그 응험을 아는가? 예전 사람이 이르기를 "겨울비가 도리를 손상하면 군대가 저잣거리에서 교전한다"라고 했다'라고 하기에 내가 대답하기를 '이 같은 때에 어찌 군사가 교전하는 일이 있겠는가?' 하니, 박포가 말하기를 '정안공이 공을 보는 눈초리[眼]가 이상하니 반드시 장차 변이 날 것이다. 공은 마땅히 선수를 써야 할 것이다'라고 했다. 내가 그 말을 듣고 생각하기를 '공연히 타인의 손에 죽을 수는 없다'고 해 마침내 먼저 군사를 발동한 것이다."

숙번이 돌아와서 고하니, 정안공이 드디어 저사(邸舍-자택)로 돌아갔다. 상이 우승지 이숙(李淑, 1373~1406년)[15]을 보내 방간에게 일러 말했다.

"네가 백주(白晝)에 서울에서 군사를 움직였으니 죄를 용서할 수 없다. 그러나 골육지정으로 차마 주살을 가하지 못하니, 너의 소원에 따라 외방에 안치하겠다."

방간이 토산 촌장으로 돌아갈 것을 청하자 상이 대호군 김중보, 순군천호 한규에게 명해 방간 부자를 압송해서 토산에 안치하게 했다. 박포는 본래 정안공의 조전절제사였는데 그날 병을 칭탁해 나오지 않고 중립을 지키며 변을 관망하고 있었으나, 명해 순군옥에 내리고 또 방간의 도진무 최용소와 조전절제사 이옥·장담·박만 등 10여 인을 가두었다. 그때 익안공은 오랜 병으로 인해 문을 닫고 나오지 않

---

15 의안대군 이화의 아들이다. 조선 건국 초기에 응양위 전령장군(鷹揚衛前領將軍)이 되고, 이어서 우부승지·우승지 등을 역임했다. 1400년(정종 2년) 완천군(完川君)에 봉해지고 이듬해 좌명공신 3등에 책록되었다. 1403년(태종 3년)에 사평부 좌사(司平府左使), 1405년 의정부 찬성사를 지냈다.

았는데, 변을 듣고 통곡하며 눈물을 흘리면서 말했다.

"위에는 밝은 임금이 있고 아래에는 훌륭한 아우가 있는데 방간이 어찌 이런 짓을 했는가?"

익안공은 절제(節制-절제사)의 인(印)과 군적(軍籍)을 삼군부에 도로 바쳤다. 이에 앞서 서운관에서 아뢰었다.

"어제 어두울 때 붉은 요기(妖氣)가 서북쪽에 보였으니, 종실 가운데서 마땅히 맹장(猛將-장수의 우두머리)이 나올 것입니다."

사대부들이 모두 정안공을 지목했는데, 8일 만에 난이 일어났다.

5 ___

세자 이방원이 완수한 첫 과제는
사병 혁파

2차 왕자의 난을 진압한 직후인 1400년 2월 1일, 문하부 참찬사 하륜 등이 나서 정안공을 세자로 삼아야 한다고 청했다.

"정몽주의 난에 만일 정안공이 없었다면 큰일이 거의 이뤄지지 못했을 것이고, 정도전의 난에 만일 정안공이 없었다면 실로 어찌 오늘이 있었겠습니까? 또 어제 일로 보더라도 천의(天意)와 인심(人心)을 실로 알 수 있습니다. 청컨대 정안공을 세워 세자로 삼으소서."

정종도 순순히 응했다. 곧바로 도승지 이문화에게 명해 세자 세우는 일을 태상왕께 아뢰니, 태상왕이 말했다.

"장구한 계책은 집정 대신과 모의하는 것이 좋겠다."

반대도 아니지만 지지도 아니었다. 이성계로서는 여전히 정안공 이방원에 대한 서운한 마음을 풀지 않고 있었다. 다음날 삼사 좌복야 이서를 보내 종묘에 세자 책봉을 고했다. 이로써 세자 이방원의 임금 즉위는 시간문제가 됐다. 이때 정종은 세자 이방원을 이렇게 평하고 있다.

"정안공【휘(諱)】은 기운이 영명(英明)하게 빼어나고 자질은 용맹과 지혜를 겸했다. 문무의 도략(圖略)이 날 때부터 뛰어났고 효제(孝悌-효도와 공손)하는 정성은 지극한 본성에서 나왔다. 시서(詩書-유학)의 교훈을 마음에 새기고 정교(政敎)하는 방법에 통달했다. 태상왕을 보좌해 개국에 공을 세웠고 과인의 몸을 호위해 정사(定社)하는 공을 이루었다. 종사에서 길이 힘입음은 신민이 함께 아는 바다. 공과 덕이 이미 높으니 구가(謳歌-사람들이 입 모아 칭송)함이 모두 돌아간다. 그러므로 책명해 왕세자로 삼아서 여망을 위로한다. 생각건대, 저부(儲副-세자)의 임무는 반드시 감무(監撫-정사를 돌보아 챙김)할 권한을 겸하므로 이에 군국(軍國)의 중대한 일들을 맡도록 명한다."

같은 달 13일에 방간을 안산군(安山郡)에 옮겨 안치하고, 25일에는 박포를 주살했다. 당초 정종이나 세자는 박포를 살릴 생각이었다. 그러나 개국공신으로서 자신을 배반했다고 여긴 태상왕이 그냥 두지 않았다. 25일 실록이다.

박포를 살려두기로 하자 태상왕이 세자에게 일러 말했다.
"왜 박포를 주살하지 않는가?"

세자가 대답했다.

"공신이기 때문에 말감(末減-감형)에 따른 것입니다."

태상왕이 말했다.

"박포가 비록 공신이라도 스스로 중한 죄를 범했으니 주살하지 않을 수 있겠느냐?"

세자가 말했다.

"근일에 대간에서 주살하기를 청했기 때문에 신이 왕에게 사뢰어 주살하려고 했습니다."

태상왕이 말했다.

"대간의 청이 참으로 옳다. 나라에 대간이 있는 것이 실로 중하지 않겠느냐!"

태상왕이 박포를 죽이라고 한 까닭은 무엇보다 자신을 배신했다고 여긴 때문이다. 주로 1차 왕자의 난 때 정안군에 가담한 인물들에 대해 태상왕은 서운함을 품고 있었다. 이는 5개월 후인 7월 2일 하루에 고스란히 다 드러나게 된다. 이날은 정종이 세자 정안공을 거느리고 '태상왕'이라는 존호를 올리는 날이기도 했다. 그날 실록 속 두 장면이다.

참찬문하부사(參贊門下府事-문하부 참찬사) 조온(趙溫, 1347~1417년)을 완산부에 유배 보냈다. 이에 앞서, 세자가 덕수궁에 조알(朝謁)하니 태상왕이 세자에게 일러 말했다.

"너희들이 나를 아비라고 해서 존호를 더하고자 하니 참으로 가상하다. 그러나 내가 할 말이 있으니 너희는 들어라! 조온은 본래 내

휘하 사람이다. 내가 일찍이 발탁해 지위가 재보(宰輔)에 이르렀는데 내가 손위(遜位-왕위를 물려줌)한 이래로 한 번도 와서 보지 않으니, 사람이 은혜를 배반하는 것이 이보다 더 심할 수 있겠는가! 무인년 가을에 갑사를 거느리고 안에서 숙위하다가 밖에 변이 있다는 말을 듣고는 드디어 군사를 거느리고 나가서 응했으니, 배신하고 충성치 못함이 비길 데 없다. 너희들은 다만 너희를 따르고 아첨하는 것만 덕스럽게 여기고 대의(大義)는 생각지 않느냐? 신하로서 두 마음이 있는 자는 예전부터 죄가 용서할 수 없는 것이다."

세자가 돌아와 상에게 고해 유배 보냈다.

태상왕이 다시 세자에게 일러 말했다.

"조온은 자부(姊夫) 아들이고 조영무는 번상하는 군사였는데 그 미천한 것을 불쌍히 여겨 혹은 의관도 주고 혹은 관작도 제수해서 내가 입상출장(入相出將)할 때에 따라다니지 않은 적이 없더니 드디어 개국공신이 되었으니, 지위가 경(卿)·상(相)에 이른 것이 모두 나의 덕이다. (그런데) 조온과 조영무가 모두 금병(禁兵-궁궐 호비병)을 맡아 내전에 숙직하다가 무인년에 과인이 병으로 편치 못 한 때를 당하자 옛날에 사랑하고 보호해준 은혜는 돌아보지 않고 군사를 거느리고 내응했으니, 배은망덕함이 비할 데가 없다.

이무는 비록 조온이나 영무에 비할 바는 아니나 역시 과인에 의지해 원종공신에 참여했다. 이무는 본래 남은·정도전 등과 좋아하며 항상 서로 모의해서 너희들을 무너뜨리고자 했다. 무인년 변(變)에도 왕래하면서 반간(反間) 노릇을 행했으니, 중립을 지키며 변을 관망하다가 이기는 자를 따르려 했다. 마침 너희들이 이겼기 때문에 와서 붙은 것이니, 이는 변을 관망하는 불충한 사람이 아니냐?

그럼에도 모두 정사공신 반열에 두었으니, 만일 급하고 어려운 일이 있으면 무인년에 과인을 배반하던 일을 본받지 않겠는가! 너희들이 만일 나를 아비라고 한다면 이 세 사람을 죄주어 사직의 장구한 계책을 도모하고 후세의 불충한 무리를 경계하도록 하라."

세자가 돌아와 상에게 고하니, 상이 어쩔 수 없이 유배 보냈다.

여기서 이성계는 중요한 증언 하나를 했다. "이무는 본래 남은·정도전 등과 좋아하며 항상 서로 모의해서 너희들을 무너뜨리고자 했다"가 그것이다. 태조 입에서 정도전·남은이 이방원 등을 해치려 했다는 말이 나온 것이다. 또 태상왕은 이천우에 대해서도 서운한 마음을 드러냈다. 이런 마음은 결국 태종 2년(1402년) 조사의의 난으로 폭발하게 된다.

다시 시간을 거슬러 올라가자. 3월 15일, 권근을 정당문학 겸 대사헌으로 삼았다. 이 인사에 담긴 의미는 보름이 지난 4월 6일 드러나게 된다. 권근은 앞서 미진하게 진행된 사병 혁파를 다시 촉구하는 소를 올렸다. 사안이 갖는 중대함으로 보면 몇 차례 소를 들어주지 않는 절차가 있어야 하는데, 곧바로 소청이 받아들여졌다. 실록이 전하는 당일 분위기다.

소가 올라가자 상이 세자와 더불어 토의하고 곧바로 시행하게 했다. 이날 여러 절제사가 거느리던 군마를 해산해 모두 그 집으로 돌아가게 했다. 이저(李佇-이거이의 아들이자 태조의 사위)가 평주에서 사냥하다가 아직 돌아오지 않으니, 삼군부에서 이저에게 사람을 보내 빨리 돌아오게 했다. 이거이 부자 및 병권을 잃은 자들은 모두 씩씩거리며 밤낮으로 같이 모여서 격분하고 원망함이 많았다.

또 같은 날 하륜에게 명해 일부 관제(官制)를 다시 정하게 하는데, 이는 태종 5년(1405년)에 단행되는 대대적인 관제개혁의 전(前)단계였다. 일단 정권(政權-인사권)과 병권(兵權-군령권)을 분리하게 했다. 기존에는 도당(都堂)이라고 해서 도평의사사가 2가지를 겸함으로써 권력이 재상들에게 집중되어 있었는데, 이를 나눈 것이다. 물론 그 구상을 한 주인공은 세자 이방원이다. 지난 6개월 동안 그가 집중적으로 고민한 문제가 무엇이었는지를 간접적으로 알 수 있는 대목이다. 당시 조치에 담긴 핵심 의미는 2가지다.

첫째, 도평의사사(都評議使司)를 고쳐 의정부(議政府)로 하고 중추원(中樞院)을 고쳐 삼군부(三軍府)로 해서, 삼군(三軍)을 맡은 자(者)는 삼군에만 전적으로 나가고 의정부에는 참여하지 못하게 했다.

둘째, 이와 관련해서 도총제(都摠制) 이하는 의정부사(議政府事)를 겸하지 못하게 했다. 이로써 병권을 가진 자가 정사에 관여하는 길이 막혔다.

이 두 조치를 통해 '순수 정치의 공간'이 탄생했다. 마침내 사병을 거느린 종친이나 공신 위주의 파워 게임 정치가 종말을 고하고 문신들이 중심이 된 문치(文治)의 영역이 모습을 나타내는 순간이었다. 이는 뒤에 가서 승정원 탄생에서 깊이 다루게 될 것이다.

4월 18일 이거이는 자신이 정승이 되지 못한 데 대한 불만을 노골적으로 표시했고, 또 세자에게는 측근 중의 측근이라 할 수 있는 삼군부 참판사 조영무를 비롯해 문하부 참찬사 조온, 삼군부 지사 이천우 등이 사병 혁파에 불만을 표시했는데 그중에서도 조영무가 보인 반발이 가장 거셌다. 묘하게도 이천우를 제외한다면 세 사람 모두 앞서 태조가 서운함을 표시했던 인물들이다.

대간이 올린 글에 따르면 조영무는 이렇게 반응했다.

"삼군부에서 병기를 거둬들일 때를 맞아 즉시 수납하지 않고, 삼군부 사령(使令)을 구타해서 상하게 하고 군관 패기(牌記)[16]를 여러 날 동안 보내지 않았으며 많은 사사로운 반당(伴儻)을 숨겼습니다. 또 세자에게 군사를 혁파하는 까닭을 갖고서 경솔하게 불손한 말을 하면서 옥신각신 힐난하고 서로 모여 음모해 화란을 선동하려 했습니다."

조영무는 황주로 유배 갔고, 조온·이천우 두 사람은 파직되었다. 그런데 조영무는 미처 유배지에 이르기도 전에 다시 서북면 도순문사 겸 평양부윤에 임명됐다. 세자의 배려와 경고가 함께 담긴 조치였다.

6월 20일에 세자는 『대학연의』를 읽다가 좌보덕 서유(徐愈, 1356~1411년)[17]와 더불어 병권을 잡는 폐단에 대해 논했다[論]. 당나라 현종(玄宗)·숙종(肅宗) 때 일에 이르러 탄식하며 한 말을 통

---

16 사병(私兵)에 소속한 군인들 군적(軍籍)을 기록한 장부다. 여말선초에 사병을 거느린 자는 각기 따로 패기(牌記)를 가지고 있었다.

17 1399년(정종 1년) 중승(中丞)으로 재임 중일 때 대사헌 조박 등과 함께 상당후 이저를 탄핵하려다가 직책을 박탈당했다. 이후 관직이 예조판서에 이르렀다.

해 우리는 당시 사병 혁파를 단행한 세자 이방원이 가졌던 생각을
알 수 있다.

"숙종이 이보국(李輔國, 705~763년)[18]을 두려워한 것은 다만 보국이
병권을 잡았기 때문이다. 병권이 흩어져 있게 할 수 없다는 감계(鑑
戒-거울 같은 경계나 교훈)가 이와 같다. 또 우리 집의 일로 말하더라
도 태상왕께서 병권을 잡았기 때문에 고려 말년을 당해 능히 화가위
국(化家爲國)할 수 있었던 것이고, 무인년에 남은·정도전 난에 이르
러서도 우리 형제가 만일 군사를 가지지 않았더라면 어떻게 사기(事
機-일의 기미나 형세)에 응해 변을 제어할 수 있었겠는가? 박포가 회
안군을 꾄 것도 병권이 있었기 때문이다. 근일에 공신 3~4인이 병권
을 내놓게 된 것을 불평불만해 마지않았으므로 대간이 죄주기를 청
해 외방에 유배 보냈다. 지난날에 병권은 흩어져 있을 수 없다는 일
을 갖고서 내가 면대해서 간절하게 일렀건마는 모두 능히 깨닫지 못
했다. 지금에 와서 오직 조영무가 평양에 있으면서 말하기를 '세자의
가르침을 깨닫지 못한 것이 한이다'라고 했다."

---

18 마구간을 관리하던 집안 출신 엄노(閹奴-환관 겸 노비)로, 용모도 누추했다. 처음에 고
역사(高力士)를 섬기다가 나중에 동궁(東宮)에서 시중을 들었다. 양국충(楊國忠)을 주
살하는 데 참여하고, 현종 태자 이형(李亨-훗날의 숙종(肅宗))을 보필했다. 태자에게
중군(中軍)을 나눠 삭방(朔方)으로 나가서 하롱(河隴)의 병사를 거둬들여 부흥을 도
모할 것을 권했다. 숙종이 즉위하자 원수부행군사마(元帥府行軍司馬)에 발탁되고 호
국(護國)이란 이름을 하사받았는데, 나중에 지금 이름으로 고쳤다. 지덕(至德) 연간에
성국공(郕國公)에 봉해졌고, 상원(上元) 연간에는 병부상서에 임명되었다. 밖으로는
부지런하고 정밀한 모습을 보였고 안으로는 신중하게 일을 처리하면서 권력을 독점
했다. 대종(代宗)이 즉위하자 상보(尚父)로 받들어졌고, 사공(司空)과 중서령(中書令)
이 더해지면서 박릉군왕(博陵郡王)에 봉해졌다. 횡포가 더욱 심해지자 대종이 밤에
자객을 보내 살해했다.

세자는 조영무를 왜 곧바로 용서했을까? 조영무가 질직(質直)한 사람임을 잘 알고 있었기 때문이다.[19] 앞으로 태종이 사람 쓰는 문제 전반에 걸쳐 깊이 다루겠지만, 곧음[直]은 태종에게 어떤 신하가 일을 함께할 만한 사람인지 아닌지를 판별하는 기본 잣대였다. 짧은 세자 시절이었지만 이미 충분한 준비가 있었기에 세자 이방원은 가장 중대한 과제였던 완전한 사병 혁파를 일사천리로 해치울 수 있었다. 그리고 문신 정치 시대를 열어젖혔다.

---

19 조영무의 질직함에 대해서는 『이한우의 태종 이방원 상』 제6장 2절에서 집중적으로 살펴볼 것이다.

6 ─

세자 이방원, 반궁에서 『시경』을 함께 읽었던 벗 길재를 놓아주다

정종 2년(1400년) 7월 2일, 한양에 들어왔던 길재(吉再)가 사직하고 돌아갔다. 이방원과는 잠저(潛邸) 시절에 성균관에서 같이 배운 사이였다. 하루는 세자가 서연관(書筵官)과 더불어 유일(遺逸- 초야에 숨어 지냄) 선비를 논하다가 말했다.

"길재는 굳세고 곧은 사람[剛直人]이다. 내가 일찍이 함께 배웠는데,
<small>강직 인</small>
보지 못한 지 오래되었다."

정자(正字) 전가식(田可植, ?~1449년)은 길재와 같은 고향 사람인데, 길재가 집에 있으면서 효행하는 아름다움에 대해 갖추어 말했다. 세자가 기뻐하며 삼군부에 영을 내려 이첩(移牒-문서를 넘김)해서 그를 불렀다. 길재가 역마를 타고 서울에 이르니, 세자가 상에게 아뢰어 봉상박사를 제수했다. 길재가 대궐에 나아와 사은(辭恩)하지 않고

252

동궁(東宮-세자)에게 글을 올렸다.

'길재가 옛날에 저하와 더불어 반궁(泮宮-성균관)에서 『시경』을 읽었으니, 지금 신을 부른 것은 옛정을 잊지 않으신 것입니다. 그러나 길재는 신씨(辛氏-우왕과 창왕) 조정에서 등과해 벼슬했기에, 왕씨(王氏-공양왕)가 복위하자 곧 고향으로 돌아가 장차 몸을 마치려 했습니다. 지금 옛일을 기억하고 부르심에 길재가 올라와서 뵙고 곧 돌아가려 하니, 벼슬에 종사하는 것은 길재의 뜻이 아닙니다.'

세자가 말했다.

"그대가 말하는 바는 바로 강상(綱常)의 바꿀 수 없는 도리이니, 의리상 그대 뜻을 빼앗기는 어렵다. 그러나 부른 것은 나요 벼슬을 시킨 것은 주상(主上-정종)이니, 주상에게 사면을 고해야 옳다."

길재가 드디어 글을 올렸는데 대략 이러했다.

'신은 본래 한미(寒微)한 사람으로 신씨의 조정에서 벼슬해서, 과거에 뽑혀 문하주서에 이르렀습니다. 신이 듣건대 "여자는 두 남편이 없고 신하는 두 임금이 없다"라고 합니다. 빌건대 놓아 보내 전리(田里)로 돌아가게 해서 신이 두 성(姓)을 섬기지 않는 뜻을 이루게 하고, 효도로써 늙은 어미를 봉양하게 해 여생을 마치게 하소서.'

상이 읽어보고 기이하게 여겨 말했다.

"이는 어떤 사람인가?"

좌우에서 말했다.

"한미한 유자(儒子)입니다."

이튿날 경연에 나아가 권근에게 물었다.

"길재가 절개를 지키고 벼슬하지 않으려 하니, 예전에 이런 사람이 있었는지 알지 못하겠다. 어떻게 처치할까?"

권근이 대답했다.

"이런 사람은 마땅히 머물기를 청해 작록을 더해줌으로써 뒷사람을 권려해야 합니다. 청해도 억지로 간다면 스스로 그 마음을 다하게 하는 것이 낫습니다. (후한을 세운) 광무제(光武帝)는 한나라의 뛰어난 임금이지만 엄광(嚴光)[20]이 벼슬하지 않았습니다. 선비가 진실로 뜻이 있으면 빼앗을 수 없습니다."

상이 이에 본군(本郡)으로 돌아가는 것을 허락하고 그 집을 복호(復戶-세금 면제)하게 했다.

사관 홍여강은 이렇게 논평했다.

생각건대 충신은 두 임금을 섬기지 않고 열녀는 두 남편을 섬기지 않는다 하니, 신씨가 비록 위조(僞朝-가짜 왕조)나 이미 폐백을 바쳐 신하가 되었고 주서(注書)가 비록 미미한 관직이나 또한 종사(從仕)해서 녹을 먹었다. 어떻게 위조와 미미한 관직이라 해서 남의 신하 된 분수를 이지러뜨릴 수 있겠는가! 또 절의(節義)는 천지(天地)의 상경(常經-일정한 원칙)이어서 삶이 있는 처음부터 받지 않은 바가 없는데, 다만 공리(功利)에 이끌리고 작록(爵祿)에 어두워서 모두 온전히 지키지 못할 뿐이다. 신씨가 망한 지가 이미 오래고 자손 가운데 의탁할 만한 자가 없는데도 길재는 능히 옛 임금을 위해 절의를 지켜서 공명을 뜬구름같이 여기고 작록을 헌신짝같이 보아 초야에서 몸

---

20 광무제와 어려서 같이 공부했는데, 광무제가 즉위하고서 불렀으나 사양하고 부춘산(富春山)에 숨어 살았다.

을 마치려 했으니, 실로 충렬한 선비[忠烈之士]라 하겠다.

　　이방원은 정몽주·정도전을 죽였고 정도전은 이숭인을 죽이고 이색과 갈등했다. 이런 죽임의 역사는 그러나 건국을 향한 노선 정리 과정이기도 했다. 결국 스승 원천석과 벗 길재는 태종 품에 안기지 않았다. 그러나 원천석의 길과 길재의 길을 태종은 그대로 품어주었다. 다시 정몽주를 충신으로 높였고, 이색 제자들과 함께 정치하게 된다. 하륜과 권근이 그들이다. 먼 훗날 태종이 구현한 강명한 군주상(君主像)에 가장 격렬하게 맞서게 되는 도학(道學) 세력이 길재를 뿌리로 삼아 생겨난 것은 단순한 우연일까? 이방원 시대에 이미 길재의 길이 열리고 있었다는 것은 역사에 담긴 패러독스라 할 것이다.

7 ___

세자 이방원이
조준을 보호한 까닭

정종 2년(1400년) 8월 1일, 평양백(平壤伯) 조준을 순군옥에 가두었다가 얼마 뒤에 풀어주는 일이 있었다. 배경은 이렇다. 애초에 경상도 감사 조박이 지합주사(知陝州事-합주 지사) 권진에게 말했다.

"계림부윤 이거이가 내게 말하기를 '조준의 말을 믿은 것을 후회한다'라고 했다. '무슨 까닭이냐'고 물으니 거이가 말하기를, '조준이 사병 혁파할 때를 당해 나와 말하면서 "왕실을 호위하는 데는 강한 군사만 한 것이 없다"라고 했다. 내가 그 말을 믿고서 패기(牌記)를 곧장 삼군부에 바치지 않았다가 죄를 얻어 오늘에 이르렀다'라고 했다."

권진이 간의대부로 있으면서 조박의 말에다가 사사로이 자기가 더

보태어 좌중(坐中)에 고했다. 이에 헌신(憲臣-사헌부 관리) 권근과 간신(諫臣-사간원 관리) 박은 등이 교장(交章)해 상언해서 조준·이거이 등의 죄를 말하니, 상이 말했다.

"조준이 어찌 이런 말을 했겠는가?"

그 소장을 머물러 두었다. 권근 등이 다시 글을 올려 대궐에 나와 굳게 청하니, 이에 조준을 옥에 가두고 문하부 참찬사 이서, 순군만호 이직·윤저·김승주 등에게 명해 추국하게 했다. 조준은 강개(慷慨)한 성품이므로 화가 나서 말했다.

"신은 그런 말을 하지 않았습니다."

눈물을 흘리며 울기만 할 뿐이었다. 지합주사(知陝州事) 전시(田時)는 조준과 이거이가 믿는 사람이었는데, 조준 등의 죄를 입증하고자 서리(書吏)를 보내 잡아 오게 했다. 상이 조준·이거이·조박을 한곳에서 빙문(憑問)하게 하려고 하자 권근 등이 다른 곳에 두고 국문하기를 청했다. 상이 의심해 화를 내며 말했다.

"어찌 죄상이 나타나지 않았는데도 갑자기 형을 가할 수 있겠는가?"

대간에게 더는 말을 하지 못하도록 하고, 곧 순군 관리에게 명해 이거이·조박을 잡아 오게 했다. 세자가 윤저(尹柢, ?~1412년)[21]를 불러 말했다.

"경은 상께서 경을 순군만호로 삼은 뜻을 알고 있는가?"

윤저가 대답했다.

"신은 본래 혼매하고 어리석어 이사(吏事-관리 업무)를 익히지 못했는데 지금 신에게 형관 임무를 명하시니, 조처해야 할 바를 알지 못

---

21 그에 관한 인명 정보는 『이한우의 태종 이방원 하』 제1장 9절에 자세하게 나온다.

해 밤낮으로 황공하고 송구합니다."

세자가 말했다.

"경은 본래 세족(世族-오랜 명문가)으로, 작은 절조에 구애하지 않고 세태에 아첨하지 않으며 오직 너그럽고 공평한 것을 힘쓰기에 형관 임무를 명한 것이다."

대간(臺諫)의 소장을 보여주며 말했다.

"태상왕께서 개국하신 것과, 상께서 대위를 이으신 것과, 불초한 내가 세자가 되어 지금의 아름다움에 이른 것이 모두 조준의 공이다. 지금 전날의 공을 잊고 허실을 가리지 않은 채 다만 유사(攸司)의 소장만 믿고 국문한다면 황천상제(皇天上帝)가 심히 두려울 것이다. 조준이 만일 이 말을 했다면 크게 죄가 있는 것이지만, 경은 가서 조심하라."

윤저가 재배하고 나오는데 정승 민제(閔霽)가 비밀리에 윤저에게 말했다.

"조준 등이 나와 하륜을 해치고 인연을 연결해서 세자에게까지 미치려고 한다. 지금 잡혀 갇혔으니 끝까지 추궁하지 않을 수 없다."

대성(臺省)이 모두 대궐 뜰에 나와 다시 위관(委官-조사 책임자)을 이거이와 조박이 있는 곳에 보내서 조준이 말한 것을 질문하도록 청하니, 상이 말했다.

"무릇 질문하는 일은 마땅히 한곳에 두고 빙문해야 할 것이지, 어찌 사람을 보내 물을 수 있는가?"

대간이 극력 간쟁하자 상이 일을 보지 못하도록 명해 각각 사제로 돌려보내고, 조박을 순군옥에 가두고 물으니 조박의 말이 대성의 소장 뜻과 같지 않았다. 또 권진을 가두고 물으니 권진의 말도 소장의 뜻과는 달랐다. 상이 권근 등을 크게 미워해, 이거이를 순군옥에 가두고 조박과 빙문하니 이거이가 말했다.

"나는 조준이 그런 말을 하는 것을 듣지 못했다."

조박이 맞대고 질문했다.

"그대가 계림 동헌에서 말하지 않았는가?"

이거이가 말했다.

"말한 일이 없다. 그대가 나에게 술 두세 잔을 먹였지만 내 마음은 달랐고 취하지 않았다. 그대가 기묘년에 이천으로 폄출되었다가 경상도 감사로 나간 것은 우리 부자 때문이다. 내가 조준과 정사(定社-1차 왕자의 난)의 맹세를 바꾸지 않았으니, 조준이 비록 그런 말을 했더라도 내가 어찌 그대와 얘기하겠는가!"

조박이 말했다.

"내 자식 조신언이 회안공 딸에게 장가들 때 조준이 안마(鞍馬)를 주었고 내가 감사로 나갈 때 금대(金帶)를 주었다. 그러나 그 마음은 나를 향해 불평이 있었다."

이거이가 큰 소리로 말했다.

"조박의 말은 모두 사사로운 감정 때문이다. 바라건대 제공(諸公)들은 들어보시오."

조박이 크게 부끄러워하는 빛이 있었다. 조준과 이거이를 석방해 각각 그 집으로 돌려보내고, 조박은 이천에 폄출하고 권진은 축산도로 유배 보냈다.

다행히 태종 5년(1405년) 6월 27일 자 조준 졸기에 그 배경이 상세히 나와 있다.

애초에 정비(靜妃-민씨)의 동생 무구와 무질이 좋은 벼슬을 여러 차례 청했으나 준이 묵살하고 쓰지 않았다. 경진년(庚辰年-1400년) 7월에 이들 두 사람이 몰래[陰] 대간을 사주해서 유언(流言)과 몇 가지 일을 가지고서 준을 논해 국문할 것을 청하니, 드디어 순위부 옥에 내려졌다. 상이 동궁에 있으면서 일이 민씨들로부터 나온 줄을 알고 노해 말했다.

"대간은 마땅히 이른 아침부터 저녁 늦게까지 직무에 이바지해야 할 것인데, 세도 있는 집안에 분주히 다니면서 그들의 뜻에 맞추어[希旨] 일을 만들어서[生事] 충량(忠良)한 사람을 무고해 해치니 이는 실로 전조(前朝-고려) 말기의 폐풍(弊風)이다."

일을 조사하는 위관 이서에게 말했다.

"재신(宰臣-조준)은 바른 사람[正人]이고 군자이니 옥사(獄辭)를 꾸며서 사람을 사지에 빠트릴 수는 없다."

곧바로 상왕에게 아뢰어 준을 풀려나오게 했다. 11월에 상이 왕위에 나아가자 그대로 문하부 판사로 제배했고, 갑신년(甲申年-1404년) 6월에 다시 좌정승이 되었다. 준이 다시 정승이 되어 일을 시행하고자 했으나, 번번이 자기와 뜻이 다른 자에게 견제를 받아[掣肘] 어찌할 수가 없었다.

여기서 '자기와 뜻이 다른 자'란 두말할 것도 없이 하륜을 가리킨다.

8 ──

자기 정치에서 끝내 손 떼지 못한 좌정승 민제

위에서 보았듯이 조준 처벌과 관련해 좌정승 민제(閔霽)는 사위 정안공과 정반대 입장을 보였다. 정종 2년(1400년) 3월 15일 우정승에 오른 민제는 9월 8일 좌정승이 된다. 임금을 제외하면 최고 권력자가 된 것이다. 같은 날 하륜은 우정승이 되었다. 이건 누가 보아도 세자 정안군 때문이다. 돌이켜보면 이때 민제는 이런 자리를 고사(固辭)했어야 한다. 먼 훗날 세종 장인 심온이 관직에서 물러나지 않고 영의정에 올랐다가 군권 문제로 주살된 점을 고려한다면 더욱 그렇다. 그런데 오히려 윤저를 불러 자신과는 정반대되는 요구를 하는 장인 민제를 세자는 어떤 눈으로 보았을까? 이 문제는 뒤에 여러 곳에서 깊게 살피게 될 것이다.

민제가 좌의정이 된 지 한 달도 안 된 10월 1일, 사소해 보이지만 의미 있는 다툼이 일어난다. 애초에 우정승 하륜이 말했다.

"우리나라 전부(田賦)의 법은 고르지 못합니다. 무릇 민호(民戶)로 된 자로서, 혹 전지의 경작은 많은데 복역(服役)이 적은 이도 있고 혹 전지의 경작은 적은데 복역이 많은 이도 있습니다. 이제부터는 경작의 많고 적음으로 그 부역의 수를 정함이 편하겠습니다."

민제가 다투어 말했다.

"법이 이처럼 까다로우면 민심이 떠납니다. 어떻게 오늘날에 행할 수 있겠습니까?"

이때에 이르러 병을 칭탁하고 출근하지 않았다. 하륜이 경력 이관(李灌, 1372~1418년)[22]을 시켜 이 법을 시행할 것을 청해 아뢰었으나, 일이 아직 시행되지도 않았는데 민제가 이관에게 허물을 돌려 말했다.

"반드시 이 사람이 죄를 받은 뒤에야 출사하겠다."

이 모든 일이 세자에게 보고되었음은 물론이다. 16년 전 필자는 민무구·무질 문제를 태종과 이 두 사람 간의 대립으로만 생각했고, 민제는 오히려 태종의 불같은 성격을 감안해 아들들을 조심시킨 인물이라고 여겼다. 그러나 들어가는 말에서 밝혔듯이, 심온 옥사의 진짜 이유 중 하나가 심온이 관직에서 스스로 물러나지 않은 점임을 태종이 세종에게 확인시켜주는 장면을 통해 이 문제가

---

22 1393년(태조 2년) 문과에 급제하고 1401년(태종 1년) 지양주사(知襄州事-양주 지사)가 되었다. 1408년 종부시령(宗簿寺令)으로 충청도경차관이 되어 나가 도망간 군인들을 추쇄했다. 이어 사헌부집의·대언을 지내고 1413년 지신사를 지냈으나, 이듬해 파직되고 의금부에서 국문을 당했다. 1417년 경기도관찰사를 지냈으나 이듬해 도량형을 바르게 하는 것을 규찰하지 않았다 해서 또 파직되었다. 곧 함길도 도관찰사를 거쳐 이조참판이 되었으나 강상인의 옥사에 연루되어 죽었다.

다시 보였다. 민무구·무질 형제가 죽음에 이르게 된 데는 아버지 민제가 보여준 임금 장인으로서 그릇된 처신이 상당한 영향을 미쳤던 것이다.

한 달 후인 11월 1일에는 세자와 민제 사이에 틈이 더욱 벌어지는 일이 발생한다. 세자가 왕위에 오르기 열흘 전인 그날 실록이다.

삼군부 참판사 최운해(崔雲海, 1347~1404년)[23]를 (경기도) 음죽(陰竹-경기도 이천 지역)에, 예문관학사 송제대(宋齊岱)를 (황해도) 배주(白州)에 유배 보냈다.

애초에 운해와 제대가 남경(南京-한양)으로부터 서원군(瑞原郡-경기도 파주 인근)에 와서 묵었는데, 군수 박희무가 그들을 근수(根隨-수행)하는 사람을 먹이지 않았다. 운해 등이 노해 희무를 구타했다. 희무가 곧 헌사(憲司)에 고하니, 헌사에서 글을 올려 죄줄 것을 청해 말했다.

'최운해와 송제대가 임의로 수령을 구타했는데, 송제대는 오히려 불가한 것을 알고 마침내는 스스로 금지했으니 그 경중에 따라 죄주소서.'

운해는 파직하고 제대는 용서했다. 문하부에서 대사헌 정구, 중승(中丞) 김구덕, 시사(侍史) 안등, 잡단(雜端) 이계공이 운해·제대 등의 죄

---

23 1402년(태종 2년)에는 이성도절제사로 태조를 시위했고, 강계안무사와 서북면순문사를 거쳐 승추부 참판사로 사직했다. 특히 왜구를 무찔러 여러 번 공을 세운 바 있어 명장의 칭호를 얻었다. 최윤덕 등 네 아들을 두었다.

상을 논청한 것이 불공평하다고 해서 탄핵하고 드디어 죄줄 것을 청했다. 상이 말했다.

"지난번에 헌사에서 두 사람의 죄상을 논한 것이 제대가 조금 가벼웠기 때문에 (용서하고) 다만 운해만 파직한 것이다."

이에 낭사(郎舍-훗날의 사간원) 등이, 정구 등이 법을 굽혀 공정치 못하게 처리한 죄를 탄핵했다. 제대는 좌정승 민제의 처형(처남)이었다. 낭사 등이 대궐에 나아가 말씀을 올렸다.

"최운해·송제대가 함께 의논해 수령을 구타했으니 그 죄가 동일한데, 지금 헌사 정구 등이 그 죄를 논청할 때 그릇되게 굽혀서 경중을 나누었으니 뜻이 실로 공정치 못합니다. 신 등은 이런 까닭으로 헌사의 관원을 탄핵한 것입니다. 바라건대 최운해 등을 율에 의해 죄를 처단하소서."

상이 이에 두 사람 모두 유배 보냈다. 세자가 듣고 탄식했다.

"낭사에 사람이 있구나! 이 일 처리가 대단히 정대(正大)하다. 송제대는 나에게는 인친(姻親)이고 좌정승의 처형이지만, 헌사에서 이 때문에 그 죄를 가볍게 한 것은 잘못이다. 최운해는 용맹한 장수이다. 만일 예기치 못한 변이 있으면 마땅히 어모(禦侮-수모를 막는다는 뜻으로, 나라를 방어한다는 말)를 해야 할 터인데도 지금 밖으로 폄출했으니, 어찌 가볍게 용서할 수 있겠는가? 송제대 같은 자는 비록 바다의 섬으로 내쫓더라도[竄] 애석할 것이 없다."
_찬

11월 11일 마침내 태종이 즉위하자 이틀 후인 13일 민제는 좌의정 자리를 내려놓고 여흥백(驪興伯)이 되어 일선에서 물러난다. 태종은 그 자리를 이거이에게 넘긴다.

태종 2년(1402년) 5월 11일, 이지직과 전가식이 태종이 여색을 밝힌다는 글을 올렸다가 파직당했다. 전가식은 민제 문인인데, 길재 소식을 세자 이방원에게 전했던 바로 그 사람이다. 순군(巡軍)에 내려져 문초당하자 결국 민제로부터 사주가 있었음을 털어놓았다. 이날 실록은 "민제는 이때부터 문생을 접견하지 않았다"라고 기록하고 있지만, 늦었다. 또 실제 민제는 문생 접견도 그만두지 않았던 것으로 보인다. 민무구·무질이 유배 중이던 태종 8년(1408년) 5월 19일 사간원에서 올라온 글이 이를 증언해준다.

'지난번에 민무구·무질 등이 인친인 까닭으로 인해 다행히 관대한 법을 받아 목숨을 보전했으니, 그 아비 여흥부원군 민제는 전하께서 다시 살려준 은혜에 깊이 감사하며 문을 닫아걸고 스스로 뉘우쳐 빈객을 접촉하지 말고 전날의 허물을 고쳐야 마땅할 것입니다. 그런데 지금 검교 찬성사 조호(趙瑚)와 전 총제 김첨·허응과 전 공안부윤 박돈지를 초치(招致)해 서로 붕당을 맺어서 모이지 않는 때가 없으니, 그 정상이 헤아리기 어렵습니다. 엎드려 바라건대 민제가 지은 죄상을 상께서 재가해 시행하소서.

조호와 김첨은 민씨에게 붙어서, 전하께서 내선하시려던 때를 당해 조호는 그 아들 희민을 내집사(內執事)로 삼으려 했고 김첨은 따로 이의(異議)를 냈습니다. 대간 신하들이 교장(交章)해 죄주기를 청했으나 전하의 살리기를 좋아하시는 다움[好生之德=仁]을 입었으니, 마땅히 뉘우쳐 깨달아서 스스로 새로워져야 할 것입니다. 그런데 지금 일국 신민들이 분하게 여김을 돌보지 않고 다시 허응·박돈지 등과 더불어 박혁(博奕-장기와 바둑)을 핑계 삼아 항상 민씨 집에 모이고 있습니다. 허응은 전일(前日)의 헌사의 장(長)으로서 아무 거리낌도 없이 아부해 잘 보이려고 했습니다. 박돈지는 일찍이 풍속을 더럽혀 그 이름이 형서(刑書)에 기록되어 있는데도 지나치게 주상(主上)으로부터 은혜를 입어 벼슬이 양부(兩府)에 이르렀으니 성은에 보답하기를 도모하는 것이 자기의 분수이건만, 도리어 조호 등과 더불어 불충(不忠)한 집안을 두둔하니 그 마음이 반드시 달라서 난(亂)의 계제(階梯-사다리)를 이룰까 두렵습니다.

『주역』에 이르기를 "서리를 밟으면 단단한 얼음이 이른다[履霜堅氷_{이상}至_{건빙지}]"[24]라고 했으니, 이는 대개 미연(未然)에 제지하고자 한 것입니다. 엎드려 바라건대 전하께서는 유사(攸司-해당 부서)로 하여금 조호·김첨·허응·박돈지의 직첩을 거두시고 그 까닭을 국문하게 해서 붕당의 근원을 막고 이상(履霜)의 조짐을 경계하소서.'

이 글의 핵심은 "문을 닫아걸고 빈객을 접촉하지 말고"이다. 훗날 태종이 세종 장인 심온에게 기대했던 바도 같았지만, 아니나 다를까 심온도 이를 어겨 결국 비명횡사(非命橫死)한다. 이 두 일 사이에 연관성을 꿰뚫지 못하고는 지공(至公)을 지향했던 태종을 온전히 이해할 수도, 평가할 수도 없다.

---

24 서리가 내리면 차가운 얼음이 이른다는 뜻으로, 일의 조짐을 보고 미리 그 화(禍)를 경계하라는 말이다. 『주역』 곤괘(坤卦)에 나온다.

9 ___

1399년 11월 11일
정종이 세자 이방원에게 선위하다

정종 2년(1400년) 11월 11일, 마침내 '예정된' 선위(禪位)가 이뤄진다. 이날 상은 세자에게 선위하는 뜻을 전한다. 그 이유 중에 '학문'이 들어 있어 눈길이 간다.

> "내가 어려서부터 말 달리고 활 잡기를 좋아해 일찍이 학문하지 않았는데, 즉위한 이래로 혜택이 백성에게 미치지 못하고 재앙과 변괴가 거듭 이르니, 내가 비록 조심하고 두려워하나 어찌할 수 없다. 세자는 어려서부터 배우기를 좋아해 이치에 통달하고[好學達理] 크게 공로와 다움이 있으니, 마땅히 나를 대신하도록 하라."

형식적으로나마 삼양(三讓) 즉, 세 번 사양하는 절차라도 밟아야겠지만, 실록은 "어쩔 수 없이 수선(受禪)했다"라고 적고 있다.

바로 자리를 물려받았다는 말이다. 전위하는 교서(敎書)의 일부다.

우리 조선 개국에는 세자 공이 많았다. 그러므로 당초에 세자를 세우는 의논에서 물망이 모두 돌아갔는데, 뜻하지 않게도 권간(權姦-정도전·남은)이 공을 탐해 어린 얼자를 세워 종사를 기울어뜨리려 했다. 하늘이 그 충심을 달래 계책을 세워서 감정(戡定)해 종사를 편안히 했으니, 우리 조선을 재조(再造)한 것 또한 세자 공로에 힘입은 것이다. 나라는 이때에 이미 세자 차지가 되었으나, 겸허(謙虛)를 고집해 태상왕께 아뢰어서 유능하지 못한 내가 적장자라 해 즉위하도록 명하게 했다. 내가 사양해도 되지 않아 면강(勉强)하며 정사에 나간 지 지금 3년이 되었으나, 하늘 뜻이 허락하지 않고 인심이 믿지 않아 황충과 가뭄이 재앙으로 되고 요얼(妖孼-재해나 재앙)이 거듭 이르니, 진실로 과인[寡昧]의 부덕한 소치로 말미암은 것이므로 무
_{과매}
서워하고 두려워해 하늘과 사람에게 부끄러움이 있다. 하물며 내가 본래 풍질이 있어 만기(萬機)에 현란(眩亂)하니, 정신을 수고롭게 하여 정무에 응하면 미류(彌留-병이 위중함)에 이를까 두려웠다. 무거운 짐을 내려놓고 다움이 있는 사람에게 부탁해볼까 생각했으니, 대개 위로는 하늘의 마음에 보답하고 아래로는 여망(輿望)을 위로할 수 있을 것이다.

왕세자는 굳세고 눈 밝은 다움[剛明之德]을 내려받아 용맹과 지략의
_{강명 지 덕}
자질이 빼어나다. 인의(仁義)는 타고날 때부터 가졌고 효제(孝悌)는 지성(至誠)에서 비롯되었다. 학문은 의리에 정밀하고 영명한 계책은 변통(變通)에 부합한다. 진실로 예철(睿哲)하기가 무리 중에서 뛰어난데, 겸공(謙恭)하기를 더욱 부지런히 해왔다. 일찍이 제세(濟世) 안

민(安民)할 만한 도량으로 능히 발란(撥亂-어지러움을 안정시킴)하고 반정(反正)하는 공을 이루었다. 구가(謳歌)가 돌아가는 바요 종사(宗社)가 의뢰하는 바니, 어질고 다움이 있는 사람이 마땅히 대통(大統)을 이어야 하겠다. 이제 세자에게 명해 왕위를 전해 즉위하게 한다. 나는 장차 물러나 사사로운 집에 돌아가서 한가롭게 놀고 편안히 봉양 받으면서 백세를 보전하겠다.

'조선의 공양왕' 정종이라 하겠다. 그래서인지 "백세를 보전하겠다"라는 말이 간절해 보인다. 사실 "나라는 이때에 이미 세자 차지가 되었으나"라는 말 속에 전위하는 까닭이 고스란히 들어 있다. 이틀 후인 13일, 세자가 대궐에 나아와 조복을 갖추고 명(命)을 받고, 연(輦-가마)을 타고 수창궁에 이르러 즉위했다. 백관에게 조하(朝賀)를 받고 유지(宥旨-사면령)를 반포했다. 이날 태상왕 이성계가 보인 반응도 『태종실록』 총서에 실려 있다. 태조가 기뻐하며 이렇게 말했다고 한다.

"강명(剛明)한 임금이니 권세가 반드시 아래로 옮겨가지는 않겠구나!"

"기뻐하며[喜]"라고 했지만 진심이었을까? 이성계 말 속에 이미 그 기껍지 않은 마음이 고스란히 묻어 있다. 실은 태조 시절 본인이 강명하지 못해서 권세가 정도전·남은 등에게 내려갔다. 이 말을 보면 태조 자신도 그것을 모르지는 않았다고 하겠다.

오늘날 사면령에 해당하는 유지(宥旨)로 즉위교서를 대신한 신왕이 그날 가장 먼저 한 일은 무엇이었을까? 태종이 임금으로서 행한 첫 공식 일정은 경연(經筵)에서 제왕학 연마였다.

> 지사 권근이 『대학연의』를 진강(進講)했다. 상이 강문(講問)하기를 심히 자세히 해도 권근은 능히 정미한 뜻을 변석(辨析)했다.

즉위와 동시에 좌정승이 민제에서 이거이로 바뀌었으나, 사실 이거이는 신왕에게 잠재적 제거 대상일 뿐이었다. 그는 공신일 뿐 사직지신(社稷之臣)[25]은 아니라고 보았기 때문이다. 무슨 말인가 하면, 공신은 공(公)이냐 사(私)냐를 따져보면 결국 사(私)일 뿐이다. 지분을 함께 나누는 신하일 뿐, 공신이라고 해서 바로 충신이 되는 것은 아니다. 역사에서 공신들이 임금들에 의해 제거되어 왔던 것도 이 같은 구분을 제대로 하지 못한 채 공신 지분만을 주장하다가 결국 역신(逆臣)으로 몰렸기 때문이다. 이거이도 대체로 그에 가까웠다. 그렇다면 지위는 좌정승이지만 겉돌 수밖에 없다. 12월 1일의 일화는 이 점을 단적으로 보여준다.

> 좌정승 이거이, 우정승 하륜 등이 모두 판상서사사(判尙瑞司事-인사 최고 책임자)로 정방(政房)[26]에 있었는데, 하륜이 현량(賢良)을 천거하

---

25 나라를 떠받쳐줄 신하를 말한다. 이 문제는 뒤에 신하들을 집중적으로 다루는 장들에서 깊이 살펴본다.

26 여말선초(麗末鮮初)에 정무(政務-인사)를 행하던 곳이다. 고려 고종(高宗) 12년에 최이(崔怡)가 사저에 처음 설치했다. 정승 등이 모여 전주(銓注-인사고과) 등의 일을 보았다.

자 이거이가 하륜이 홀로 결단하는 것을 미워해서 물러 나와 아들 이저에게 말했다.

"사람을 천거하는 것은 큰일인데 하륜이 나와 의논하지 않으니 어찌할까?"

이저가 말했다.

"상께 아뢰어야 합니다."

거이가 말했다.

"다툴 것까지야 있겠느냐!"

공(公)을 추구함에 있어 태종과 마지막까지 같은 노선이었던 하륜은 이거이를 함께 인사 문제를 협의할 만한 파트너로 여기지 않았다.

뒤에 태종은 주로 혼자 책을 많이 읽게 되지만, 초기에는 경연에서 『대학연의』를 열심히 읽었다. 그런데 왕위에 오른 지 한 달쯤 지난 시점에 눈길 가는 기사가 하나 있다.

기유일(己酉日-19일)에 중궁의 투기 때문에 경연청에 나와 10여 일 동안 거처했다.

중궁 민씨가 이때 보여준 투기는 어쩌면 사랑싸움을 넘어 민씨 가문을 대신한 자존심 시위일 수도 있었다. 그러나 이미 지공(至公)을 향한 길을 걷기로 한 태종으로서는 가문이라는 사(私)에 머물러 있는 왕비와 충돌이 불가피하다고 생각하고 있었을 것이다.

1차 왕자의 난 이후부터 정종 밑에서 정안공으로 지내다가 세자로 있던 1년 반 정도의 시간은, 돌이켜보면 그가 '준비된 국왕'이 되는 데 있어 마지막으로 제왕 자질을 벼리는 기간이 되어주었다. 조선이라는 신생국으로서도 이는 행운이었고, 태종 자신에게도 뜻 깊은 시간이었으리라 본다. 사병 혁파라는 중대 난제를 해결했고, 이를 장기적으로 뒷받침할 수 있는 관제개혁을 향한 첫걸음을 뗄 수 있었기 때문이다.

그런 점에서 건괘(乾卦, ☰) 밑에서 네 번째 양효[九四]에 대한 풀이는 정안공이었다가 세자가 된 이 시기 이방원 처지를 짚어볼 수 있는 의미 있는 잣대가 된다. 이 효에 대해 주공은 "구사(九四)는 혹 (못에서) 뛰어오르거나 그냥 못에 있으니 허물이 없다[或躍在淵 无咎]"라고 말을 달았다[繫辭]. 다행히 이 모호해 보이는 말을 공자는 매우 구체적으로 풀이하고 있다.

구사(九四)는 혹 (못에서) 뛰어오르거나 그냥 못에 있으니 허물이 없다[或躍在淵 无咎]라고 한 것은 무슨 뜻인가[何謂]? 공자가 말한다[子曰]. (군자가) 오르고 내리는 데 일정함이 없는 것[无常]은 그릇된 짓을 하는 것[爲邪]이 아니요, 나아가고 물러남에 일정함이 없는 것[无恒]도 (동료나 백성의) 무리를 떠나려는 것[離群]이 아니다. 군자가 진덕수업(進德修業)하는 것은 때에 맞고자[及時=時中] 함이다. 그래서 허물이 없는 것이다.[27]

---

27 원문은 다음과 같다. "九四曰 或躍在淵无咎 何謂也? 子曰 上下无常 非爲邪也 進退无恒 非離群也. 君子進德修業 欲及時也. 故无咎."

272

권도(權道)를 모르는 사람 눈에는 군자는 오르고 내리는데 일정함이 없으면 그릇되게[邪=不正] 보일 수도 있겠지만 실은 그렇지 않다. 또 나아가고 물러남에 일정함이 없는 것도 동료와 동떨어져 있는 것처럼 보일 수 있겠지만 역시 그렇지 않다. 그런데도 그렇게 군자를 오해하는 이유는, 군자가 처신하는 도리로 삼는 "가한 것도 없고 불가한 것도 없고" "오로지 주장함도 없고 그렇게 하지 않음도 없음"을 제대로 이해하지 못해서라는 것이다. 여기서도 때와 상황에 맞음[及時]이 강조된다.

다만, '무리를 떠남[離群]'에서의 무리는 백성이다. 군자가 하는 근심이란 늘 백성을 위한 근심이지 자신을 위한 근심이 아니기 때문이다. 군자가 진덕수업(進德修業)함이란 결국 백성을 위하는 길이다. 이를 잣대로 다시 되돌아보면, 세자 시절 이방원이 남긴 행적은 건괘(乾卦) 구사(九四)가 말해주는 삶의 방향에 상당히 부합했다고 하겠다.

공자는 "군자가 진덕수업(進德修業)하는 것은 때에 맞고자[及時=時中] 함이다"라고 했다. 이때 군자는 군주다. 군주가 임금다움을 향해 나아가고[進德] 나라의 큰일을 두루 연마하는 것[修業]은 오직 백성이 필요로 하는 상황에 맞게 호응하기 위해서라는 뜻이다. 임금이 되었다고는 하지만, 그것은 끝이 아니라 시작이었다. 이방원은 새로운 시험대 위에 올라섰다.

제 4 장

태종의 진덕수업

1 ——

제왕을 위한 리더십 교본
『대학연의』

조선 개국과 『대학연의』

대학연의(大學衍義)란 말 그대로 사서 가운데 하나인 『대학』에 담긴 뜻[義]을 알기 쉽게 풀어냈다[衍=敷衍]는 뜻이다. 이 책을 쓴 사람은 송나라 유학자 진덕수(眞德秀)다. 『대학』은 우리에게도 "수신 제가 치국 평천하(修身齊家治國平天下)"란 말로 비교적 친숙한 책이다. 그런데 수신 제가 치국 평천하가 그냥 되는 것은 아니고, 먼저 "격물 치지 성의 정심(格物致知誠意正心)"부터 해야 한다고 그 앞에 나온다. 그래서 이 8가지를 일러 팔조목(八條目)이라 부른다. 진덕수는 이 여덟 조목 중에서 치국과 평천하를 제외한 나머지 6개를 가져와 책 항목으로 삼았을 뿐 『대학연의』는 『대학』이란 책과 내용상 상관은 없다. 목차에도 치국(治國)과 평천하(平天下)

항목은 없다. 임금의 정심(正心)함, 즉 마음을 바로 함에 모든 것이 달려 있다고 보았기 때문이다.

그렇다면 도대체 『대학연의』는 어떤 책이길래 독서를 별로 즐기지 않았던 무장 스타일의 태조 이성계도 이 책에 관한 강의는 즐겨 들었을까? 또 태종은 왜 이 책 강독을 끝낸 후 "이제야 학문의 이치를 알겠다"라고 했을까? 그리고 학문을 좋아했던 세종은 이 책을 "100번도 더 읽었다"라고 여러 차례 반복해서 말했을까? 한마디로 조선 초 국왕들의 정신세계를 이해하는 데 가장 결정적인 책 한 권을 꼽으라고 한다면 단연코 『대학연의』다. 조선 초 도서 중에서 이와 견줄 만한 책은 사마광(司馬光, 1019~1086년)이 쓴 『자치통감』이나 주희(朱熹, 1130~1200년)가 이를 주자학적으로 정리한 『자치통감강목』 정도다.

사실은 그 후 거의 모든 조선 국왕이 이 책을 즐겨 보았거나 억지로라도 읽었다. 심지어 연산군도 이 책을 읽었다. 따라서 이 책을 대하는 태도만으로도 국왕별 학문하는 자세나 성품까지도 알아낼 수 있고 서로 간에 비교도 해볼 수 있다.

원래 고려 국왕들은 당나라를 모범 삼아 『정관정요』와 『서경』(『상서』)을 제왕학 텍스트로 삼았다. 그런데 송나라 사마광이 19년에 걸쳐 『자치통감』을 완성하고 주희에 앞서 정호(程顥-정명도)·정이(程頤-정이천) 형제가 『예기』의 한 편이던 것을 독립시켜 『대학』으로 편찬해낸 이후로 이론적으로는 『대학』, 역사적으로는 『자치통감』이 제왕학 텍스트로 떠올랐다. 100년 후에 주희는 『자치통감』을 보다 주자학적으로 개조해서 『자치통감강목』을 지었다. 주자학적으로 개조했다는 말은 군왕들이 좋아하는 사서(史書)를 신하들이 좋아하는 경서(經書) 형식으로 탈바꿈시켰다는 말이다. 아무래도 신하들은 원칙을 내세우고[常] 군왕들은 때로는 원칙에서 벗어난 임기응변의 영역[權]을 확보하려 한다.

다시 100년 후인 1222년, 진덕수는 『대학연의』라는 책을 썼다. 경(經)과 사(史 혹은 事), 오늘날 용어로 하자면 철학과 역사의 통합이었다. 필자에게 『대학연의』는 유학에 대해 새로이 눈뜨게 만들어준 책이기도 하다. 한 가지 예를 들면, 천리(天理)나 천도(天道)에 대한 그의 풀이다. 그는 이때의 하늘[天]을 비유[喻=比喻]라고 말했다. 하늘의 이치나 하늘의 도리가 아니라 하늘과도 같은 이치나 도리라는 말이다. 그 순간 눈이 확 떠지는 느낌을 받았다. 방점이 하늘이 아니라 이치나 도리에 있었다. 그렇다면 하늘은 '늘 한결같다'거나 '차별을 두지 않고 누구에게나 공평하다'라는 비유적 의미를 갖게 된다. 그때서야 천리나 천도라는 말이 확 와닿았다. 원천석에게 유학을 배운 이방원 또한 이런 정도는 알았으리라.

『대학연의』가 한반도에 처음 등장하는 것은 국민대 지두환 교수 연구에 따르면 공민왕 때 윤택(尹澤, 1289~1370년)[1]에 의해서다. 이러한 조부의 영향 때문인지 그 학풍을 이어받은 조선 건국 이데

---

1 윤택은 고려 말기 문신으로, 일찍이 고모부 윤선좌 문하에서 배웠다. 1348년 충목왕이 죽자 밀직을 지낸 이승로와 함께 중서성에 글을 올려 강릉대군(훗날의 공민왕)을 왕으로 세우려 했다가, 충정왕이 즉위하자 1349년 광양감무로 좌천되었다. 1351년 공민왕이 즉위하자 밀직사에 들어가 제학이 되었고 개성부윤 등을 지냈다. 그 뒤 1361년 정당문학으로 승진했고 1363년 첨의찬성사에 이르렀으나 낙향한다. 아들 윤구생은 전농시 판사, 손자 윤소종은 춘추관 동지사를 지냈으며, 증손자 윤회는 세종 때 예문관 대제학과 병조판서를 지내며 『자치통감훈의』를 편찬하게 된다.

올로그 윤소종(尹紹宗, 1345~1393년)은, 공양왕 때 경연에서 『정관정요』보다는 『대학연의』를 진강해야 한다고 진언했고 또 조선 태조 때에는 병조전서를 거쳐 수문관(修文館-예문관 전신) 대제학을 지내면서 서연에서 세자 방석에게 『대학연의』를 진강하게 된다. 그러나 아쉽게도 그는 태조 2년(1393년)에 세상을 떠났다. 그가 좀 더 살았더라면 태종도 아마 그에게 『대학연의』를 배웠을 수도 있다. 물론 1차 왕자의 난에서 정안군을 선택했다면 말이다. 훗날 그의 빈자리를 채우는 문신은 권근이다.

이성계가 즉위 후에 경연에 별다른 관심을 두지 않자 태조 1년(1392년) 11월 14일 간관(諫官-사헌부·사간원 관리)이 이를 비판하고 있다. 여기에 『대학연의』가 어떤 내용을 담고 있는지 일목요연한 언급이 나온다.

선유(先儒) 진덕수가 『대학연의』를 지어 경연에 올렸는데 그 글이, 맨 처음에 제왕이 정치하는 차례로 시작하고 다음에 제왕이 학문하는 근본으로 나아가니, 자기 몸과 마음으로부터 시작하지 않는 것이 없습니다.

이것이 이른바 강(綱)입니다.

맨 처음 도술(道術)을 밝히고 인재를 변별하며 정치하는 대체(大體)를 상세하게 다루고 백성의 동태를 살피는 일로써 시작하니, 이것은 격물치지(格物致知)하는 요령입니다.

다음에 경외(敬畏)를 숭상하고 일욕(逸欲-안일함과 욕망)을 경계하는 일로써 나아가니, 이것은 성의정심(誠意正心)하는 요령입니다.

그다음에 언행을 삼가고 위엄을 바르게 하는 일로써 나아가니, 이것은 수신(修身)하는 요령입니다.

그다음에 배필을 소중히 여기고 내치(內治)를 엄격히 하고 국본(國本-세자)을 정하고 척속(戚屬)을 가르치는 일로써 나아가니, 이것은 제가(齊家)하는 요령입니다.

이것이 이른바 목(目)입니다.

한마디로 수신 제가 치국(修身齊家治國)은 격물치지와 성의정심에서 출발한다는 말이다. 먼저 외부 세계 원리를 깨닫고 이어서 자기 마음가짐부터 제대로 해야 한다[正心]는 뜻이다.
_{정심}

권근 도움으로 『대학연의』를 1년여 만에 독파

왕위에 오른 초기인 태종 1년(1401년) 윤3월 23일, 처음으로 경연에서 『대학연의』를 진강하는 모습이 나온다. 『대학연의』에 대해 태종이 보여준 애착은 대단했다. 사흘 후인 윤3월 26일에는 개경에서 한양으로 가던 도중에 경기도 광탄에 가마가 머물렀는데, 임시천막 같은 데 머물면서도 시독관(侍讀官) 김과를 불러 함께 『대학연의』를 읽는다. 이 무렵에는 김과가 가장 빈번하게 『대학연의』 강독에 참여하고 있다. 때와 장소를 가리지 않고 『대학연의』 강독에 전념했던 것이다. 그리고 김과가 대답이 막힐 때는 권근에게 가서 물어오라고 시키곤 했다. 특히 5월 8일에는 경연에 나아가 『대학연의』를 공부하는 장면이 생생하게 기록되어 있는데, 이에 대한 태종 강론이 매우 정밀했다[甚精]고 사관은 평하고 있다. 우선 실
_{심정}

록 속으로 들어가 보자.

경연에 나아갔다. 동지사(同知事)[2] 이첨(李詹)이 『대학연의』 '탕왕(湯
王)의 반명(盤銘)'장(章)[3]을 진강했는 데 참찬관으로 승지[4] 박신, 시
강관으로 조용, 시독관으로 간의(諫議) 김겸(金謙, 1375~1425년)[5]과
사농경(司農卿) 김과(金科) 등이 참여했다.[6] 서로 간에 주장을 내세

---

2 이때 동(同)은 부(副)와 같은 뜻으로, 지사 다음이라는 의미다.

3 『서경』의 한 구절을 읽은 다음 진덕수가 그것을 풀이하는 대목이다. "'힘써 큰 다움
을 밝힌다[懋昭大德=明明德]'는 것은 곧 그 다움을 나날이 새롭게[日新] 한다는 뜻
입니다. '懋'라는 말은 늘 힘쓰려고 한다는 뜻이고 '昭'라는 것은 늘 밝히려고 한다
는 뜻입니다. 이런 것들이 이미 갖춰져 있는 마음은 어느 때고 힘쓰지 않음이 없으
니, 그 다움도 늘 밝게 밝혀지지 않음이 없습니다. 따라서 '懋' 한 글자 속에 '힘써 큰
다움을 밝힌다[懋昭大德]'는 뜻이 다 들어가 있는 셈입니다. 『대학』에서 탕왕의 반명
(盤銘-목욕통에 새긴 글)을 인용한 것이 바로 그것입니다. '힘써 큰 다움을 밝힌다[懋
昭大德]'는 말은 곧 몸을 닦는 수신(修身)을 뜻하는 것으로, 『대학』에서 말하는 '밝은
다움을 밝힌다[明明德]'가 바로 그 뜻입니다."

4 승지로서 경연 참찬관을 겸직한 것이다.

5 정종비 정안왕후 종질이다. 1398년 8월 1차 왕자의 난 때 군기시 직장으로 정안군 군
사에게 무기를 공급하는 공을 세워 교서감승(校書監丞)에 초천(超遷)되었다. 1418년
(세종 즉위년) 11월 전주부윤으로 파견되었고, 이듬해 10월 전주부윤 재직 중에 정종
이 죽자 임지를 무단으로 떠나 분상(奔喪-부모상을 당해 먼 곳에 있다가 고향으로 달려
감)했으나 용서를 받고 국장도감제조(國葬都監提調)가 되어 치상(治喪)에 참여했다.
1422년 경상도관찰사로 나갔다가 이듬해 소환되어 돈녕부 지사에 제수되었으며, 곧
경기감사로 고쳐 임명되었다. 1425년 명나라 인종이 죽자 진향사(進香使)로 또다시
중국에 갔다가 거기서 죽었다.

6 우리나라 경연관은 1132년(고려 인종 10년) 정원(鄭沅)·윤언이(尹彦頤)·정지상(鄭知
常) 등이 진강한 것이 최초 기록이다. 경연은 몽고 간섭기에 서연(書筵)으로 강등되어
경연관도 서연관으로 개칭되었으나, 1390년(공양왕 2년)에 복원되면서 관제도 재정비
되었다. 이때의 경연관은 영경연사(혹은 경연 영사. 이하 동일) 2인, 지경연사 2인, 동지
경연사 2인, 참찬관 4인, 강독관 2인, 검토관 4인이었다. 심덕부가 영경연사, 정몽주·
정도전이 지경연사에 임명되었다. 조선왕조 개창 직후인 1392년 7월의 관제 제정 시
에 이것이 대체로 계승되었다. 1420년(세종 2년) 집현전이 설치되어 경연 전담 부서
가 되었다. 1437년부터 집현전 관원 20인 중 10인은 경연관, 10인은 서연관을 겸하게

우며 다투었는데[論難], 상이 강구하고 논하는 바[講論]가 매우 정밀했다. 강이 끝나자 주찬(酒饌)을 베풀었다. 사관 민인생이 아뢰어[啓] 말했다.

"지금 여러 신하와 함께 강구하고 논하는 바가 매우 정밀하시고, 따스한 말씀은 (신하들에게) 친밀하기 그지없습니다. 바라건대 전하께서 비록 편전에 앉아 정사를 들으실 때라도 모름지기 사관이 들어와 모시면서 좋은 말씀들을 기록하게 하소서."

상이 김겸에게 일러 다시 사관의 말을 들어보라 하니, 이첨·박신·조용·김과가 모두 말했다.

"경연에 들어와 모시는 것은 가능하겠지만, 어찌 정사를 듣는 때에 들어오려고 합니까? 신 등도 전조(前朝-고려) 신씨(辛氏)[7]의 사관이었습니다만, 두렵고 위축되어 감히 (임금을) 뵙지 못했습니다."

인생이 말했다.

"임금이 밝으면[明] 신하는 곧습니다[直]. 어찌 감히 전조를 갖고서 오늘날에 비교할 수 있습니까?"

김겸이 말했다.

"신이 본사(本司)와 더불어 토의해서 다시 아뢰겠습니다."

민인생이 『대학연의』 진강(進講)을 계기로 정전(正殿)뿐 아니

했다. 또, 이때 사경(司經) 등 하위직이 신설되었다. 경연관제는 성종 때 최종적으로 정비되어 『경국대전』에 직제화되었다. 즉 정1품 영사 3인, 정2품 지사 3인, 종2품 동지사 3인, 정3품 당상 참찬관 7인, 정4품 시강관, 정5품 시독관(侍讀官), 정6품 검토관(檢討官), 정7품 사경(司經), 정8품 설경(說經), 정9품 전경(典經)이다.

7 여기서는 신돈(辛旽)이 아니라 조선 개국 세력들이 신돈의 아들이라 간주했던 고려 말의 우왕과 창왕을 가리킨다.

라 편전(便殿)에서 정사를 볼 때도 사관이 입시(入侍)할 수 있게 해달라고 청했다. 편전에 사관이 입시하는 문제는 뒤에 별도로 살펴볼 것이고, 여기서 중요한 것은 태종이 보인 첫 반응이다. 다른 신하들에게 사관 말을 들어보라고 한 것이다. 자기 생각을 먼저 밝히기보다는 여러 신하가 각자 의견을 밝힐 기회부터 준다. 이런 모습과 패턴은 재위 기간 내내 계속된다. 심지어 혼자 결정한 문제조차 태종은 일단 정승을 비롯한 관련 판서와 해당 부서에 두루 물어서 최종 결정을 내렸다. 이는 태종이 일을 할 때 먼저 공론(公論)을 만들어내는 일관된 방식이었다. 태종이 재위 초부터 관료 조직을 장악할 수 있었던 비결 중 하나라고 하겠다.

11월 20일 경연에서는 경연 지사 권근, 시독관 김첨(金瞻, 1354~1418년)⁸ 등과 함께 『대학연의』를 읽고 술과 과일을 내려준 다음에 이런저런 이야기를 하다가, 집권 과정에서 나타난 본인의 폭력성 내지 잔인성에 대해 나름의 변명을 한다. 그는 "불똥이 팔뚝에 튀어 박히면 어느 누가 서둘러 버리려고 하지 않겠는가"라고 반문하면서 자신은 처음에는 집권 의도가 있지 않았다고 강조한다.

---

8   고려 우왕 2년(1376년)에 문과에 급제한 뒤 예문관 응교를 지냈으며, 공양왕 4년 (1392년)에는 정몽주와 내란을 음모했다는 혐의로 파직당하고 유배되었다. 조선이 건국되자 복직되어 정종 1년(1399년) 봉상시 소경(少卿)에 제수된 뒤 예조전서로 예문관 제학을 겸임했으며, 태종 4년(1404년)에는 우군총제가 되어 여진족의 유민을 다스렸다. 의정부 참지사 등 요직을 두루 거쳤고, 1407년에는 민무질 등과 가까이하여 왕족 간의 이간을 꾀했다는 죄목으로 파직되었다가 소격전(昭格殿) 제조가 되어 도교 (道敎)에 관한 자문을 했다. 경사(經史)에 밝았고 아악(雅樂)을 교정했으며 의례(儀禮) 에도 조예가 깊었고, 특히 도교(道敎) 부흥에 노력했다.

"처음에는 다만 살기를 구한 것뿐이지, 어찌 감히 털끝만큼이라도 왕위를 바라는 마음이 있었겠는가? 오늘날 이렇게까지 된 것은 결코 나의 본심이 아니었다."

그러면서 집권 1년이 된 시점에서도 여전히 불안한 마음이 있음을 숨기지 않고 털어놓는다.

"지금 안으로는 부왕에게 책망받고 밖으로는 여론이 흉흉하니, 어찌 할 바를 알지 못해 아침 일찍부터 밤늦게까지 공경하고 두려워할 뿐이다."

같은 해 12월 9일에는 명나라에 사신으로 다녀온 영의정부사 이서 등이 귀국해 명나라에서 구한 『대학연의』, 『통감집람』[9] 등을 바쳤다.

마침내 1년여 만인 12월 22일, 태종은 『대학연의』 진강을 끝낸 후 김과를 불러 "이 글을 다 읽으니 이제야 학문하는 공(功)을 알겠다"라고 흡족해한다. 이 소식에 경연에 참석했던 신하들이 대궐에 몰려와 축하 인사를 하겠다고 하자 태종은 물리친다. 매사에 허례허식이나 과공(過恭)을 꺼렸던 담백한 성격을 보여주는 대목이다.

"내가 익히 읽어서 능히 행하기를 기다린 후에 하례하라. 다 읽었다

---

9   정확히 어떤 책인지 알 수 없다.

는 이유만으로 하례할 것은 못 된다."

태종의 『대학연의』 활용

그는 대체로 세자 시절부터 계산해도 1년 반 만에 『대학연의』를 독파했다. 그리고 자연스럽게 고려 임금들이 경연에서 읽었던 제왕학 텍스트 『서경』으로 넘어간다. 그런데 태종은 이때 이미 나이가 30대 중반이었기 때문에 초학자가 학습하듯이 책을 읽지는 않았다. 배석자가 많아 다소 거창한 경연보다는 혼자 김과 같은 시독관 한두 명을 곁에 두고 책 읽기를 좋아했다. 그 때문에 이듬해인 태종 2년(1402년) 6월 18일에 사간원에서 이 문제를 언급한다.

생각건대 우리 전하께서는 옛날 동궁에 계실 때 『대학연의』를 읽으시어 '격물 치지 성의 정심 수신 제가 치국 평천하'의 배움에 대해 강구하고 절차탁마(切磋琢磨)하신 공부가 무르익으셨습니다. 보위에 즉위하심에 이르러서는 만기(萬幾)의 여가에 곧장 능히 경학(經學)에 마음을 두시어 늘 익힘[時習]¹⁰ 이 그침이 없으셨습니다. 지금은 또 『서경』을 강하시어 이제(二帝)¹¹·삼왕(三王)¹²이 천하를 다스리던 대경대법(大經大法)¹³을 정밀하게 탐구하지 아니함이 없으시니, 대개

<hr>

10 "학이시습(學而時習)"의 시(時)는 '때때로'가 아니라 '항상'이라는 뜻이다.
11 요임금과 순임금이다.
12 하나라를 세운 우왕, 은나라를 세운 탕왕, 주나라를 세운 문왕과 무왕을 가리킨다.
13 큰 통치 원리를 뜻한다.

마음에 얻으신 바를 여러 일을 행함에 구현하려고 하심입니다. 비록 옛날에 밝은 임금[明王]이라 하더라도 아마 배움을 좋아함[好學=好問]의 돈독함은 전하를 앞설 수 없을 것입니다. 그러나 제왕학[聖學]이란 처음을 잘 시작하고 끝을 잘 맺는 것[成始而成終=愼始而敬終]을 귀하게 여기는 반면, 사람 마음[人心]이란 어떤 때는 마음을 다잡다가도[操=操心] 어떤 때는 마음을 놓아버린다[捨=放心]는 점을 경계해야 합니다.

신하들도 태종이 '준비된 국왕'임을 인정하고 있다. 그러나 혹시라도 마음을 놓아버릴 수도 있으니, 그런 차원에서 경연에 나아와 신하들과 함께 학문을 함께 강론해줄 것을 청하는 수준이다.

그런데 여기 매우 중요한 말 하나가 들어 있다. "제왕학[聖學]이란 처음을 잘 시작하고 끝을 잘 맺는 것[成始而成終=愼始而敬終]을 귀하게 여긴다"라는 대목이다. 예를 들면 태종이 훗날 뛰어난 이를 골라[擇賢] 충녕대군을 세자로 삼고 자신의 뒤를 잇게 한 것이 '끝을 잘 맺는 것'의 전형적인 사례다. 그러나 이 당시는 '처음을 잘 시작'해야 하는 때였다. 그 첫출발은 당연히 인사(人事), 즉 신하 중에서 뛰어난 이[賢人]들을 널리 찾아서 적재적소에 배치하는 일이다. 이 문제는 뒷장에서 자세히 살피므로, 다시 『대학연의』 활용 문제로 돌아가 보자.

태종 3년(1403년) 5월 21일에 태종은 옥새와 각종 제사 기기들을 관장하던 상서사(尙瑞司)에 명해 『대학연의』의 서문과 신하들이 그 책의 내용에 관해 쓴 글들을 정리해서 병풍으로 만들게 했다. 교훈적이거나 중요한 구절들을 늘 가까이 두고자 함이었다.

같은 해 10월 1일 자에는 이미 신하를 능가하는 태종의 학문 수준을 보여주는 사례가 나온다. 그에 앞서 사헌부에서 태종이 좋아했던 사냥 나가는 일을 비판하자, 태종은 사헌부 장령 이관을 불러 고전(古典)에도 임금이 하는 사냥을 법도로 보았다고 말하면서 『대학연의』에 나오는 관련 구절을 읽어보라고 한다. 그 대목으로 들어가 보자.

느디어 식섭 (진덕수의)『대학연의』를 십어 들고서 관(灌)에게 보이며 읽으라 했다. 관이 제대로 떼어 읽지[句讀] 못하자 상이 말했다.
"오랫동안 책을 읽지 않다 보면 참으로 읽기가 쉽지 않겠지만, 그러나 큰 뜻은 알 수 있을 것이다."
마침내 '유관(遊觀-놀며 구경하는 것)은 기운과 몸[氣體]을 기르는 것이다'라는 구절을 골라 상이 스스로 그것을 읽으며 말했다.
"이것이 진정 사냥을 금하는 말인가? 옛날 사람들도 역시 금하지 않았고, 다만 지나치게 즐기는 것[過逸]이 안 좋다는 것일 뿐이다. 내가 지나치게 즐긴 바가 있는가? 있거든 바로 말해보라."
관이 대답하지 못했다. 상이 말했다.
"지금 하는 말은 너를 힐난하는 것이 아니라 내 뜻을 말하는 것이다."
관이 말했다.
"신들도 역시 전하께서 사냥하시는 것을 말리는 것이 아니라 장차 종묘에 아뢰려 하신다니 또한 언덕과 웅덩이가 험난한 것을 걱정해서였습니다."
상이 말했다.

"그렇다면 관은 물러가도 좋다."

상이 말했다.

"관은 참으로 겁(怯)이 없는 자다."

마지막 말이 매우 중요하다. 즉 이관은 태종이 좋아하는 곧은 신하[直臣]라는 뜻이다. 총애받은 그는 사헌부 집의, 대언(代言)을 거쳐 태종이 매우 중시했던 승정원 지신사(知申事-훗날 도승지)에 까지 오르게 된다. 그러나 자주 파직당한 데서 알 수 있듯 일 처리가 치밀하지 못해서, 1418년 이조참판으로 있다가 세종의 장인 심온이 죽게 되는 강상인 옥사에 연루되어 비극적으로 최후를 마친 점은 아쉽다고 하겠다. 신하로서 경종(敬終)에 실패한 경우에 해당한다.

또 태종은 세자에게도 『대학연의』를 강독시켰다. 그러나 종종 질문하면 세자는 제대로 답을 하지 못했다(태종 9년(1409년) 3월 25일). 4년 후인 태종 13년(1413년), 태종의 미움이 깊어지자 세자는 다시 인정받고 싶은 마음에 하루에 5장, 많을 때는 7, 8장씩 읽어대더니 마침내 10월 7일 강독을 마친다. 시학관(侍學官) 등은 이렇게 말했다.

"세자가 영매(英邁)한 자질로서 옛날부터 이처럼 했다면 이 책을 어찌 6년이나 걸려서 끝마쳤겠는가!"

즉 『대학연의』 완독의 지체는 결국 뒤에 가서 폐세자되는 원인 (遠因) 중의 하나로 작용했다고 보아야 한다. 배움을 좋아하지 않는다는 평판은 바로 『대학연의』 강독 문제로 인해 생겨났다.

　무엇보다, 중요한 기밀(機密)을 말하면서 『대학연의』를 활용하는 장면을 보자. 민무구·무질 형제는 태종 7년(1407년) 이화(李和)가 태종에게서 사전 밀지(密旨)를 받고 제기한 탄핵으로 인해 지방으로 쫓겨나고, 결국 태종 10년(1410년) 유배지 제주도에서 자진(自盡)하게 된다. 아직 민무구·무질 형제가 살아 있을 때인 태종 9년(1409년) 9월 4일, 태종은 편전에서 핵심 신하들과 이런 대화를 나눈다.

　편전에 나아가 앉아 이천우·김한로·이응·황희·조용·김과 등을 불러서 일러 말했다.

　"옛날에 진(晉)나라 경공(景公)이 조동(趙同)과 조괄(趙括)을 죽였는데, 꿈에 큰 여귀(厲鬼-떠돌이 귀신)가 문을 부수고 들어오자 경공이 작은 방으로 피하니 여귀가 쫓아오며 말하기를 '내 손자를 죽인 것은 불의(不義)한 일이다. 이미 상제(上帝)에게 고했다'라고 했다한다. 태조께서 내게 견책하는 것이 어찌 그른가? 내가 스스로 생각하기를, 이미 어버이에게 환심을 사지 못했고 내가 두어 자식이 있는데 무구 등이 또 이를 해치려고 하기 때문에 지난 병술년(丙戌年-1406년)에 위(位)를 내려놓고 (우환을) 피하려고 했었다. 그러나 신하들에게 저지당해 이를 행하지 못했는데, (그때) 무구의 노기(怒氣)가 안색에 나타났다."

　김과에게 일러 말했다.

　"경진년(庚辰年-1400년)에 효령·충녕이 나이 겨우 4살, 5살이었는데 네가 이들을 가리켜 말하기를 '이 작은 왕자들 또한 장(長)을 다투는 마음이 있다'라고 했고, 또 병술년(丙戌年-1406년)에 이르러서도 이 두 자식을 가지고 말을 했었는데 언사(言辭)가 심히 불쾌했다. 만일 내가 이 말을 누설한다면 네가 어찌 편안하겠는가? 네가 만일 숨긴다면 내가 마땅히 선포해 말하겠다."

과가 대답했다.

"진실로 그런 말을 한 적이 있습니다."

상이 말했다.

"네가 그런 말을 한 적이 있었다고 하니 내가 마땅히 누설하지 않겠다. 내 어찌 식언(食言-거짓말)하겠느냐? 세자가 『대학연의』를 배울 때 권수(卷數)가 많아서 고루 보기가 쉽지 않기에 내가 너를 시켜 가장 거울이 되고 경계가 될 만한 것을 뽑아 분류(分類) 편찬(編撰)케 해서 세자로 하여금 항상 마음과 눈에 두게 하려고 했다. 그런데 네가 척속(戚屬)에 관한 것을 가르치는 편을 빼버렸다. 대체로 척속의 겸손공근(謙遜恭謹)한 복(福)과 교만방일(驕慢放逸)한 화(禍)는 바로 세자가 마땅히 강습해야 할 것인데 네가 이것을 뺐으니, 이것은 온전히 외척을 두려워한 것이다. 옛사람이 저술한 글을 읽는 것도 진실로 두려우냐?"

그 말씀이 심히 간절하고 슬프니, 여러 신하가 모두 울었다. 상이 또 눈물을 흘리며 말했다.

"임금의 자식은 오직 맏아들만 남기고 그 나머지는 모두 죽여야 하느냐?"

그러고 나서 (세자의 장인) 한로를 가리키며 말했다.

"세자가 만일 여러 아들을 낳으면 경의 마음은 어떻겠는가?"

천우 등이 함께 과(科)를 유사에 넘겨 다스릴 것을 청하니 상이 말했다.

"부디 이 말을 드러내지 말라."

대언 김여지가 나아와 아뢰었다.

"『시경』에 이르기를 '종자(宗子-세자 이외 왕자들)는 성(城)과 같다'[14]라고 했으니, 자손이 번성한 것은 종사(宗社-종묘사직)의 복입니다."

상이 말했다.

"백(百)이나 되는 아들[15]이란 것을 『시경』에서 말했다."

뒤에 김과를 불러 힐난하며 말했다.

"네가 근래에 어느 사람에게 말하기를 '내가 사생을 걸고 바로잡고자 한다'라고 했다는데, 그런 말(을 한 적)이 있는가? 내가 적서(嫡庶)의 분변(分辨)을 밝히지 못하니 네가 간절히 간언해 죽고자 하는 것인가? 무엇을 가리켜 한 말인가?"

과가 대답했다.

"신이 본래 어리석고 미혹되어 지나친 말을 했습니다. 죽어도 남는 죄가 있으니 죽음도 달갑게 받겠습니다."

상이 말했다.

"어제 네가 말하기를 '집에서 대죄(待罪)하겠다' 하기에 내가 듣고 불쌍히 여겼는데 네가 면대하지 않고 문득 다른 사람에게 고했으니, 네가 늙었으면서 심술이 어찌 이렇게 바르지 못하냐[不正=不直]? 네부정 부직
가, 세자가 읽을 『대학연의』에서 초록을 편찬할 때 국본(國本-세자)을 정하고 적서의 분수를 분변하지 않을 수 없다는 것을 아울러 실

---

14 「대아(大雅)·판(板)」편에 나오는 구절이다.
15 「대아(大雅)·사제(思齊)」편에 나오는 구절이다.

었는데, 이 편에 (제나라) 환공(桓公)·양공(襄公), 한나라 성제(成帝), 오나라 손권(孫權), 당나라 태종(太宗) 등 다섯 임금의 일을 기록했으니 모두 부자 형제 간에 잘 처신한 자들이 아니다. 세자가 일찍이 배운 것도 없이 먼저 이 편을 배우게 된다면 장차 생각하기를 '부자 형제도 또한 두렵다'라고 할 것이니, 불효부제(不孝不悌)의 마음을 열어주는 것이 아닌가? 네가 전일에 말한 것이 심지어 여기에도 나타났다."

여지에게 일러 말했다.

"지금 민씨의 당(黨)이 나더러 참소(讒訴)를 듣는다[聽讒]¹⁶고 하는데, 그렇다면 임금의 자식은 오직 장자(長子)만 남기고 나머지는 모두 다 죽여야 옳으냐?"

이 일로 인해 재위 초기부터 태종 공부를 가까이에서 도왔던 김과는 역사의 뒤안길로 사라진다.

재위 기간을 전체적으로 조망해볼 때 태종이 주로 『대학연의』에서 배웠던 바는 바람직한 군신(君臣) 관계였다. 오늘날로 말하면 리더십 문제다. 세월이 어느 정도 흐른 태종 11년(1411년)과 12년에 그가 『대학연의』를 어떻게 이해하고 적용하는지 보여주는 기사들이 집중돼 있다.

태종 11년 5월 20일, 그는 지신사(知申事) 김여지와 동부대언 조말생을 불러 『맹자』를 강하다가 "신하가 임금을 섬김은 예(禮)로

---

16 이 말은 곧 밝지 못한[不明] 군주라는 뜻이다. 태종이 가장 듣기 싫어하는 말이기도 하다.

써 하는 것인데, 어찌하여 '임금을 옳다고만 하면서 섬기면 아부하
는 자다'라고 했는가?"라고 묻는다. 이에 조말생은 이렇게 답했다.

"만약 한결같이 임금만 섬기기로 마음먹어 임금의 과실을 보고도
말하지 않는다면, 이것은 아첨하고 순종만 함으로써 임금을 잘못된
길로 이끌며 비위만을 맞춤으로써 임금을 즐겁게 하는 데만 애쓰는
자입니다."

태종은 동의하면서 『대학연의』에도 그 같은 이야기가 있었다
고 덧붙인다. 그만큼 『대학연의』는 태종 정신세계 깊이 자리 잡은
책이었다.

같은 해 10월 12일에는 예문관 대제학 유관(柳寬, 1346~
1433년)을 불러 주희의 『자치통감강목』을 강하게 한 다음 이렇게
말한다.

"온공(溫公-사마광)의 『통감(通鑑-자치통감)』과 『십칠사(十七史)』를
보면 요순 때 군신(君臣) 간의 일은 아주 자세히 실었는데 삼황(三
皇-복희·신농·황제) 때 여러 신하의 일은 말한 것이 없으니, 무슨 글
을 읽으면 그 시절 임금과 신하의 일을 알 수 있겠는가?"

태종은 대단한 학문적 깊이를 보이고 있다. 유관이 모르겠다
고 하자 태종은 『대학연의』와 『춘추』를 갖고 오도록 해서 다시 그
부분을 함께 토론한다. 사실 유관은 당시 중국사 최고 전문가였다.
그런 유관이 답하기 어려운 주제에까지 태종은 밀고 올라갔다.

그해 12월 15일에는 아예 우부대언 한상덕에게 명해 『대학연의』에서 귀감이 될 만한 글귀를 골라 편전 벽에 크게 쓰도록 지시하고 이렇게 말한다.

"『대학연의』는 고금의 격언을 모아서 만든 글인데, 내가 매번 읽을 때마다 덕형(德刑-덕을 베풀 때와 벌을 행할 때)·선후(先後-일을 할 때 중요한 것과 그렇지 않은 것)의 분별과 토지 제도, 외척을 멀리하는 것의 중대함을 새삼 깨닫게 된다."

그는 직언과 모함의 차이를 구별해내는 문제의 중요성도 『대학연의』에서 배웠다고 털어놓는다. 태종 12년(1412년) 10월 20일이다.

"참소하는 말을 정확히 가려내기가 가장 어렵다. 만약 임금이 신하들의 직언(直言)을 참소하는 말로 받아들인다면 그 실수는 크다. 『대학연의』에서도 국왕이 늘 경계해야 할 것들 가운데 참소나 참언이 으뜸이라고 했다. 매우 절실한 말이라 생각한다."

참소하는 말과 곧은 말을 가려내는 것이 바로 눈 밝음[明]
이다. 태종은 임금으로서 말을 듣고 사람을 판단할 때 바로 이 점에 가장 마음을 쏟았다.

그러다 보니 자연스럽게 "참소하는 말을 듣는다[聽讒]"는 말
에 극도로 예민하게 반응했다.

재위 말년인 태종 17년(1417년) 윤5월 12일, 태종은 인정전 증

축 문제에 대한 이조판서 박신의 요청을 단호하게 거절한다.

"비록 작은 역사(役事)일지라도 삼복더위 때 백성을 부려 고단하게
할 수 없다. 홑옷을 입고 깊은 궁중에 앉아 있어도 더위를 이기지 못
하겠는데, 하물며 역인(役人)이야 말해 무엇하겠는가? 가을이 되어
서늘해지기를 기다려라."

그래도 공사를 시작해야 한다면서 계속 건의하자 태종은 들은
척도 하지 않다가 청성부원군 정탁과 예조판서 변계량을 번갈아
보면서 느닷없이 『대학연의』 이야기를 끄집어낸다. 아마도 당시 변
계량이 세자에게 『대학연의』를 가르치고 있었기 때문으로 보인다.

"그전에 내가 『대학연의』를 청성부원군에게서 수강했는데, '환관 진
홍지(陳弘志)가 청니역(靑尼驛)에 이르러 봉장살(封杖殺)했다'라는
글귀가 나오자 부원군이 말하기를 '봉은 봉검(封劍)의 봉(封)과 같
은 것으로 봉장(封杖)으로 죽이는 것입니다'라고 했다. 변 판서는 세
자를 가르칠 때 무슨 뜻으로 말했는가? 내가 수강한 이래로 항상 마
음에 맞지 않게 여겼는데, 지금 『운회(韻會)』를 보니 봉(封)자를 주석
하기를 '봉(封)은 계(界)이며 강(彊)이다'라고 했다. 이것을 보고서야
나의 의심이 풀렸다. 이것은 반드시 청니봉(靑尼封-청니 경계)에 이르
러 장살(杖殺)했다는 것이리라."

국왕이 신하를 학문으로 제압하는 전형적인 사례다. 『운회』는
송나라 황공소(黃公紹)가 펴낸 『고금운회(古今韻會)』를 가리킨다.

정탁은 "네, 그렇습니다"라는 말밖에 달리 할 말이 없었다. 실록도 "임금이 경사 보기를 좋아해 의심되는 것이 있으면 반드시 구명해서 뜻이 명확하게 밝혀진 뒤에야 그만두었던 까닭에, 『대학연의』를 본 지 수년이 되었어도 해독하는 능력이 이와 같았다"라고 극찬하고 있다.

2 ——

제왕학으로 『서경』을 읽다

태종이 경연에서 『대학연의』 강독을 마친 때는 태종 1년 (1401년) 12월 22일이었다. 해가 바뀌어 태종 2년(1402년) 5월 10일 태종은 권근에게 명을 내려 『상서』 경문(經文)에 구두점(句讀點)을 찍어서 바치게 했다. 이 책을 읽기 위함이었다. 『상서』란 곧 『서경』을 말한다. 흔히 『서경』과 『춘추』를 비교해서, 『서경』은 말[言]을 기록했고 『춘추』는 일[事]을 기록했다고 말한다.

그런데 그보다 20여 일 전인 4월 19일 좌정승(좌의정) 김사형이 각사(各司)를 거느리고 원자 책봉을 하례하려 하니, 태종이 『서경』을 전거로 들며 사양하는 장면이 나온다. 원자를 봉한 것은 하루 전날이었다. 태종의 말이다.

"원자란 맏아들 칭호일 뿐이니 반드시 봉(封)해야 하는 것은 아니다.

경문(經文)을 상고해보면 분명 원자 책봉이란 말은 없을 것이다. 전일에는 자세하게 상고할 겨를이 없어 이 일을 행했지만, 또 뒤따라 하례까지 하는 것은 잘못이다. 『서경』에 이르기를 '왕(王)은 비록 어리시지만 원자이십니다!'[17]라고 했으니 이것은 진실로 소공(召公)이 성왕(成王)에게 고해준 말이다. 어찌 원자를 봉했다 하여 칭송하고 하례하겠는가? 경(經)에서는 '자(子)'자를 '생(生)'자와 같이 썼고, 전(傳)에 이르기를 '천하에 나면서부터 귀한 자는 없다[天下無生而貴者]'[18]라고 했다. 천자에게 맹세한 뒤에야 세자가 된다. 만약 세자를 봉했다면 나라의 근본을 정한 것[定國本]이니 진하하는 것이 마땅하겠다."

여기서 우리는 단순한 예법이 아니라 일의 이치[事理]로서 예(禮)에 밝은 태종을 보게 된다. 아마도 태종은 즉위해 이런저런 일을 하는 과정에서 『서경』이 갖는 중요성을 이미 알고 있었기에 본격적으로 강독하려는 목적으로 권근에게 구두점을 찍어서 올리라고 했을 것이다.

권근이 구두점을 찍어서 올리자 얼마 후에 바로 『서경』 강독에 들어갔음을 보여주는 기사가 6월 8일 자 실록에 처음으로 나타난다.

---

17 「주서(周書)」소고(召誥)에 나오는 말이다. 이는 숙부인 소공이 성왕에게 비록 나이는 어리지만 하늘이 명해준 아들이라는 의미에서 원자(元子-아들 중 으뜸)라 부르며 그 임무가 크다는 것을 말해준 것이다.
18 『예기(禮記)』「교특생(郊特牲)」에 나오는 말이다.

시강을 맡은 호조전서 김첨에게 명해 『서경』 「재재(梓材)」편[19]을 강하게 했다.

상이 악가(樂歌)의 일로 인해 첨(瞻)을 오라고 불렀다. 상이 마침 『서경』 「재재」편을 보고 있다가 첨에게 그것을 진강해보라고 명하니, 첨이 구두점을 떼지 못해 부끄럽게 여기며 사과했다.

"오늘날 유생들은 「우공(禹貢)」과 「재재」편은 배움에 절실치 못하다[不切於學]고 여겨 모두 읽지 않습니다."
<small>부절 어학</small>

원문에는 호조전서로 되어 있지만, 이 기사 전후에는 모두 예조전서인 것으로 보아 원문에 착오가 있었던 듯하다. 실은 김첨은 원자 하례 논란 때도 태종이 "원자를 봉했다는 말이 어느 경에 보이는가?"라고 묻자 "신도 아직 보지 못했습니다. 그러나 이제 이미 봉했으니 신하 된 마음으로 하례하지 않을 수 없습니다"라고 답한 바 있다.

이때 태종은 딱 끊어서 말했다.

"봉한 것이 이미 잘못인데 또 무슨 하례를 하겠는가?"

일의 이치[事理=禮]를 중시하고 또 이처럼 자기에게 엄격한 태종이었기에 아첨이 싹틀 여지는 처음부터 없었다. 태종은 이 같은 태도를 재위 내내 유지하면서 지공무사(至公無私)한 조정 분위기를 만들어냈다.

---

19 「주서(周書)」의 편 이름이다.

김첨(金瞻, 1354~1418년)은 이미 고려 때 예문관 제학을 지냈을 만큼 학문에 뛰어난 신하 중 하나였다. 하륜 또한 그의 박식함을 높이 평가했다. 이런 김첨도 36세 태종 학문 앞에서 쩔쩔매고 있다. 태종이 재위 내내 강한 왕권을 구사할 수 있었던 주요 원동력 중 하나가 바로 이 같은 학문적 우위(優位)였다.

「재재」편은 주나라 무왕(武王)이 동생 강숙(康叔)을 위(衛)나라에 봉해주면서 가르침을 전한 글이다. 대체로 이 글은 나라를 다스리는 이치[治國之理]를 말한 것으로, 위아래의 실상[情]이 통하게 하고 형벌을 너그럽게 써야 한다는 메시지를 담고 있다. 신하 입장에서는 그다지 중요하지 않더라도 임금 입장에서는 중요하게 여기지 않을 수 없는 글이다.

여기에는 "신하 중에도 스승처럼 여겨야 할 신하[師臣]가 있으니 삼공(三公)이 그들이다"라는 내용도 들어 있다. 이는 실제로 태종이 조준·권근·하륜에게 보여준 태도이기도 하다. 즉 그들은 태종에게 사신(師臣), 즉 스승 같은 신하였다.

스승 같은 신하[師臣] 문제는 『이한우의 태종 이방원 하』 제1장 2절에서 다룰 것이다.

같은 해 7월 2일, 가뭄이 계속되자 태종은 강독 중이던 『서경』을 끌어들여 이렇게 말했다.

"지금 이렇게 가뭄이 심하니 내 생각에 반드시 그것에 관해 말하는 자가 있으리라 여겼는데, 이를 기다린 지 여러 날이 되었으나 한 사람도 가뭄에 대해 언급하는 자가 없었다. 내가 이에 먼저 발언을 하고 나서야 여러 신하가 기도를 서두르니[汲汲], 어찌 그리 늦은가? 어제 통사(通事-통역관) 원민생(元閔生, ?~1435년)[20]이 서북면(평안도)에서 왔기에 거쳐온 곳[所歷]을 물어보았더니 벼와 곡식들이 다 말랐다고 했다. 어째서 비가 내리지 않는 것이 이토록 심한 것인가? 내가 마음이 너무도 아프다. 지난번에 벼와 곡식들이 무성하다고 아뢴 자들이 자못 많았고 그 와중에 간혹 무성하지 못하다고 아뢴 자도 있었는데, 나는 진실로 뜬소문[浮言]을 가지고 근심하거나 즐거워하지 않는다. 어찌 일을 아뢰는 곡직(曲直)이 이와 같단 말인가? 『서경』에 이르기를 '참람(僭濫-윗사람에게 기어오르다)하면 항상 볕이 난다'[21]고 했는데, 내가 대국을 섬기는 데 있어 결단코 참람한 생각이 없으니 나라 안에 어떤 참람한 신하가 있어서 비가 내리지 않는 것이 이 지경에 이르렀단 말인가? 하늘은 참으로 헤아리기가 어렵도다."

홍수나 가뭄이 닥치면 늘 애태우고 근심했던 태종은 오히려 그에 관해 아무런 언급도 않는 신하들이 한심하게 보였을 것이다. 『서경』「홍범」에 나오는 이 말은, 천인감응(天人感應)에 입각해 신하가 아래에서 위를 넘보는 참람한 짓을 할 경우 하늘에서 가뭄이라는 벌을 내려준다는 뜻이다. 이에 조영무가 "중국 일일 뿐 우리

---

20 중국어에 능통해 역관으로 활약했다. 1418년 사은사 동지총제가 되어 명나라에 가서 양녕대군을 폐하고 충녕대군을 세자로 책봉한 데 이어 양위한 전후 사정을 알리고 돌아왔다. 1423년 중군총제·우군총제 등을 거쳐 1425년 안주선위사와 평양선위사를 지내며 명나라 사신을 접대했다. 이후 사역원제조·중추원동지사·인순부윤(仁順府尹) 등을 역임했다. 모두 21차례에 걸쳐 명나라를 왕래하면서 두 나라의 관계 개선에 큰 역할을 했다.

21 「주서(周書)」 홍범(洪範)에 나오는 말이다.

가 근심할 것이 아닙니다"라고 하자 태종이 던진 한마디다.

"아니다. 옛날 사람들은 재앙을 만나면 반드시 자기 자신을 책망했
지 남 탓으로 돌리지 않았다."

태종 3년(1403년) 1월 7일 경연에서도 여전히 『서경』을 중심으
로 태종과 김과 사이에 토론이 이어졌다. 두 사람이 주고받는 문답
이 매우 흥미롭다.

상이 조용히 말했다.
"비상한 일이 있으면 이를 일러 재변이라고 한다. 우왕(禹王)[22]이
고요(皐陶)[23]를 임명하자 하늘이 사흘 동안이나 금(金)으로 비를 내
리니, 이를 상서롭다고 한 것은 어째서인가?"
김과가 대답했다.
"전(傳)[24]에 있는 말인데, 그에 따르면 '금은 귀한 물건이다. 오랫동안
가물다가 비가 내리니 그것을 금에 비유해 금비가 내렸다고 말한 것
이다'라고 했습니다."
상이 말했다.
"직(稷)[25]과 설(契)[26]과 고요(皐陶)는 같은 때에 뛰어난 재상인데 어

---

22 순임금에게 천자의 자리를 선양 받아 하(夏-크다)나라를 세운 창업 군주다.
23 순임금과 우왕 때의 명재상이다.
24 『서경』 풀이를 가리킨다.
25 순임금의 신하로 농사를 관장했는데, 그 후손이 훗날 주나라를 세운다.
26 훗날 은나라를 세우는 탕왕의 조상이다.

찌하여 직과 설은 말하지 않고 고요만 말했는가?"

과가 대답했다.

"우(禹)와 고요는 다움이 대등합니다[同德]. 순임금이 (원래는) 천하
동덕
를 고요에게 주었는데 고요가 받지 않아 우에게 전한 것입니다. 우
가 천하를 소유할[有天下]^{27} 수 있었던 것은 오로지 고요에게 맡긴
유 천하
때문입니다."

상이 말했다.

"직과 설 후손은 모두 (훗날) 천하를 소유했는데 고요 후손은 천히
를 소유하지 못했으니 어째서인가?"

과가 대답했다.

"고요는 형관(刑官)으로 있으면서 살육을 맡았기 때문에 그 후손이
천하를 소유하지 못한 것입니다."

상은 그렇다고 여겼다.

김과 학문도 수준이 만만치 않았음을 볼 수 있다.

---

27 천자가 되었다는 뜻이다.

3 ——

경사 통합 독서법

이어 한 달 후인 태종 3년(1403년) 2월 23일 "경연에서 처음으로 『십팔사』를 읽었다"라는 기록이 나온다. 『십팔사』는 『십팔사략(十八史略)』을 말한다. 중국 남송 말에서 원나라 초에 걸쳐 활약했던 증선지(曾先之)[28]가 편찬한 역사서다. 『십팔사략』의 원래 이름은 『고금역대십팔사략』이다. 사마천의 『사기』, 반고의 『한서』에서 시작해 『신오대사(新五代史)』에 이르는 17종 정사(正史)에다가 송대 『속송편년자치통감(續宋編年資治通鑑)』, 『속송중흥편년자치통감(續宋中興編年資治通鑑)』 등의 사료를 첨가한 십팔사(十八史) 사료 중에서 태고(太古) 때부터 송나라 말까지 사실(史實)을 발췌해 개괄적인 역사 교과서로 편찬한 책이다.

---

28 생애 정보는 거의 전하지 않는다.

7개월 후인 9월 10일 "『십팔사략』 읽기를 마쳤다"라는 기록이 나온다. 9월 22일 실린 기사지만 문맥을 보면 9월 10일에 바로 이어도 되는 기록이 있다.

상은 천성이 귀 밝고 눈 밝아[聰明] 배움을 좋아하기[好學]를 게을리하지 않아서[不倦=無逸] 책을 읽는 데 있어 엄격하게 과정(課程)을 세웠다. 『십팔사략』 강독을 마치고 김과에게 물었다.

"내가 역사를 읽어 역대의 다스림과 어지러움, 흥함과 망함을 개략적으로나마 알게 되었다. 거듭해서 사서(四書)[29]와 육경(六經)[30]을 읽어가려는 것이 진실로 내 생각이지만, 그러나 먼저 이치의 전체를 알려고 한다. 어떤 책이 이학(理學)[31]의 연원이 되는가?"

질문은 이렇게 했지만 바로 뒤에서 보듯 그 기본 골격은 태종도 정확히 알고 있었다. 다시 실록이다.

과가 대답했다.

"제왕의 학문에 대해 어찌 감히 가벼이 의견을 내겠습니까? 더욱이 영경연(領經筵-경연 영사)과 겸경연(兼經筵)과 대소신료가 두루 있사오니, 마땅히 그들로 하여금 책을 고르도록 하소서."

상이 말했다.

---

29 『대학』·『중용』·『논어』·『맹자』로 송나라 때 분류되었다.
30 『시경』·『서경』·『예경』·『악기』·『주역』·『춘추』로 춘추 시기에 분류되었다.
31 송나라의 성리학 혹은 도학(道學)을 가리킨다.

"정일집중(精一執中)은 제왕의 배움이다. 옛것을 익히는 일[溫故]을
『중용』과 『대학』[庸學]으로부터 시작하겠다."

경전과 사서를 오갔다. 태종은 전형적인 경사(經史) 통합 공부
방식을 견지하고 있다. 이런 공부 방식은 훗날 세종도 똑같이 이어
받는다. 또 태종은 제왕학의 근본을 꿰뚫고 있었다. 정일집중(精一
執中)이란 『서경』에 나오는 말로서 요임금이 순임금에게, 그리고 순
임금이 우왕에게 전해준 제왕의 마음가짐[心法]이다. 이는 굳세고
눈 밝음[剛明]의 문제와도 직결되므로 좀 더 심화해서 살펴보자.

순임금이 말했다. "사람의 마음이란 오직 위태위태한 반면 도리의
마음은 오직 잘 드러나지 않으니, (그 도리를 다하려면) 정밀하게 살피
고 한결같음을 잃지 않아서 진실로 그 적중해야 할 바를 잡도록 하
여라[人心惟危 道心惟微 惟精惟一 允執厥中]."

16자(十六字)다. 송나라 때 주희를 비롯한 성리학자들은 바로
이 구절을 성리학식 제왕학을 위한 출발점으로 삼아 임금이 마음
다스리는[治心] 원칙으로 삼았다. 성리학은 단순한 사상체계가 아
니다. 왕권을 중시해 강명(剛明)한 군주를 기르는 데 힘쓴 공자식
원시유가(原始儒家)와 달리, 송나라 성리학자 특히 주희가 주도해
서 전통적인 유학을 군주론이 아닌, 신하 중심의 사대부 심신수양
론으로 바꿔놓았다. 만일 태종이 이 같은 성리학의 본질을 알았다
면 좋아하지 않았을 것이 분명하다. 그러나 이때는 아직 성리학에
내포된 신권중심주의적 성격이랄까 본질이 크게 부각되지 않았고,

단순히 혁신적인 유학 정도로만 여겨졌다.

그래서였는지 태종도 이에 관심을 갖는다. 성리학 혹은 주자학에 대한 태종의 관심은 이 무렵『중용』과 주희가 지은『대학혹문』정도를 읽는 데 그치지만, 뒤에 세자에게도 이학(理學)을 가르치라고 말했다. 물론 신하들 권유 때문이기는 했다.

정일집중(精一執中)에 대해 주희는 다음과 같이 풀이하고 있다.

> 도리의 마음은 사람의 마음 사이에 섞여[雜] 나오기 때문에 아주 작아서[微] 그것을 (제대로) 보는 것은 어렵다. 따라서 반드시 모름지기 그것의 정밀함[精]을 살피고 한결같음[一]을 살핀 이후에야 그 적중함[中]을 잡아 줄 수가 있다.

주희 특유의 밋밋한 풀이일 뿐이다. 정일집중은 오히려 군주가 갖춰야 할 강명(剛明)함과 연결 지을 때 제왕학으로서 그 가치가 드러난다.

정밀함이란 곧 사람과 일을 정밀하게 살피라는 말로 눈 밝음[明=聰明]과 같은 뜻이고, 한결같음이란 곧 일을 함에 있어 굳건하게 한결같음을 유지해야 한다는 말로 굳셈[剛]과 연결된다. 그리고 이는 중용(中庸), 즉 군주가 중(中)하고 용(庸)해야 하는 문제와도 연결된다. 정밀하게 살펴야 못 미치지도[不及] 않고 지나치지도[過] 않아서 도리에 적중하게 되고[中道], 굳세고 한결같아야 오래 유지할 수 있기[庸=常] 때문이다. 이 점을 정확히 이해해야 태종의 말, "정일집중(精一執中)은 제왕의 배움이다. 옛것을 익히는 일

[溫故]을 『중용』과 『대학』에서 시작할 것이다"에 담긴 뜻을 제대로
온고
이해할 수 있다.

그러면서 태종은 공부에 소홀한 원자를 걱정한다. 원자에게
명(命)해 말했다.

"내 나이가 거의 40이 되어 귀밑털과 머리털이 흐트러져도 아침저녁
으로 조금도 게을리하지 않고 꾸준히 글을 읽고 있다. 너는 그 뜻을
아느냐?"
원자가 상의 뜻을 알지 못하니, 상이 한숨을 내쉬며 김과를 돌아보
고 말했다.
"딱하다, 저 아이여! 내가 더불어 말을 해도 멍하니 알아먹지를 못
하는구나. 슬프다! 언제나 되어야 이치를 알까?"[32]

『십팔사략』은 주로 김과를 곁에 두고 편하게 읽었다. 경연에는
나아가지 않아 3월 3일에는 경연에 힘써달라고 간언하는 소가 올
라오기도 했다. 그러나 태종은 경연을 한사코 꺼리면서도 독서에
는 열심이었다. 같은 달 10일 자 기사가 이를 보여준다.

경연에 나아가 시독관 김과로 하여금 시도 때도 없이 소대(召對)[33]하
게 했다. 이때 경연관에 궐원(闕員)이 많고 오직 김과만이 항상 대궐
안에 있었다. 상이 매일 정사를 듣는 여가에 편전에 나아가서 시도

---

32 원자는 1394년생이므로 이때 10살이었다.
33 임금의 부름에 응해 묻는 바에 의견을 말하는 것이다.

때도 없이 불러들여 조용히 시강하게 하고 술을 내려주며 강론하니, 과(科)도 역시 아는 바를 남김없이 다[竭] 대답하고[34] 만일 알지 못하는 것이 있으면 물러가서 저 권근에게 물어서 나아가 대답했다.

『십팔사략』은 간략했기 때문인지 실제 정사(政事)에 응용하는 사례는 실록에 나오지 않는다.

다른 역사서와 관련해서는 태종 17년(1417년) 윤5월 12일 자에 이런 대화가 나온다.

상이 말했다.

"『통감강목』[35]을 내가 보았는데 시정(時政)의 득실을 자세히 말하지 아니했다. 그래서 『십팔사』를 보았으나 역시 자세하지 못했다."

주서(注書)에게 명해 유관(柳觀) 집으로 가서 묻게 했다.

"이 사서 이외에 상밀(詳密)한 것으로 무슨 역사책이 있는가?"

유관이 대답했다.

"『한서』·『당서』와 사마천의 『사기』가 있습니다."

---

34 앞서 태종이 경연에 임하는 열렬함이 잘 표현되었기 때문에 '역시', '남김없이 다' 등의 표현이 사용되었다.

35 『강목』이라고도 한다. 『자치통감』 294권으로 강목(綱目)을 만든 책으로, 기원전 403년부터 960년까지 1,362년간의 정통(正統)·비정통을 분별한 뒤 대요(大要-總)와 세목(細目-目)으로 나눠 기술했다. 주희는 대요만을 썼고 그의 제자 조사연(趙師淵)이 세목을 완성했다. 역사적인 사실의 기술보다는 의리(義理)를 중히 여기는 데 치중했으므로 너무 간단해서 앞뒤가 모순되거나 틀린 내용도 적지 않다. 삼국 시대에는 촉한(蜀漢)을 정통으로 하고 위(魏)나라를 비정통으로 하는 등 송학(宋學)의 도덕적 사관이 엿보이는 곳도 많다.

310

뒤에 보게 되겠지만 반고의 『한서』는 이미 태종의 머리와 몸에 배어 있었다. 실록에 태종이 『사기』를 읽었다는 이야기는 나오지 않는다. 이야기로서의 역사보다는 사람과 정치를 배우는 훈련서로서의 역사서를 집중해서 읽었기 때문에 마땅히 사람을 알아보는 훈련서라 할 수 있는 『한서』를 즐겨 읽었던 것으로 생각된다.

4 ___

중시 실시로 미래의 중신들을
찾아내기 위해 『중용』을 활용하다

태종 3년(1403년) 9월 22일, 태종은 이학 즉 성리학의 뿌리가 되는 책이 무엇이냐며 직접 『중용』[36]과 『대학』[庸學]을 언급했다. 그러나 이때는 말만 했을 뿐이고, 실제로 태종이 그중에서 『중용』을 읽은 시점은 3년 후인 태종 6년(1406년) 5월 2일이다.

경연에 나아가 대언 김과, 맹사성, 이은을 불러서 일러 말했다.

"『논어』와 『맹자』는 내가 일찍이 거칠게나마 읽었으나 『중용』의 경

---

36 중국 유교 경전의 하나로 공자의 손자 자사(子思)의 저작으로 알려져 있다. 오늘날 전해지는 오경(五經)이라는 것은 삼경(三經)이라 불리는 『시경』·『서경』·『역경』에 『예기』와 『춘추』를 더해 일컫는 말이다. 그런데 원래 『중용』은 『대학』과 더불어 『예기』 49편 가운데 포함되어 있었는데, 송대에 주자(朱子)가 『중용』과 『대학』을 따로 뽑아내 『논어』·『맹자』와 아울러 사서(四書)라 일컬으면서 유가의 필독서로 장려하면서부터 송학(宋學) 혹은 성리학의 주요 교재가 되었다.

우에는 일찍이 읽은 적이 없다."

그러고는 종편(終篇-끝 편)까지 읽고 조용히 깊게 논했다[商論]. 상
이 말했다.

"내가 친시(親試)[37] 때에 먼저 이 책을 강하게 하고자 하니, 그대들은
마땅히 숙독하고서 명을 기다리도록 하라."

또 말했다.

"중시(重試)[38]가 가까워졌는데 유생들은 어떻게 습독하는가? 『논어』
와 『맹자』는 별로 알기 어려운 말이 없으니, 만약 숙독하고 깊이 생
각한다면 오경(五經)을 통하는 것은 진실로 어렵지 아니할 것이다."

즉 『중용』을 처음 언급하고 3년이 지난 시점에서 단번에 끝까
지 읽어낸 것이다. 그리고 태종은 바로 중시(重試)를 언급했다. 태
종이 『중용』을 단번에 읽어낸 이유는 곧 드러난다.

태종은 관리들 수준을 높이기 위해 조정 관리들을 대상으로
한 중시 실시에 마음을 쏟았다. 열흘 정도 지난 5월 13일에 태종
은 이 문제에 관해 신하들과 의견을 나눈다.

상이 여러 대언에게 물었다.

"이제 문사(文士-문신)들의 중시를 장차 어떻게 할까?"

대답해 말했다.

---

37 임금이 몸소 나와 시험을 보이는 것을 말한다.
38 과거에 급제해 문무(文武) 당하관(堂下官)이 된 사람들을 계속 권면하기 위해 실시하
던 특별 시험이다.

"예전에는 과거를 모두 봄철과 가을철에 실시했는데, 지금 바야흐로 한여름철이 되어 과거에 나오는 문신들이 모두 지극한 무더위를 염려하니 어쩌면 옛 제도에 어긋날까 걱정스럽습니다."

상이 말했다.

"속담에 말하기를 '고려공사(高麗公事) 사흘을 넘지 못하네'[39]라고 했으니, 이 또한 사람들에게 업신여김을 당하는 것이다."

이에 의정부에 내려 깊이 있게 토의하게 했다. 의정부에서 아뢰어 말했다.

"강경(講經)의 경우라면 서늘한 가을철을 기다리는 것이 마땅하나, 대책(對策)의 경우라면 이때도 또한 가능합니다."

상이 마침내 정부에 가르쳐 말했다.

"중시에 나올 자는 경서(經書)를 숙독해 가을철 9월에 이르러 응시하도록 하고, 아울러 책을 등 뒤에 두고[背文] 송강(誦講)을 행하도록 하라."
배문

애초에 하륜이 건의해 말했다.

"문과로 출신한 자들이 대부분 학문을 이록(利祿)의 매개로 삼기에, 일단 과거에 합격하면 곧 그 학업을 버립니다."

그래서 상이 친히 고열(考閱)해 그 고하(高下)를 정해 이를 격려하고자 했던 것이다. 이에 중시법을 세워 종3품 이하로 하여금 모두 시험에 나오게 하여 2월 19일을 기일(期日)로 잡았는데, (조선 출신의 명나라 사신이자 환관인) 정승(鄭昇)이 마침 입경했던 까닭으로 실행하지

---

39 고려 말기 정책이나 법령이 사흘 만에 바뀐다는 말로, 곧 시작한 일이 오래가지 못함을 뜻한다.

못했다.

다시 5월 초7일로 기일을 잡았는데, 의정부에서 시험에 나오는 자들에게 글을 보고 강해(講解)하게 하도록 청하니 이 때문에 가을철까지 기다리는 가르침이 있었다.

결국 태종 6년(1406년) 가을에도 태종이 그토록 원했던 중시는 실시하지 못했다. 해가 바뀌어 반드시 중시를 실시하겠다면서 태종 7년(1407년) 3월 25일, 상중이던 권근을 불러 예문관 대제학으로 삼았다.

사관은 "근(近)이 없어서는 안 되기 때문에 그를 다시 일으킨 것이다[起復]. 근이 또 사양했으나 윤허하지 않고 굳게 일어나게 하니, 마침내 직에 나아왔다"라고 적고 있다. 이처럼 나라에 큰일이 있어 상을 치르고 있는 신하를 다시 벼슬에 나아오게 하는 것을 탈정기복(奪情起復) 혹은 기복(起復)이라고 한다.

4월 5일 사간원에서는 농사철임을 들어 중시 혹은 친시의 중지를 청했다.

그러나 본심은 시험에 대한 부담감과 임금이 신하를 시험하는 방식에 대한 거부감이었다. 이런 신하들 본심은 결국 시험에 응하지 않는 방식으로 표출되기도 했다. 그러나 발안자 정승 하륜이 단호하게 반대했다.

"중시 기일이 이미 가까이 다가왔으니 중도에 그칠 수 없습니다."

중시 날짜는 4월 18일, 광연루 아래에서 문신들을 친히 시험했다. 좌정승 하륜, 대제학 권근을 독권관(讀券官)[40]으로 삼고 이조참의 맹사성, 지신사 황희를 대독관(對讀官)[41]으로 삼았다. 중외(中外)의 시산 문신(時散文臣)[42] 종3품 이하 108명이 응시했다. 장막(帳幕)을 치고, 종이·벼루·주과(酒菓)와 아침·저녁밥을 주고, 논(論)과 표(表) 각 1도(道-장)의 시험을 초장(初場)으로 삼았다. 논(論)의 글제는 "사문을 연다[闢四門]"[43]였고, 표(表)에 낸 글제는 "안남을 평정한 것을 하례하다[賀平安南]"[44]였다. 하루를 쉬고 종장(終場)을 열어 시무(時務)를 시험했는데, 태종이 책(策)에 낸 글제는 다음과 같았다. 그 글 뼈대가 바로 『중용』이었다.

"왕(王)은 다음과 같이 이르노라.

옛날 제왕(帝王)이 법(法)을 세우고 제도(制度)를 정할 때는 반드시 때의 마땅함[時宜]에 바탕을 두어 지극한 다스림[至治]을 융성하게 했노라. 당(唐-요임금)·우(虞-순임금)와 삼대(三代-하·은·주)의 치평(治平)을 이룬 도리를 들을 수 있겠는가? 정일집중(精一執中)[45]은 요

---

40 고위 과거 시험관(科擧試驗官)이다.

41 실무 과거 시험관이다.

42 시임(時任)은 현재 직임을 맡고 있는 신하를 말하고, 산관(散官)은 일정한 직임을 받지 못한 신하를 말한다.

43 『서경』「순전(舜典)」에 나오는 말로, 동서남북의 모든 성문과 관문을 활짝 열어 누구나 자유롭게 왕래하도록 거주 이전의 자유를 완전히 보장한다는 뜻이다. 동시에 임금이 눈과 귀를 활짝 연다는 뜻도 있다.

44 당시 명나라 영락제가 안남 즉 베트남을 정벌한 지 얼마 안 되었기 때문에 실무적 차원에서 이런 문제를 낸 것이다.

45 『서경』「대우모(大禹謨)」에 나오는 다음과 같은 순임금의 말을 요약한 것이다. "人心惟危, 道心惟微, 惟精惟一, 允執闕中", 즉 사람의 마음은 위태롭기만 하고 도리를 지키려는 마음은 극히 미미하기만 하니 마음을 정밀하게 살피고 한결같이 하여 진

(堯)·순(舜)·우(禹)가 서로 전해주고 전해받은 심법이고, 건중건극(建中建極)[46]은 상탕(商湯-상나라 탕왕)과 주무(周武-주나라 무왕)가 서로 전한 심법이다.

'정(精)'이니 '일(一)'이니 하는 것은 그 공부(功夫)가 어떻게 다른가? '집(執)'이니 '건(建)'이니 하는 것은 그 뜻이 어떻게 같은가? '중(中)'이라고 말하면 아직 극(極)에는 이르지 못한 것이고, '극(極)'이라고 말하면 중(中)을 지나친 것과 같아 보인다. 이 2가지를 장차 어떻게 절충(折衷)할 것인가?

읍양(揖讓)과 정벌(征伐)이나 문(文-애씀)과 질(質-바탕)[47]을 덜어내고 더하는 것은 일[事]과 때[時]가 다른데, 둘 다 함께 다스림[治]으로 돌아가게 되는 것은 어째서인가? 한(漢)·당(唐) 이후로 송(宋)·원(元)까지 시대마다 각기 다스림이 있었는데, (그렇다면) 거기에는 적중해야 할 도리[中道]에 부합한 것으로서 뭔가 서술할 만한 것이 있는가?

내가 부덕한 몸으로서 한 나라의 신하와 백성 위에 임해 비록 다움과 가르침[德敎]이 백성에게 (제대로) 미친 것이 없으나 거의 매일 이른 아침부터 밤늦게까지 소강(小康)[48]을 이루겠다고 생각해서, 이에

실로 그 적중함[中]을 잡으라는 뜻이다.

46 중정(中正)의 도(道)를 세워 인륜 도덕의 모범이나 표준을 세우고 만민(萬民)의 법칙을 정하는 것이다. 이 또한 『서경』 「홍범(洪範)」에 나오는 말이다.

47 공자의 핵심 사상이다. 『논어』 「옹야(雍也)」편에서 공자는 이렇게 말했다. "바탕[質]이 꾸밈[文]을 이기면 거칠고 꾸밈이 바탕을 이기면 번지레하니, 바탕과 꾸밈[文質]이 잘 어우러진[彬彬] 뒤에야 군자가 될 수 있다."

48 유가 이상 정치의 궁극은 소강(小康)에서 출발하는 대동(大同)의 상태다. 소강은 천하가 모두 한집안인 상태, 대동은 천하가 모두 공(公)인 상태다.

[其於] 제왕(帝王)다운 마음의 도리에 일찍이 뜻이 있어 배우기를 원했다. (그래서) 정사(政事)를 듣는 틈틈이 경적(經籍)을 보고 그 뜻을 강구하나 힘을 쓰는 방법을 아직 알지 못하겠다.

움직임과 고요함 혹은 말할 때와 행동할 때의 사이, 정교(政敎)와 법령(法令) 사이에 어떤 지나치거나 미치지 못하는⁴⁹ 어긋남이 없는가? 지나쳐서 마땅히 덜어야 할 것은 무엇이며, 미치지 못해 마땅히 보태야 할 것은 무엇인가?

지금 우리나라는 창업한 지가 오래지 않아 법제가 아직 갖추어지지 못했고, 천도한 지가 얼마 되지 않아 역사(役事)가 아직 그치지 않고 있다. 정치의 득실과 전리(田里)의 휴척(休戚)⁵⁰에 대해 말할 것이 많은데, 우선 그 큰 것을 들어 말해보겠다.

전선(銓選-인재 선발)을 정밀하게 하려고 하나 요행으로 속여 나오는 것[冒進]이 제거되지 않으니, 인사 공적을 상고하는 법[考績之法]이 어떻게 일의 마땅함[事宜]에 부합하겠는가? 전제(田制)를 바로잡고자 하나 다과(多寡)와 고하(高下)가 고르지 못하니, 답험(踏驗)⁵¹하는 일에 과연 제대로 토의할 만한 것이 없겠는가? 부역(賦役)은 고르게 하지 않을 수 없으니, 인보(隣保)⁵²의 제도와 호패(號牌)의 시설 중

---

49 지나쳐도 안 되고 미치지 못해서도 안 되는 지점, 그것이 곧 적중함 혹은 적중한 도리[中=中道]다. 여기서 중은 '가운데' 중이 아니라 '적중할' 중이다.

50 백성의 편안함이나 근심 걱정을 말한다.

51 논밭에 가서 실제로 손실(損失)을 조사하는 것을 말한다.

52 조선 시대 지방자치 조직의 하나다. 백성의 생활과 인구의 실태를 파악해서 수화(水火)를 구제(救濟)하고 유이(流移)와 도둑을 방지하며 서로 보호하고 서로 지키게 함으로써 풍속(風俗)을 이루게 한다는 목적에서 조직된 것이다. 10호(戶) 혹은 3~4호(戶)를 한 인보(隣保)로 삼고 그중에서 항산(恒産-일정한 재산)이 있고 믿을 만한 사람을 택해 정장(正長)으로 삼아서 인보 안의 인구를 기록해 주장(主掌)하게 했다.

에서 행할 만한 것으로는 어떤 것이 있는가? 조전(漕轉-조운)은 급히 하지 않을 수 없는데, 해운(海運)의 모책과 육수(陸輸)의 계책 중에 쓸 만한 것으로는 어떤 것이 있는가? 의관(衣冠)의 법도(法度)는 모두 중국의 제도를 따르는데 오직 여복(女服)만은 오히려 옛 풍속을 따르고 있으니, 이것은 과연 다 고칠 수 없는 것인가? 관혼(冠婚)과 상제(喪制) 또한 다 중국의 제도를 따라야 할 것인가? 무릇 이 두어 가지는 베풀어 시행해야 하는 도리가 반드시 있을 것이다. 옛것에 어그러지지 않고 지금에 괴이하지 않게 하려면 그 방법이 어디에 있는가?

현준(賢俊)들과 더불어 서정(庶政)을 함께 도모코자 생각해서 친히 그대 대부들을 뜰에서 책문(策問)하는 바이니, 정사를 제대로 하는 설(說)을 듣기를 원하노라. 대부들은 경술에 정통하고 치체(治體-다스림의 요체)를 알아서 이 세상에 뜻이 있은 지가 오래다. 제왕의 마음으로써 '다스림을 내는 도리'와 '지금의 법을 세우고 제도를 정하는 마땅함'을 예전의 교훈에 상고하고 시대에 맞는 것을 참작해, 높아도 구차하고 어려운 것에 힘쓰지 말고 낮아도 더럽고 천한 데에 흐르지 않도록 해서 각각 포부를 다해 모두 글에 나타내어라. 내가 장차 친히 보고 쓸지니라."

태종은 일의 마땅함과 때의 마땅함에 적중하는 도리[中道]를
제시할 것을 과제로 내고 있다. 여기에는 그간 읽은 『대학연의』·
『서경』·『중용』에다가 6년간 국정 경험이 응집되어 있다. 아마도 권근이 보완은 했겠지만, 기본적인 골격은 태종이 썼다고 보아도 무방하다. 이 책문(策問)은 태종이 학문적으로 어느 수준까지 올랐는지 단적으로 보여주는 귀중한 글이다.

친시(親試)였기에 태종이 직접 인정전에 가서 친시 문과(親試文科) 방(榜-합격자 명단)을 붙였다.

예문관 직제학 변계량(卞季良, 1369~1430년), 이조정랑 조말생(趙末生, 1370~1447년)[53], 성균학정(成均學正) 박서생(朴瑞生, ?~?)[54]에게 을과(乙科) 제1등을, 권지 성균학유(權知成均學諭) 김구경(金久冏, ?~?)[55], 예조정랑 박제(朴濟), 병조정랑 유사눌(柳思訥, 1375~1440년)[56], 예문검열(藝文檢閱) 정초(鄭招, ?~1434년)[57], 성균직강(成均直講) 황현(黃鉉, 1372~?)[58], 성균사예(成均司藝) 윤회종(尹會

---

53 『이한우의 태종 이방원 상』 제7장 4절에 그의 졸기가 있다.

54 1419년(세종 1년) 사헌부집의가 되었는데, 다음 해 4월 장령 정연(鄭淵)과 함께 철원에 가려는 상왕(上王-태종)을 간하다가 의금부에 하옥되었다. 1429년 우군첨총제(右軍僉摠制), 이듬해 집현전 부제학, 1431년 공조참의·병조참의에 임명되고, 1432년 병조좌참의·판안동대도호부사(判安東大都護府事)를 지냈다. 1433년 4월, 통신사로 일본에 다녀와서 수차(水車)의 이점을 건의함으로써 농사기술의 혁신을 가져왔다.

55 1432년 호군(護軍)으로 부회례사(副回禮使)가 되어 회례사 이예(李藝)를 따라 일본을 다녀왔다. 이후 여러 차례 일본을 다녀온 공으로 의복·삿갓·신과 쌀 10석을 하사받기도 했다. 그러나 평소 변계량과 사이가 좋지 않아 높이 등용되지 못했다.

56 『이한우의 태종 이방원 상』 제7장 6절에 그의 졸기가 있다.

57 1405년(태종 5년) 문과에 급제하고 이때 중시에 합격했다. 훗날 이조판서·대제학을 지냈다. 세종 초 과학 사업에 중요한 소임을 맡아 정인지(鄭麟趾), 정흠지(鄭欽之)와 함께 대통통궤(大統通軌)를 연구, 『칠정산내편(七政算內篇)』을 편찬했고, 간의대(簡儀臺)를 제작·설치하는 일을 관장했다. 그 밖에도 왕명에 의해 『농사직설(農事直說)』·『회례문무악장(會禮文武樂章)』·『삼강행실도』 등을 편찬했다.

58 태종과 세종대에 대사성을 지냈으며, 1428년(세종 10년) 인수부윤(仁壽府尹)을 거쳐 1429년 행성균대사성(行成均大司成)을 겸직했다. 1430년 변계량(卞季良)과 함께 행성균대사성으로서 문과 초시 때 강경(講經) 중 2가지 시제(試題)만을 뽑아 제술(製述)할 것을 건의, 실시하게 했다. 그러나 유학자들이 여전히 초록집(抄錄集)에만 의존하고 경학(經學)을 경시한다는 건의에 따라서 그 뒤 과거에서는 다시 경서강독(經書講讀)이 시행되었다.

宗, ?~?)⁵⁹, 전 사헌장령(司憲掌令) 이지강(李之剛, 1363~1427년)⁶⁰에

게 을과(乙科) 제2등을 주었다. 변계량을 초배(超拜-특진)해 예조참

의(禮曹參議)로 삼고, 조말생을 전농부정(典農副正), 박서생을 우정언

(右正言), 김구경을 봉상주부(奉常注簿), 박제를 성균사예(成均司藝),

유사눌을 사헌장령(司憲掌令), 정초를 좌정언(左正言), 황현을 경승부

소윤(敬承府少尹), 윤회종을 성균사성(成均司成), 이지강을 예문관 직

제학으로 삼고, 각각 홍패(紅牌)와 꽃, 일산[蓋]을 주어 사흘 동안 유

행(遊行)하게 했다[成行]. 명해 제1등 제1인에게 전지(田地) 20결(結)

을, 제1등 3인에게 전지 15결을, 제2등 7인에게 전지 10결을 주고, 또

각각 본향(本鄕)의 노비 1구(口)씩을 주었다.

---

59 할아버지는 찬성사 윤택(尹澤)이며, 아버지는 판전농시사(判典農寺事) 윤구생(尹龜生)
이다. 동지춘추관사 윤소종(尹紹宗) 아우이다. 우왕 때 문과에 급제했고, 여러 관직
을 거쳐 1389년(공양왕 1년) 사재부령(司宰副令)으로서 우왕·창왕의 주살(誅殺)을 상
소, 실행에 옮기도록 했다. 1390년 세자시학(世子侍學)·형조총랑을 역임했다. 1392년
이성계를 도와 조선왕조 개창에 기여했으나, 1395년(태조 4년) 의랑(議郞)으로서 급전
(給田)을 잘못해서 삭직, 유배되었다. 복직해서 이때 문과중시에 을과로 급제해 사성
이 되었고, 이해 처음으로 시행된 중월부시법(仲月賦詩法)에 2등으로 합격, 1414년 사
간원우사간·좌사간, 변정도감사(辨正都監使)를 지냈다.

60 아버지는 판전교시사(判典校寺事)를 역임한 집(集)이다. 1382년(우왕 8년) 과거에 급
제, 중서문하성 녹사(錄事)를 거쳐, 1392년(태조 1년) 기거주(起居注)로서 조선 건국
에 참여했다. 특히 이방원 측근으로 1393년 정도전 일파에 의해 탄핵, 순군옥에 투옥
되기도 했다. 그 뒤 이방원이 즉위해 정권을 잡자 사헌부장령으로서 풍기 단속과 공
신 세력 제거에 앞장섰다. 이때 문과중시에 병과로 급제, 예문관 직제학에 특별히 제
수되었다. 1416년 한성부윤이 되어 도성 살림을 주관했다. 이듬해 경상도도관찰사를
거쳐, 다시 내직으로 옮겨 호조참판·형조참판을 지냈다. 1419년 세종이 즉위하자 하
정사(賀正使)로 명나라에 다녀왔으며, 평안도도관찰사·이조참판을 역임하고 다시 호
조참판이 되어 재정 체계를 바로 하는 데 힘썼다. 1420년(세종 2년) 호조판서·예조판
서·대사헌·의정부참찬을 지내고 1425년 중군도총제(中軍都摠制)가 되어 군권을 총지
휘하다가 곧 신병으로 사임했다. 성품이 단정하고 검소했으며, 특히 재정 부서에 오래
근무했음에도 축재에 관심이 없었다 한다.

변계량·조말생·유사눌·정초·이지강 등은 실제로 태종 후반기에 핵심 역할을 하게 된다. 한편 태종은 사헌부로 하여금 문신 중에 중시에 나오지 않은 자를 조사해 탄핵하게 했다. 즉 부지런히 공부하지 않는 자를 고발하게 한 것이다. 그러면서 덧붙였다.

상이 말했다.

"유자들이 배우고 배우지 않는 것은 나와 관계가 없지만, 대국을 섬기는[事大] 나라에서 고민하지 않을 수 없기 때문에 이번 거조(擧措-조치)를 취한 것일 뿐이다. 현재 맡고 있는 공무가 번다하고 바빠서 글을 읽을 수 없다는 것을 여러 사람이 다 알고 있는 자는 반드시 물을 필요가 없고, 한량관(閑良官)으로 있는 자라고 해서 어찌 이것으로써 태형(笞刑)과 부처(付處-유배)를 가할 수 있겠는가? 거론하지 말라."

정말로 바빠서 공부 못 한 사람과 있으나 마나 한 사람은 고발할 필요가 없다는 말이다.

사헌 장령 조계생, 헌납 하득부와 (사간원) 정언 변계손·문수성 등은 스스로 생각하기를 '몸이 대간(臺諫)이 되어 가지고 장옥(場屋-과거시험장) 가운데서 이름을 다투는 것이 꺼려진다'라고 해서 친시에 응하지 않았는데, 모두 좌죄(坐罪)되어 벼슬이 파면되었다. 지평 김섭은 초장에 응시했다가 대간이 모두 시험에 나오지 않는 것을 보고 마침내 병을 핑계 대고 나갔는데, 이 때문에 홀로 죄를 면했다.

대부분이 사헌부와 사간원 관리였다는 점이 눈길을 끈다. 이들은 모두 일하는 관리가 아니라 말하는 관리[言官]다.
_{언관}

세자가 한창 실덕(失德)하던 때인 태종 16년(1416년) 9월 7일, 세자빈객 변계량이 세자에게 『중용』을 진강하겠다고 청하니 태종은 이렇게 대답했다.

"옛날부터 자식을 바꿔서 가르쳤고[易子而敎]⁶¹ 또 그 나이가 이미
_{역자이교}
장성했으니 내가 가르칠 수 없다. 경 등이 『중용』을 가르쳐서 그 뜻을 통하게 해 마음을 (그 뜻과) 한결같이 할 수 있게 하라."

"마음을 (그 뜻과) 한결같이 할 수 있게 하라"고 했던 데서 태종은 『중용』이란 책 내용을 정확히 이해하고 있었음을 확인할 수 있다. 그러나 태종은 주자학 체계의 핵심으로 징발된 사서(四書) 가운데서도 가장 중요한 『중용』에 담겨 있는 정치적 의도까지는 파악하지 못했다. 주자학에 담긴 신권(臣權)중심주의를 간파했더라면 결단코 진강을 허락하지 않았을 것이다.

---

61 『맹자』「이루상(離婁上)」에는 맹자와 그의 제자 공손추(公孫丑) 사이의 문답이 나온다. 공손추는 맹자에게 "군자가 자기 아들을 직접 가르치지 않는 것은 어떤 이유에서입니까?"라고 묻는다. 공자는 자신의 아들 이(鯉)를 직접 가르치지 않았는데, 그 일을 보고서 물은 것이다. 맹자는 "형세상 그렇게 할 수 없기 때문이다. 가르치는 사람은 반드시 바르게 하라고 가르치는데, 그대로 실행하지 않으면 자연 노여움이 따르게 된다. 그렇게 되면 도리어 부자간의 정을 상하게 된다. 자식도 속으로 생각하기를, 아버지는 나보고 바른 일을 하라고 가르치지만, 아버지도 실생활에서 역시 바르게는 못하고 있지 않은가 한다. 이리되면 부자가 다 같이 정리를 상하게 하는 것이 된다. 그러기에 옛날 사람들은 자식을 바꾸어 가르쳤다. 결국 부모가 직접 자기 자식을 가르치지 않는다. 부자 사이에는 잘못한다고 책망하지 않는 법이다. 잘못한다고 책망하게 되면 서로 정이 멀어지게 된다. 정이 멀어지면 그보다 더 불행한 일이 어디 또 있겠는가?"라고 말했다.

5 ——

민씨 형제를 제거하던 때
『주역』을 읽다

위에서 보았듯이 중시는 계속 연기되다가 마침내 태종 7년 (1407년) 4월 18일에 시행되었다. 그에 앞서 4월 1일에 태종은 『주역』을 읽고 있었다.

겸 성균사성 장덕량(張德良, ?~?)[62]에게 명해 날마다 대궐에 나오게 했다. 고문(顧問)에 대비하기 위함이었다. 이때 상이 『주역』을 읽고 있었는데, 덕량이 『주역』에 밝다는 말을 들었기 때문에 이 같은 명령이 있었다.

---

62 1369년(공민왕 18년) 문과에 급제해 여러 관직을 지냈다. 조선 건국 후에도 관직을 계속해, 1396년(태조 5년) 성균관 좨주로 있으면서 그해의 식년문과에 고시관으로 참가했다. 1402년(태종 2년) 성균관 대사성에 제수되고, 뒤에 한성부 우윤에 이르렀다. 역학(易學)에 조예가 깊었다.

앞서 본 대로 태종은 정종 2년(1400년) 세자로 있을 때 이미 좌빈객 이서와 더불어 『주역』을 강론한 바 있다. 따라서 이때는 이미 『주역』을 처음 접하는 단계는 훌쩍 뛰어넘었고, 오랜만에 다시 꺼내 깊이 음미하며 들여다보는 독서에 가까웠다.

5월 5일에는 낭만적이게도 해온정(解慍亭)에 나가 성균 대사성 유백순(柳伯淳, ?~1420년)[63]을 불러 『주역』과 『춘추』를 강론했다. 『주역』과 『춘추』 강론은 2가지 점에서 주목해야 한다.

첫째, 요즘 말로 하면 『주역』과 『춘추』는 각각 역사철학 혹은 역사 이론과 실제 역사에 조응한다. 『주역』과 『춘추』에 통달하지 않고서는 역사를 쓸 수 없다는 뜻이다. 역사를 쓴다는 것은 그저 역사를 읽는 것과는 비교가 안 되는 수준이다. 즉 사람을 알고 일을 알고 시대를 알아야 한다. 그렇다고 주관적으로 접근해서도 안 된다. 이때 사람을 알고 일을 알고 시대를 알기 위한 공통 지침서가 바로 『주역』과 『춘추』다.

둘째, 이 두 책은 모두 성리학자, 특히 주희에 의해 의도적으로 무시된 책이다. 『주역』은 한마디로 강명(剛明)한 군주를 길러주는 책이다. 그 때문에 주희는 이를 한갓 점서(占書)로 격하시켰고, 이런 견해는 조선 주자학자들에게도 그대로 계승되어 심지어 오늘날까지 무비판적으로 답습하는 편견으로 자리 잡고 있다. 『춘추』는 일의 일치와 형세를 익히는 훈련서다. 그런데 주희는 이에 관해

---

63 1406년(태종 6년) 대사성이 되고 1408년에는 좌사간대부, 생원시원(生員試員)이 되었다. 당시 태종이 학문에 조예가 깊던 김과와 권근 등이 모두 여러 관직을 겸직해 바빴던 관계로 시학자(侍學者=왕과 왕세자와 학문을 논하는 일을 맡은 사람)를 청하자, 유생 중에서 이수(李隨)를 천거했다. 경사(經史)에 통달해 국학장관(國學長官)을 지냈다.

관심을 쏟지 않았다. 역사란 임금이 권도를 발휘하는 영역이라고 보았기 때문이다.

그로부터 넉 달 후인 9월 18일 태종은 민무휼과 무회를 불러 이렇게 말했다. 당시는 두 사람의 형 무구와 무질은 유배 중이었다. 이때 한 말이 의미심장하다.

"너희 두 형이 죄를 지어 외방에 귀양 가 있는데, 그 마음에는 반드시 생각하기를 '내가 무슨 불충한 마음이 있는가?'라고 할 것이고 너희들도 역시 생각하기를 '우리 형들이 무슨 불충한 죄가 있는가?'라고 할 것이며 너희 부모의 마음 역시 그러할 것이다. 지금 내가 그 까닭을 자세히 말해줄 것이니 너희들은 마땅히 가서 부모에게 고하라. 대대로 불충(不忠)이라는 것은 한 가지가 아니다. 옛날 사람이 말하기를 '임금의 지친에게는 장차[將]가 없다'[64]고 했으니, 장차가 있으면 이는 불충(不忠)이다. 이상(履霜)의 조짐[漸][65]이 있어도 역시 불충이 되는 것을 면치 못한다. 만일 내가 정안군으로 있었을 때 너희 형들이 나에게 쌀쌀하고 야박하게 굴었다면 이는 불목(不睦-화목하지 못함)일 뿐 불충은 아니지만, 지금 내가 한 나라 임금이 되었는데 저희가 쌀쌀하고 야박한 감정을 품는다면 이는 참으로 불충이다."

---

64 이는 당장 어떤 행위를 했든 하지 않았든 관계없이 마음속에 배반할 생각만 품어도 안 된다는 말로, 『춘추공양전(春秋公羊傳)』 장공(莊公) 32년조에 나온다. "임금의 지친에게는 장차가 없으니, 장차가 있으면 주살한다[君親無將 將而誅焉]."
65 서리가 내리면 차가운 얼음이 이른다는 뜻으로, 일의 조짐을 보고 미리 그 화(禍)를 경계하라는 말이다. 『주역』 곤괘(坤卦)의 "서리를 밟으면 단단한 얼음이 이른다"라는 말에서 나온 것이다.

일을 함에 있어 늘 기미와 조짐을 중시하는 태종이다. 그런 그가 당시 『주역』과 『춘추』(혹은 『춘추공양전』)를 강론하며 주목한 대목은 다름 아닌 각각 "서리를 밟을 때의 점점[履霜之漸]"과 "임금의 지친(혹은 임금과 부모)에게는 장차[將]가 없다[君親無將]"였다. 태종에게 이는 임금 된 입장에서는 신하가 미미하게라도 불충한 마음을 드러내면 장차 그 마음이 크게 자랄 것으로 보고 미연(未然)에 방지해야 함을 시사했다.

태종 9년(1409년) 11월 18일에 그는 『춘추곡량전』[66]을 구해오라고 명했다. 『춘추공양전』에 입각해 처남들을 단죄하던 일과 무관치 않아 보인다.

또 민무구·무질이 세상을 떠난 다음 해인 태종 11년(1411년) 6월 6일에는 『주역』을 읽고 나서 『회통』[67]을 구해오라고 명했다.

태종 15년(1415년) 8월 1일, 여러 신하와 이야기하면서 재상이 일하는 법에 대해 『주역』과 관련지어 말한다.

전라도 도관찰사 박습, 영길도 도순문사 조흡이 그 도(道)의 사의(事宜-현안)를 올렸는데, 모두 작은 고을을 다시 세울 곳과 병합할 곳에 대해 말한 것이다. 형조판서 정역이 말했다.

"전조(前朝-고려) 때에는 주현(州縣)을 병합하지 않았어도 국용(國用-나라 재정)이 넉넉했으니, 빌건대 예전 제도대로 하소서."

---

66 공자가 지은 노나라 역사서 『춘추』를 두고서 많은 해설서가 생겨났는데, 이 두 책은 『춘추좌씨전』과 함께 3대 해설서로 꼽힌다.
67 원나라 학자 동진경(董眞卿)이 지은 『주역회통(周易會通)』을 가리키는 듯하다.

상이 말했다.

"예전 법이라고 해서 어찌 다 따를 수 있겠는가? 전조 말년에 전제 (田制)가 문란해져 태조께서 고쳤다."

이어서 좌우에게 일렀다.

"하는 일이 바른 데 부합한다면 비록 어리석은 백성이 원망하더라도 하늘이 싫어하겠는가? 만일 백성이 원하는 것을 다 따른다면 백성이 어찌 부역을 하고자 할 것이며, 이와 같다면 재상이 어떻게 그 조(租)를 서두고 국가가 어떻게 다스려지겠는가? 예로부터 아래위가 예절이 있은 뒤에야 국가가 다스려질 수 있었다. 지금 모든 시설에 있어 이미 시행하고 있는데 일의 옳고 그름을 돌아보지 않고 시끄럽게 말이 많다.

대개는 여러 사람의 원망이라 하여 마땅히 곧 고쳐야 한다고 생각해서 내 귀를 번거롭게 한다. 내가 『문헌통고』를 보니 '법제를 어지럽게 고치어 한재(旱災)를 가져왔더라도 이미 시행한 일은 고칠 수 없다'라고 했다.

재상은 모름지기 글을 읽은 사람을 쓰는데, 경 등이 이미 글을 읽고 일을 맡았으니 『주역』 태괘(泰卦)[68]를 보면 나라 다스리는 방도를 대개 알 수 있을 것이다."

태종 17년(1417년)에는 예조판서 변계량과 대화하던 중에 "『예기』는 (경(經)이라기보다는) 사(史-역사서)에 가까우니 굳이 스승으로부터 배울 필요가 없고, 『주역』은 비록 오묘한 이치를 깨닫기는

---

68 태괘(泰卦)는 태평성대를 상징하는 괘다.

어려우나 실로 읽기는 쉽다"라고 말했다. 경사(經史)에 통달하지 않고서는 나올 수 없는 말이다.

태종의 정신세계와 일하는 방식을 온전히 이해하려면 그의 '말'을 익혀야 하고, 그의 말을 알려면 경전 중에서 최소한『주역』은 정확히 파악해두어야 한다. 태종이 했던 '말과 일'을 푸는 열쇠가 그 책 안에 고스란히 들어 있기 때문이다.

여기서는 잠시『주역』곤괘(坤卦, ䷁)와 태괘(泰卦, ䷊)를 요점만 짚어보자.

먼저 "서리를 밟을 때의 조짐[履霜之漸]"을 이해하려면 곤의 맨 아래 음효에 대해 주공이 달아놓은 말부터 보아야 한다.

> 초륙(初六)은 서리를 밟으면 단단한 얼음이 이르게 된다[履霜堅氷至].

이를 공자는 이렇게 풀어낸다.

> (초륙(初六)은) 서리를 밟으면 단단하게 얼음이 이르게 된다[履霜堅氷]라고 한 것은 음(陰-음효)이 처음으로 엉긴 것이니, 그 (얼음이 어는) 도리를 차곡차곡 이뤄 단단한 얼음에 이르게 된다[履霜堅氷 陰始凝也 馴致其道 至堅氷也].

신하의 도리를 나타내는 곤괘 맨 아래 첫 음효를 소인이 자리잡으려 함으로 풀이했다. 매우 의미심장하다. 원래 "서리를 밟으면 단단하게 얼음이 이르게 된다"는 주공의 효사는 일이 이뤄지기 전에 그 조짐이나 기미를 조심해야 한다는 정도였다. 그런데 공자가 "음(陰)이 처음으로 엉긴 것이니 그 (얼음이 어는) 도리를 차곡차곡 이뤄 단단한 얼음에 이르게 된다"라고 푸는 순간, 소인이 등장해 애초에는 미미할지 몰라도 그대로 둘 경우 점점 막강해져 손쓸 수 없는 지경에 이른다는 뜻으로 확장된다. 공자는 자연 현상으로 비유한 주공의 풀이를 인간사(人間事)에 대한 구체적인 풀이로 옮겨냈다.

이런 경우에는 2가지를 조심해야 한다. 첫째는 일의 치음을 삼감[愼始]이고, 둘째는 소인을 그 싹부터 끊어냄이다. 그렇기 때문에 곤괘 초륙은 매사 그 처음 시작부터 조심해야 하는 신하 된 도리[臣道=臣術]임과 동시에 임금 입장에서는 그릇된 신하들이 등장하는 초기에 취해야 할 대처 방안이다.

그러면 태괘는 태종에게 어떤 메시지가 되었을까? 지천태괘(地天泰卦)에 대해 문왕(文王)은 "태(泰)는 소인이 가고 대인이 오니 길해 형통하다"라고 했다. 위에 땅(☷)이 있고 아래에 하늘(☰)이 있다. 아직은 소인이 위에 셋이나 있고, 군자는 같은 셋이지만 아래에 있다. 그러나 세상 흐름은 아래에서 위로 올라가기 때문에 결국은 얼마 안 가서 군자들 세상이 된다. 그래서 태평성대를 뜻하는 태괘(泰卦)라고 이름 붙여졌다.

태괘에 있는 여섯 효에 대한 효사도 거의 좋은 내용이다. 즉 단계별로 태평성대를 향해 나아가는 길을 제시하고 있다. 이를 알았기에 태종은 "『주역』 태괘를 보면 나라 다스리는 방도를 대개 알 수 있을 것"이라고 지적했던 것이다. 이 말만으로도 태종의 『주역』 이해가 최고 경지에 이르렀음을 알 수 있다. 물론 그가 이해한 『주

역』은 주희류의 상수역학(象數易學)이 아니라 정이천이 풀어낸 의리역학(義理易學)이다.[69]

---

69 상수역학이 괘와 효의 원리 자체에 집중해서 역을 일종의 점으로 보는 것인 데 반해, 의리역학은 공자의 입장을 이어받아 괘와 효에 달린 말들을 풀어냄으로써 현실이나 역사 풀이에 적용하는 이론으로 보는 것이다.

6 ___

태종이 사람을 알아보는 비결,
『논어』와『한서』

앞서 태종은 "『논어』와 『맹자』는 내가 일찍이 거칠게나마 읽었으나"라고 했다. 그러나 『태종실록』을 면밀히 읽어보면 태종이 보여준 『논어』 이해 수준이 얼마나 깊고도 정확했는지를 쉽게 느낄수 있다.

태종 1년(1401년) 10월 12일이다. 풍해도 안렴사 김분(金汾, ?~1419년)이 술과 고기, 말꼴[蒭藁]을 많이 준비해서 대가(大駕-임금 마차)를 따르는 권신(權臣)[權要]을 아첨하며 섬겼다[媚事]. 여기서 권신이란 조준을 가리킨다. 이에 사헌부 장령 박고(朴翶)가 김분의 아전을 불러다 국문했다. 이건 누가 보아도 박고가 잘한 일이다. 그런데 태종은 "어제는 태상왕 탄신일이라 비록 죄수라 해도 모두 풀어주었는데, 너는 무슨 까닭으로 김분의 아전을 국문했느냐?"라고 힐문하면서, 예전에 박고가 저지른 잘못을 끌어들여 박고에게 집으로 돌아가라고 명했다. 태종으로서는 조준을 보호하려다가 불똥이 엉뚱한 사람에게 튀게 만들어버렸다. 지신사 박석명이 두 번 세 번 박고를 용서해달라고 청했으나 들어주지 않았다. 이에 간언할 권한이 없는 사관 두 사람이 나섰다.

사관 홍여방(洪汝方, 1381~1438년)[70]과 노이(盧異)가 장전(帳殿) 앞에 이르러 석명에게 아뢰었다.

"분이 한 짓은 해악이 백성에게 미치고, 고가 한 말은 충성스러움이 국가에 있습니다. 전하께서 또 고의 지난날의 죄를 끌어서 그를 꾸짖으셨습니다. 전하께서는 그때 이미 용서해 법가(法駕-어가)를 따르며 규찰(糾察) 임무를 보게 하셨는데, 지금 이 일로 인해 이미 지나간 잘못을 쫓아 허물한다면 신 등은 이것이야말로 노여움을 (다른 데로) 옮기는 것[遷怒]_{천노}[71]인 듯해 두렵습니다. 신 등이 비록 간쟁 임무를 맡고 있는 것은 아니지만, 옛날에는 간관(諫官)이 따로 없이 모든 사람이 다 말할 수 있었기 때문에 전하를 위해 죽음을 무릅쓰고 [昧死]_{매사} 말씀 올리는 것입니다."

---

70 형조지사(刑曹知事)로서 노비 소송에 판결을 잘못해 한때 파직되었다가 강원도도관찰사가 되었다. 대사헌이 되었으나 설화(舌禍)로써 유배되었다가 다시 풀려나와 평안도도관찰사, 경상도도관찰사, 좌군총제(左軍摠制) 등을 지냈다.

71 노여움을 옮긴다는 말은 『논어』「옹야(雍也)」편에서 공자가 애공(哀公)과 대화를 하던 중에 안회를 칭찬하며 하는 말이다. 애공이 물었다. "제자 중에서 누가 배우는 것을 좋아하는가?" 공자가 말했다. "안회라는 자가 있는데, 배우기를 좋아해 노여움을 다른 데로 옮기지 않았고[不遷怒]_{불천노} (같은) 잘못을 두 번 다시 반복하지 않았습니다. 불행하게도 명이 짧아 죽었습니다. 지금은 그가 가고 없으니 아직 배우기를 좋아하는 자를 들어보지 못했습니다." 이는 공자가 사실상 애공이 노여움을 다른 데로 옮기는 것을 비판하는 내용으로 볼 수 있다. 그래서 민감할 수밖에 없는 표현이다.

석명이 갖추어 아뢰니, 상이 말했다.

"너희들도 글을 읽은 사람이라 어찌 일 처리의 마땅한 바를 알지 못하겠느냐? 영(令)을 내린 뒤에 어기는 자는 죄주는 것은 옳지만, 영을 내리지 않고 그 사람을 처벌하는 것이 가능하겠는가? 게다가 이번 일은 국문까지 해야 할 죄가 아니다. (그래서) 내가 보고를 받고서 심히 화가 났던 것이다. (그런데) 그대들은 미자(微子)와 같은 사람[微者]이다. 미자의 말이라 따르지 않을 수가 없다."[72]

곧 명해 고를 불렀다. 안성군 이숙번에게 말했다.

"여방 등은 진실로 임금을 사랑하는 자들이다. 모년 모월(某年某月)에 수가(隨駕)하는 장령 박고를 내쫓았다고 써서 역사 기록[史囊]에 감춰둔다면 누가 안 된다고 하겠는가? (그런데) 지금 마침내 감히 말하기를 이와 같이 했으니 아마도 임금을 사랑하는 자가 아니겠는가?"

여방 등에게 술과 고기를 내려주었다.

무엇보다 홍여방·노이 두 사람이 『논어』를 들어 잘못을 지적하자 『논어』를 들어 흔쾌히 수용하는 태종 모습이 인상적이다. 태종 2년(1402년) 1월 3일에는 이 사건 연장선에서 다시 일이 터지는

---

72 기존 실록 번역은 미자(微者)를 그냥 직위가 낮은 한미한 사람으로 옮겼다. 그러면 이어지는 뒷문장과 연결되지 않는다. 미자(微者)는 『논어』「미자(微子)」편에 나오는 미자(微子)다. 미자는 은나라 마지막 임금 주(紂)의 이복형으로, 간언을 올렸으나 들어주지 않자 나라를 떠나버린 인물이다. 공자는 미자를 높이 평가했다. 홍여방과 노이가 『논어』의 불천노(不遷怒)를 끌어들여 비판하자, 태종이 마찬가지로 『논어(論語)』의 미자를 들어 멋지게 대응한 장면이다. 그래야 그 말을 따르지 않을 수 없다는 태종의 말이 이해된다.

데, 여기서도 신하들과 태종은 『논어』를 동원한 공방전을 벌인다.

(사간원의) 좌사간 진의귀를 광주(廣州)로, 우헌납 김여지를 원평(原平)[73]으로 안치했다.

애초에 사간원에서 대사헌 이지 등을 탄핵해 소를 올려 말했다.

'대사헌 이지, 전 장령 박고, 전 잡단(雜端)[74] 김치·송홍 등이 사간 김첨을 탄핵해 말하기를 "헌납 한승안이 평주(平州)로 어가를 따랐을 때 상께서 안렴사 김분이 하는 참언[讒]을 들으시고 죄가 아닌 것을 가지고 장령 박고를 견책하시는데도 승안은 간언하지 못했다. 첨은 마침 그들과 동렬(同列)에 있다'라고 했습니다. 신 등이 볼 때, 과연 이와 같다면 지 등은 아래로는 분이 참소해 무고한 죄[讒譖之罪]를 탄핵하고 위로는 전하께서 참소를 믿은 허물[信讒之失][75]을 간 언했어야 마땅합니다. 이미 그렇지 못하다면 진실로 승안과 무슨 차이가 있겠습니까? 또 헌부는 국가의 풍기(風紀)를 맡은 관청이니 만약에 이것을 그르다고 하는 사람이 있으면 스스로 혐의를 피해 문을 닫고 집 밖을 나오지 않아야 하는데[杜門不出], 지 등은 전일에 승안의 탄핵을 받고서도 도리어 승안이 부리는 조례(皂隷-심부름꾼)

---

73 경기도 파평이다.

74 사헌부 종5품직으로, 뒤에 지평(持平)으로 이름이 바뀌었다.

75 아랫사람들 사이의 참소나 중상모략을 윗사람이 제대로 가려내지 못하는 것은 밝음[明]의 문제와 연결된다. 이를 통해 명군(明君)과 암군(暗君)이 갈라지기 때문이다. 이는 『논어』에 나오는 공자와 자장의 다음과 같은 대화가 명확하게 보여준다. 명(明)에 관해서는 딱 한 번 나오는 사례기 때문에 대단히 중요하다. 자장이 밝음[明]을 묻자 공자가 말했다. "(동료들 간의) 서서히 젖어 드는 참소(讒訴)와 (친족들의) 피부를 파고드는 하소연[愬]이 행해지지 않는다면 그 정사는 밝다[明]고 이를 만하다."

를 잡아 가두고 버젓이 출근하고 있으니 이것이 어찌 헌부의 법이겠습니까? 바라건대 이지 등의 직첩을 거두시고 그 죄를 국문해야 합니다.'

상이 소를 보고 김분의 참소를 들어주었다는 말이 있는 것에 노해 대언 이응에게 명해 말했다.

"이들 무리가 나더러 참소하는 말을 들었다고 여기니, 당장 의귀 등을 불러와 그것을 조사하라. 내가 평주에 있을 때 어떤 사람이 나에게 들어와서 참소했는가? 또 한승안이 간관이었는데도 그가 어가를 수행했을 때 내가 장령 박고를 잘못 견책하자 (한마디도 하지 않았고) 오직 사관만이 힘써 간언했다. 대개 사관은 기사(記事)만 관장할 뿐이니 곧이곧대로 써서 자료 주머니에 그냥 간직했더라면, 이것은 내 허물을 후세에 드러내는 것이다. 그런데 사관은 간언하는 직책이 아닌데도 간언했으니, 이는 진실로 나를 사랑한 것이다. 내 이 때문에 그 말을 들어주었다. 승안은 직책이 간관에 있으면서도 한마디 말도 이를 간언함이 없었으니, 이것이 어찌 간관의 의로움인가? 이 소 맨 앞에 승안의 일을 말하긴 했지만, 승안의 죄는 청하지 않고 도리어 지 등의 직첩을 거두고 국문하라고 하니 어째서인가?"

대언 이승상·박신·유기 등에게 말했다.

"경들은 모두 나를 가까이에서 모시니, 내 말이 만일 잘못이라면 그 것을 말할 수 있어야 한다. 경들은 이 소의 뜻을 보라."

그 소를 대전(大殿) 가운데로 던졌다. 승상 등은 달려 나갔고, 박신은 소를 두 번 세 번 읽고 나서 말했다.

"이 소의 뜻은 오로지 이지 등이 승안의 탄핵을 받고도 버젓이 출사하는 것이 그르다는 내용일 뿐입니다."

상이 말했다.

"옛사람이 이르기를 '폐하께서 마음속에는 욕심이 많으시면서도 겉으로는 어짊과 의로움[仁義]을 베풀고 계십니다'라고 했다.[76] 그런데 참소를 들어주었다는 말[受讒之言]은 이보다 더 심하지 않은가?"

또 신에게 물었다.

"내가 경들과 재상들을 대하고 환관(宦官)·궁첩(宮妾)을 접함에 있어서 각각 예(禮)로써 하여[77] 항상 사사로운 차별[私異]이 없었는데, 지금 간관의 말이 이러한 것은 어째서인가?"

신이 말했다.

"이 소에서 참소를 들어주었다는 말은 곧 헌부가 사간 김첨을 탄핵한 말을 가리킨 것이지 상의 말씀을 향한 것이 아닙니다."

상이 말했다.

"그렇다면 일단은 그대로 두라."

이번에는 태종이 사람을 판단하는 잣대로 『논어』를 활용하는 사례를 보자. 태종 3년(1403년) 6월 5일 자 실록이다. 이날 태종은

---

76 이는 한나라 무제 때 무제가 어떤 좋은 일을 하고 싶다고 하자 급암(汲黯)이라는 신하가 면전에서 했던 말이다. 급암은 충간(忠諫)을 좋아하고 정쟁(廷諍)을 거침없이 제기했는데, 무제가 속으로는 욕심이 많으면서도 겉으로는 인의(仁義)를 많이 베풀었던 데는 그의 힘이 컸다는 평가를 받기도 한다. 무제는 그를 두고 '사직(社稷)'을 지탱하는 신하'라 칭송했다.

77 당시에 신하는 임금을 경(敬) 혹은 충(忠)으로 대하고 임금은 신하를 예로써 대하게[禮待] 되어 있었다. 태종은 이 점을 강조하고 있는 것이다. 『논어』「팔일(八佾)」편에 나오는 노나라 정공(定公)과 공자의 대화다. 정공이 물었다. "임금은 신하를 어떻게 부려야 하고 신하는 임금을 어떻게 섬겨야 하는가?" 공자가 대답했다. "임금은 신하를 예로써 부리고 신하는 군주를 충으로써 섬겨야 합니다."

김과와 이야기를 나누면서 남은에 대해 이렇게 평했다.

"은(誾)은 곧은 사람[直者]이다. 나이 어린 후사(後嗣)[六尺之孤]를
부탁할 만하기 때문에, 그래서 부탁하셨던 것이다."

육척지고(六尺之孤)는 『논어』 「태백(泰伯)」편에 나오는 증자(曾
子) 말이다. 증자가 말했다.

"육척의 어린 임금을 부탁할 만하고 백 리 되는 제후국의 흥망을 맡
길 만하며 국가의 위기 상황에 임해서는 (그 절개를) 빼앗을 수 없다
면, 이는 군자다운 사람입니다."

육척지고란 부왕을 잃었으나 아직 성인이 되지 못해 신하에게
보필받아야 하는 임금을 가리킨다. 조선사에서 단종이 그런 경우
였다. 이럴 때 권력을 제 마음대로 하지 않을 신하라야만 어린 임
금은 제대로 위기를 극복할 수 있다. 태종은 자신이 죽일 수밖에
없었던 남은이야말로 6척 어린 임금을 맡아 제대로 보필할 수 있
는 충직한 신하였음을 강조하고 있다.

같은 달 13일 태종은 왕지(王旨)를 내려 6품 이상에게 각각 자
신들이 잘 아는 사람[所知]을 천거하도록 명했다. 각자가 잘 아
는 주변 사람을 천거하라는 요청은 지금의 관점에서 보면 납득하
기 어려울 수 있다. 사사로운 천거로 보이기 때문이다. 그러나 이는
『논어』 「자로(子路)」편에 나오는 옛사람들 용인술(用人術)이다. 제
자 중궁(仲弓)이 계씨(季氏)의 가신이 되어 다스리는 법을 묻자 공

자가 말했다.

"몸소 유사(有司-실무 담당자)를 솔선해 이끌고, (아랫사람들의) 작은 허물을 용서하며, 뛰어난 인재들을 들어 써야 한다."

다시 중궁이 "어떻게 뛰어난 인재를 알아서 들어 쓸 수 있습니까"라고 묻자 공자가 말했다.

"네가 잘 아는 인재[所知]를 등용하면 네가 미처 모르는 인재를 남들이 내버려 두겠느냐?"

이날 내린 왕지에 나온 소지(所知)는 이런 뜻이었다.

"다스림을 이루는 요체[致治之要]는 온전히[全] 사람을 쓰는 데 있다. 1품 이하 6품 이상은 각각 자신들이 잘 아는 사람[所知]을 들어 탁용(擢用-뽑아 씀)에 대비하라."

태종이 이처럼 적절한 상황에서 『논어』를 활용한 사례는 이루 다 열거할 수 없을 만큼 많다. 태종의 『논어』 제왕학은 탁상공론이 아닌, 실제로 '현장에서 쓸 수 있는 학문'이었다.

『맹자』는 많이 언급하지는 않았더라도 적기에 끌어다 씀을 볼 때 역시 만만치 않은 학습이 이뤄졌던 것으로 보인다. 2가지만 짚어보자. 먼저 태종 18년(1418년) 4월 27일 자 실록이다. 신하들이 1402년에 일어난 조사의의 난에 연루된 사람들에 대한 처벌을 요구하자 이를 반박하면서 태종은 『맹자』를 끌어들인다.

의정부·육조·대간에서 대궐에 나아와 신효창·박만·정용수·임
순례 등의 죄를 청했으나 상이 윤허하지 않았다. 가르침을 전해 말
했다.

"난신적자(亂臣賊子)는 (임금이 아닌) 다른 사람이라도 그를 죽일 수
가 있다. 임오년(壬午年-1402년)의 일은 지금까지 17년인데, 그사이
에 정부·육소의 신하들이 모두 대간을 지냈으면서 효창 등의 죄를
알지 못해서 거론하지 않았는가, 술에 취해 거론하지 않았는가? 오
늘에 이르러서야 나에게 권해 이들을 죽이려 하니 (그대들은) 모두
간사한 무리다. 이것은 연(燕)나라로 연(燕)나라를 치는 것이다[以燕
伐燕].[78] 대간처럼 모두 새로 나아온 사람이라면 오히려 말할 만하겠
지만, 정부·육조에서 어찌 이처럼 억지로 시끄럽게 구는가?"

또 하나는 상왕 때인 세종 1년(1419년) 6월 15일 대마도 정벌
을 앞두고 신하들과 전의(戰意)를 다지는 연회를 열었을 때다.

상왕이 상과 더불어 저자도(楮子島)[79]에 행차해서 중류에 배를 띄우
고 주연을 베풀었다. 종친들과 정부의 호가(扈駕-어가를 따름) 재상

---

78 『맹자』 「공손추하(公孫丑下)」에 나오는 말로, 무도한 군주가 무도한 군주를 친다는 뜻
이다.

79 서울 강남구 삼성동에 있던 마을로, 옛날에 닥나무가 많이 있던 데서 마을 이름이 유
래되었다. 삼성동 동쪽 한강 가운데 있던 섬인데, 1970년대에 압구정동 일대에 고층아
파트를 지을 때 이 섬의 흙을 파다 써서 섬은 사라지고 말았다.

들과 대언들이 모두 시연(侍宴)했고, 양녕대군도 부름을 받고 와서 각각 차례로 술잔을 드렸다. 모든 신하가 서로 춤추니, 상왕이 일어나서 춤추고 상에게 명했다.

"일어나 춤추라."

상이 마침내 춤추고 다시 헌수하며 극진히 즐기다가, 날이 저문 뒤에 마치고 강변에서 씨름하는 것을 구경했다. 상왕이 대신들에게 일러 말했다.

"아래로 흐름을 따라 내려가 돌아올 줄 모르는 것을 유(流)라 이르고 흐름을 따라 올라가서 돌아올 줄 모르는 것을 연(連)이라 이르니[80], 이것은 옛사람이 경계한 바요 나도 일찍부터 스스로 경계한 것이다."

박은이 대답해 말했다.

"옛날 임금 중에서 유련(流連)하면서 대신들 및 뛰어난 대부들과 더불어 동락(同樂)한 이가 몇 사람이나 있겠습니까?"

두 임금이 낙천정에 묵었다.

이제 반고(班固, 32~92년)[81]가 남긴 역사서 『한서』를 태종이 어

---

80 『맹자』 「양혜왕하(梁惠王下)」에 나오는 맹자의 말이다. "군대를 데리고 다니면서 양식을 먹어치우니 굶주린 자가 먹지 못하고 지친 자가 쉬지를 못해서 백성이 눈을 흘겨가며 서로 비방을 일삼고 마침내 원망을 토해내는데도, 천명을 거역하고 백성을 못살게 굴면서 술 마시고 음식 먹는 것을 마치 물 흐르듯이 해서 유련황망(流連荒亡)하는 것이 제후들의 근심거리가 되고 있습니다. 물길을 따라 내려갔다가 되돌아옴[反]을 잊어버리는 것을 유(流)라 하고, 물길을 거슬러 위로 올라갔다가 되돌아옴을 잊어버리는 것을 연(連)이라 하고, 짐승을 쫓아 사냥을 하는데 만족할 줄 모르는 것을 황(荒)이라 하고 술을 즐겨 만족할 줄 모르는 것을 망(亡)이라 합니다. 선왕께서는 유련(流連)의 즐거움과 황망(荒亡)의 행태가 없으셨으니, (그것이 바로) 오직 임금이 행해야 할 바입니다."

81 반표(班彪)의 아들이자 서역도호(西域都護) 반초(班超)의 형이며 반소(班昭)의 오

떻게 활용했는지 살펴볼 차례다. 앞에서 태종이 인용한 "폐하께서 마음속에는 욕심이 많으시면서도 겉으로는 어짊과 의로움[仁義]을 베풀고 계십니다"라는 말도 바로 『한서』「급암전(汲黯傳)」에 나오는, 급암이 무제에게 한 직언이다.

태종 7년(1407년) 7월 12일, 태종은 이숙번을 하륜에게 보내 민무구·무질, 신극례 등의 불충한 음모를 알려주고 마땅한 처치 방법에 대해 의견을 구했다. 이에 하륜이 "마땅히 가벼운 법전에 따라 처리해야 할 것입니다"라고 답했다. 태종의 의중을 잘못 읽은 것이다. 이에 태종은 다시 숙번을 시켜 다음 말을 전하게 했다.

"경의 말은 곧 안창후(安昌侯) 장우(張禹)로구나!"

이에 하륜이 황공해했다. 장우는 한나라 성제(成帝) 때 승상(丞相)이다. 경학을 익혀 박사가 되었고, 원제(元帝) 초원(初元) 연간에 불려가 태자에게 『논어』를 가르쳐서 광록대부(光祿大夫)가 되었다. 관내후(關內侯)와 영상서사(領尙書事) 등을 지내고 외직으로 나가 동평내사(東平內史)가 되었으며, 하평(河平) 4년(기원전

빠르다. 박학능문(博學能文)해서 아버지의 유지를 이어 고향에서 『사기후전(史記後傳)』과 『한서』의 편집에 종사했지만, 영평(永平) 5년(62년)경에 사사롭게 국사(國史)를 개작한다는 중상모략으로 투옥되었다. 반초가 상서해 적극 변호해 명제(明帝)로부터 용서받아 석방되었다. 20여 년 걸려서 『한서』를 완성했다. 명제가 그의 학문을 중시해서 난대 영사(蘭臺令史)에 임명했다. 이후 낭(郎)과 전교비서(典校秘書)를 역임했다. 건초(建初) 4년(79년) 여러 학자가 백호관(白虎觀)에서 오경(五經)의 이동(異同)을 토론할 때 황제의 명령을 받고 『백호통의』를 편집했다. 화제(和帝) 때 두헌(竇憲)의 중호군(中護軍)이 되어 흉노 원정에 수행했다. 영원(永元) 4년(92년)에 두헌 반란 사건에 연좌되어 옥사했다.

25년) 승상에 올라 안창후(安昌侯)에 봉해졌다. 성격이 사치스럽고 탐욕스러워서 곧은 신하 주운(朱雲)이 영신(佞臣)이라 지목했다. 영신이란 현란한 말솜씨로 임금 비위만 맞추는 신하를 말한다. 외척(外戚) 왕씨(王氏)가 정권을 장악하자 관직을 물러났는데, 국가 대정(大政)에는 매번 자문을 요청받았다. 성제가 왕씨를 의심해 장우에게 물으니, 장우는 그 실정을 알면서도 자기가 늙고 그 자손이 약했으므로 감히 직언(直言)하지 못했다. 즉 태종은 장우가 그랬듯이 제대로 의견을 내지 않는 하륜을 두고 민씨들 눈치를 본다고 말한 것이다. 『한서』에 정통하지 않았더라면 하륜에게 전하는 말을 이렇게 짧지만, 사안에 적중하게 할 수 있었을까?

또 태종 10년(1410년) 11월 21일에는 백성의 세금을 감면하는 문제를 놓고서 서북면도순문사를 다녀온 박은에게 이렇게 말한다.

"한나라 문제가 전조(田租)를 줄여 백성을 구휼함으로써 아름다운 이름이 후세에 전했다. 우리나라는 땅이 좁고 사람이 적어서 전조가 대단히 적고 또 군국(軍國)의 일 때문에 조세를 감하지 못하나, 의주는 다른 고을에 비할 바가 아니니 아뢴 대로 하라."

『한서』「문제기(文帝紀)」에 따르면 문제는 농업을 진작시키기 위해 몇 차례 조세를 감면해주었다. 기원전 178년 문제가 내린 조서의 하나다.

'무릇 농사는 천하의 큰 근본이라, 백성이 그것을 믿고서 살아갈 수 있는 바다. 백성이 혹 농업[本=本業]에 힘쓰지 않고 상공업[末=末業]
본   본업   말 말업

을 숭상하니 삶을 제대로 마치지 못한다. 짐은 이를 근심하니, 그래서 이제 친히 여러 신하를 이끌고서 농사를 지음으로써 농업을 권면하고자 한다. 그러니 천하의 백성에게 올해 내야 할 전조(田租)를 절반으로 감면해주도록 하라.'

태종은 이처럼 역사서를 읽으며 선정(善政)을 펼치려 노력했다. 대체로 재위 중반을 넘기면서 창고가 넉넉해지고 병사도 많아지며 나라가 태평해지는 기운이 생겨나게 된다.

태종 14년(1414년) 10월 25일 자 실록에서는 예제(禮制)에 대한 태종의 깊은 식견을 볼 수 있다.

예조에서 새롭게 만든 적전의(籍田儀)를 올렸다. 상이 말했다.
"예관(禮官)이 이를 정한 것은 대개 나로 하여금 이 일을 행하게 하려고 한 것이다. 하늘을 공경하고 백성에게 부지런하고[敬天勤民] 종묘를 받들고 귀신을 섬기는 도리에 있어서 지극하다고 할 것이니, 나는 굳게 그것을 행할 것이다."
그 참에 물었다.
"종묘에 친향(親饗)한 뒤에 어찌하여 임금과 신하가 동연(同宴)하는 절차의 의식이 없느냐?"
또 한나라 문제가 선실(宣室)에 수희(受釐)[82]한 일을 물으니 여러 신하 중에 대답하는 자가 아무도 없었다.

---

82 『한서』「가의전(賈誼傳)」에 "상(上)이 바야흐로 수희(受釐)하고 선실(宣室)에 앉았다"라고 했는데, 그 주(註)에 "희(釐)는 제사 지내고 남은 고기"라고 했다.

황희가 말했다.

"치재(致齋)[83]입니다."

상이 말했다.

"수희(受釐)라는 것은 제사를 끝마치고 음복(飮福)하는 것을 이름이지 (제사에 앞서 하는) 재계(齋戒)가 아니다. 『시전(詩傳-시경 해설서)』에서 말한 수희(受釐)하고 진계(陳戒)한다는 것이 실로 그 증거다."

태종 16년(1416년) 1월 13일 민무휼·무회가 스스로 목숨을 끊었다[自盡]. 그런데 하륜 조카 이지성(李之誠)도 16일 목이 달아났다. 예전에 이지성이 세자에게 "무질 등은 죄가 없으니, 상께서 백세(百歲-당시 드물었던 나이 100세 이후라는 뜻으로, 사망을 에둘러 하는 말)하신 뒤에 세자의 때가 되면 소환(召還)해야 마땅합니다"라고 말한 죄목 때문이다. 이지성에 대한 조사 과정에서 이지성 고모부 하륜이 일찍이 무구와 무질 등을 편드는 말을 한 적이 있다는 진술이 나왔다. 이에 신하들이 하륜도 조사하자고 청했으나 태종은 단호히 거절하면서도, 하륜에게 이지성이 한 말을 전하면서 죄는 묻지 않겠다는 뜻을 밝힌다. 이때도 태종은 짧지만, 매우 함축성 있는 말을 전한다.

"옛날에 (한나라 유방의 극진한 총애를 받았던) 소하(蕭何, ?~기원전

---

83 제사를 올리기 전에 재궁(齋宮)이나 향소(享所)에서 행하던 재계(齋戒)다. 산재(散齋)한 뒤에 하는 재계로서, 제관(祭官)이나 집사관(執事官)들은 모두 제소(祭所)에서 제향에 관한 일만을 맡아보았다. 그 기간은 대체로 대사(大祀)일 때는 3일, 중사(中祀)일 때는 2일, 소사(小祀)일 때는 1일이었다.

193년)[84]도 옥에 갇힌 적이 있었다. 정승이 사직에 대해 어찌 반심(叛心)이 있겠는가? 그 때문에 변명하게 하지 않는다."

『한서』 소하전(蕭何傳)에 관련된 이야기가 실려 있다.

어떤 빈객이 하를 설득해 말했다.
"그대의 집안이 족멸될 날이 머지않았습니다. 무릇 그대의 지위는 상국(相國)이고 공로는 제1등이니 너할 수 있는 것이 없습니다. 그런데 그대는 애초부터 관중에 들어와 진정으로 백성의 마음을 얻은 지 10여 년이 되었습니다. 모두 그대에게 기대고 있으며, 그대 또한 거기에 부지런히 힘을 쏟아[孳孳=孜孜] 백성의 마음을 얻었습니다.
자자   자자
상께서 이른바 여러 차례에 걸쳐 그대에 관해 물어보았던 것은, 그대가 관중을 (그대 쪽으로) 기울게 만들까 봐 두려워해서였습니다. 지금 그대는 어찌하여 농지를 대거 사들여 싸게 임대함으로써[貰=賒] 스스로의 명성을 더럽히지 않습니까?"
세 사
이에 하는 그 계책을 따랐고, 상(유방)은 마침내 크게 기뻐했다.
상이 포(布)의 군대에 대한 토벌을 마치고 돌아올 때 백성이 길을 막고 글을 올려, 상국이 억지로 낮은 값으로 백성의 밭과 집을 사들였는데 그 수가 수천 명이나 된다고 말했다. 상이 도착하자 하가 알현했다. 상이 웃으면서 말했다.

---

84 중국 전한 때 고조 유방의 재상이다. 한나라 유방과 초나라 항우의 싸움에서 관중에 머물러 있으면서 고조를 위해 양식과 군병의 보급을 확보했다. 고조가 즉위한 뒤 논공행상에서 으뜸가는 공신이라 하여 찬후로 봉해지고 식읍 7,000호를 하사받았으며, 그 일족 수십 명도 각각 식읍을 받았다.

"지금 상국은 마침내 백성에게서 이익을 취하려 했던 것인가?"

백성이 올린 글들을 모두 하에게 주면서 말했다.

"그대가 직접 백성에게 사죄하라!"

그 후에 하가 백성을 위해 청하는 것이라면서 이렇게 말했다.

"장안의 땅은 좁은데 상림원에는 빈 땅이 많아 버려져 있으니 바라 건대 백성으로 하여금 그 안에 들어가 농사를 지을 수 있게 해주시고, 볏짚[稿=禾稈]은 거두지 말고 짐승들의 먹이로 삼아야 합니다."
고   화간

상이 크게 화를 내며 말했다.

"상국이 상인들로부터 재물을 많이 받고서 그들을 위해 내 원(苑)을 청하는구나!"

마침내 하를 정위(廷尉)에 내리고 족쇄를 그에게 채웠다. 며칠 후에 왕위위(王衛尉)가 상을 모시고 있다가 앞으로 나아가 물었다.

"상국이 무슨 큰 죄를 지어 폐하께서는 그를 거칠게 묶었습니까?"

상이 말했다.

"내가 듣건대, 이사(李斯)가 진나라 황제를 보좌할[相] 때는 좋은 것
상
이 있으면 임금 덕분이라 하고 안 좋은 것이 있으면 자기 탓이라고 했다. (그런데) 지금 상국은 장사꾼[賈竪]들에게 많은 재물을 받고서
고수
그들을 위해 나의 상림원을 내놓으라고 했으니, 이는 스스로 백성에 게 아첨하려는[媚=求愛] 것이다. 그래서 그를 묶어놓고 다스리려는
미   구애
것이다."

왕위위가 말했다.

"무릇 그 직무와 일이 진실로 백성에게 편리한 것이기 때문에 그것을 청했다면, 이는 정말로 재상이 (마땅히) 해야 할 일입니다. 폐하께 서는 어찌하여 마침내 상국이 상인들의 돈을 받았다고 의심하시는

것입니까? 또 폐하께서 초나라와 서로 공방전을 벌인지 여러 해가 되었고 진희와 경포가 반란을 일으켰을 때 폐하께서는 몸소 장수가 되시어 전쟁터에 나아가셨는데, 이런 때를 맞아 상국은 관중을 지켰습니다. 만일 그가 관중에서 동요해 말을 뺐다면 관중의 서쪽은 (지금) 폐하의 소유가 아닐 것입니다. 상국이 그때에도 이익을 도모하지 않다가 지금에서야 상인의 돈을 받아 이익을 취하려 하겠습니까? 또 진나라(의 시황제)는 자신의 허물을 들으려 하지 않아 천하를 잃었건만, 저 이사가 허물을 나눠 가진 것이 또 어찌 본받을 만한 것이겠습니까? 폐하께서는 재상을 의심하는 수준이 이렇게도 낮습니까?"

상은 기분이 그다지 좋지 않았다[不懌=不悅].[85] 이날 사자에게 부절
을 갖고 가서 하를 풀어주게 했다. 하는 나이가 많았지만, 평소 공손하고 삼갔으므로 대궐로 달려 들어가 사죄했다. 상이 말했다.

"상국은 궐 밖으로 나가 쉬도록 하라. 상국은 백성을 위해 나의 상림
원을 청했으나 나는 허락하지 않았으니, 나는 (하나라의) 걸왕(桀王)이나 (은나라의) 주왕(紂王)에 지나지 않는 반면 상국은 뛰어난 재상[賢相]이다. 내가 상국을 묶었던 까닭은 백성으로 하여금 나의 허물을 알게 하기 위함이었다."

태종은 이 대목을 정확히 간파하고 있었기에 하륜을 안심시키는 말에 소하를 인용할 수 있었다. 물론 당대 지식인 하륜도 『한서』쯤은 기본으로 소화하고 있었을 터이기에 태종 마음을 바로 이

---

85 原註-사고(師古)가 말했다. "위위의 말에 감동을 느꼈기 때문에 부끄럽고 후회스러워
서[慚悔] 기분이 좋지 않았던 것이다."

해했을 것이다.

같은 해 11월 11일에는 이제 막 하륜-조영무 체제를 뒤이은 양 정승 유정현과 박은이 재상의 본분을 망각하고 한마디씩 했다가 『한서』의 달인(達人) 태종에게 수모를 당하는 일이 발생했다. 실록 속으로 들어가 보자.

컴컴하게 안개가 3일 동안 끼었다. 뜻을 전해 말했다.

"오늘 내가 일을 보려고 일찍 일어났는데, 하늘에 안개가 끼고 또 더워서 시후(時候-날씨)가 정상인 상태를 잃었으니 오로지 (나의) 부덕의 소치로 그러한 것이다. 깊이 하늘의 변고를 두려워해 감히 일을 보지 못하겠다."

유정현이 말했다.

"시후가 정상을 잃은 것은 비록 상덕(上德)의 소치는 아니나, 공구수성(恐懼修省-매사 두려워하며 스스로를 되살펴봄)해서 정신을 가다듬어 다스림을 도모하는 것은 임금의 직책입니다. 왜 일을 보지 않으려고 합니까?"

박은이 말했다.

"하늘이 흐리고 안개가 끼고 더운 것은 별로 해로울 것이 없습니다. 얼음이 얼 때가 아직 되지 않았으니, 성려(聖慮-임금이 염려함)하실 것이 없습니다."

상이 말했다.

"한(漢)나라 승상(丞相) 병길(丙吉, ?~기원전 55년)[86]이 힘써 섭조(燮

---

86 한나라 선제 때 명재상이다. 처음에는 옥리(獄吏)였으나, 뒤에 정위우감(廷尉右監-최

調-섭리)하는 일을 맡았으니, 경 등은 각각 섭리(變理)하는 책임을 다해서 인사(人事-사람의 일)에 신중하도록 힘쓰고 천도(天道)에 어그러짐이 없게 하라."

『한서』「병길전(丙吉傳)」에 나오는 승상 병길의 일화를 들어 신임 정승들을 일깨우는 장면이다. 「병길전」에 나오는 이야기는 이렇다.

한 번은 승상 병길이 외출하다가 승상의 행차를 위해 깨끗하게 치운 길에서 떼를 지어 싸우는 사람들과 맞닥뜨렸다. 사상자들이 길에 마구잡이로 쓰러져 있었다. 그가 그곳을 그냥 지나칠 뿐 어찌 된 일이냐고 묻지도 않자, 소속 관리는 의아하게 여겼다. 또 그가 앞서가다가 어떤 사람이 잃어버린 소를 쫓아가는 장면과 마주쳤는데, 그 소가 헐떡이며 혀를 내밀고 있었다. 그는 수레를 멈추게 하고 말을 탄 관리를 시켜 "소를 쫓아 몇 리를 왔느냐"라고 묻게 했다. 소속 관리는 속으로 승상의 질문이 앞뒤가 잘못되었다고 생각했다. 심지어 그를 비꼬는 자도 있었다. 그러자 그는 이렇게 말했다.

"백성이 싸우다가 서로 살상한 것은 장안령과 경조윤이 금지하고

고재판소 판사)이 되었다. 기원전 91년 무고(巫蠱)의 옥사 때 크게 활약해 여태자(戾太子)의 손자인 유순(劉詢-뒤의 선제(宣帝))의 목숨을 구했다. 유순이 제위에 오르자 태자태부(太子太傅)·어사대부(御史大夫)를 거쳐 기원전 67년 승상이 되었다. 항상 대의예양(大義禮讓)을 중히 여겨, 길에서 불량배들이 싸우는 것을 단속하는 일은 시장(市長)의 직분이므로 재상이 관여할 바가 아니지만, 소가 숨을 헐떡이는 것은 계절의 변조 탓일지도 모르므로 음양(陰陽)을 가리고 자연의 조화를 꾀하는 재상의 직분이라고 했다.

경비하며 체포하는 임무를 맡고 있고, 승상은 연말에 그들을 고과해서 상벌을 시행하면 그만이다. 승상은 직접 자질구레한 일에 관여하지 않기 때문에 그런 일을 길에서 묻는 것은 옳지 않다. 봄에는 소양(少陽)이 용사(用事)할 때이므로 심하게 덥지 않다. 가까운 거리를 가는 소가 더워서 헐떡이는 것은 계절의 기운이 절도를 잃은 징표이므로 해(害)가 닥칠까 두렵다. 삼공(三公)은 음양의 조화를 담당하므로 [燮理] 직분상 마땅히 염려해야 할 일이다. 이 때문에 물은 것이다."
섭리
소속 관리는 그 말을 듣고 감복하며 그가 정치의 큰 요체[大體] 잘
대체
안다고 인정했다.

태종이 말한 섭조(燮調)란 바로 음과 양을 조화시키는 섭리(燮理)를 가리킨다. 또 "천도에 어그러짐이 없어야 한다"는 말은 두 정승에게 인사를 공정하게 하라는 경고다.

태종은 공부하는 군주였다. 필자도 2005년에는 그가 군주의 자질을 타고난 임금이라고 여겼으나 착오였다. 그는 세종과는 다른 의미에서 호학(好學)하는, 즉 배우기를 좋아하는 군주였다. 현장 실무 경험이 없는 세종은 정독(精讀)을 통해 통치 전반을 익혔다.

그러나 일을 많이 겪은 태종에게 공부란 단순한 책 읽기가 아니라 기본을 점검하는 작업임과 동시에 일을 풀어가는 나침반이었다. 그랬기에 그는 책을 읽고 또 읽으면서 음미해 자기 것으로 만들어냄으로써 태종풍(太宗風) 정치를 탄생시켰다. 그것은 열린 정치였고 실사구시(實事求是) 정치였으며 위민(爲民) 정치였다. 이제 그 정치 현장으로 들어가 보자.

제 5 장

비룡이 하늘에 있다

1 ──

태종, 하늘을 나는 용이 되어

비룡(飛龍)이란 자리에 있는 임금을 말한다. 비룡은 하늘을 난다. 하늘은 한결같아서[一=剛] 사계절이 변함없이 찾아오고, 눈 밝고 공명정대해서 세상 구석구석까지 살펴 밝혀준다[照=明]. 또한 어느 한쪽으로 기울거나 쏠리지도 않고 고루 빛을 비춰준다. 비룡은 이 같은 하늘의 하늘다움[天德]을 본받을 때 오래오래 날 수 있다.

조선 시대에는 이런 비룡을 보는 고전적인 잣대가 있었다. 『주역』 건괘(乾卦, ䷀) 밑에서 다섯 번째 양효가 바로 군주를 나타내는 효다. 이에 대한 주공 말과 그것에 대한 공자 풀이를 이해하고 나면 임금이란 어떤 자리이며 무엇을 해야 하는지 총론적으로 알 수 있다.

먼저 주공은 이렇게 말을 달았다[繫辭].

"구오(九五)는 날아가는 용이 하늘에 있으니 대인을 만나보는 것이
이롭다[飛龍在天 利見大人].
　　　　비룡 재천 이 견 대인"

2가지 풀이가 가능하다. 날아가는 용을 임금으로 볼 경우, 대
인은 그 임금을 잘 보좌하는 명재상이다. 그런데 공자는 이를 조
금 다르게 풀었다.

"(구오(九五)는) 날아가는 용이 하늘에 있다[飛龍在天]는 것은 대인
　　　　　　　　　　　　　　　　비룡　재천
이 하는 일이다[飛龍在天 大人造也].
　　　　　비룡 재천 대인 조 야"

대인이 하는 일[大人造]이란, 다시 말해 대인이라야 할 수 있
　　　　　　대인 조
는 일[造=作事]이라는 뜻이다. 이때 대인(大人)이란 곧 빼어난 이
　　　조 작사
[聖人], 즉 빼어난 임금[聖君]을 가리킨다. 다행히 공자는 임금의
　성인　　　　　　　　　성군
괘 건괘(乾卦)와 신하의 괘 곤괘(坤卦)에 대해서만은 「문언전(文
言傳)」이라는 보다 상세한 풀이를 추가로 달아놓았다. 나머지 괘
62개에는 「문언전」이 없다. 아마도 공자는 그 작업을 하던 도중에
세상을 떠난 것으로 보인다.
　　다시 건괘 구오에 대한 공자의 풀이를 보자.

(주공이) 구오(九五)는 날아가는 용이 하늘에 있으니 대인을 만나보
는 것이 이롭다[飛龍在天 利見大人]라고 한 것은 무슨 뜻인가? 공자
　　　　　　　비룡 재천 이 견 대인
가 말한다[子曰]. 같은 성질의 소리는 서로 응하고[同聲相應] 같은
　　　　자왈　　　　　　　　　　　　　　　　동성상응
기운은 서로 구하니[同氣相求], 물은 습한 곳으로 흐르고 불은 마
　　　　　　　동기상구
른 곳으로 나아가며 구름은 용을 따르고[從龍] 바람은 호랑이를 따
　　　　　　　　　　　　　　　　종룡

356

른다[從虎].[1] (그래서) 빼어난 이[聖人]가 일어나면 만인[萬物]이 우러
러본다[覩=仰慕]. 하늘에 뿌리를 둔 것은 위를 가까이하고[親上] 땅
에 뿌리를 둔 것은 아래를 가까이하니[親下], 이는 곧 각각은 (성질에
따라) 자기의 무리[其類]를 따르는 것이다.[2]

『선조실록』 1595년(선조 28년) 1월 8일에는 이와 관련된 흥미
로운 대화가 나온다. 선조도 『주역』을 좋아했던 조선 임금이다.

상이 별전에 나아가 주강(晝講)했다. 동지사 이항복, 특진관 한효순,
참찬관 정광적, 시독관 신식, 검토관 정경세 등이 입시해 『주역』 건괘
(乾卦)를 강했다. 상이 말했다.

"'구름이 용을 따른다[雲從龍]'는 뜻은 알겠으나, '바람이 호랑이를
따른다[風從虎]'는 무엇을 말하는가?"
정경세가 아뢰었다.

"범이 울면 바람이 매섭고 범이 다니면 바람이 저절로 생기니, 이른
바 '같은 성질의 소리는 서로 응하고[同聲相應] 같은 기운은 서로 구
한다[同氣相求]'는 것은 바로 이를 말합니다."
상이 말했다.

"'빼어난 이가 일어나면 만인이 우러러본다'라는 것은 사람의 무리

---

1 중국의 옛말에 용이 날면 구름이 따라 일어나고 호랑이가 달리면 바람이 따라 분다
   고 했다.

2 원문은 다음과 같다. "九五曰 飛龍在天利見大人 何謂也? 子曰 同聲相應 同氣相求
   水流濕 火就燥 雲從龍 風從虎. 聖人作而萬物覩. 本乎天者親上 本乎地者親下 則各
   從其類也."

로서는 우러러보지 않는 자가 없다는 것이니, 소인은 소인이 친하고 군자는 군자가 친하는 것이다."

정경세가 아뢰었다.

"그렇지 않은 게 없습니다. 요(堯)임금의 (재상인) 고요(皐陶)와 탕(湯) 임금의 이윤(伊尹)과 당나라 태종의 위징(魏徵)과 한나라 유비의 제갈량(諸葛亮)이 바로 이에 해당합니다."

하늘의 성질을 가진 것들은 그들끼리 가까이하고 땅의 성질을 가진 것들은 그들끼리 가까이하듯이 사람도 성향이 비슷한 사람들끼리 가까이하는데, 그중에서도 특히 (하늘의 용이나 땅의 호랑이처럼) 인간 세상에서는 빼어난 이가 왕위에 오르게 되면 만인이 모두 마음을 모으게 된다는 뜻이다. 정경세는 이런 맥락에서 빼어난 임금과 그에 어울리는 뛰어난 재상들을 언급했다.

정리하자면, 빼어난 이나 뛰어난 이[聖賢]가 왕위에 올라 뛰어난 재상[賢相]을 써서 백성에게 큰 은택을 베푸는 것이 바로 건괘 구오가 가리키는 임금이 마땅히 해야 할 일이다. 백성을 편안케 하는 일[安民], 이것이 임금다운 임금 여부(與否)를 가리는 가장 중요한 척도라는 말이다.

2 ——

강명한 군주를 향하여

태종의 굳셈과 눈 밝음

"어찌 내 배에서 나오지 않았던고[何不爲吾出乎]!"
_{하 불위 오 출 호}

이 탄식은 어린 이방원이 과거 준비를 위해 글공부하는 모습을 보며 계모 강씨(康氏)가 했다는 말로 『태조실록』 총서에 실려 있다. 남편 이성계를 도와 개국에도 공을 세운 여걸 강씨 눈에 청년 이방원이 가진 군덕(君德)이 미리 보였기에 이런 말을 하지 않았을까?

이방원에게 잠재된 군덕(君德), 즉 임금이 될 만한 품성이나 자질은 과연 무엇이었을까? 다름 아닌 굳셈과 눈 밝음, 곧 강명(剛明)이다. 이 점은 여러 사람이 그에 대해 남긴 말로 입증된다. 태조 이성계는 1차 왕자의 난으로 왕위를 빼앗겼다. 이어 상왕으로 있으면서는 다시 정종(定宗)이 동생 이방원에게 왕위를 물려주는 장면을 아버지로서 못마땅하게 지켜봐야 했다. 앞서 본 대로 정종이 세자 이방원에게 권력을 넘기는 교서(敎書)에 강명이 등장했다.

'왕세자는 강명(剛明)한 다움[德]을 타고났고 용맹과 지략의 자질이 빼어났다. 인의(仁義)는 타고날 때부터 가졌고 효제(孝弟)는 지성(至誠)에서 비롯되었다.'

권력이 사실상 방원에게 넘어갔다는 소식을 듣고 아버지 이성계는 자포자기한 가운데서도 이렇게 말했다.

"(방원은) 강명(剛明)한 임금이니 권세가 반드시 아래로 옮겨가지 않을 것이다."

이처럼 태종 하면 강명(剛明)이었다. 그러나 그것은 태종 개인에게만 있었던 자질이나 특성이 아니다. 조선은 말할 것도 없고, 고대 중국에서부터 임금이라면 반드시 갖춰야 할 품성이었다. 여기서는 이방원에게 그런 강명이 있음을 가장 가까운 사람들이 알고 있었다는 사실이 중요하다.

이성계 자신은 강명하지 못했다. 그 이유는 스스로 밝힌 그대로다. 많은 권세가 정도전과 남은에게로, 즉 아래로 옮겨가 있었다. 세자 문제 또한 부인에게 휘둘렸다. 흥미롭게도 왕권 중심에 반대하며 군신공치론(君臣共治論)을 내세웠던 정도전은 바로 이 임금의 강명(剛明)을 문제 삼았던 장본인이다. 즉 군주 국가에서 모든 임금이 다 강명할 수는 없으므로 차라리 재상이 지속적으로 권력을 맡아야 한다고 주장했다. 강명함의 불연속성은 그가 내세운 재상(宰相)중심주의를 위한 논리적 근거였다. 군주는 세습되므로 강명하지 못한 자도 임금이 될 수 있으니, 신하 중에서 강명한 자를 뽑아 올려 임금을 보필하게 해야 한다는 주장이었다. 그러나 신하들이 모두 공평무사한 마음으로 진정 강명한 자를 재상으로 뽑아 올리는 것이 어떻게 가능한가 물어보게 될 경우 그 답은 궁색해질 수밖에 없다.

정도전은 술에 취한 어느 한때 자신을 한나라 유방(劉邦)의 참모 장자방(張子房-장량)에 비유하며 "한고조가 자방을 이용한 게 아니라 자방이 고조를 이용한 것"이라고 말하기도 했다. 그의 깊은 마음속에는 이미 위를 넘보는[犯上] 마음이 있었다. 『논어』 「학이 (學而)」편에는 공자의 제자 유자(有子)가 위를 넘보는 신하를 경계할 필요성을 지적하는 말이 실려 있다.

"그 사람됨이 효도하고 공순하면서[孝弟] 윗사람을 범하기[犯上]를 좋아하는 자는 드물다. (또) 윗사람을 범하기를 좋아하지 않으면서 난을 일으키기를 좋아하는 자는 없다. 군자는 근본에 힘쓰니, 근본이 서야 도리가 생겨난다. 효도와 공순은 어짊[仁]을 행하는 근본이라 할 만하다."

마음속으로 윗사람을 타고 넘으려는 아랫사람을 미리 알아보지 못하면 눈 밝지 못한 것[不明]이고, 알면서도 처리하지 못하면 군세지 못한 것[不剛]이다. 태조 이성계는 강명하지 못했고, 그 결과 아들에게 왕위를 빼앗기는 불명예까지 안아야 했다. 개국 임금으로서 너무도 큰 수모(受侮)라 하지 않을 수 없다. 모두 강명이 부족했던 탓이다.

강(剛)은 강(强)과는 다르다. 내면적인 강(剛)의 반대는 유(柔)이고, 외면적인 강(强)의 반대는 약(弱)이다. 군셈[剛]은 곧 한결같음[一]이다. 이랬다저랬다 해서는 군세다고 할 수 없다. 물론 신하들에게 범상(犯上)을 용납하지 않는 것 또한 군셈의 일부다. 또 뛰어난 신하를 나아오게 하고 그릇된 신하를 단호히 막아내는 것 또한 군셈이 있을 때 가능하다.

왕위에 오른 태종 이방원의 군셈[剛]은 개국공신이자 1, 2차 왕자의 난 공신인 이거이를 단호하게 처리하는 데서 먼저 나타났다. 사돈이기도 했던 이거이가 정종 때 사병 혁파에 불만을 표시하자 집권 직후 단호하게 숙청했다. 그러나 죽음에 이르게 하지는 않았고, 훗날 명예는 회복시켜주었다. 이숙번 또한 공신 중의 공신이었지만 말년에 자신에게 몽니를 부리자 가차 없이 지방으로 유폐시켰다.

태종은 종묘사직을 반석에 올리는 일을 자신의 소명(召命)으로 여겼다. 사병 혁파로 왕권 강화를 위한 토대를 다졌다. 의정부를 무력화하고 육조직계제(六曹直啓制)를 관철시켜서 왕권을 강화했다. 정도전과 달리 왕권 강화론을 지지했던 재상 하륜을 오랫동안 중용해서 왕권을 반석 위에 올렸다. 태종과 하륜은 그런 점에서 유학 정치에서 이상적으로 여기는 명군(明君)과 현신(賢臣)의 만남이었다.

태종과 비슷한 듯하면서도 다른[似而非] 임금이 세조다. 종묘
사직 수호라는 명분이 약했다. 사사로운 권력욕으로 일을 서둔 때
문이다. 그래서인지 세조는 공신이나 재상들 눈치를 살피느라 빈
번하게 술자리를 베풀었다. 어떤 역사학자는 이 같은 세조의 정치
스타일을 '주석(酒席)정치'라고 이름 붙이기도 했다. 그럼에도 단종
복위(端宗復位)를 위한 움직임은 계속 이어졌고, 결국 사육신(死六
臣) 사건까지 터졌다. 친형제 금성대군(錦城大君)마저 사약을 내려
죽였다. 친형제 안평대군(安平大君)에 이은 두 번째 친형제 살육이
었다. 태종으로서는 생각도 못 할 만행이었다.

태종은 개인적으로 도교를 신봉했지만, 공적으로는 유학을 중
시했다. 반면 세조는 불교를 신봉해 불교를 비판하는 유학자들 간
언을 용납하지 않았다.

태종은 후대를 설계할 때도 세자 이제가 실덕(失德)하자 수많
은 위험을 감수하고서 뛰어난 이에게 왕위를 물려준다는 택현론
(擇賢論)에 따라 뛰어난 셋째 아들 충녕에게 왕위를 넘겼다. 4년
동안 상왕으로 있으면서는 새로운 임금의 정치력 성장을 든든하게
후견했다. 오직 종묘사직을 생각하는 지공(至公)한 마음과 굳센 대
계(大計)가 없었다면 불가능한 일이다.

반면 세조는 그런 미래 준비가 없었고, 그를 이은 예종(睿宗)
은 어설프게 왕권 강화를 추구하다 단명했다. 어린 성종이 왕위를
이어받으며 조선 왕실은 흔들리기 시작했다. 세조가 자기 역량에
만 의존했을 뿐 후대를 위한 준비는 전혀 하지 않았던 데 따른 현
실적인 결과다. 태종과 달리 세조를 굳센 임금[剛君]으로 볼 수 없
는 이유다. 그는 기껏해야 강군(强君)이었다.

눈 밝음으로 미래 그림부터 그리다

태종이 일하는 스타일은 두괄식(頭括式)이다. 미래 그림을 먼저 그린 다음에 현재 국면을 만들어가는 스타일이다. 처남 민씨 형제 제거도 다음 임금이 세자 이제임을 전제로 한 선제적 조치였다. 유감스럽게도 결국 세자는 왕위를 잇지 못하고 충녕이 뒤를 이었다. 이때도 태종은 다시 미래 그림을 그린다. 충녕의 왕위를 흔들수 있는 잠재적 위협 세력으로 세종 처가인 심씨(沈氏) 집안을 지목했다. 결국 세종 장인 심온은 병권 문제로 처형당했고 장모는 관비(官婢)가 되었으며 심씨 집안은 초토화되었다. 이거이 집안이나 이숙번도 충녕을 위협할 수 있다고 보고서 죽이지는 않았지만 무력화시켰다.

우리는 이것만 보고서 너무 쉽게 그를 잔혹하다고 평한다. 그러나 태종은 머릿속에 『논어』와 『한서』, 『대학연의』를 넣고 살았던 임금이다. 3권의 책은 공통으로 강한 왕실과 강명(剛明)한 임금상(像)을 강조한다. 『주역』 또한 마찬가지 책이다. 왜일까? 외척을 포함한 간신이 권력을 쥐게 되면 그 피해가 결국 백성에게 돌아가기 때문이다. 특히 『한서』 앞부분은 왕실인 유씨(劉氏)를 위기로 몰아넣었던 유방 부인 여후(呂后) 집안 이야기로 가득하다. 예를 들면 민무구·무질 등이 유배 중이던 태종 8년(1408년) 10월 1일 사헌부와 사간원이 합동으로 올린 글에 이런 대목이 나온다.

"(한나라 때) 여씨(呂氏-여후)와 (당나라 때) 무씨(武氏-측천무후)가 역모(逆謀)를 꾸몄음은 전하(殿下)의 총명(聰明-귀 밝음과 눈 밝음)이 보신 바입니다."

이를 염두에 두지 않았을 리 없는 태종이 민씨나 심씨를 견제하리라는 것은 불 보듯 뻔한 사실이다. 오히려 우리는 이 점을 소홀히 여기고 권력을 남용해 태종에게 숙청당하는 빌미를 제공했던 민씨나 심씨 쪽의 안일한 대응을 반드시 함께 짚어야 한다. 그래야 비로소 왕권 강화를 향한 태종풍 눈 밝은 일 처리를 온전하게 파악하고 온당하게 평가할 수 있다.

이 같은 태종식 눈 밝은 선제 조치가 세종대 태평성대를 만든 반면, 미래를 제대로 대비하지 못한 세종식 안이한 일 처리는 결국 세조의 찬탈과 손자 단종의 비극적 죽음, 사육신(死六臣)의 죽음으로 이어졌음을 잊어서는 안 된다. 그때나 지금이나 권력 한복판 속 현실은 낭만적인 한 편 연극이 아니라 살벌한 전쟁터다. 인간 사회가 가진 숙명이랄까? 강명(剛明)을 잃은 리더는 패배자가 될 수밖에 없다.

당연히 태종 당시 신하들도 임금이라면 갖춰야 할 첫 번째 덕목인 강명(剛明)함의 중요성을 잘 알고 있었다. 태종 7년(1407년) 7월 12일에 민무구·무질 형제와 신극례 처벌과 관련해 의정부에서 올린 말씀 하나를 살펴보자.

'임금의 임금다움 중에는 군세고 눈 밝음[剛明]보다 큰 것이 없고 능
　　　　　　　　　　　　　　　　　　　강명
히 결단하는 것[能斷]보다 더 큰 것이 없습니다. (임금이) 군세고 눈
　　　　　　　　능단
밝으면 사특한 자가 그 속내[情]를 숨길 수 없고 능히 결단하면 간
　　　　　　　　　　　　　　정
악한 자가 두려워해 꺼리는 바가 있으므로, 화란(禍亂)이 일어나지

않고 다스리는 도리[治道]가 융성하는 것입니다.

만일 간특함을 알고서도 의리로 결단하지 아니하면 차라리 알지 못하는 것만 못함이 더욱 심합니다. (차라리) 알지 못하면 간특한 자는 오히려 혹시 알게 되어 죄를 얻을까 두려워하고, 군중(群衆)의 심정은 계속해서 그것이 알려져 반드시 벌을 받게 되기를 바라기 때문입니다. 이리하여 도리를 모르고 제 마음대로 구는[不逞] 무리가 오히려 꺼려하는 바가 있어 제멋대로 굴지 못합니다. (반면) 만일 간특함을 알고서도 죄주지 않는다면 간특한 자는 꺼리는 바가 없어서 그 악한 짓을 더욱 자행하고 군중의 심정은 모두 실망해 다시는 바라지 않을 것이니, 간악함이 어떻게 징계될 것이며 화란이 어떻게 종식되겠습니까?

우리 주상 전하께서는 영명과단(英明果斷)하시어 충사(忠邪)와 곡직(曲直)을 죄다 꿰뚫어보시기 때문에 빠트리거나 남기는 바가 없으십니다. 지금 민무구·무질, 신극례 등이 비록 훈친임에도 그 간사함을 모조리 알아내 견책을 가하시니, 굳세고 눈 밝으신 다움[剛明之德]이 지극하다고 할 것입니다.'

앞서 본 대로 강(剛)이란 임금다움[君德]이 한결같다[一]는 뜻이고, 명(明)이란 일과 사람을 정밀하게 잘 살핀다[精]는 말이다. 『논어』「공야장(公冶長)」편에서 공자는 이렇게 말한다.

"나는 아직 진정으로 굳센 사람[剛者]을 보지 못했다."

이에 어떤 사람이 "신정(申棖)이 있습니다"라고 답하자 공자가 말했다.

"신정은 욕심에서 그렇게 하는 것[慾]이지, 어찌 굳세다고 할 수 있겠는가?"

짧지만 면밀하게 읽어야 한다. 원래 강(剛)의 반대는 유(柔), 즉 마음이 여리고 무른 것이다. 그런데 공자는 강자(剛者)와 대비시켜 욕자(慾者), 즉 욕심으로 가득한 자를 언급했다. 그것은 사람들이 그만큼 강자와 욕자를 헷갈리기 때문이다. 즉 강자와 비슷하면서도 실은 아닌 유형[似而非]은 다름 아닌 욕자다. 유자(柔者)는 아예 아니기[非] 때문에 쉽게 가려낼 수 있다.

조금 더 풀이하면, 사사로운 욕심을 숨기고 자기주장을 강하게 내세우는 사람을 우리는 굳센 사람[剛者]이라고 오판하기 쉽다. 그러나 강자(剛者)란 내면이 굳세고 단단한 사람이며, 지향하는 바 또한 사사로운 욕심이 아니라 공적인 대의명분을 기반으로 한다. 신정이 어떤 성품의 소유자인지는 분명치 않지만, 공자는 신정을 한마디로 욕심부리는[慾] 인물이라고 일갈한다.

또 「안연(顏淵)」편에서 제자 자장이 명(明)에 관해 묻자 공자는 이렇게 말한다.

"서서히 젖어 드는 참소(讒訴)와 살갗을 파고드는 하소연[愬]이 행해지지 않게 한다면 그 정사는 밝다[明]고 이를 만하다."

임금에게 2가지 실상이 있어야 명(明)이다. 첫째는 신하 간에 생겨나는 중상모략 속에서 진실을 꿰뚫어보아야 한다. 둘째는 친족이나 측근들의 사사로운 민원을 단호히 끊어내야 한다. 여기서도 공사(公私)를 가려내는 분별력이 중요하다. 사사로운 이익을 도모하는 음해인지, 진정 공적인 목적을 위한 고발인지를 구분해내야 한다. 리더와 가깝다는 이유로 사사롭게 권세를 누리는 것인지, 정말 가까이에 있기 때문에 다른 사람들보다 더 공(公)을 생각해서 충언(忠言)하는 것인지를 분간해내야 한다. 그것은 일의 이치[事理=禮]에 밝은 리더라야 가능하다. 쉬운 일은 아니다. 리더가 늘 묻고 배워야 하는 이유도 바로 이 사리(事理)를 제대로 분별해내기 위함이다. 이렇게 하는 것이 불혹(不惑)이다. 유혹의 혹(惑)과는 전혀 상관없다.

3 —

총명예지를 갖춰라

우선 『태종실록』에서 태종에 대해 총명(聰明) 혹은 총명예지 (聰明睿知)가 있다고 평하거나 찬사를 올리는 사례들 몇 가지를 살펴보자.

태종 1년(1401년) 윤3월 22일 대사헌 유관이 소를 올려 불교 억제를 청했는데, 그 소의 내용 중에 "생각건대 주상 전하께서는 귀 밝고 눈 밝으시어[聰明]"라는 표현이 나온다. 태종 3년(1403년) 3월 3일에는 사간원에서 소를 올려 경연에 자주 나올 것을 청하며 "전하께서 총명강의(聰明剛毅)한 자질에 배움을 더한다면 이제 삼왕(二帝三王)의 정치를 기대할 수 있을 것입니다"라고 말한다. 총명강의(聰明剛毅)는 곧 강명(剛明)과 같은 뜻이다. 강의(剛毅)는 강 (剛)을 풀어낸 말이고, 총명(聰明)은 명(明)을 풀어낸 말이다.

물론 임금이 귀 밝고 눈 밝도록 도와주고 더해주는 신하

[耳目之臣]가 바로 대간(臺諫), 즉 사헌부와 사간원이다. 그래서 이들을 이목지관(耳目之官), 즉 임금의 귀와 눈이 되어주는 관리라고 했다. 반대로 간사한 짓으로 임금의 눈과 귀를 가리는 행위를 옹폐(壅蔽)라고 했는데, 가리고 덮는다는 뜻이다.

2차 선위 파동 때인 태종 9년(1409년) 8월 12일, 사간원에서 올린 소에서 태종의 성품을 가리켜 총명예지(聰明睿知)하다고 말한다. 그러면 유학 정치에서 총명예지란 무엇인가? 마침 이 말은 태종이 재위 초기에 임금의 다움을 갖추기 위해 깊게 파고들었던 『주역』과 『중용』에 나온다. 화가위국(化家爲國)한 대업을 반석 위에 올려놓으려 했던 태종 마음이 되어 그 구절을 음미해보자.

먼저 태종이 독파했던 『중용』이다. 우리는 태종이 품었던 마음이 되어 다시 제왕학 맥락으로 돌아가 『중용』을 검토해보자. 총명예지(聰明睿知)는 『중용』 결론부에 나온다. 태종이 읽었을 한문 문장부터 보자.

唯天下至聖 爲能聰明睿知 足以有臨也
유 천하 지성 위능 총명예지 족이 유 임 야

寬裕溫柔 足以有容也
관유온유 족이 유 용 야

發强剛毅 足以有執也
발강강의 족이 유 집 야

齊莊中正 足以有敬也
제장중정 족이 유 경 야

文理密察 足以有別也
문리밀찰 족이 유 별 야

溥博淵泉 而時出之 溥博如天 淵泉如淵 見而民莫不敬 言而民莫不信 行而
부박 연천 이시출지 부박 여 천 연천 여 연 현 이 민 막불 경 언 이 민 막불 신 행 이

民莫不說
민 막불 열

是以聲名 洋溢乎中國 施及蠻貊 舟車所至 人力所通 天之所覆 地之所載
시이 성명 양일 호 중국 시 급 만맥 주거 소지 인력 소통 천지 소부 지지 소재

日月所照 霜露所隊 凡有血氣者 莫不尊親 故曰 配天
일월 소조 상로 소대 범 유 혈기 자 막불 존친 고왈 배천

태종이 읽었을 뜻으로 옮겨보자.

오직 천하의 지극히 빼어난 임금만이 능히 귀 밝고 눈 밝고 일에 밝고 사람에 밝아[聰明睿知] 족히 '제대로 된 다스림'이 있게 된다.

능히 너그럽고 넉넉하고 온순하고 부드러워 족히 '제대로 된 포용력'이 있게 된다.

능히 강함을 일으켜 굳세고 단호해[剛毅] 족히 '제대로 된 국정 장악'이 있게 된다.

능히 가지런하고 장중하고 중화(中和)를 지키고 바름을 견지해 족히 '삼감'이 있게 된다.

능히 애씀의 이치를 갖추고 사리를 꿰뚫어보며[文理] 아주 치밀하고 샅샅이 살펴서[密察] 족히 '사리분별력'이 있게 된다.

넓디넓고 깊디깊으나 때가 되면 드러난다. 넓디넓음은 하늘과 같고 깊디깊음은 깊은 못과 같다. (마침내 때를 만나 적절한 인물을 통해 그 다움이) 나타나면 백성이 공경하지 않을 수 없고, (그런 인물이) 말을 하면 백성이 믿고 따르지 않을 수 없고, (다움을) 행하면 백성이 기뻐하지 않을 수 없다.

이리하여 그 명성이 중국을 흘러넘쳐 오랑캐 지역에까지 퍼져서 배와 수레가 닿는 곳, 사람의 힘이 통하는 곳, 하늘이 덮어주는 곳, 땅이 싣고 있는 곳, 일월이 빛을 비추는 곳, 서리와 이슬이 내리는 곳의 모든 혈기 있는 자들이 존숭하고 친애하지 않는 바가 없으니, 그 때문에 (그런 분이야말로) 하늘과 어울린다고 한다.

이를 읽으면서 태종은 마음이 어떠했을까? 이런 정치를 하고 싶었을 것이고, 총명예지(聰明睿知)를 비롯해 관유온유(寬裕溫柔), 발강강의(發强剛毅), 제장중정(齊莊中正), 문리밀찰(文理密察)을 마음에 새기고 또 새겼을 것이다. 이 모든 것을 군왕인 자기 책무로 여겼을 것이다.

공자는 『주역』「계사전(繫辭傳)」에서 오직 총명예지를 갖춘 자만이 『주역』을 제대로 활용해서 어진 정치[仁政]를 베풀 수 있다고 단언한다. 역시 태종 입장에서 한문으로 먼저 접해보자.

子曰 夫易 何爲者也? 夫易 開物成務 冒天下之道 如斯而已者也. 是故 聖人
자왈 부 역 하위자야   부 역 개물성무 모 천하지도 여사 이 자야 야 시고 성인

以通天下之志 以定天下之業 以斷天下之疑. 是故 蓍之德 圓而神 卦之德
이통 천하 지 지 이정 천하 지 업 이단 천하 지 의 시고 시지덕 원이신 괘지덕

方以知 六爻之義 易以貢. 聖人以此洗心 退藏於密 吉凶 與民同患 神以
방이 지 육효 지 의 역이 공 성인이차 세심 퇴장 어밀 길흉 여민 동환 신이

知來 知以藏往 其孰能與於此! 古之聰明叡智 神武而不殺者夫!
지래 지이 장왕 기숙 능여 어차 고 지 총명예지 신무 이 불살 자 부

공자가 말했다.

"무릇 역(易)이란 무엇을 하는 것인가? 저 역은 일과 사물을 열어주고[開物]³ 일을 이뤄[成務=成事]⁴ 천하의 도리[天下之道]를 다 감싸는 것[冒=蓋]으로, (다른 것은 없고) 이와 같을 뿐이다.⁵ 이 때문에 빼어난 이는 그것으로써 천하의 뜻[天下之志]과 통하고 천하의 일[天下

---

3 일을 시작하는 것은 임금의 권한이다.

4 임금이 열어준 일을 이뤄내는 것은 신하의 직무다.

5 일의 이치와 일의 형세라는 시각으로 『주역』을 이해하려는 우리 입장에서 공자의 이 말은 너무도 중요하다. 『주역』이란 다름 아닌 일과 사물[物=事]이 시작되어 이뤄지는 원리로서 천하의 도리를 다 포괄하고 있는 것임을 분명히 강조해서 말하고 있기 때문이다.

之業=天下之務]을 정하며[定=成] 천하의 의심스러운 것들[天下之疑]을 끊어낸다[斷].[6] 이 때문에 시초(蓍草)의 다움[德]은 원융(圓融)하면서 신묘하고[圓而神],[7] 괘(卦)의 (괘)다움은 방향이 정해짐으로 인해 지혜롭고[方以知],[8] 6효(六爻)의 뜻은 바뀜[易]으로써 (앞일의 길흉을) 알려준다[貢=告].[9] 빼어난 이는 이 3가지를 갖고서 마음을 깨끗이 씻고[洗心] 마음속 깊숙한 곳[密=隱密]에 물러나 감춰두고서 길함이나 흉함에 대해 백성과 더불어 근심을 함께하면서[與民同患][10] 신묘함으로 앞으로 올 일을 알아내고[神以知來] 지혜로움으로 지나간 일들을 보관하니[知以藏往],[11] 그렇다면 누가 능히 이에 참여할 수 있겠는가?[12] 옛날의 귀 밝고[聰] 눈 밝고[明] 일에 밝고[叡=睿] 사람에 밝아서[知], 신령스러운 무덕(武德)을 갖고 있으면서도 일과 사물을 해치지 않는 자[不殺]이리라.

---

6 이 3가지는 각각 앞에 나온 "아! 깊도다, 그 때문에 능히 천하의 뜻[天下之志]과 통할 수 있다. 아! 은미하도다[幾=微], 그 때문에 능히 천하의 일[天下之務]을 이뤄낼 수 있다. 아! 신묘하도다, 그 때문에 서두르지 않아도 빠르고[不疾而速] 가지 않아도 이르게 된다[不行而至]"라는 말과 다시 조응한다.

7 사물을 열어주어 천하의 뜻과 통한다는 것에 상응한다.

8 일을 이뤄 천하의 일을 정한다는 것에 상응한다.

9 천하의 도리를 다 감싸 천하의 의심스러운 것들을 끊어낸다는 것에 상응한다.

10 임금이 역(易)을 필요로 하는 것은 바로 백성의 근심과 함께하기 위함이다.

11 예를 들면 역사적 앎이 바로 그것이다.

12 이 물음에 대해서는 바로 답이 이어진다.

4 ___

관(寬)의 2가지 의미, 그릇에 맞게 인재를 쓰는 것과 너그러움

어떻게 일해야 관(寬)이라고 하는가

공자가 강조하는 군덕(君德-리더십)의 첫 번째 덕목으로서의 관(寬)에는 2가지 의미가 있다. 하나는 문(文), 즉 일을 함에 있어 제대로 하려고 애씀으로서의 관(寬)이다. 또 하나는 질(質), 즉 성품이 너그러움을 가리키는 관(寬)이다.

『논어』에서 관(寬)은 「팔일(八佾)」편에서 처음 등장한다.

"윗자리에 있는 사람이 불관(不寬)하고 예를 행하는 사람이 불경(不敬)하고 부모상을 당한 사람이 불애(不哀-진심으로 슬퍼하지 않음)한다면, 나는 무엇을 갖고서 그 사람을 판단하겠는가?"

각각 처한 상황에서 반드시 해야 할 일을 지적하면서 윗사람은 관(寬)해야 한다고 분명하게 말하고 있다. 우리는 막연히 인품이 좋다고 할 때 어질다[仁]고 하지만, 구체적으로 일하는 상황에서는 이처럼 관(寬)하고 경(敬-삼감)하고 애(哀)해야 어질다[仁]고 할 수 있다. 그러나 이 글만으로는 관(寬)이 정확히 무슨 뜻인지 알 수 없다. 다행히 『논어』 편찬자는 구석구석에 관(寬)을 푸는 열쇠들을 배치해놓았다. 「자로(子路)」편 다음 구절에서 공자가 알려준다.

"군자는 섬기기는 쉬워도 기쁘게 하기는 어렵다. 기쁘게 하기를 도리로써 하지 않으면 기뻐하지 아니하고, 사람을 부리면서도 그 그릇에 맞게 부린다[器之]. 소인은 섬기기는 어려워도 기쁘게 하기는 쉽다. 기쁘게 하기를 비록 도로써 하지 않아도 기뻐하고, 사람을 부리면서도 능력이 다 갖춰져 있기를 요구한다[求備]."

'그릇에 맞게 부린다'와 '능력이 다 갖춰져 있기를 요구하다'가 대조를 이룸에 주목해야 한다. 즉 사람을 볼 줄 몰라 다짜고짜 아랫사람에게 모든 것을 다 요구한다면 그것은 '구비(求備)'다. 그릇에 맞게 부리는 리더는 아랫사람에게 제반 능력을 한꺼번에 다 요구하지 않는다. 다행히 「미자(微子)」편에 공자가 가장 존경했던 주공(周公)이 아들을 노나라 공(公)으로 봉하면서 당부하는 말이 나온다.

"참된 군주는 그 친척을 버리지 않으며, 대신으로 하여금 써주지 않

는 것을 원망하지 않게 하며, 선대왕의 옛 신하들을 큰 문제[大故]가
없는 한 버리지 않으며, (아랫사람) 한 사람에게 모든 것이 갖춰져 있
기를 바라지 않는다[無求備於一人]."

일하는 방식으로서의 관(寬)은 다름 아닌 무구비어일인(無求
備於一人)이다.

『논어』「요왈(堯曰)」편에는 또 '관즉득중(寬則得衆)'이라는 구
절이 나오는데 이는 "너그러우면 무리를 얻는다"라는 말로 포용
력이나 품어줌을 뜻한다. 『중용』에 나오는 '관유온유(寬裕溫柔)'도
여기에 속한다. 글의 맥락 속에서 뒤에 좀 더 상세하게 살펴보겠지
만, 태종은 이를 정확히 이해하고 있었다. 태종 16년(1416년) 5월
6일 태종의 말이다.

"인재란 다 갖춰진 사람을 구해서는[求備] 안 된다. (사람이란) 비록
이 점에서는 미흡하다 하더라도 반드시 저 점에서는 달통할 것이니,
천하에 어찌 쓰지 못할 자가 있겠는가? 영구히 서용(敍用)하지 않
는다는 법은 상경(常經-일정한 법도)의 구원(久遠)한 도리가 아니다."

한무제가 보여준 '무구비어일인'하는 관(寬)

태종도 수없이 읽은 『한서』의 등장인물 가운데 이런 관(寬)
을 유감없이 보여준 이가 한무제(漢武帝, 기원전 156~87년)다. 한사
군(漢四郡) 설치로 우리 역사 무대를 반도 안으로 몰아넣은 임금

이란 점에서 2,000년이 지난 지금 봐도 유쾌할 수 없는 인물이기는 하다. 그러나 한무제는 제왕학 탐구에 있어 첫머리에 두지 않을 수 없게, 참으로 뛰어난 역량을 보여주었다. 그의 위대성은 한마디로 "수성기에 창업 군주를 능가하는 용인술을 보여주었다"는 데 있다. 창업 군주란 인재 등용 면에서 보면 망해가던 나라에서 내버려진 인재들을 찾아내 새로운 나라 건설이라는 난제를 성공적으로 이룬 영웅이라는 공통점이 있다. 우리 역사에서는 왕건이나 이성계가 바로 그런 경우다.

그런데 한무제는 한나라가 안정을 찾아가던 때에 제위에 올라서는, 안주하지 않고 재도약하기 위해 재위 54년을 헌신했다는 점에서 독보적 면모를 드러냈다. 이를 가능케 했던 원동력은 무엇보다 그가 자신이 처한 시대적 과제를 명확하게 꿰뚫어보았다는 점에 있다. 개국 초부터 변방을 위협해온 흉노, 진나라에서 한나라로 넘어오면서 계속 흔들리던 봉건제(封建制)와 군현제(郡縣制)의 충돌, 여전히 불안정한 황제 권력 등이 즉위 초 무제의 머리를 지배했던 난제들이었다.

그는 각 분야에서 뛰어난 인재들을 찾아내 적재적소에 씀으로써 이 난제들을 거의 완벽하게 해결했다. 거기에 그의 관(寬)이 있었다. 공자에 따르면 자식이 효(孝)를 다해야 하듯 윗자리에 있는 사람은 관(寬)이 있어야 한다.

앞서 살펴보았듯이 관(寬)은 그냥 성품이 막연히 너그럽다는 뜻이 아니다. 한무제는 결코 너그러운 성품이 아니었다. 오히려 잔혹하기까지 했다. 임금이 발휘해야 할 관(寬)은 인재를 그 그릇에 맞게 쓰는 것[器之]이고, 아랫사람이 온갖 재주를 다 갖추기를 요
기지

구하지 않고 재주 하나만 있어도 그것을 알아주고 살려서 맘껏 발휘할 수 있게 해주는 것[無求備於一人]뿐이다.
_{무구비어일인}

이런 의미에서 관(寬)은 어쩌면 무제가 유방을 능가했는지 모른다. 무제는 유방에게 결여된 학식까지 겸비했기 때문이다. 중국 역사가들은 한무제를 평할 때 반고가 평한 바 그대로 웅재대략(雄才大略), 즉 탁월한 재주와 원대한 청사진의 소유자라고 즐겨 말한다.

뒤에 보게 되겠지만, 태종 역시 태종 4년(1404년) 5월 3일 간언을 들어주는 문제를 말하다가 "무제(武帝)의 웅대한 재주[雄才]와 큰 계략[大略]은 내가 미칠 바 못 되나…"라고 말한다.

경제(景帝)의 아들 무제는 장남이 아니면서도 귀 밝고 눈 밝아[聰明] 7세에 태자가 되고 16세에 경제의 뒤를 이어 제위에 올랐다. 아직은 어린 나이였다. 그러나 그는 관(寬)의 첫걸음인 열린 귀의 소유자였다. 『한무고사(漢武故事)』에는 그가 어릴 때부터 궁인이나 여러 형제와 놀면서 "의견을 잘 모아" 모든 이의 환심을 샀다고 기록하고 있다.

그는 즉위하던 해(기원전 140년) 10월에 현량(賢良-뛰어난 인재)을 등용하기 위해 책문(策問-대책을 묻는 글)을 내려 널리 인재를 구했다. 이때 동중서(董仲舒, 기원전 179~104년)가 오직 유술(儒術-유학)만을 중시하고 다른 사상들은 배격해야 한다는 글을 올려 무제의 눈에 들었다. 그러면서도 무제는 동중서의 주장을 그대로 받아들이지 않고, 유술을 정점에 두되 백가의 설을 두루 겸용하는 길을 택했다. 일개 평민이었던 공손홍(公孫弘, 기원전 200~121년)이 기원전 134년 현량으로 천거되어 어사대부와 승상에 올랐다. 귀족의 전유물이었던 승상 자리가 처음으로 평민에게도 열린 것이다. 무제는 일찍부터 인재 선발 기준을 오직 능력에만 두었다. 자연스럽게 학술 그중에서도 유술을 공부해서 관리가 되려는 풍조가 사회 전반으로 확산되었다.

더불어 무제는 법치(法治)도 병행했다. 중앙집권을 목표로 삼은 무제로서는 황실과 귀족 제후를 견제하기 위해서라도 엄격한 법의 존재와 집행이 필수불가결했다. 이런 구상을 구현한 인물은 장탕(張湯, ?~기원전 116년)이다.

이 점은 『한서』 「혹리전(酷吏傳)」에 나오는 다음과 같은 표현을 통해서도 확인된다.

> 장탕(張湯)은 법을 가혹하게 써서[深刻] 구경(九卿)에 올랐지만, 그의 다스림에는 아직도 너그러움이 있었으며 법률은 정치를 보완할 뿐이었다.

그러면 무제는 말단 관리 집안 출신인 장탕에게서 어떤 점을 보고 그를 발탁했을까? 『한서』 「장탕전(張湯傳)」에 답이 있다.

> 무안후(武安侯) 전분(田蚡)은 승상이 되자 탕을 불러 사(史-실무 관리)로 삼고 천자에게 추천해서 시어사(侍御史)로 보임시켜 그로 하여금 중요한 사건을 맡겨 처리하게 했다. 탕이 (위황후(衛皇后)를 무고한) 진황후(陳皇后)의 무고(巫蠱) 사건을 다루면서 끝까지 그 당여(黨與)들을 파헤쳤기 때문에, 무제는 그를 유능하다고 여겨 태중대부로 승진시켰다.

장탕이 눈치 보지 않고 빈틈없이 일 처리하는 사람임을 알아보고 쓴 것이다. 무제는 젊어서는 글을 통해 인재를 골랐고, 경험이 쌓이면서는 일을 통해 사람을 발탁했다. 오직 능력만이 사람을 고르는 잣대였다.

중국 제왕학에서는 전통적으로 신하를 세 부류로 나눈다. 스승 같은 신하[師臣], 벗 같은 신하[友臣], 노비 같은 신하[隸臣]다. 동중서는 스승 같은 신하였고, 공손홍이나 장탕은 시키는 일만 잘 처리하는 노비 같은 신하라 할 수 있다. 이에 대해서는 제6장 3, 4절에서 상세히 다룰 것이다. 그렇다면 벗 같은 신하는 누구인가? 간언하는 신하[諫臣]가 바로 그들이다. 직언(直言)하고 직간(直諫)하는 신하다.

아직도 "먼 데서 벗이 찾아오면 이 또한 즐겁지 아니한가?"라는 몽매한 해석 속에서 허우적거리는 "유붕자원방래 불역낙호(有朋自遠方來不亦樂乎)"는 실은 임금에게 신하가 직언·직간할 때 진심으로 즐거워하라는 권고다. 여기서 원(遠)은 먼 곳이 아니라 공적인 영역을 말한다. 임금은 늘 측근·근신·후궁·환관 등 가까운 사람들에 둘러싸여 있기 마련이다. 이럴 때 그냥 벗[友]이 아니라 신임하는 동지[朋=同志之友]가 멀리 가서[遠=公] 사람들이 자유롭게 떠드는 말을 듣고서 와서 전해줄 때, 배척하거나 싫어하지 않고 오히려 진심으로 즐거워해야만 다음에도 바른말을 할 수 있다는 뜻이다. 설마 공자가 멀리서 온 벗은 잘해주고 가까이에서 온 벗은 대충해주라고 이런 말을 했겠는가! 이런 코믹한 해석에서 벗어날 때도 되었다.

무제에게 벗 같은 신하는 있었을까? 급암(汲黯, ?~기원전 112년

경)[13]이 그런 신하였다. 무제가 즉위 초에 유자(儒者)들을 불러놓고 "나는 어짊과 의로움[仁義]을 베풀고 싶다"라고 했다. 이에 암이 대답했다. 앞에서 본 바 있는 그 말이다.

"폐하께서는 속으로는 욕심이 많으시면서 겉으로는 어짊과 의리를 베푸시겠다고 하십니다. 그렇게 해서야 어찌 요임금과 순임금의 다스림을 본받을 수 있겠습니까?"

무제는 화가 나서 낯빛까지 바뀌더니 조회를 끝내버렸다. 그럼에도 급암에게 아무런 조치도 취하지 않았다. 오히려 이런 일이 있었다. 급암은 병이 많았는데, 무제가 여러 차례 휴가를 내려주었으나 끝내 병이 낫지 않았다. 이때 엄조(嚴助, ?~기원전 122년)[14]가 급

---

13 경제(景帝) 때 음보(蔭補)로 태자세마(太子洗馬)가 되었다. 무제(武帝) 초에 알자(謁者-말 심부름하는 신하)가 되어 하남(河南) 지역의 화재(火災)를 시찰했는데, 제문(制文-황제의 명령서)을 고쳐서 창고를 열고 이재민을 구휼했다. 외직으로 나가 동해태수(東海太守)가 되었는데, 형벌을 경감하고 정치를 간소하게 집행하면서 가혹하거나 지나치게 상세한 처결을 하지 않아 치적을 올렸다. 불려와 주작도위(主爵都尉)에 올라서 구경(九卿)의 한 사람이 되었다. 충간을 좋아하고 정쟁(廷諍)을 거침없이 제기했는데, 무제가 속으로는 욕심이 많았지만, 겉으로라도 인의(仁義)를 많이 베푼 것도 그의 힘이 컸다. 무제는 그를 두고 '사직(社稷)을 지탱하는 신하'라 칭송했다. 또 흉노와의 화친을 주장하고 전쟁은 반대했다. 승상 장탕(張湯)과 어사대부(御史大夫) 공손홍(公孫弘) 등에 대해 문서로 장난을 쳐서 법을 농간하는 법률 만능주의요 천자에게 아첨하는 영교지도(佞巧之徒-아첨하는 무리)라고 비난했다. 황로지도(黃老之道-황제와 노자의 도리)와 무위(無爲)의 정치를 주장하며 왕에게 간언했는데, 받아들여지지 않았다. 어떤 일로 면직되어 몇 년 동안 전원에서 보냈다. 다시 불려가 회양태수(淮陽太守)가 되고, 재직 중에 죽었다.

14 현량대책(賢良對策)으로 천거되었는데, 무제(武帝)가 중대부(中大夫)로 발탁했다. 일찍이 대신들과 논변을 벌여 여러 차례 굴복시켰다. 건원(建元) 3년(기원전 138년) 민월(閩越)이 병사를 일으켜 동구(東甌)를 포위하자 동구에서 변고를 알려왔다. 무제가 그의

암에게 휴가를 내려주라고 청하자 무제가 말했다.

"급암은 어떤 사람인가?"

"급암에게 어떤 책임이나 자리를 맡기더라도 다른 사람보다 더 나을 것은 없을지 모릅니다. 그러나 나이 어린 군주를 보필할 경우 수성(守成)해낼 것이고, 옛날 맹분(孟賁)이나 하육(夏育)[15] 같은 역사(力士)라도 그의 마음을 빼앗을 수는 없을 것입니다."

무제가 말했다.

"그렇다. 옛날에 사직을 지켜내는 신하[社稷之臣]들이 있었는데, 급
_{사직지신}
암이 바로 그에 가까울 것이다."

여기서 엄조가 답한 말의 뒷부분은 『논어』「태백(泰伯)」편에 나오는 아래의 말을 응용한 것이었다.

증자가 한 말이다.

"어린 임금을 맡길 만하고 백 리 되는 제후국의 흥망을 맡길 만하며 국가의 위기 상황에 임해서는 (그 절개를) 빼앗을 수 없다면, 이는 군자다운 사람입니다."

의견에 따라 회계에서 병사를 파견해 구원했다. 건원 연간에 회계태수(會稽太守)가 되었다. 주매신(朱買臣), 사마상여(司馬相如), 오구수왕(吾丘壽王), 동방삭(東方朔) 등과 함께 무제를 측근에서 모셨다. 나중에 회남왕(淮南王) 유안(劉安)과 가깝게 사귀었는데, 유안이 반란을 일으키자 연좌되어 사형당했다.
15 둘 다 고대 중국의 용맹한 역사(力士)다.

태종, "나라를 다스리면서 어찌 두세 문신에게만 힘입겠는가?"

태종은 "(아랫사람에게 제반) 능력이 다 갖춰져 있기를 요구한다[求備]"는 것 자체가 잘못임을 정확히 알고 있었다.

태종 11년(1411년) 1월 4일 장군 곽승우(郭承祐, ?~1431년)[16]가 변방을 지키다 패배했다.

사간원에서 곽승우 처벌을 요구하면서 그가 예전에는 다른 주인을 섬겼다고 말하자 태종은 이렇게 반박했다. 관(寬)에 대해 태종이 정확하게 이해하고 있음을 볼 수 있다.

"나라를 다스리면서 어찌 두세 문신(文臣)에게만 힘입겠는가? 내가 잠저에 있을 때 전라도 도원수(全羅道都元帥-전라도 절도사)가 되어 두 도(道)를 영솔했고, 그 나머지 여러 도(道)에도 모두 맡은 사람들[所主]이 (따로) 있었다.
그렇다고 오늘날 내가 전라도 한 도 사람만 쓰고 그 나머지는 모두 쓰지 말아야 하는가? 그대들은 말할 만한 일이 없으면 모두 집에 물러가서 말하지 않는 것이 옳을 것이다."

재위 내내 태종은 무구비어일인(無求備於一人)을 몸소 실천

---

16 음보로 무관직에 나가 1399년(정종 1년) 별장이 되었다. 1413년 동지총제와 내금위중군절제사를 지낸 뒤에 1418년 이번절제사(二番節制使)가 되었다. 1430년(세종 12년) 중군총제를 거쳐 이듬해 전라도처치사(全羅道處置使)로 활약하던 중에 죽었다.

했다. 무구비어일인을 방해한 자들은 오히려 대간(臺諫)에 속한 신하들이었다. 이들은 말하는 신하다. 일하는 임금 태종은 일하는 신하에 대한 말하는 신하들 공격을 관(寬)으로 막아냈다고 하겠다.

5 —

인정, 백성을 사랑하는 다스림

어질다는 뜻

어질다[仁]는 말은 다소 막연하게 다가온다. 과연 '어질다'라
는 말은 정확히 무슨 뜻인가? 공자가 말하는 어짊은 도덕관념이
아니라 실천윤리 혹은 일하는 방식이다. 『논어』「이인(里仁)」편에서
공자가 한 말이다.

"마을에도 어짊이 있느냐 없느냐가 중요하니, 잘 가려서 어진 마을
에 가서 살지 않는다면 어찌 사리를 아는 사람이라고 하겠는가[里仁
爲美 擇不處仁 焉得知(智)]?"

여기서는 어짊의 내용보다는 '알다[知=智]'의 의미에 주목

해야 한다. 『논어』에서 지(知)란 대부분 '사람을 알다'나 '사리를 안다'는 뜻이다. 『논어』에서 공자는, 인(仁)이란 다른 사람을 사랑하는 것[愛人]이고 지(知)는 다른 사람을 알아보는 것[知人]이라고 명백하게 정의했다. 당연히 이 둘 다 군주의 덕목[君德]이다. 또 공자는 인(仁)이란 '오래가는 것[久=恒=常]'이라고 말했다. 바꾸어 말하면, 한때 잠깐 남을 사랑하는 듯 행동하다가는 금세 그런 마음을 잃어버리는 자는 어짊과 거리가 멀다.

　『논어』는 인(仁)과 지(知)를 가르치고 『맹자』는 인(仁)과 의(義)를 가르친다. 주희가 『맹자』를 가장 중시한 이유도 의(義) 때문이다. 의(義)란 마땅한 도리다. 이러한 의(義)는 임금을 압박할 수 있다. 신권(臣權) 중심 주자학이 『맹자』라는 책을 높이 평가하는 이유이기도 하다. 대신에 『맹자』나 주희는 지(知)의 문제를 소홀히 한다. 주희는 특히 공자 제자들 가운데 그 수준이 떨어지는 편인 자하(子夏)에게 영향을 받아서 지(知)를 단순한 지식이나 학문과 동일시했다. 신하 입장에서는 사람을 알아보는 지(知)가 그다지 필요 없기 때문이겠다.

　반면 공자에게 인(仁)과 지(知)는 제왕에게 필수적인 양대 덕목이다. 『서경』「고요모(皐陶謨)」에서 고요는 임금의 할 일이란 "사람을 아는 데 있고 백성을 편안케 하는 데 있다[在知人 在安民]"고 했다. 지(知)란 훌륭한 신하를 알아보는 것이고 그렇게 해서 백성을 편안케 하는 인(仁)을 널리 펴는 것이 훌륭한 임금이라면 마땅히 해야 할 일인 것이다.

　인과 지는 나아가 자연스레 중용(中庸)과 연결된다. 중용(中庸)이란 중(中)하고 용(庸)한다고 풀어야 말이 된다. 중(中)이란 적중함을 말한다. 용(庸)은 상(常)과 같은 뜻으로, 오래가는 것[久=長]을 말한다.

종합하면, 임금이 일을 함에 있어서 매사에 제대로 적중하는 것과 눈 밝음[明=精]이, 오래가는 것과 굳셈[剛=一]이 각각 연결된다는 것을 알 수 있다. 따라서 지(知)는 명(明)의 문제이고 인(仁)은 강(剛)의 문제이다. 다시 이는 태종도 공부했던 『서경』의 유정유일(惟精惟一)과 연결된다. 앞에서 본 대로 정밀하게 살핌[精]이란 눈 밝음이고 한결같아야 오래갈 수 있다는 말이기 때문이다.

이런 의미 구조는 주희에 의해 조각조각 해체된 후 신권론에 입각해 재구성되었다. 이를 벗어나서 신권(臣權)보다는 왕권(王權)에 비중을 두었던 공자 생각으로 되돌아가면 해체당했던 개념들이 제자리로 돌아와 원래대로의 의미 구조로 재결합된다. 이것이 전형적인 해석학적 절차다.

다행히 태종이 유학을 공부할 때는 아직 성리학이 지배적이지 않았다. 태종은 공자 전통을 중시했던 고려 유학을 배웠기 때문에 주희에 의해 왜곡된 시각에 거의 영향받지 않고 공자식 제왕학(帝王學)을 연마할 수 있었다. 『태종실록』에서 주희가 언급되는 경우는 상(喪)을 당했을 때 『주문공가례(朱文公家禮)』를 따라야 한다는 예법(禮法) 저자로서였을 뿐이다.

태종풍 인정, '어진 다스림'이란 무엇인가

재위 말기인 태종 17년(1417년) 윤5월 28일에 사간원에서 소

(疏)를 올렸다. 여기에 태종 시대 17년을 잘 요약하는 문장이 나온다.

'엎드려 바라보건대 전하께서 즉위하신 이래 백성을 사랑하는 마음으로[以愛民之心] 백성을 사랑하는 정치를 베풀어[行愛民之政] 백성의 이해를 흥제(興除-이로움은 일으키고 해로움은 없앰)하지 않은 것이 없었으니, 이는 인사(人事)를 닦는 방법이고 천심(天心)에 보답하는 지극함입니다.'

"백성을 사랑하는 마음으로 백성을 사랑하는 정치를 베풀다"라는 말은 태종이 망해가던 고려 말 썩은 정치를 비판적으로 바라볼 때 품었던 마음이자 정치가로서 임금이 되기로 했을 때 했던 다짐이며, 실제 임금이 되고 나서 한시도 잊지 않고 지키려 했던 지향이자 목표였다.

그의 마음속 지공(至公)의 성패(成敗)는 결국 백성이 그 은택을 실질적으로 입는지에 달려 있었다. 『논어』「위령공(衛靈公)」편에 나오는 다음 구절은 바로 이와 관련된다.

공자가 말했다.
"내가 다른 사람에 대해서 누구를 헐뜯고 누구를 높이겠는가? 만일 높이는 경우가 있다면 분명 그를 따져보았을 것이다. 이 백성이다, (하은주) 삼대(三代)에서 도리를 곧게 하고서 (정치를) 행하던 바탕은 [吾之於人也 誰毁誰譽 如有所譽者 其有所試矣 斯民也 三代所以直道以 오 지어 인 야 수훼 수예 여유 소예 자 기유 소시 의 사민 야 삼대 소이 직도 이 行也]."
행야

388

어떤 임금을 평가할 때 높이 평가해야 할 경우에는 아무 근거 없이 상찬(賞讚)해서는 안 되고, 반드시 백성에게 바른 도리를 갖고 시행했는지를 척도로 삼아야 한다는 말이다. 그중에서도 특히 도리를 곧게 하여 행하는 것[直道以行也]이야말로 태종 정치의 핵
_{직도 이 행야}
심임을 놓치지 않아야 한다.

한 사례로 청계천 역사(役事)를 들 수 있다. 태종 6년(1406년) 1월, 궁궐 축조를 위해 충청도와 강원도에서 동원된 인원 3,000명 중 600명을 한성부에 할당해서 개천을 파게 했다. 한성은 홍수가 나면 수시로 물이 넘쳐 백성의 피해가 컸기 때문이다. 백성을 노역에 동원하는 것을 극도로 꺼리는 태종이었지만 이는 언젠가는 해결하지 않으면 안 되는 문제였다. 오랜 고심 끝에 6년 후인 태종 12년(1412년) 1월 10일, 결단을 내린 태종은 개천도감(開川都監)을 설치한다. 농한기를 이용하기 위함이었다.

개천도감(開川都監)[17]에 역군 사의(役軍事宜)[18]를 내렸다. 명해 말했다.

"군인이 일하고 쉬는 법[作息之法]은, 파루(罷漏)[19] 뒤에 역사를 시작
_{작식 지 법}
해서 인정(人停)[20] 전에 풀어주어 쉬도록 하라[放歇]. 만일 명을 어기
_{방헐}

---

17 개거도감(開渠都監)을 가리킨다.
18 '사의'란 일을 함에 있어 반드시 지켜야 할 규정을 말한다.
19 매일 새벽 5경 3점(五更三點)에 큰 쇠북을 쳐서 도성의 통금(通禁)을 해제하던 일 또는 그 시각을 가리킨다. 쇠북은 33번 울렸는데, 여기에는 제석천(帝釋天)이 이끄는 33천(三十三天)에 고해 그날 하루의 국태민안(國泰民安)을 기원한다는 뜻이 담겨 있다.
20 인정(人定)이라고도 한다. 매일 밤 10시경에 종을 28번 쳐서 성문을 닫고 통행금지를

고 백성을 과중하게 역사시키는 자가 있으면 마땅히 무겁게 (그 죄를) 논하겠다."

또 병조와 순금사(巡禁司)에 명해 말했다.

"인정 후에서 파루 전까지 백성을 역사시키는 자가 있으면 감역관 (監役官)을 죄주겠다."

또 정부에 명해 말했다.

"전의감·혜민서·제생원 등의 사(司-해당 관서)로 하여금 미리 약을 만들고 또 막(幕)을 치게 해, 만일 병이 난 자가 있으면 곧바로 구제하고 치료해서 생명을 잃지 말도록 하라."

애초에 경상도·전라도·충청도 3도의 군인이 올 때, 상이 지인(知印)²¹을 보내 올라오는 길옆의 각 고을로 하여금 구호해서 얼어 죽는 일이 없게 하라고 명했다.

개천도감 제조를 더 두었다[加置]. 남성군(南城君) 홍서, 화성군(花城君) 장사정, 희천군(熙川君) 김우, 총제(摠制) 김중보·유습·이지실·김만수·유은지·이안우·황록 등이다. 또 사(使)와 판관 33인을 더 두었다.

전라·경상·충청 삼남 지방에서 차출된 5만여 명 인원이 투입되어 공사는 한 달여 만에 끝났다. 바로 지금의 청계천이다. 공사중에 부모상을 당할 경우 당장 고향에 돌려보내도록 명해 300여

알리는 일 또는 그 시각을 말한다.

21 지방의 토관(土官) 밑에서 행정과 군사에 관련된 일을 맡아보았다.

명이 그 혜택을 입었다. 공사는 2월 15일에 끝났다.

장의동 입구에서 종묘동 입구까지 문소전(文昭殿)과 창덕궁(昌德宮) 문 앞을 모두 돌로 쌓고, 종묘동 입구에서 수구문(水口門)까지는 나무로 방축을 만들고, 대소 광통(大小廣通)과 혜정(惠政) 및 정선방(貞善坊) 동구, 신화방(神化坊) 동구 등의 다리를 만드는 데는 모두 돌을 썼다. 개천을 준설하는 역도를 풀어주라고 명하니 많은 사람이 입을 모아 말했다.

"전번에 성을 쌓을 때는 밤에 편히 자지를 못해 사람이 많이 병들어 죽었는데, 금년의 역사에는 오로지 상의 은혜를 입어 낮에는 역사하고 밤에는 자기 때문에 병들어 죽은 사람이 많지 않았다."

개천도감에서 아뢰어 말했다.

"역사에 나와 병들어 죽은 자가 64인입니다."

상이 말했다.

"일에 시달려 죽은 자들이 심히 불쌍하다. 마땅히 그 집의 요역을 면제하고[復] 또 콩과 쌀을 주라."
복

상이 말했다.

"개천을 파는 것이 끝났으니 내 마음이 곧 편안하다."

또 말했다.

"나는 어리석은 백성이 집을 그리워해 (고향을 향해 가면서) 다투어 한강(漢江)을 건너다가 생명을 상할까 염려된다. 마땅히 각 도의 차사원(差使員)·총패(摠牌) 등으로 하여금 운(運-단위)을 나누게 해서 요란(擾亂)하지 못하게 하라."

또 순금사 대호군 박미, 사직 하형 등에게 명해 차례를 무시하고 강을 건너는 것을 금하게 했다. 미(楣) 등이 복명해 아뢰었다.

"모두 잘 건넜습니다."

상이 기뻐했다.

태종의 이런 조치를 그저 노역에 동원된 사람들의 불만을 무마하기 위한 조치로 폄하해버린다면 어떨까? 태종 혐오론자들은 잠시 통쾌할지는 모르나 실상과는 동떨어진다. 실록을 보면 개천 공사에도 불구하고 이듬해 다시 홍수가 나서 청계천 범람으로 수많은 사람이 수해를 당했다. 본류만 정비하고 개천으로 흘러드는 작은 지류들은 그대로 두었기 때문이다. 그런데도 태종은 추가 공사를 지시하지 않았다.

"만세(萬世)의 기초를 일시에 성취하려는 것은 과욕이고, 백성을 너무 자주 동원할 수 없다."

태종의 이 말은, 일을 함에 있어서 적중함을 잡아 쥐는[中=중 執中=允執厥中] 그런 말이다. 업적 과시에 눈먼 지도자에게는 기 집중 윤집궐중 대하기 어려운, 과유불급(過猶不及)할 줄 아는 지혜다. 결국 청계천 지류 정비는 세종의 숙제로 넘어간다.

세종 3년(1421년) 여름에 대홍수가 났다. 거리에는 가족과 집을 잃고 통곡하는 소리가 그치지 않았다. 이때 서울시장 격인 한성부 판사는 정도전 장남 정진(鄭津, 1361~1427년)[22]이었다. 정진

---

22 정진에 대해서는 『이한우의 태종 이방원 하』 제1장 4절에서 상세하게 다룬다.

은 소를 올려 개천 공사 재개의 필요성을 역설했다. 이때부터 장장 10년 동안 농한기만을 이용해서 꾸준히 소규모 보수 확장을 거듭한 끝에 개천 공사가 마무리된다.

한 달 만에 5만 명을 투입해서 속전속결로 해치우는 태종, 10년 동안 지속적으로 일을 추진하는 세종, 똑같이 애민(愛民)을 추구해도 일하는 스타일은 이렇게 다를 수 있다. 어떤 방식이 시중(時中)이었는지는 오늘날 우리 기준으로 판단하기 전에 먼저 당대 신민(臣民)의 눈높이에서 살필 일이다.

태종이 백성을 자기 몸같이 여기는 친민(親民)을 보여주는 발언이 태종 12년(1412년) 11월 8일 자에 나온다.

의정부 사인(議政府舍人)에게 명해 말했다.

"선공감(繕工監) 초완(草薍-풀로 만든 돗자리)을 어찌해 국용(國用)은 헤아리지 아니하고 다 팔았느냐? 또 군자창(軍資倉) 광흥창(廣興倉)의 노적(露積)에 이엉을 입히는 데 사용하는 것이 많아야 1,000속(束)에 불과한데 어찌 그 숫자를 헤아리지 않고 드디어 농민으로 하여금 많이 베게 했는가? 누문(樓門)의 노대(路臺)에 깔아야 할 돌도 1만 개이면 충분할 터인데 선군(船軍)으로 하여금 3만 개씩이나 실어오게 해 내 백성[吾民]을 수고롭게 함은 무슨 짓이냐? 이는 너희 사인들이 잘 살피지 아니한 때문이다."

정승 하륜(河崙) 등이 아뢰었다.

"신들의 죄입니다."

"내 백성"이라는 말이 가슴을 파고든다.

태종의 애민(愛民)·안민(安民)에는 귀천이 없었다. 태종 16년 (1416년) 1월 27일 자 실록 기사는 이 점을 단적으로 보여준다.

전 호군(護軍) 이예(李藝, 1373~1445년)[23]를 유구국(琉球國-오키나와) 으로 보냈다. 상이 본국 사람 중에 왜(倭)의 포로가 되었다가 유구국 으로 팔려 간 자가 매우 많다는 말을 듣고 예(藝)를 보내 쇄환할 것 을 요청하도록 명했다.

호조판서 황희가 아뢰어 말했다.

"유구국은 수로(水路)가 험하고 멀며 또 이제 사람을 보내면 번거롭 고 비용도 대단히 많이 드니 파견하지 않는 것이 낫겠습니다."

상이 말했다.

"고향 땅을 그리워하는 정은 본래 귀천(貴賤)에 따른 차이가 없다.

---

23 원래 울산군의 기관(記官) 출신인데, 1396년(태조 5년) 왜적에게 잡혀간 지울산군사 이은(李殷) 등을 시종한 공으로 아전의 역에서 면제되고 벼슬을 받았다. 1400년(정종 2년) 왜적에게 잡혀간 어머니를 찾기 위해 어린 나이로 자청해서 회례사(回禮使) 윤 명(尹銘)을 따라 일본의 삼도(三島)에 갔으나, 찾지 못하고 돌아왔다. 1401년(태종 1년) 처음으로 일기도(壹岐島)에 사신으로 가서 포로 50명을 데려온 공으로 좌군부사직에 제수되었다. 그 뒤 1410년까지 해마다 통신사가 되어 삼도에 왕래하면서 포로 500여 명을 찾아왔고, 벼슬도 여러 번 승진해 호군이 되었다. 1416년 유구국(琉球國)에 사 신으로 다녀오면서 포로 44명을 찾아왔고, 1419년(세종 1년) 중군병마부수사(中軍兵 馬副帥使)가 되어 삼군도체찰사 이종무(李從茂)를 도와 왜구의 본거지인 대마도를 정 벌하기도 했다. 1422·1424·1428년에는 각각 회례부사(回禮副使)·통신부사 등으로, 1432년에는 회례정사(回禮正使)가 되어 일본에 다녀왔다. 그런데 당시 부사였던 김구 경(金久冏)이 세종에게 그가 사무역(私貿易)을 했다고 상계(上啓)해 한때 조정에서 논 란이 되었으나 처벌을 받지는 않았다. 1438년 첨지중추원사(僉知中樞院事)로 승진 한 뒤 대마도 경차관이 되어 대마도에 다녀왔다. 1443년에는 왜적에게 잡혀간 포로 를 찾아오기 위해 자청해서 대마주체찰사(對馬州體察使)가 되어 다녀온 공으로 동지 중추원사(同知中樞院事)로 승진했다. 조선 초기에 사명으로 일본에 다녀온 것이 모두 40여 차례나 되었다고 한다.

가령 귀척(貴戚)의 집에서 이같이 피로(被擄)된 자가 있다고 하면 어찌 번거롭다거나 비용 드는 것을 따지겠는가?"

태종의 애민(愛民)·친민(親民) 문제는 뒷장에서 그를 평가하는 잣대 차원에서 보다 깊게 다루게 될 것이다.

제 6 장

"내가 조준을 아낌은
하륜을 아낌만 못했다."

1 —

세종이 고른 태종의 다섯 공신

세종 6년(1424년) 7월 12일 상왕 태종의 삼년상을 마친 세종은 종묘에 나아가 추향대제(秋享大祭)[1]를 거행했다. 이때 다섯 공신을 배향하며 교서(敎書)에서 다음과 같이 말했다. 우리가 반드시 짚어야 할 다섯 인물일 뿐 아니라 태종 시대에 대한 총평이 들어 있어 매우 중요한 자료다.

'왕은 말하노니, 영특하고 위대한 재주[英偉之才]가 모여 일대(一代)의 큰 보필이 되었고 훈공과 수고로움의 업적은 당연히 만년의 밝은 제사를 누릴지라. 이제 부묘(祔廟-합사)하는 때를 당해 어찌 공로를 기념하는 전례를 거행하지 아니하리오.

---

1   가을에 종묘(宗廟)와 사직(社稷)에 지내는 큰 제사를 가리킨다.

문충공(文忠公) 하륜(河崙)은 산악의 정기를 타고나서 하늘과 사람의 학문을 익힌지라, 지혜는 충분히 기미를 밝게 살폈고[燭微] 도량은 족히 치세를 보필했다[輔世]. 능히 계책을 세우고 잘 판단하니[能謀善斷] 울연(蔚然)한 재보(宰輔)의 재목이요, 빛나며 예스럽고 깊은 글은 문장의 으뜸이라. 일찍부터 황고(皇考-상왕 태종)에게 마음을 바쳐 숨은 용[潛龍]을 못 속에서[在淵] 일으켰다. 군진(君陳)²의 좋은 꾀와 좋은 계책으로 왕도(王道)를 빛나게 했고, 산보(山甫-주나라의 뛰어난 대부)의 단정한 거동과 태도로 조정(朝庭)의 모범이 되었다. 기쁘고 노여움을 겉으로 나타내지 아니하니 헐뜯거나 칭찬하는 것이 부질없도다.

충무공(忠武公) 조영무(趙英茂)는 타고난 성품이 충성되고 곧으며[忠直] 형모(形貌)와 마음이 크고 깊었다[宏深]. 다움은 어질고 맑은[仁淸] 데에 뿌리를 두었으니 엄숙하게 백성을 편안케 할 그릇[安民之器]이요, 재주는 장상(將相)을 겸했으니 당당히 진국(鎭國)할 영재(英才)라. 고려의 운수가 이미 궁했을 때를 당해 하늘의 뜻이 있는 바를 알고 우리 황조(皇祖)를 추대해서 개국 창업의 공을 이루었고, 우리 태종을 모시어 비로소 융성하고 태평한 정치[隆平之治]를 이루었으니, 어찌 나라의 선비[邦家之彦]일 뿐이겠는가? 이른바 사직신하[社稷之臣]다.

익경공(翼景公) 정탁(鄭擢)은 타고난 기질이 참되고 순수하며[眞純] 마음가짐이 충직하고 두터워[忠厚], 우뚝한 세족(世族)의 후손이요 위대한 유림(儒林)의 종장(宗匠)이라. 개국할 때의 공훈은 역사에 넘

---

2 『서경』의 편 이름이자 주나라의 뛰어난 대부다.

쳐 있고 천명(天命)을 보좌한 업적은 국가에 빛나 있다. 민심이 모두 우러러보니, 공로는 후하게 갚는 것이 마땅하다.

양도공(襄度公) 이천우(李天祐)는 좌우에서 모시고 앞뒤로 분주해서, 의로운 담(膽)과 충성스러운 간(肝)으로 종사를 부축했고 영특한 자질과 날랜 기개로 간사하고 흉악한 무리를 섭복(聾服)시켰다. 힘을 다하고 충성을 다해 훈공이 일찍부터 드러났으며 강한 것을 꺾고 침략을 막아서 국가의 운명을 편안케 했다. 특히 황고(皇考)의 알아주심을 받아서 종실 중에 신망이 있었다.

경절공(景節公) 이래(李來)는 꼿꼿하고 개결(介潔)함이 세속에서 뛰어나고 깨끗하고 쇄락(灑落)함이 진세(塵世)를 벗어났다. 정직한 의견과 충성스러운 속마음[謹議忠肝]은 일찍이 가훈(家訓-신돈을 비판한 이존오가 아버지)을 받은 것이요, 맑은 풍도와 높은 절개[淸風高節]는 옛사람보다 뛰어났다. 기미를 밝게 보고[炳幾=燭微] 충성을 바치며 대의를 따라 천명을 도왔으니, 공(功)이 당시에 더해졌고 은덕이 후손에게 드리워질 것이다.

아, 슬프도다. 살았을 적에 그 힘을 힘입어 기업을 성취했으니 죽어서 마땅히 제사를 높이 하여 그 공을 갚는 것은 비단 국가의 좋은 법규일 뿐 아니라 실로 고금을 통한 의리라. 우리 황고께서 옛적 고려 말년에 우리 태조를 도와 집을 바꿔 나라를 만드셨고[化家爲國] 즉위하신 뒤에는 다스리는 방법이 다 이뤄져 모든 일이 밝아졌으니, 치공(治功)이 옛 시대보다 뛰어나셨고 예악(禮樂)과 문물(文物)이 찬연하게 밝았도다. 자손들을 품어주시고 생각해주시는 마음[燕翼貽謀]이 만세에까지 끼쳤으니, 비록 하늘이 거룩하신 덕을 복 주신 바이지만 또한 경들의 보필과 힘쓴 공으로 된 것이라. 나는 성취된

왕업을 그대로 받았을 뿐이니 경들의 큰 업적을 아름답게 여기노라. 아아, 슬프도다. 우리 황고께서 문득 승하하시어 울부짖은 지 얼마 안 되어 벌써 추위와 더위가 지나가서 대상(大祥)³과 담제(禪祭)⁴도 이미 끝났으니, 3년의 기간도 구극(駒隙)⁵과 같은 것이어서 슬프고 사모하는 마음은 하늘이 끝날 때까지라도 한이 없을 것이라. 이에 길한 날을 가리어 종묘에 부묘하고 인해서 경들을 배향하는 자리에 올려서 으뜸가는 훈공에 보답하노라.'

이들 나섯 신하가 바로 태종대왕 종묘배향공신이다. 태조대왕 종묘배향공신은 태종 때 신하이기도 했던 조준, 의안대군 이화, 남재, 이지란, 태종의 손에 죽은 남은과 이제, 조인옥이다. 태종은 남은과 이제는 구제해주었지만 끝내 정도전은 용서하지 않았다. 이와 관련된 태종의 뜻이 세종 3년(1421년) 11월 3일 자 실록에 실려 있다.

태상왕이 유정현·이원·변계량·허조·조말생·이지강·이명덕·김익정을 불러 술자리를 베풀고 태조의 배향공신을 토의하니, 유정현 등의 의견은 태상왕의 뜻과 같았다. 이에 김익정을 보내 박은 집에 가서 물으니 박은이 말했다.
"남은은 비록 공이 있으나 또한 용서할 수 없는 죄가 있으므로 지금

---

3   사망한 날로부터 만 2년이 되는 두 번째 기일에 행하는 상례 의식이다.
4   3년의 상기(喪期)가 끝난 뒤 상주가 일상생활로 되돌아감을 알리는 제례 의식이다.
5   백구과극(白駒過隙)의 줄임말이다. 흰 망아지가 빨리 달려가는 것을 문틈으로 엿본다는 뜻으로, 세월이 쏜살같이 흘러 인생이 덧없고 짧음을 비유해 쓰는 말이다.

의 신자(臣子)로서는 함께 세상에 설 수 없는 사람이다. 그러나 태상왕 전하께서는 아주 공변되고 지극히 발라서 공을 생각해 죄를 용서하며 '태조의 하늘에 계신 영(靈)도 또한 (남은을) 배향(配享)시키고자 할 것이다'라고 하셨으니, 홀로 남은만의 영광이 아니라 전하의 아름다운 명예도 또한 뒷세상에 전해질 것이다."

김익정이 돌아와서 아뢰니 태상왕이 말했다.

"그렇다. 죄가 없다고 하는 것이 아니라 그 공이 큰 때문이다."

이에 당나라 태종이 위징(魏徵)[6]을 썼던 일로서 개유(開諭)했다. 이명덕이 아뢰었다.

"남은이 비록 공은 있지만, 태조만 섬길 줄 알고 오늘날이 있을 줄은 알지 못했습니다. 가령 그 계획이 이뤄졌더라면 어찌 오늘날이 있겠습니까? 신은 마땅히 배향할 수 없다고 생각합니다."

태상왕이 말했다.

"사사로운 원망으로 큰 공을 버릴 수 없다."

마침내 남은과 이제에게 시호를 내려주도록 명했다.

세종 3년(1421년) 12월 7일, 박은이 병들자 금천부원군으로 물러나게 하고 이원(李原)을 좌의정, 정탁(鄭擢)을 우의정으로 삼았다. 이날 실록에는 태종의 재상관(宰相觀)을 알려주는 매우 소중한 발언이 나온다. 그는 재위 중 재상을 고를 때 무엇을 중시했을까?

---

6 당나라 태종(太宗)의 명신(名臣)으로, 처음에 태자 건성(建成)을 섬기다가 건성이 실패한 후에 태종을 섬겼다. 건성과 태종이 처음 세력을 다툴 적에, 위징이 건성을 권고해 태종을 제거하려고 한 일이 있었다.

이에 앞서 박은의 병이 위중하니, 두 상이 김익정(金益精)을 보내 이원에게 물었다.

"좌의정이 병이 위중하니 누가 이를 대신할 만한가?"

이원이 찬성 조연(趙涓, 1374~1429년)을 천거했다. 태상왕이 일러 말했다.

"의정(議政-정승)은 그대와 더불어 옳다 그르다 하여 서로 돕는데, 조연의 사람됨은 종일토록 모시고 앉아 있으면서 한마디 말도 옳다 그르다 하는 일이 없다. 청성부원군 정탁은 공신이며 또 들어서 아는 것이 낳으니, 박은을 대신할 만하다."

김익정이 대답했다.

"정탁은 재리(財利)에 마음을 두고 있으니 재상의 직책에는 마땅하지 못합니다."

태상왕이 말했다.

"정탁은 공로가 높고 나이가 많으니 이 임무에 있으면 어찌 근신(勤愼)하지 않겠는가?"

마침내 정탁을 재상으로 임용했다.

그 후 조연 행적을 보면 태종이 내린 판단은 정확했다. 조연 아버지는 조인벽(趙仁壁)이며 어머니는 정화공주(貞和公主) 즉 이성계 누이다. 태종에게는 고모부다. 태종 때는 좌우군총제, 공조판서, 의정부 지사 등을 지냈고 이때 의정부 찬성으로 있었으니 분명 정승 후보감이었다. 태종이 세상을 떠나고 세종 8년(1426년)에 우의정에 오르기는 했으나, 노비를 뇌물로 받았다가 황해도 수안으로 유배 가야 했다.

그보다 조연은 태종이 잠저에 있었을 때 두텁게 총애받았다. 세종 11년(1429년) 10월 11일 그의 졸기를 보면 "연은 성품이 따뜻하고 선량해서[溫良] 태종의 총애와 사랑이 비할 바가 없었다[無比]"라고 한다. 그러나 총애와 재상 될 자질은 별개다.

또 태종이 길러낸 신하 황희, 허조, 최윤덕, 신개(申槪, 1374~1446년) 등은 훗날 세종대왕 종묘배향공신이 된다.

2 —

태종의 사직지신
하륜과 조영무

사직지신과 공신

『태종실록』을 보면 태종이 신하 중에서도 최고를 가리키는 사직지신(社稷之臣)이라는 호칭을 쓴 신하는 모두 세 사람이다. 바로 태종 묘정에 배향된 하륜(河崙; 태종 8년 11월 7일 조), 조영무(趙英茂; 태종 12년 6월 13일 조), 이래(李來; 태종 5년 5월 11일 조)가 그들이다. 하륜과 조영무는 탄핵당했을 때 자신들을 구하기 위해 태종이 '사직지신'이라는 말을 했음을 간접적으로 전해 듣지만, 이래는 그 말을 태종에게서 직접 들었다. 두 사람과는 반대로, 이래가 왕실 사람을 탄핵하자 태종은 그를 이렇게 달랬다.

"경은 이씨의 사직지신이 아닌가? 그런데 어찌 종친을 이와 같이 대우하는가?"

　사직지신(社稷之臣)이란 나라의 사직과 생사를 함께할 정도로 충성스러운 신하[忠臣]를 가리킨다. 사직(社稷)이란 고대 중국에서 나라와 농업의 번창을 기원하던 제사를 올리던 곳이다. 그러면서 자연스럽게 국가 자체를 의미하게 되었다. 예를 들어 『맹자』 「진심 하(盡心下)」에는 이런 말이 나온다.

　"백성이 귀하고 사직이 다음이고 임금은 이에 비해 가벼운 존재다."

　정확히 사직이 국가로 쓰인 용례다.
　한(漢)나라 유학자이자 정치가인 유향(劉向, 기원전 77~6년)[7]의 『설원(說苑)』은 태종이 재위 중에 구해서 본 책이다. 여기서 유향 은 6가지 유형별 바른 신하[六正]와 그릇된 신하[六邪]를 논했다. 이에 대해서는 『이한우의 태종 이방원 하』 제1장 1절에서 자세하게 살펴볼 것이다. 그 책에서 유향은 사직을 지켜주는 바른 신하는 충신(忠臣)이라며, "뛰어난 이 추천하기를 게을리하지 않고, 자주 옛날 좋은 사례들을 임금에게 들려주어 임금을 권면하며, 사직과 종묘를 편안케 해주는 신하"라고 정의했다.

7　한나라 고조(高祖)의 배다른 동생 유교(劉交-초원왕(楚元王))의 4세손으로, 젊었을 때 부터 재능을 인정받고 선제(宣帝)에게 기용되어 간대부(諫大夫)가 되었으며 수십 편 의 부송(賦頌)을 지었다. 석거각(石渠閣-궁중 도서관)에서 오경(五經)을 강의했다. 저작 으로는 『설원(說苑)』, 『신서(新序)』, 『열녀전(烈女傳)』, 『전국책(戰國策)』과 궁중 도서를 정리할 때 지은 『별록(別錄)』이 있다.

사직지신과 공신(功臣)은 다르다. 사실 태종에게 공신은 많았어도 그들 모두가 사직지신인 것은 아니었다. 이거이나 이숙번이 대표적인 사례다. 바로 이 사직지신과 공신 간의 차이 문제를 정확하게 지적한 사람은 한나라 정치가 원앙(爰盎, ?~기원전 148년)이었다. 태종이 외우다시피 한 『한서』 「원앙전(爰盎傳)」에 나오는 관련 대목이다.

원앙(爰盎)은 자(字)가 사(絲)다. 그의 아버지는 초(楚)나라 사람으로 예전에 도둑 떼의 일원이었는데 안릉(安陵)으로 옮겼다. 고후(高后) 때 앙(盎)은 여록(呂祿)의 사인(舍人-가신)이었다. 효문(孝文)이 즉위하자 앙의 형 쾌(噲)가 앙을 추천해 중랑(中郎)이 되었다.

강후(絳侯-주발)가 승상(丞相)이 되어 조회를 마치고 성큼성큼[趨] 물러 나오는데 자신감이 넘쳤다. 상(문제)은 예로 대하며 그를 공경했고 항상 그를 눈으로[目][8] 전송했다. 앙(盎)이 나아가 말했다.

"승상은 어떤 사람입니까?"

상이 말했다.

"사직(社稷)의 신하다."

앙이 말했다.

"강후는 이른바 공신(功臣)이지 사직의 신하는 아닙니다. 사직의 신하란 군주가 살아 있을 때는 같이 살고 군주가 죽을 때는 같이 죽어야 합니다.[9] 바야흐로 여후(呂后) 시절, 여러 여씨(呂氏)가 정사를 좌

---

8   시야에서 사라질 때까지 줄곧 눈으로 지켜보았다는 뜻이다.
9   原註-여순(如淳)이 말했다. "임금이 살아 있을 때는 함께 당대의 정사를 다스리고, 임

우하면서 제멋대로 서로 왕이 되자 유씨(劉氏)는 띠처럼 겨우 끊어
지지 않을 정도였습니다[不絕].¹⁰ 이때 강후는 태위(太尉)가 되어 병
권의 핵심을 잡고 있으면서도[本] 이를 제대로 바로잡지 못했습니다.
여후가 붕(崩)하자 대신들이 서로 도와 힘을 합쳐서 여러 여씨를 주
살할 때 태위는 마침 병권을 주관하고 있었기 때문에 성공할 기회를
만난 것이니, 이른바 공신이기는 해도 사직의 신하는 아닌 것입니다.
(그런데도) 승상은 마치 교만함이 임금의 얼굴색과 같은데 폐하께서
는 겸양하시어 신하와 군주가 서로 예를 잃었으니, 가만히 생각건대
폐하께서는 그리해서는 안 될 것입니다."

그 후 조회 때마다 상은 점점 더 위엄을 갖췄고[莊] 승상은 점점 더
두려워했다.

이 대목을 읽던 태종은 무슨 생각을 했을까? 아마 무릎을 쳤
을지도 모르겠다. 공신은 사(私)이고 사직지신은 공(公)임을 새삼
깨우치지 않았을까? 왕권을 세우려는 태종에게는 단비[甘雨] 같
은 통찰을 주는 대목이었을 것이다.

논공행상(論功行賞)이라는 말이 있다. 공로를 논해 상을 주라
는 말인데, 이는 뒤집으면 공신에게는 상을 주어야지 자리를 주어
서는 안 된다는 뜻이다. 자리는 다움[德]을 척도로 삼아야 한다.

금이 죽은 후에도 그의 법도를 그대로 따라 마땅히 받들어 행하는 것이다. (예를 들
면) 고조(高祖)는 유씨(劉氏)가 아니면 왕이 되어서는 안 된다고 맹세했는데 주발 등
은 여러 여씨(呂氏)를 왕으로 삼으려는 의견을 따랐으니, 이는 살아 있는 임금의 뜻에
맞추려 한 것으로 죽은 임금과는 함께하지 않은 것이다."
10 原註-사고(師古)가 말했다. "미미했다는 말이다."

충신(忠臣)의 충(忠)이 바로 다움이다.

태종이 인정한 사직지신은 하륜·조영무·이래 3명이지만, 여기서는 하륜과 조영무만 살펴보자. 성품이 깐깐했던 직신(直臣) 이래는 태종과는 과거 동기생[同年]이기도 하므로 벗 같은 신하[友臣]로 여겨도 좋겠다.

태종을 도와 조선의 기틀을 잡은 하륜

정도전과 하륜(河崙, 1347~1416년)은 상극(相剋)이었다. 조선왕조 500년 동안에는 하륜에 대한 평가가 올라갈수록 정도전에 대한 평가는 내려갔다. 정도전이 이상주의 경세가였다면 하륜은 현실주의 경세가였다. 정도전은 실패한 사상가였고 하륜은 성공한 경세가였다. 현실 속의 조선은 정도전의 길을 버리고 하륜의 길을 따랐다.

그래서일까? 오늘날 우리는 정도전은 알아도 하륜은 모른다. 두 사람에 대한 평가는 역전되어버렸다. 조선에서는 하륜이, 대한민국에서는 정도전이 높이 평가받았다. 어쩌면 정도전의 '실패한 꿈'이 주는 묘한 매력 때문에 정도전에 이끌리는 경향은 지속될지도 모른다. 반면 하륜은 현실정치에 깊이 참여했다는 이유만으로 배척 대상이 되고 있다. 주자학 전통을 이어받은 건강하지 못한 학계 풍토가 만들어낸 학문적 천박성으로부터 야기된 폐해가 깊다.

하륜을 망각의 늪에 빠트려놓고는 조선(朝鮮) 탄생을 온전히 이해하기란 불가능하다. 반쪽도 안 되는 사실(史實)에 허구를 집어넣는 팩션(Faction-사실과 허구의 결합)이 우리 역사일 수는 없다. 역사는 역사로 보고 상상은 그저 상상으로 그쳐야 한다.

필자는 편견을 내려놓은 『조선왕조실록』 읽기를 통해 새롭게 조명할 필요성이 큰 인물들을 수없이 만날 수 있었다. 반드시 재인식해야 할 임금인 태종·세종·성종·선조·숙종·정조에 대한 재조명 작업은 2007년에 마친 바 있다. 이제 임금을 보필한 재상(宰相)에 주목할 차례다. 뛰어난 재상의 존재는 그런 인재를 알아보고 중용한 임금이 있었기에 가능하다. 하륜을 제대로 읽어야 태종이 했던 인사(人事)를 완연하게 이해할 수 있다는 뜻이다. 하륜 없이 태종 때 치세(治世)를 설명하기란 불가능하다. 이는 마치 황희를 빼고 세종 치세를 설명하는 것이나 마찬가지다.

하륜이 조선이라는 새로운 배에 올라타는 과정은 순탄치 않았다. 하륜은 고려 공민왕 14년(1365년), 19세의 나이로 문과에 급제했다. 전형적인 소년등과였다. 그런데 시절이 녹록지 않았다. 마침 그때는 신돈(辛旽)의 횡포가 극에 달하고 있었다. 이듬해에는 이존오(李存吾-이래 아버지)와 정추(鄭樞)가 소(疏)를 올려 신돈을 비판하다가 관직에서 축출당하고 유배를 가야 했다. 성리학으로 무장한 개혁 성향의 신진사대부들은 다양한 방법을 동원해서 신돈에 맞섰다. 하륜도 예외는 아니었다. 춘추관 검열, 공봉(供奉)을 거쳐 1368년(공민왕 17년) 관리 3년 차이던 하륜은 감찰규정(監察糾正)이 되어 신돈 집에 드나들던 문객을 규탄했다가 좌천당하게 된다. 감찰규정이란 조선 시대 사헌부에 해당하는 관직으로 종6품직이다. 당시 22세, 한창 혈기왕성할 때였다. 외삼촌 강회백(姜淮伯, 1357~1402년)은 조카 하륜을 이렇게 위로했다고 한다.

"너는 장래에 재상이 될 만한 인물이니 결코 시골에 묻혀 살지는 않을 것이다."

돌이켜보면 하륜은 공민왕에서 우왕으로 정권 교체기 때 아무 시련도 겪지 않았고, 오히려 우왕 때에는 탄탄대로를 걸은 편이다. 능력과 품성도 한몫했겠지만, 하륜에게는 든든한 '백'이 있었다. 처삼촌 이인임(李仁任)이 당대 권세가였다. 관련된 『실록』 기록을 보자.

을사년(1365년) 과거에 합격했는데, 좌주(座主) 이인복(李仁復)이 한 번 보고 기이하게 여겨 그 아우 이인미(李仁美)의 딸을 아내로 삼게 했다.

즉 배경 자체가 이성계와는 다른 쪽 인물이다. 결국 회군이 있던 1388년 이인임이 죽으면서 하륜도 유배를 떠나 1391년에야 풀려나게 된다. 조선 개국 후 관직에 나아갔으나 정도전과 남은의 견제로 요직에 나아가지 못한 그는 '유학자로서는 특이하게도' 풍수지리학으로 권력을 잡을 기회를 얻으려고 여러 번 노력했다. 하륜은 이색(李穡)이 길러낸 문생(門生)으로서 정도전과 함께 정통 유학을 공부했으나, 풍수지리·관상학(觀相學) 등 잡설(雜說)에도 일가견이 있었다.

권력을 향한 그의 노력은 집요했다. 하륜과 이방원의 첫 만남은 관상으로 이뤄졌다. 이방원을 처음으로 만나본 그는 장차 크게 될 인물임을 바로 알았다고 한다. 그는 이방원 장인 민제(閔霽)를 만나서, "내가 사람의 관상을 많이 보았으나 공의 둘째 사위만 한 인물은 아직 보지 못했습니다. 한번 그를 만나보기를 원합니다"라고 간청했다. 민제는 사위 이방원에게 권유했다.

"하륜이라는 사람이 대군을 꼭 한번 뵙고자 하니, 그를 한번 만나보도록 하게!"

이리하여 이방원과 하륜의 만남이 이뤄졌다. 하륜은 2차례 왕자의 난을 실질적으로 계획하고 지휘한 인물이다. 1차 왕자의 난을 일으켜서 정도전과 남은 일당을 습격해 죽이고 세자 이방번과 이방석을 제거했다. 또 2차 왕자의 난에서도 박포 일당을 죽이고 회안대군 이방간 부자를 유배시켰다. 이방원을 왕위에 올리기 위한 준비 작업이 그의 손으로 추진되었다.

태종 시대에 하륜은 태종 재위 기간 대부분을 좌정승으로 있으면서 왕권 강화를 추진하던 태종을 지근거리에서 도왔다. 관제 개혁으로 새로운 관료제도를 확립했고, 의정부를 약화시키고 육조직계제(六曹直啓制)를 추진함으로써 태종이 구상한 국정 운영 시스템을 앞장서서 실현시켰다. 『태종실록』은 국정을 이끌었던 그의 모습에 대해 이렇게 평가하고 있다.

정승이 되어서는 되도록 대체(大體)를 살리고 아름다운 모책과 비밀스러운 의논을 건의한 것이 대단히 많았으나, 물러 나와서는 일찍이 남에게 누설하지 않았다.

하륜은 『서경』 「군진(君陳)」편에 나오는 재상의 바른 도리를 완벽하게 보여준다. 주나라 성왕(成王)은 군진이라는 신하에게 정사를 맡기면서 여러 가지를 부탁했는데, 그중 한 대목이다.

"아름다운 꾀와 아름다운 계책이 있거든 즉시 들어와 안에서 네 임
금에게 고하고, 마침내 밖에 나가서 사람들에게 일러 말하기를 '이
꾀와 이 계책은 우리 임금님 덕분이다'라고 하라."

훗날 하륜이 세상을 떠나고 다른 신하들이 태종에게 하륜을
그토록 총애했던 까닭을 물은 적이 있었다. 이에 태종은 이렇게 말
했다.

"하 정승 귀로 들어간 일이 그의 입으로 나오는 것을 나는 일찍이 본
적이 없다."

그에게도 결점은 있었다. 태종의 총애를 바탕으로 인사청탁을
많이 받았다. 통진 고양포(高陽浦) 간척지 200여 섬을 농장으로
착복해서 탄핵당했지만, 공신이라 하여 그냥 지나갔다. 그는 벼슬
에서 물러난 뒤에도 노구를 이끌고 함경도에 있는 왕실 조상들 능
침(陵寢)을 돌아보던 중 정평(定平) 군아(郡衙)에서 죽었다. 충신다
운 죽음이었다.
태종 16년(1416년) 11월 6일 자 하륜 졸기에는 태종이 정인지
(鄭麟趾)를 보내 치제(致祭)하면서 내린 글이 실려 있다.

원로대신은 임금의 팔다리[股肱]요 나라의 기둥과 주춧돌[柱石]
이다. 살아서는 (임금이) 휴척(休戚-편안함과 근심함)을 함께하고 죽으

면 은수(恩數-임금이 베푸는 은혜의 정도)를 지극히 하는 것은 고금의 바꿀 수 없는 전례(典禮)다.

아 생각건대, 경은 하늘과 땅이 정기를 뭉쳐주었고 산악(山嶽)이 영(靈)을 내려주었다. 고명정대(高明正大)한 학문을 발휘하니 화국(華國)의 웅문(雄文-생각이 깊고 기개가 뛰어난 문장)이 되었고, 충신중후(忠信重厚)한 자질로 미뤄 경세(經世)의 큰 모유(謀猷-계책)가 되었다. 일찍 이부(二府-의정부와 중추원)에 올라 네 번 상상(上相-영의정)이 되었다. 잘 도모하고 능히 결단해 계책에는 유책(遺策-빠트리거나 남아 있는 계책)이 없었고, 사직을 정하고 천명을 도운 것은 공훈(功勳)이 맹부(盟府)에 있다. 한결같은 다움으로 하늘을 감동시켜 우리 국가를 보호하고 다스렸는데, 근래에 고사(故事)를 가지고 늙었다 하여 정사에서 물러나고자 하니 그 아량(雅量)을 아름답게 여겨 억지로 그 청을 따랐다.

거듭 생각건대, 삭북(朔北-함경도)은 기업(基業)을 시초한 땅이고 조종(祖宗)의 능침(陵寢)이 있으므로 사신을 보내 돌아보아 살피려고 했는데, 실로 적합한 사람을 찾아 보냄이 어려웠다. 경은 비록 몸은 쇠했으나 왕실에 마음을 다해, 먼 길 근로함을 꺼리지 않고 스스로 행하고자 했다. 나 또한 능침이 중하기 때문에 경(卿)이 한 번 가는 것을 번거롭게 하지 않을 수 없었다. 교외에 나가서 전송한 일이 끝내 평생의 영결(永訣)이 될 줄을 어찌 생각이나 했겠는가?

아 슬프도다! 사생(死生)의 변(變)은 사람이 살아가는 도리에 정해져 있는 것이다. 경이 그 이치를 잘 아니 또 무엇을 한스러워하겠는가! 다만 철인(哲人)의 죽음은 나라의 불행이다. 지금 이후로 대사(大事)에 임하고 대의(大疑)를 결단해서 성색(聲色)을 움직이지 않고 국가를 반석의 편안한 데에 둘 사람을 내가 누구에게서 바라겠는가? 이것이 내가 몹시 애석해 마지않는 바다. 특별히 예관을 보내 영구(靈柩) 앞에 치제(致祭)하니, 영혼이 있으면 이 휼전(恤典)을 흠향하라.

최고로 아끼던 신하의 죽음을 애통해하는 마음이 절절하게 묻어난다. 다음은 졸기가 전하는 그의 사람됨이다.

륜(崙)은 천성직인 사질이 중후하고 온화하며 말수가 적어 평생에 빠른 말과 급한 빛이 없었으나, 관복[端委]¹¹ 차림으로 묘당(廟堂-정
단위
승 집무 공간)에 이르러 의심스러운 일을 결단하고 큰 계책을 정함에 있어서는 누가 헐뜯거나 칭송한다고 해도 그 마음을 조금도 움직이지 않았다. 정승이 되어서는 되도록 대체(大體)를 살리고 아름다운 모책과 비밀스러운 의견을 계옥(啓沃-건의)한 것이 대단히 많았으나, 물러 나와서는 일찍이 남에게 누설하지 않았다.¹² 몸을 가지고 일을 접할 때는 한결같이 성심으로 해서 허위가 없었으며, 종족(宗族)에게 어질게 하고 붕우(朋友)에게 신실하게 해서 아래로 동복(僮僕-노비)까지 모두 그 은혜를 잊지 못했다. 인재(人材)를 천거하기를 항상 불급(不及-못 미치면 어떻게 하나)한 듯이 했으나, 조금만 좋은 것이라

---

11 주나라 때 관리가 착용하던 현단복(玄端服)과 위모관(委貌冠)을 말하는데, 곧 관리의 관복(冠服)을 뜻한다.
12 이를 군진(君陳)의 충성이라 한다. 세종 6년(1424년) 7월 12일 종묘에 태종의 다섯 공신을 배향하는 행사를 했는데, 당시 교서에서는 하륜과 관련해 이렇게 말하고 있다. "군진(君陳)의 좋은 계획과 좋은 생각으로 왕도(王道)를 빛나게 했다."

416

도 반드시 취하고 그 작은 허물은 덮어주었다.

"내가 조준을 아낌은 하륜을 아낌만 못했다."

인물평은 시기에 따라, 사안에 따라 달라질 수 있다. 그러나 조준과 하륜이 모두 세상을 떠나고 태종 또한 상왕으로 정치에서 한 걸음 물러나서 인물을 평한다면 정확성과 깊은 의미가 더해질 수밖에 없다. 그런 점에서 세종 2년(1420년) 5월 8일 상왕 태종이 세종을 마주하고 했던 말은 무게감을 더한다.

상이 풍양 이궁(離宮)에 문안을 갔다. 두 왕이 주연을 베풀었는데, 조연·조말생·이화영·홍부·이명덕·원숙 등이 입시했다. 이들에게 각각 차례로 술을 따라 올리게 하고서 상왕이 말했다.
"정승 하륜은 사람됨이 남이 잘하는 것은 되도록 돕고 남이 잘못하는 것은 되지 않도록 말리어, 충직하기가 비할 바가 없었다. 전번에 내가 선위하려고 할 때 륜이 나에게 친히 고하기를 '만일 선위하려고 하신다면 신은 마땅히 진양(晉陽-진주)으로 물러가서 쉬겠나이다'라고 하면서 울고 말렸다. 여러 민씨는 그런 것도 모르고 (우리 사이에) 이간을 붙이려고 모략했지만, 나와 륜의 서로를 허여해주는 사이[相與之際]를 누가 떼놓을 수 있겠는가? 내가 조준을 아낌은 하륜을 아낌만 못했다."

이미 그보다 훨씬 전인 태종 15년(1415년) 12월 9일, 좌의정 하륜이 상을 당하자 태종은 육식을 권하면서 이렇게 말한다.

"늙어지면 육식을 끊을 수 없다. 우리 두 사람이 편안한 연후라야
나라가 편안하다."

이 한마디에 하륜에 대한 태종의 생각이 모두 담겨 있다 해도
과언이 아니다.

장상의 재주를 갖춘 충직한 측근 조영무

조영무(趙英茂, 1338~1414년) 집안은 고조부 조지수(趙之壽,
?~?)가 중국에서 고려로 귀화한 뒤로 줄곧 함경도 영흥에서 살아
왔던 듯하다. 그곳에서 조영무는 이성계 사병(私兵)으로 있다가 무
장의 길을 걸었다. 그는 일찌감치 이방원 편에 서서 조영규(趙英
珪) 등과 함께 정몽주를 살해한 인물이기도 하다. 이 공으로 개국
공신 3등에 올랐고, 태조 때에는 1394년(태조 3년) 중추원 상의사
로서 강계등처 도병마사를 겸임했고, 1397년 충청도 도절제사가
되었다. 이듬해 1차 왕자의 난 때 이방원을 도와서 정사공신(定社
功臣) 1등에 봉해졌다. 이방원에게 극진히 총애받아 판중추원사,
의흥삼군부 중군동지절제사를 거쳐 문하부 참찬사로 승진했다.
1400년(정종 2년) 도독중외제군사도진무로 병권을 장악, 2차 왕자
의 난에도 이방원을 도와 좌명공신 1등에 봉해졌다. 한때 세자 이
방원이 사병 혁파를 밀어붙일 때 이를 거부하고 무기를 수납하는

군관을 구타했다가 황주(黃州)에 유배되었으나, 곧 풀려나와 서북면도순문사 겸 평양부윤으로 나갔다. 주로 병사(兵事) 분야 최측근이었던 셈이다.

1405년 우정승에 올랐는데, 같은 해 가뭄이 이어지자 사양하는 글을 올렸다. 이에 태종이 사직을 반려하는 장면이 5월 11일 자 실록에 실려 있다. 총애가 얼마나 컸는지를 가늠해볼 수 있는 일이다.

의정부 우정승 조영무가 전(箋=짧은 글)을 올려 물러나겠다고 했으나 윤허하지 않았다. 전은 이러했다.

'벼슬은 높고 다움은 엷으니 마땅히 스스로를 끌어내려[自引] 물러나 쉬어야겠고, 맡은 바가 무겁고 능력은 미미하니 참으로 억지로 오래 견디기가 어렵습니다. 이에 감히 간절하고 정성스러운 마음[悃愊=至誠]을 털어놓아 높으신 위엄을 어지러이 더럽히옵니다[庸瀆].

가만히 생각건대, 이제 국가의 안위(安危)는 곁에서 보필하는[陪輔] 신하가 뛰어나냐 그렇지 못하냐에 달려 있습니다. 은(殷)나라 고종(高宗)이 부열(傳說)을 바라보기를 가뭄이 심할 때 장마를 기다리듯 했고, 주(周)나라 성왕(成王)이 주공(周公)을 재상으로 삼자 비가 열흘 동안이나 밤에도 줄곧 내렸습니다. 그 (임금과 신하의 보필에) 관계되는 바가 이와 같으니 어찌 재상을 뽑는 일을 가볍게 할 수 있겠습니까!

엎드려 생각건대[伏念], 신은 오직 외로이 바치는 충성[孤忠]만 가졌을 뿐 모든 직사(職事)에 헛되이 어둡기만 합니다. 연이어 삼조(三

朝)의 갑옷과 투구[甲冑]를 걸치고서[擐] 오랫동안 한 부(府-승추부)의 중한 임무[樞機]를 전적으로 맡아왔습니다. 바야흐로 국방(國防-戶牖)을 미리 튼튼하게 하기를 생각하다 보니 나이가 서산(西山-桑楡)에 기울어짐을 깨닫지 못했습니다. 그런데 어찌 함께 우러러보는 자리에 함부로[叨] (저를) 정승(政丞)으로 삼으시라는 것을 생각이나 했겠습니까?

노둔(駑鈍)한 말이 피로(疲勞)해도 멈출 줄을 모르고, 작은 그릇이 차서 바야흐로 넘쳐흐릅니다. 은총(恩寵)과 영광(榮光)이 극도에 넘지니, 근심과 걱정이 오직 깊습니다. 하물며 이 성하(盛夏)에 한발(旱魃)을 일으켜 한 달의 재앙이 이처럼 심하니, 반년(半年)을 섭리(燮理-재상의 직무)한 공(功)이 어디에 있겠습니까? 역대 고사(故事)에 재앙을 만나면 곧 사직했사오니, 비록 전하께서 우대해 용납(容納)하심을 보이시나 소신(小臣)에 있어서는 어찌 물러가기를 구하지 아니하겠습니까? 엎드려 바라건대 전하께서는 대명(大明)으로써 굽어 통촉하시고 넓으신 도량(度量)으로 포용하시어, 이 태평할 때에 한가함을 주시어 병을 다스리게 하소서. 만약 급한 일[緩急]이 있을 때에는 장차 삼가 일어나 나와서 계책을 올리겠습니다.'

상은 윤허하지 않고 비답해 말했다.

'몸은 다르나 마음은 같으니 마땅히 충성을 다해 서로 도울 것이며, 힘을 베풀어 반열(班列)에 나아갔으니 어찌 성만(盛滿)하다 하여 사양할 것인가! 경은 장수의 지략이 크고 깊으며 조정의 계책이 굳세고 과단(果斷)하니, 몸이 사직의 중함과 관계되어 이미 안위(安危)를 맡았고 산과 물이 다하도록 변치 않기를 맹세해 휴척(休戚)을 같이 하고 있다. (경을) 비유하자면 나는 가물 때에 장마처럼 바라고 나라

에서는 방패와 성[干城]처럼 믿는다. 이 공을 생각해 정승 자리에 앉
혔거늘, 어찌 나 한 사람의 돌봄이 있음이겠는가! 진실로 이는 만백
성이 함께 보는 바이다. 어찌 한발의 재앙을 이유로 갑자기 정승의
직을 사양하겠는가? 저 재앙이 이른 것은 실로 나의 부덕한 소치다.
마땅히 밤낮으로 오직 삼가면서 서로 부족함을 닦고 삼가서 처음부
터 끝까지 더욱 힘써 영원히 무궁토록 보전할 것이니, 굳이 사양하지
말고 빨리 그대의 자리로 돌아가라.'

이듬해 판이병조사(判吏兵曹事-이병조 판사)를 겸직한 뒤
1408년 부원군(府院君)에 진봉되었다. 1409년 훈련관 도제조를
지내고, 삼군부 영사가 되어 병으로 사직했다.
1412년 수군첨절제사에 임명된 박영우(朴英祐)가 위임을 거부
해 물의가 일어나자 추천한 장본인으로서 탄핵받아 파직되었으나,
이듬해 우정승에 복직되었다.
태종 14년(1414년) 7월 28일 자에 실린 그의 졸기는 짧지만, 태
종이 그의 죽음을 얼마나 애통해했는지 잘 보여준다.

한산부원군(漢山府院君) 조영무(趙英茂)가 졸했다. 상이 그 집에 거
둥해 문병[視疾]하고자 해서 의장(儀仗)과 시위(侍衛)가 이미 준비되
었는데, 숨이 끊어졌다는 소식을 듣고 중지했다. 심히 애도해 소선
(素膳)하고 3일 동안 철조(輟朝)하며, 쌀·콩 100석과 종이 200권을
부의하고 시호를 충무(忠武)라고 했다. 영무가 죽자, 상이 하륜에게
물었다.
"대신의 죽음에 3일 동안 정조(停朝)하는 것은 가벼운 것 같다. 내가

생각건대 한나라 곽광(霍光-한 무제 대장군)이나 당(唐)나라 위징(魏徵-당 태종의 뛰어난 신하)의 죽음에 모두 5일 동안 철조했는데 경(卿)은 이를 아는가?"

대답해 말했다.

"신은 잊어버렸습니다. 전하께서 대신을 중히 여기는 뜻은 비록 지극하시나, 만약 5일 동안이나 (철조)하면 군국(軍國)의 중사(重事)가 장차 엄체(淹滯-지체)되는 폐단이 있을 것입니다."

상이 옳게 여겼다. 우대언 한상덕에게 명해 치제하게 했다. 영무는 질박하고 순수하며[質實] 곧은 소리 하기를 좋아하고[好直言] 정사
질실   호 직언
에 임해 사정(私情)이 없었으므로[無私] 상에게 중함을 받았다.
                         무사

그는 이재(吏才-관리로서의 재주)는 다소 모자랐겠지만 질실(質實)함으로 직언(直言)하기를 잘했고 일 처리를 무사(無私)하게, 즉 공심(公心)으로 했다. 태종은 이러한 그의 곧음[直]을 사랑해 한결
                                                   직
같이 중하게 여겼다. 세종은 그를 태종 종묘에 배향하면서 "이른바 사직지신(社稷之臣)이로다"라고 극찬했다. 태종과 세종 두 부자로부터 사직신하[社稷之臣]이라 불린 것이다.
          사직지신

3 —

스승 같은 신하
조준·권근·김사형

"스승 같은 신하[師臣], 벗 같은 신하[友臣], 노예 같은 신하
[隸臣]." 이 말은 『대학연의』에 나온다. 우리도 태종의 입장이 되어
『대학연의』속으로 잠깐 들어가 보자.

(『맹자』에서) 맹자가 말했다.

"천하에 모두가 인정하는 귀함[達尊]이 3가지가 있으니, 벼슬자리
[爵]가 그 하나요 연로함[齒]이 또 하나요 다움[德]이 또 하나입
니다. 조정에서는 벼슬자리만 한 것이 없고, 고향 마을에서는 연로함
이 가장 귀하고, 세상을 돕고 백성을 기르는 데는 다움만 한 것이 없
습니다. 어찌 (임금이) 그 하나(인 지위)를 갖고 있다고 해서 (내가 가
진) 나머지 둘(연로함과 다움)을 우습게 여길 수 있겠습니까? 그러므
로 장차 큰일을 하게 될 임금은 반드시 앉아서 불러서는 안 되는 신

하가 있게 마련이니, 뭔가를 (크게) 도모하려는 바가 있으면 (그 신하를 직접) 찾아가야 합니다. 다움이 있는 사람을 높이고 도리를 행하는 것을 즐기기를 이와 같이 하지 않으면 (그런 사람과) 함께 훌륭한 일을 할 수가 없는 것입니다.

그렇기 때문에 탕왕(湯王)은 이윤(伊尹)에게 가서 배운 뒤에야 그를 신하로 삼았습니다. 그래서 힘들이지 않고 천하를 통일한 임금이 될 수 있었던 것입니다. (제나라) 환공(桓公)은 관중(管仲)에게 가서 배운 뒤에야 그를 신하로 삼았습니다. 그래서 힘들이지 않고 천하의 패권자가 될 수 있었던 것입니다.

지금의 천하를 보면 (크다는 나라들도) 영토가 다 그만그만하고 임금들의 임금다움도 엇비슷해서 어느 한 나라가 특히 뛰어나다고 할 수 없는데, 이는 다른 이유 때문이 아니라 (이들 나라의 임금들이) 자신이 가르칠 수 있는 사람을 신하로 삼기를 좋아하고 자신이 가르침을 받을 수 있는 사람을 신하로 삼기를 좋아하지 않기 때문입니다. 탕왕이 이윤에게 가고 환공이 관중에게 감에 있어서도 감히 불러들이지 못했습니다. (특히) 관중도 오히려 불러들일 수 없었는데, 하물며 관중을 하찮게 여기는 자(=맹자 자신)를 어떻게 불러들일 수 있단 말입니까?"

(『예기(禮記)』) 「학기(學記)」에서 말했다.

"임금이 그 신하에 대해 신하로 여기지 않는 경우가 둘 있다. (하나는) 선조의 제사에 시동(尸童)을 맡는 사람은 신하로 대하지 않는다. (또 하나는) 임금의 스승이 되었을 때는 신하로 대하지 않는다. 대학(大學-여기서는 성균관 등을 뜻한다)에서 예를 행함에 천자에게 고할 때도 북면(北面-모든 신하는 북쪽을 향해 선다)하지 않는 것은 스승을 존중하기 때문이다."

진덕수는 이 두 대목을 엮어서 이렇게 진강(進講)했다.

"신이 가만히 살펴보겠습니다. 이 2가지는 임금다운 임금[王者]에게는 스승인 신하[師臣]를 대하는 의리가 있으니, 단순히 벗 삼으려고 하는 것과는 다르다는 것을 분명하게 보여주고 있습니다. 이미 탕왕이 이윤에 대해, 문왕과 무왕이 태공망(太公望)에 대해, 성왕이 주공에 대해 (신하가 아니라) 스승으로 대했습니다. 그래서 『서경』「중훼지고(仲虺之誥)」에서 말하기를 "능히 스스로 스승을 얻는 자는 (임금다운) 임금[王者]이 될 수 있다"라고 했고, 전하는 바에서도 스승 같은 신하[師臣], 친구 같은 신하[友臣], 종 같은 신하[僕臣]를 나누고 있습니다.[13]

후세의 임금 중에서 신하를 벗 삼았던 사람들은 많지 않습니다. 다만 한나라 고제가 장자방을 대할 때나 광무제가 엄자(嚴子)를 대할 때나 능소열(陵昭烈)이 공명을 대할 때가 거의 그것에 가까웠습니다. 또 한나라의 명제(明帝)와 장제(章帝)는 비록 스승에 대한 예로써 신하들을 대하기는 했지만, 그들이 황제에게 전해준 것은 단지 글의 피상적인 뜻에 그쳤고 삼왕사대(三王四代)의 이른바 진정한 스승[師]

---

13 다음으로 천하를 가지고자 하는 임금[王者]은 스승 같은 신하를 가까이하고, 힘으로 천하를 가지고자 하는 임금[霸者]은 친구 같은 신하를 가까이한다. 임금이 한마디를 하면 무조건 옳다 하여 조금도 어김이 없는 신하를 종 같은 신하라고 한다.

이 어떤 것인지는 제대로 가르치지 못했습니다. 그러다 보니 노예 같은 신하들이 예! 예! 거리면서 아무것도 일깨워주는 바가 없었으니, 임금은 날로 교만해지고 신하는 날로 알랑거리게 되었습니다. 바로 이것이 역사에서 난세가 많고 치세가 드문 까닭입니다."

유향(劉向)도 『설원』에서 비슷한 분류법을 제시한다.

"제자(帝者)의 신하는 그 이름은 신하이지만 그 실제는 스승입니다. 왕자(王者)의 신하는 그 이름은 신하이지만 그 실제는 친구입니다. 패자(霸者)의 신하는 그 이름은 신하이지만 그 실제는 손님입니다. 위국(危國-위태로운 나라)의 신하는 그 이름은 신하이지만 그 실제는 포로나 노비입니다."

늘 태종을 도왔던 스승 같은 신하 조준

만일 조선 정승학(政丞學)이라는 학문이 만들어진다면 그 첫 장은 논란의 여지도 없이 조준(趙浚)이 차지할 것이다. 고려 말 혼란기에 그의 증조(曾祖) 조인규(趙仁規)는 영의정에 해당하는 문하시중(門下侍中)을 지냈고, 아버지 조덕유(趙德裕)는 호조판서에 해당하는 판도판서(版圖判書)를 지냈다.

이렇게 그는 엘리트 집안에서 태어났다. 뜻은 컸으나 벼슬에는 관심이 없었는데, 어느 날 어머니 오씨(吳氏)가 새로 과거에 급제한 사람 앞에서 가갈(呵喝)하는 광경을 보고 탄식하며 말했다. 가

갈이란 귀한 사람이 행차할 때 길을 비우기 위해 "물렀거라!" 하고 외치는 것이다. "내 아들이 비록 많으나 한 사람도 급제한 자가 없으니 장차 어디에 쓸 것인가?"

이에 자극된 조준은 갑인년(甲寅年-1374년) 과거(科擧)에 합격해서 벼슬길에 들어선다. 이해는 공민왕이 죽던 해다. 기울던 고려는 혼돈 속에 빠져들고 있었다. 그런 와중에도 성품이 겸손하고 관리로서 이재(吏才)도 뛰어났던 그는 빠르게 승진을 거듭해서 형조판서에 해당하는 전법판서(典法判書)에 올랐고, 우왕 9년에는 밀직제학(密直提學)에 임명되었다. 조선 시대로 치자면 승정원 승지, 즉 국왕 비서가 된 것이다. 그는 가까이서 지켜본 무능한 우왕과 발호하는 권간(權奸)에 실망해 벼슬을 버리고 우왕 말년까지 4년 동안 은둔했다. 이 시기 그는 경사(經史)를 공부하며 윤소종(尹紹宗)·조인옥(趙仁沃) 등과 교유하면서 세상을 관망했다. 결국 난세 속에서 공부하며 실력을 쌓은 이들이 뒤에 조선 건국에 음으로 양으로 기여하게 된다.

무진년(戊辰年-1388년)에 일어난 위화도회군은 조준을 다시 세상으로 불러낸다. 조정을 장악한 이성계는 그동안 쌓인 폐단을 쓸어버리고 모든 정치를 일신(一新)하려고 했다. 그는 조준이 중망(重望)이 있다는 말을 듣고 불러들여 일을 이야기해보고는 크게 기뻐하며 지밀직사사(知密直司事-밀직사 지사) 겸 사헌부대사헌(司憲府大司憲)으로 발탁했다. 실록에 따르면 이성계는 조준에게 "크고 작은 일에 관계없이 모두 물어서 했으며" 조준도 감격해 "생각하고 아는 것이 있으면 말하지 아니함이 없었다." 조준은 뜻도 컸지만 일에도 밝았다[曉事]. 정치와 정책 모두에 능한 인물이었다.

조준은 정몽주 등과 함께 이성계의 뜻에 따라 창왕을 폐하고 공양왕을 세웠다. 신미년(辛未年-1391년) 문하부 찬성사로서 명나라에 성절사(聖節使)로 갔는데, 이때 남경으로 가던 길에 연왕(燕王)을 만나게 된다. 훗날 조카 혜제를 죽이고 황제가 되는 영락제(永樂帝)다. 조준은 당시 연왕을 만나보고 나와서 사람들에게 이렇게 말했다. "왕은 큰 뜻이 있으니, 아마도 외번(外藩)에 머물러 있지는 않을 것이다." 앞 장에서 보았듯이 이방원 역시 왕자로 지내던 1394년(태조 3년) 정도전을 대신해 명나라에 갔을 때 연왕을 만나고 나서 이렇게 말했다. "연왕은 왕으로 머물러 있을 인물이 아니다."

이야기는 다시 공양왕 때로 돌아간다. 정몽주가 우상(右相-우정승)으로 있으면서 공양왕을 받들어 이성계 세력을 제거하려 하면서부터 조준은 다른 길을 가게 된다. 임신년(壬申年-1392년) 3월, 정몽주는 이성계가 말에서 떨어져 위독한 틈을 타서 대간(臺諫)을 시켜 조준·남은·정도전·윤소종·남재·오사충·조박 등을 탄핵해 모두 먼 외방으로 귀양 보냈다. 얼마 후에 이들을 수원부(水原府)로 잡아서 올려 극형에 처하려고 했다. 그러나 4월에 이방원이 조영규(趙英珪)를 시켜 정몽주를 살해하는 바람에 조준 등은 죽음을 면했다. 찬성사(贊成事)에 복직된 조준은 7월에 여러 장상(將相)을 거느리고 이성계를 추대했다. 얼마 후 이성계가 공신들을 불러 세자를 누구로 세울지 의견을 들었는데, 이 자리에서 조준은 다음과 같이 대답했다.

"세상이 태평하면 적장자를 먼저하고 세상이 어지러우면 공(功)이 있는 이를 먼저 하오니, 바라건대 다시 세 번 생각하소서."

이방원을 염두에 둔 발언이었다. 이때 왕비 강씨가 이를 엿듣고 우는 소리가 밖에까지 들렸다. 이성계는 조준에게 강씨 소생인 이방번의 이름을 쓰게 했지만, 조준은 땅에 엎드려 끝내 쓰지 않았다. 결국 이성계는 강씨의 어린 아들 이방석(李芳碩)을 세자로 삼았다. 이때부터 정도전은 강씨와 손잡고 이방석 후견인 역할을 했고 조준은 그에 맞섰다.

정축년(丁丑年-1397년)에 명나라와 외교 문서로 인한 분쟁이 발생했다. 명나라에서는 문서를 지은 정도전을 잡아 보내라고 했다. 이때 삼군부판사였던 정도전은 병(病)을 핑계로 가지 않으면서 오히려 요동 정벌론을 제기했다. 문제는 현실성이었다. 처음에는 정벌론이 힘을 얻었다. 심지어 정도전과 남은은 전하의 명이라며 조준의 집에까지 찾아와서 "상감의 뜻이 이미 결정되었다"라고 통보했다. 당시 병으로 집에 있던 조준은 몸을 일으켜 입조해서 정벌불가론을 펼쳤다. 무엇보다 "지금 천자(天子)가 밝고 선해 당당(堂堂)한 천조(天朝)를 틈탈 곳이 없거늘, 극도로 지친 백성을 이끌고 불의(不義)하게 일을 일으키면 패하지 않을 것을 어찌 생각하오리까?"라는 설득에 이성계는 정벌의 뜻을 접었다.

이성계는 묘하게도 정도전을 아꼈으면서도 그를 정승에 앉히지는 않았다. 조준은 어떻게 여겼는지 모르겠지만, 정도전은 조준을 라이벌로 여긴 듯하다. 실록의 한 대목이다.

도전이 또 준을 대신해 정승이 되고자 남은과 함께 늘 태상왕(이성계)에게 준의 단점을 말했으나, 태상왕은 조준을 대접하기를 더욱 두텁게 했다.

이성계는 결코 정도전을 정승감으로는 보지 않고 한결같이 조준 손을 들어주었다.

1차 왕자의 난 때 이방원도 거사 와중에 박포를 보내 조준을 불렀고 또 스스로 길에까지 나와서 맞았다. 이후 정종을 내세워 일단 이성계로부터 왕위를 넘겨받는 계책을 낸 장본인이 바로 조준이었다.

태종 재위 기간 내내 가장 막강했던 정승은 하륜이었지만 여말선초, 태조·정종·태종으로 이어지는 격변기에 큰 고비 때마다 태종 이방원을 뒷받침한 인물은 단연코 조준이다. 정도전 이야기는 많아도 하륜이나 조준 이야기가 거의 없는 것은, 앞서도 말했지만, 우리의 역사 인식 수준이 얕음을 드러내 보이는 것 이외에 아무것도 아니다.

정승이 임금을 보필하는 방법은 무엇일까? 정승의 책무는 다름 아닌 인재 천거다. 조준 졸기는 이렇게 증언한다.

다른 사람의 조그만 장점이라도 반드시 취(取)하고 작은 허물은 묻어두었다.

이 점은 하륜과 똑같다. 그랬기에 태종은 조준 생전에는 술을 줄 때 반드시 자리에서 일어났고 사후에도 뛰어난 정승[賢相]을 평론할 때면 풍도(風度)와 기개(氣槪)는 반드시 조준이 으뜸이라고 했으며 항상 '조 정승(趙政丞)'이라고 높이고 이름을 부르지 않았다고 한다.

아래에 뛰어난 인재가 있는데도 그를 천거해 쓰지 못하는 재상을 공자는 절위자(竊位者), 즉 재상의 자리를 도둑질한 자라 했다. 조준과 하륜은 그와는 전혀 다른 재상이었다.

조준과 콤비를 이뤄 조정을 안정시킨 김사형:
"소하와 조참이 오늘 다시 공을 이루었도다."

"남들이 나를 알아주지 않아도 속으로조차 서운해하지 않을 때라야 진정 군자가 아니겠는가[人不知而不慍 不亦君子乎]?"
인 부 지 이 불온 불역 군자 호

『논어』「학이(學而)」편에 나오는 공자의 말이다. 그런데 사실 서운해하지 않기란 쉬운 일이 아니다. 이는 진정 자신의 본분을 편안하게 받아들일 때에야 가능하고, 동시에 홀로 있을 때도 늘 삼가고 조심하는 신독(愼獨)을 체화할 때 가능하기 때문이다. 또 「공야장(公冶長)」편에서 공자가 제자들에게 각자 마음속에 간직하고 있는 뜻을 말해보라고 하자 수제자인 안회(顏回)는 이렇게 말한다.

"저의 바람은 자신의 좋은 점이 있다 해도 자랑하지 않고 자신의 공로를 내세우지 않는 것입니다."

이는 스스로 거짓이 없는 충직(忠直)함이 있을 때라야 가능하다. 그것을 줄여서 불벌(不伐)이라고 한다. 이것만 잘 유지해도 선두 주자의 뒤를 그대로 따라갈 수 있다.

김사형(金士衡)을 본격적으로 살피기에 앞서 중국 한(漢)나라 명신(名臣) 두 사람 이야기부터 해보자. 한나라를 세운 유방(劉邦)의 신하 소하(蕭何)와 조참(曹參)이 그들이다. 유방에게 두 사람이 어떤 존재였는지를 『한서』를 중심으로 알아본다.

소하(蕭何, ?~기원전 193년)는 유방(劉邦)과 같은 사수(泗水) 패현(沛縣) 사람으로 원래는 패현의 주리연(主吏掾)이었다. 그는 유방을 따라 진(秦)나라 수도인 함곡관(函谷關)에 들어갔다가 혼자 진상부(秦相府)의 율령과 도서를 수장해 천하의 요충지와 지세, 군현(郡縣)의 호구(戶口)를 소상히 알게 되었다. 후에 유방이 한중(漢中)에서 왕이 되자 승상에 올랐고, 한신(韓信)을 천거해 대장으로 삼아 큰 공로를 세울 수 있게 했다. 특히 그 자신이 장수는 아니었지만, 막판에 초한(楚漢)이 서로 대치할 때 관중(關中)을 지키면서 양식과 군병의 보급을 확보해 군수품이 부족하지 않도록 했다. 그런데 『한서』에 보면 이런 소하조차 당시 지혜로운 선비 포생(鮑生)의 조언이 아니었으면 그 끝을 잘 마치지 못했을 수도 있다.

한나라 3년에 유방이 항우와 경(京-경현(京縣))과 삭(索-삭성(索城)) 땅 사이에서 서로 대치하고[距] 있을 때, 유방은 여러 차례 사자를 보내 승상의 노고를 위로해주었다. 포생(鮑生)이 하에게 말했다.

"지금 왕께서 햇볕에 그을리고 벌판에서 이슬을 맞고 지내면서도 여러 차례 사자를 보내 당신을 위로하는 것은 당신의 마음을 의심하고 있기 때문입니다. 당신을 위해 계책을 생각해보니, 당신의 자손과 형제 중에서 싸울 수 있는 자들은 뽑아 모두 상이 있는 군영으로 보내는 것이 낫습니다. 그러면 상은 당신을 더욱 신임할 것입니다."

이에 소하는 그의 계책을 따랐고, 한왕은 크게 기뻐했다. 그것은 소하의 복이기도 했다. 비슷한 일은 유방이 천자에 오른 이후에도 있었다.

한나라 11년에 진희(陳豨)가 반란을 일으키자 상은 스스로 장수가 되어 한단(邯鄲)에 이르렀다. 그런데 아직 진희의 반란을 진압하지도 못했는데 한신(韓信)이 관중에서 반란을 모의했다. 여후(呂后)는 소하의 계책을 써서 한신을 주살했다. 유방은 한신이 이미 주살되었다는 소식을 듣고서 사자를 보내 소하를 승상에 제배해 상국으로 삼고 5,000호를 더 봉해주었으며, 병졸 500명과 1명의 도위(都尉)를 보내 상국(相國-소하)의 호위병으로 삼았다. 여러 제후가 다 축하했는데, 소평(召平)만이 홀로 걱정을 털어놓았다. 소평이란 자는 원래 진나라 동릉후(東陵侯)였다. 진나라가 깨지자 평민이 되어 가난하게 지내면서 장안성 동쪽에 오이를 심었는데, 그 오이가 맛이 좋아 그때문에 세상 사람들은 그것을 '동릉의 오이'라고 불렀다. 이는 소평의 봉호를 따랐기 때문이다. 소평이 소하에게 말했다.
"재앙은 이로부터 시작될 것입니다. 상(上)은 밖에서 햇볕에 노출되어 이슬을 맞고 있는데 그대는 안에서 궁궐을 지키면서 화살이나 돌을 맞는 어려움을 겪지 않고도 봉읍이 더해지고 호위 부대까지 두게 되었으니, 지금 회음후(한신)가 안에서 막 반란을 일으킨 점을 볼 때 그대의 마음을 상이 의심하는 것입니다. 무릇 호위 부대를 두어 그대를 호위하는 것은 그대를 총애하는 것이 아닙니다.(변란을 일으킬까 두려워 호위 부대를 붙여주었다는 말이다.) 바라건대 그대는 봉읍을 사양해 결코 받지 마시고, 그대의 재산을 모두 내어 군대에 내놓으십시오."

소하가 그 계책을 따르자 유방이 기뻐했다.

그 가을에 경포(黥布)가 반란을 일으키자 유방은 스스로 장수가 되어 그를 쳤는데, 여러 차례 사자를 보내 상국 소하가 무엇을 하고 있는지를 물었다. 소하가 말했다.

"상께서 군대에 계실 때 백성을 안정시키느라 힘썼고 제가 가진 재산은 모두 군대를 돕는 데 썼으니, 진희가 반란을 일으켰을 때와 같습니다."

이렇게 해서 소하는 논공행상에서 으뜸가는 공신이라 해서 찬후(酇侯)로 봉해지고 식읍 7,000호를 하사받았으며, 일족 수십 명도 각각 식읍(食邑)을 받았다. 율령(律令) 제도를 정했고, 고조(高祖-유방)와 함께 진희(陳豨)와 한신, 경포(黥布) 등을 제거한 뒤 상국(相國)에 봉해졌다. 고조가 죽자 혜제(惠帝)를 섬겼고, 병이 들어 죽을 때 조참(曹參)을 재상으로 천거했다.

조참(曹參, ?~기원전 190년) 또한 사수(泗水) 패현(沛縣) 사람으로, 원래 진(秦)나라의 옥리(獄吏)였는데 소하(蕭何)가 주리(主吏)로 삼았다. 진나라 말 소하와 함께 유방(劉邦)을 따라 병사를 일으킨 후 한신(韓信)과 더불어 주로 군사 면에서 활약했다. 몸에 70여 군데의 상처를 입고도 진군(秦軍)을 공략해 한나라 통일 대업에 이바지한 공으로 건국 후인 고조 6년(기원전 201년) 평양후(平陽侯)

에 책봉되었고, 진희(陳豨)와 경포(黥布-英布)의 반란을 평정했다.

그는 젊어서는 늘 소하를 따랐으나, 뒤에 전쟁에서 공로를 세운 뒤에는 서운해하는 바가 있었다. 그러나 소하는 조참을 자신의 후임으로 천거했고, 조참도 상국에 올라서는 소하가 했던 것을 하나도 고치지 않았다. 그래서 소하가 만든 정책을 충실히 따른다 해서 '소규조수(蕭規曹隨)'라는 말까지 생겨났다. 소하에 이어 조참이 그 자리를 이어갈 수 있었던 비결을 보여주는 일화가 『한서』에 실려 있다.

조참은 소하가 했던 것 말고는 새롭게 일을 하는 바가 없어, 혜제는 조참이 일을 하지 않는다고 여겨 그를 불러 질책했다. 이에 조참은 관을 벗고 사죄하며 말했다.

"폐하께서 보시기에 폐하와 고황제 중에서 누가 더 빼어나고 굳세십니까?"

혜제가 말했다.

"짐이 감히 선제(先帝-돌아가신 황제)를 바라볼 수나 있겠는가!"

조참이 말했다.

"폐하께서 보시기에 조참과 소하 중에서 누가 더 뛰어납니까?"

상이 말했다.

"그대가 아마도 그에게는 미치지 못할 것이오."

조참이 말했다.

"폐하의 말씀이 옳습니다. 게다가 고황제와 소하는 천하를 평정했고 법령을 이미 다 밝혀놓았습니다. 폐하께서는 팔짱만 끼고 계시고 참 등은 직무만 그대로 유지하면서 기존의 것을 따르며 잘못을 범하지 않으려 한다면 이 역시 좋지 않겠습니까?"

혜제가 말했다.

"좋소. 그대는 가서 쉬도록 하시오."

이처럼 한나라 건국 과정에 소하와 조참이 있어 나라를 안정
시켰다면, 조선에서 이에 해당하는 관계는 조준(趙浚)과 김사형(金
士衡)의 관계다. 조준에 관해서는 앞에서 자세하게 보았으니 이제
김사형을 살필 차례다.

조선 초 정승을 열거할 때 조준(趙浚), 하륜(河崙)은 알아도 김
사형을 아는 이는 드물다. 그러나 태조 정권 내내 좌의정 혹은 좌
정승을 지낸 최고 실권자 조준을 도와 그와 보조를 맞추면서 줄
곧 우의정 혹은 우정승으로 있었던 인물이 김사형이다.

김사형(金士衡, 1341~1407년)은 고려 때의 명장(名將)이자 충신
으로 문무(文武) 겸전한 재상 김방경(金方慶)의 현손으로, 조준 못
지않은 명문 세가 출신이다. 그는 공민왕 때 문과에 급제해서 조준
등과 함께 대간을 지냈다. 이때 맺은 교분으로 그의 정치 노선은
단 한 번도 조준으로부터 벗어나지 않았다. 그저 사사로이 조준을
섬긴 때문이 아니라 공적으로 조준 노선이 옳다는 굳은 믿음 때문
이다. 1407년(태종 7년) 7월 30일 그가 세상을 떠났을 때 실록은
그의 인품을 이렇게 평하고 있다.

"깊고 침착해 지혜가 있었고 조용하고 중후해 말이 적었으며, 속으
로 남에게 숨기는 것이 없고 밖으로 남에게 모난 것이 없었다. 재산
을 경영하지 않고 성색(聲色)을 좋아하지 않아서 처음 벼슬할 때부

터 운명할 때까지 한 번도 탄핵을 당하지 않았으니, 시작도 잘하고 마지막을 좋게 마친 것[善始令終]이 이와 비교할 만한 이가 드물다."
^{선시영종}

그는 무엇보다 관리로서의 능력[吏才]이 출중했다. 태조 4년
^{이재}
(1395년) 12월 20일 자 짧은 기사는 이를 단적으로 보여준다.

"좌정승 조준, 우정승 김사형, 삼사판사 정도전에게 각각 칼 1자루
씩을 주었다."

삼사판사, 훗날 호조판서에 가까운 이 자리가 정도전이 가장
높이 올라간 관직이다. 왜일까? 일차적으로는 조준이 반대했을 것
이다. 그러나 더 중요한 점은 김사형이 우의정이라는 직책을 누구
보다 잘 맡아서 했기 때문이다. 좌의정도 우의정을 거쳐야 올라갈
수 있는데, 업무 능력에서 정도전은 결국 김사형 이상의 신뢰를 태
조 이성계에게 심어주지 못했다. 김사형에 대한 실록의 평가다.

젊어서 화요직(華要職)을 두루 거쳤는데, 이르는 데마다 직책을 잘
수행했다. 무진년(1392년) 가을에 태상왕이 국사를 담당하면서 서
정(庶政)을 일신하고자 대신을 나눠 보내 각 지방을 전제(專制)하게
했을 때, 김사형은 교주 강릉도 도관찰출척사(交州江陵道都觀察黜陟
使)가 되어 부내(部內)를 잘 다스렸다. 경오년에 지밀직사사(知密直司
事-밀직사 지사)로서 대사헌을 겸했고, 조금 뒤에 문하부 지사로 승
진했다. 대헌(臺憲)에 있은 지 1년이 넘었는데, 조정이 숙연(肅然)해
졌다.

탁월한 실무 능력과 분수를 아는 처신은 그를 우정승에 그치게 하지 않았다. 조준과 김사형의 관계를 실록은 이렇게 압축해서 전한다.

조준은 강직하고 과감해 거리낌 없이 국정을 전단(專斷)했고, 김사형은 관대하고 간요한 것으로 이를 보충해 앉아서 묘당(廟堂-의정부)을 진압했다.

흔히 말하는 환상의 콤비였던 셈이다. 태종 초 그는 드디어 좌정승에 오른다. 이미 왕권 중심 정치를 구상하고 있던 태종으로서는 모든 것이 불안정할 때 김사형의 지혜가 필요했는지 모른다. 1년 반 만에 태종의 최측근인 하륜에게 좌정승 자리를 넘긴다.

다만 개국 과정이나 1차 왕자의 난 때 적극적 역할을 하지 못한 것은 김사형에게 정치적 약점이 되었다. 태종 10년(1410년) 7월 12일 태조를 종묘에 모실 때 김사형은 배향공신에 오르지 못한다. 그날 장면으로 들어가 보자.

김사형의 배향 여부에 대해 상이 하륜에게 물으니 이렇게 답했다.
"임금이 신하에게 물으면 신하는 감히 바르게 대답하지 않을 수 없습니다. 김사형은 공이 없으니 배향함이 마땅치 않습니다."
의정부에서도 아뢰었다.
"김사형은 가문이 귀하고 현달하며 심지(心地)가 청고(淸高)하기 때문에 태조께서 중히 여기셨습니다. 그러나 본래 개국(開國)의 모획(謀劃)에는 참여하지 않았고, 또 모든 처치(處置)를 한결같이 조준

(趙浚)만 따르고 가타부타하는 일이 없었으니 배향할 수 없습니다."

마침내 그는 배향되지 않았다. 조준만 배향공신에 올랐다. 어쩌면 선구자의 길을 따라만 간 후진(後進)의 한계였는지 모른다.

하지만 모든 것을 꿰뚫고 있던 태종이다. 이듬해인 태종 11년 (1411년) 3월 28일, 태종은 상왕이 머무는 인덕궁에 나아가 헌수(獻壽)했다. 술이 거나해지자 상당군 이애(李薆-이저)가 연구(聯句)를 지어 올렸다.

"요(堯)·순(舜)이 함께 즐겨 서로 같이 헌수(獻壽)하도다."

이에 태종이 대구(對句)했다.

"소하(蕭何)와 조참(曹參)이 오늘 다시 공을 이루었도다."

당연히 소하와 조참은 조준과 김사형을 염두에 둔 발언이었다. 소하와 조참, 조준과 김사형의 대비 관계를 모른다면 태종이 읊은 대구는 무슨 말인지 알 수가 없다.

조선 최고 경세문장가 권근

앞서 본 대로 재위 전반기 태종의 독서를 도운 이가 바로 권근(權近, 1352~1409년)이다. 권근 졸기는 그의 사람됨과 삶을 자세하게 전해준다. 격변기를 살아낸 지식인으로서 권근만큼 건강하게 학문과 공적인 책무 수행 능력을 조화시킨 인물은 드물다. 권근은 태종이 가장 "믿고 묻는" 독서 길잡이이기도 했다. 우선 졸기를 통해 권근을 만나보자.

권근의 자는 가원(可遠)인데 뒤에 사숙(思叔)으로 고쳤고 호는 양촌(陽村)이다. 안동부(安東府) 사람이며, 고려 정승 부(溥)의 증손이자 검교 정승 희(僖)의 아들이다. 어릴 때부터 글 읽기에 힘써[孜孜] 그친 적이 없었고, 홍무(洪武) 기유년(己酉年-1369년)에 18세의 나이로 병과(丙科)에 뽑혀 춘추 검열(春秋檢閱)에 제배(除拜)되었고 왕부 비자치(王府閟者赤)[14]가 되었다. 계축년(癸丑年-1373년)에 과거(科擧) 향시(鄕試)에 3등으로 합격했는데[中], 나이가 25세 미만(未滿)인 까닭에 경사(京師-서울)에 가서 응시하지 못했다. (이듬해인) 갑인년(甲寅年)에 성균 직강(成均直講)과 예문 응교(藝文應敎)에 제배되었다.

공민왕(恭愍王)이 갑자기 훙(薨)하자 원(元)나라 조정에서 사신을 보내 (고려에 대해) 사면령을 내리고[頒赦] (우리) 국가(고려)로 하여금 예(禮)로 접대하라고 했다. (이에) 근(近)은 정몽주(鄭夢周)·정도전(鄭道傳) 등과 함께 도당(都堂)에 글을 올려 원나라 사신을 받아들이지 말 것을 청했는데, 그 말이 간절하고 곧아서[切直] 조금도 꺼리는 바[諱=忌]가 없었다. 국정을 담당한 자들이 이들 모두를 무고해 죄주어 내쫓았으나, 근은 나이가 어려 일을 이해하지 못한다 해서 (처벌을) 면할 수 있었다.

───────────

14 비자치는 몽골식 관직명이다.

임술년(壬戌年-1382년)에 좌사의 대부(左司議大夫)에 제배되었다. 위주(偽主-가짜 임금) 우(禑-우왕)[15]가 자리에 있으면서 오랫동안 음희(淫戱)로 절도가 없었는데, 소를 올려 극진히 간언하니[極諫] 우가
극간
마침내 이를 들어 받아들이면서[聽納] 간초(諫草-소(疏) 초안)를 글
청납
로 적어 병풍에 붙이도록 명했다. 갑자년(甲子年-1384년) 겨울에 대언(代言-승지)에 궐원(闕員)이 생겼는데, 당시 재상이 여러 후보를 헤아려[擬] 근의 이름을 올리자 우(禑)가 말했다.
의
"이 사람은 일찍이 간관(諫官)이 되어 나로 하여금 꼼짝 못 하게 했다."

그러고는 붓을 쥐고 그의 이름에 동그라미를 쳤다[周]. 무진년(戊辰
주
年-1388년) 봄에 최영(崔瑩)이 국정을 맡아 중국(中國)에 대항할 뜻을 가지고 (중국) 조정에 보내는 모든 글에 사대(事大)의 구례(舊例)를 쓰지 않고 초격(草檄)[16]으로 이자(移咨-외교 문서를 보내는 것)하려고 하니, 근이 면대해 그 잘못을 지적해서 결국[竟] 초격을 쓰지 못
경
하게 했다. (같은 해) 여름에 태조(太祖)가 의로움을 들어 회군(回軍)해서 영(瑩)을 붙잡아 물리치자 좌대언(左代言)에 제배되었다가 얼마 후에[尋] 지신사(知申事)로 옮겼고, 동지공거(同知貢擧)로서 이은(李
심
垠) 등 33인을 뽑았다. 기사년(己巳年-1389년) 봄에 밀직사 첨서사(密直司簽書事)로 승진했고, 여름에는 문하평리(門下評理) 윤승순(尹承順)과 더불어 표문(表文)을 받들고 (명나라) 경사(京師)에 갔다. 가을에 예부(禮部)의 자문(咨文) 1통을 싸가지고 귀국했는데, 국구(國舅-

---

임금의 장인) 이림(李琳)이 당시에 좌상(左相)이 되어 묘당(廟堂)에 나와 앉아 있었으므로 그 자문(咨文)을 넘겨주었다. 우리 태조는 우상(右相)이 되었으나 마침 신병으로 인해 집에 있었는데, 어떤 사람이 이 틈을 타서 태조에게 말씀을 올렸다.

"예부(禮部)의 자문은 이성(異姓)[17]이 왕이 된 것을 문책한 것입니다."

근이 독단적으로 림(琳)과 더불어 뜯어보았다. 10월에 대간(臺諫)에서 이숭인(李崇仁)이 사명(使命)을 받들고 경사(京師)에 가서 (사사로이) 재물을 모았다고 단핵해서 폄출(貶黜)시켰다. 근은 숭인(崇仁)의 뒤를 이어 경사에 갔던 까닭으로 숭인이 무고(誣告)를 당한 사실을 알고 글을 올려서 그의 무죄함을 밝혔는데, 대간에서는 근이 죄인을 편들어 언관(言官)을 헐뜯는다고 탄핵해서 (풍해도) 우봉(牛峯)으로 폄출했다. 공양군(恭讓君)이 즉위하자 대간에서 탄핵하기를, 근이 사사로이 자문(咨文)을 뜯어 먼저 이림(李琳)에게 보였으니 이는 '이성(異姓)을 편든 것'이라고 논죄(論罪)해서 영해(寧海)로 옮겨 유폄(流貶)시켰다. 경오년(庚午年) 봄에 대간에서 다시 논핵해 극형에 처하려고 했으나, 태조가 구원해줌[申救=伸救]에 힘입어 장을 맞고 흥해(興海)로 옮겨졌다. 그해 여름에 이색 이하 여러 폄소(貶所-유배지)에 있던 자들이 모두 (충청도) 청주의 옥(獄)으로 잡혀 왔다. (이때) 갑자기 큰비가 내려 물이 성안으로 넘쳐흘러 공해(公廨-관청)가 모두 잠기게 되자, 여러 문사관(問事官)은 나무 위로 기어 올라가 물을 피했고 갇힌 자들도 모두 달아나 피했는데 근이 홀로 꼿꼿이 앉아 안색

<hr />

17 신씨(辛氏), 곧 창왕(昌王)을 가리킨다.

을 평소와 다름없이[自若] 하면서 이렇게 말했다.
자약

"내가 만약 죄가 있으면 마땅히 천벌을 받을 것이고, 만약 죄가 없으면 하늘이 어찌 나를 물에 빠져 죽게 하겠느냐?"

이때 죽음을 면해 한양(漢陽)으로 돌아왔다가, 익주(益州)로 옮겨 (거기서) 『입학도설(入學圖說)』을 지었다. 신미년(辛未年-1391년) 봄에 자편(自便-스스로 편한 곳에 가서 지내는 것으로 유배의 일종)을 얻어 충주로 돌아갔다. (애초에) 『예경(禮經)』을 찬정(撰定)하다가 이룩하지 못했는데, 이때에 이르러 원고를 쓸 기회를 얻게 되었다.

계유년 봄에 태조가 계룡산에 행차해 근을 특별히 행재소(行在所)로 불러서 정총(鄭摠)과 더불어 능묘의 비문을 찬정하도록 명했다. 갑술년(甲戌年-1394년) 가을에 중추원사(中樞院使)에 제배되었다. 병자년(丙子年-1396년) 여름에 명나라 태조 고황제(高皇帝)가 표전(表箋)에 희모(戲侮-모독)의 글자가 있다고 노해서, 사신을 보내 표문을 지은 사람인 정도전을 불렀다. 도전이 병이 있다고 칭탁하니, 오는 사신마다 날마다 독촉했다. (이에) 근이 자청해 말했다.

"표 짓는 일에 신도 참여해 알고 있으니 사신을 따라 경사에 가기를 원합니다."

태조는 (따로 근을) 부르는 명이 없었다며 그만두게 하니 근이 다시 아뢰어 말했다.

"전조(前朝-고려) 말엽에 몸이 중한 죄를 입어 거의 목숨을 보전하지 못할 뻔했는데 다행히 전하의 불쌍히 여기시는 어짊[欽恤之仁]에 힘입어 목숨을 보전할 수 있었고, 이제 국초(國初)에 이르러 다시 거두어 써주시는 은혜를 입었습니다. 재조(再造)의 은덕이 하늘처럼 망극하오나 신이 보답한 공로가 없었습니다. 바라건대 경사에 가서 하
흠휼 지 인

늘 같은 복으로 변명해 성은(聖恩)의 만 분의 일이라도 보답할까 합니다."

태조가 남몰래 황금을 내려주어 행자(行資-여행 밑천)로 쓰도록 했다. 압록강을 건너니 사신 발라(孛羅)가 여러 재상에게 중국 조정에 들어가 대답할 말을 물었는데, 근에게는 묻지 않자 근이 말했다.

"대인(大人)은 어찌하여 오직 나에게는 말하지 아니합니까?"

발라가 낯빛을 고치며 말했다.

"지금 그대는 부르는 명[徵命]이 없는데도 자진해 가니 나라의 충신입니다. 제(帝)께서 무슨 물을 말씀이 있으실 것이며, 그대 역시 무슨 대답할 말이 있겠습니까?"

9월에 (중국) 조정에 들어갔다. 이튿날 예부(禮部)에서 성지(聖旨-황제의 명)를 삼가 받들어, 표문을 지은 사람들을 억류하라는 내용의 자문(咨文)을 본국으로 보내 칙명으로 근을 불렀다고 하는 자문의 초(草-초안)를 보여주었다. 근이 머리를 조아리며 말했다.

"소국이 큰 나라를 섬김[事大]에 있어 표문이 아니면 아랫사람의 실상[下情]을 알릴 수가 없습니다. 그런데 신 등이 해외에서 자라 학식이 통달하지 못해 우리 임금의 충성을 능히 주광(黈纊)[18]에 각별히 사뢰지 못했사오니, 그것은 진실로 신 등의 죄입니다."

제(帝-태조 주원장)가 그 말을 옳게 여겨 도타운 예로 대접했다. 시제(詩題)를 내어 시 18편(篇)을 짓도록 명했는데, 시 한 편을 지어 올릴

---

18 면류관(冕旒冠) 양쪽 귓가의 좌우에 늘어뜨린 누른 솜으로 만든 솜방울이다. 이것은 정사를 볼 때 참언(讒言)을 듣지 않고 불급(不急)한 말을 함부로 듣지 않으려는 뜻을 나타낸 것이다. 여기서는 황제의 귀 밝음 혹은 들음을 뜻한다.

때마다 제가 칭찬하기를 그치지 아니했다. 그로 인해 유사에게 명해 주찬(酒饌)을 준비하고 기악(妓樂)을 갖춰 사흘 동안 유람하게 하면 서 다시 시를 지어 올리도록 명했다. 황제가 이에 장률시(長律詩) 3편 을 친히 지어 내려주었고, 문연각(文淵閣)[19]에 출사(出仕)하도록 명해 한림학사(翰林學士) 유삼오(劉三吾)·허관(許觀)·경청(景淸)·장신(張 信)·대덕이(戴德彝) 등과 더불어 서로 교유하게 했다. 매번 우리 태 조가 회군한 의거와 사대하는 정성을 칭송하니, 황제가 듣고 아름답 게 여겨 특별히 (근을) '노실수재(老實秀才)'라고 일컫고 돌아가라고 명했다.

이미 돌아오자 정도전이 대간을 사주해서 정총(鄭摠) 등은 모두 구 류되었는데 혼자서만 풀려나 돌아왔다는 이유로 탄핵해 그 죄를 거 듭 청하니, 태조가 말했다.

"천자가 진노한 때에 몸을 일으켜 자진해 가서 좋은 말로 전대(專 對)[20]해 능히 황제의 노여움[天威]을 풀게 했으니 공로가 실로 적지
_{천위}
아니한데, 도리어 죄를 주라고 한단 말인가?"

근 또한 글을 올려 스스로 자신의 노고는 미미하다고 서술했는데, 이에 원종공신(元從功臣)이라고 칭(稱)했다.[21]

---

19 중국 명(明)나라 때 설치한 내각(內閣)의 하나다. 처음에 남경(南京)에 있을 때 설치 했으나, 태종(太宗) 영락제(永樂帝)가 북경(北京)으로 천도(遷都)한 뒤 옮겼다. 전적 (典籍)을 갈무리하고 대학사(大學士)들이 모여 천자(天子)에게 강독(講讀)하는 일을 했다. 뒤에 청(淸)나라 때도 자금성(紫禁城) 내에다 문연각(文淵閣)을 설치했다. 뒤에 조선의 집현전도 이와 유사한 기능을 했다.

20 『논어』「자로(子路)」편에 나오는 말이다. 사신의 능력은 스스로 알아서 자기 왕의 뜻 에 맞게 대응하는데[專對] 있다는 뜻이다. 권근이 해낸 것이 바로 전대다.
   _{전대}

21 정도전의 반대에다 스스로도 낮췄기에 낮은 등급인 원종공신에 책봉했다는 말이다.

무인년(戊寅年-1398년) 가을에 외우(外憂-부친상(喪))를 당했다[丁].
기묘년에 기복(起復)시켜 첨서(簽書)에 제배(除拜)하니, 두 번이나 전(箋)을 올려 상제(喪制)를 마치기를 애걸했으나 윤허하지 않았다. 얼마 후에[俄=尋] 정당문학(政黨文學) 겸 대사헌으로 승진했는데, (이때) 소를 올려 사병(私兵)을 혁파(革罷)할 것을 청했다. 경진년(庚辰年-1400년) 11월에 금상(今上-태종)이 즉위해 추충익대좌명공신(推忠翊戴佐命功臣)의 호를 내려주었다. 임오년(壬午年-1402년) 봄에 의정부 참찬사(參贊事)로서 지공거(知貢擧)가 되어 신효(申曉) 등 33인을 뽑았다.

중국에서 사신이 오면 반드시 근의 안부를 먼저 묻고, 서로 대해 공경하는 예를 더했다. 어사(御史) 유사길(兪士吉)과 내사(內史) 온불화(溫不花)가 사명을 받들고 왔을 때도 역시 압록강에서 근의 안부를 물었다. 도성(都城)에 이르자 전하가 사신에게 위로하는 잔치를 베풀어 여러 재상이 차례로 술잔을 돌리는 예를 행했는데, 근이 예를 행하게 되자 사길(士吉)과 불화(不花)가 모두 자리에서 일어났다. 전하가 말했다.

"천사(天使)들께서 어찌 이렇게까지 하시오?"

사길이 말했다.

"어찌 사문(斯文)의 노성군자(老成君子)를 소홀히 대할 수 있겠습니까?"

불화가 말했다.

"태조(太祖) 황제께서 공경하는 분입니다."

불화는 바로 발라(孛羅)다.

계미년(癸未年-1403년)에 표(表)를 올려 벼슬을 사임하고 한가한 데에 나아가 『예경(禮經)』 절차(節次)를 상고하는 일을 마치겠다고 애걸했으나, 상이 허락지 않고 말했다.

"예전에 송(宋)나라 사마광(司馬光)이 『자치통감(資治通鑑)』을 편찬했으나 벼슬을 사임하지는 않았다."

이에 삼관(三館)의 선비 두 사람으로 하여금 날마다 근의 집에 나아가 글 쓰는 일을 돕도록 명했다. 책이 완성되자 선사(繕寫)해 한 본(本)을 바쳤다.

을유년(乙酉年-1405년) 봄에 의정부 찬성사에 제배(除拜)되고 겨울에 내우(內憂)를 당했다. 병술년(丙戌年-1406년) 봄에 기복(起復)을 명해 대제학(大提學)을 제수하니, 두 번이나 전(箋)을 올려 상제(喪制)를 마치기를 애걸했으나 윤허하지 않았다. 그해 가을에 상이 세자에게 선위하려고 하니 글을 올려 선위를 정지할 것을 청하고, 또 병중임에도 대궐에 나아와 계달(啓達)하니 상이 좌우에 일러 말했다.

"내가 진실로 그가 보통 사람이 아닌 것은 알았으나 그의 가슴속에서 일을 결단함[斷事]이 이처럼 정밀하고 확실할 줄은 몰랐다."
단사
정해년(丁亥年-1407년) 여름에 상이 친히 문사(文士)를 시험했는데, 근과 좌정승 하륜(河崙)을 독권관(讀券官)으로 명해서 예문관 직제학(藝文館直提學) 변계량(卞季良) 등 10인을 뽑았다.

무자년(戊子年-1408년) 겨울에 병이 위독한 차에 상이 (어떤 일로) 노해 대간(臺諫)의 관원을 장차 극형(極刑)에 처한다는 말을 듣고 글을 올려 간절히 간언하니, 상이 마침내 그들을 풀어주었다.

병들어 누운 날부터 상이 약(藥)을 내려주고 문병하지 않는 날이 없었다. 졸(卒)할 때 나이가 58세였다. 상이 듣고서 놀라고 슬퍼해 3일 동안 철조(輟朝)하고 유사(有司)에 명해 상사(喪事)를 돌보게 했으며, 사제(賜祭)하고 조뢰(弔誄-조문을 내려줌)하고 부증(賻贈)하기를 매우 두텁게 했다. 중궁(中宮)도 중사(中使-환관)를 보내 치전(致奠)하고, 세자는 친히 관구(棺柩)에 나아가 제사 지냈다. 성균관 대사성 최함(崔咸) 등이 삼관(三館)의 선비들을 거느리고 소뢰(小牢)[22]의 제사를 지냈다. 시호(諡號)를 문충(文忠)이라 했다.

권근이 검열(檢閱)에서 재상이 되기까지 항상 문한(文翰)을 맡아 관각(館閣)의 직임을 두루 역임하고, 일찍이 한 번도 외직(外職-지방 관리)에 임명되지 않았다. 타고닌 성질이 징수(精粹)하고 온아(溫雅)하며 성리학(性理學)에 조예가 깊었다. 평상시에 비록 아무리 다급할 때일지라도 말을 빨리하거나 당황하는 빛이 없었으니, 배척을 당하고 폐출(廢黜)되어 사생(死生)이 목전(目前)에 있는 때도 태연하게 처신해서 일찍이 상심하지 않았다. 무릇 경세(經世)의 문장(文章)과 사대(事大)의 표전(表箋) 또한 모두 찬술(撰述)했다. 문집(文集)이 약간 있어 세상에 전한다. 장차 임종하려 할 때 아들과 사위를 불러 모아 놓고 유명(遺命)으로 불사(佛事)를 쓰지 못하게 했으니, 아들과 사위들이 치상(治喪)을 일체 『가례(家禮-주문공가례)』대로 행하고 부도법(浮屠法-불교의 장례법)을 쓰지 않았다고 한다. 아들이 넷이었으니, 천(踐)·도(蹈)·규(跬)·준(蹲)이다.

---

22 나라에서 제사를 지낼 때 양(羊)을 통째로 제물로 바치던 일을 말한다. 처음에는 양과 돼지를 아울러 바치는 것을 소뢰(小牢)라 했으나, 뒤에 양(羊)만을 바치게 되었다.

권규(權踌, 1393~1421년)[23]는 태종 사위가 된다. 권규는 아버지 이름을 욕되게 하지 않았다. 세종 3년(1421년) 4월 3일 권규의 졸기다.

상(上-세종)이 즉위한 뒤 사랑과 대우가 특별히 달랐는데, 이때 병으로 죽으니 나이가 29세였다. 부고가 보고되자 3일 동안 조회를 중지했고 7일 동안 고기반찬을 들지 않았다. 권규는 성격이 온후하고 몸가짐이 겸손하고 공손했으며[謙恭] 생활은 매우 검소했고 사랑과 공경으로 어머니를 섬겼다. 자기 집에 드나드는 사람이 쌀을 훔친 것을 청지기가 붙잡아서 아뢰니, 권규는 가난한 선비라 하면서 그대로 그에게 주었다. 조정의 사대부들이 그가 죽었다는 말을 듣고 애석해하지 않는 이가 없었다.

___

23 1404년(태종 4년) 태종의 3녀 경안공주(慶安公主)와 결혼해 길천군(吉川君)에 봉해졌고, 1407년 호분사 상호군(虎賁司上護軍) 겸 우군도총제(右軍都摠制)를 지냈다. 1413년 흠문기거(欽問起居-황제의 안부를 물어봄)로 사신이 되어 명나라에 다녀오고, 1416년 길창군(吉昌君)에 개봉(改封)되었으며, 1418년 의용위 절제사(義勇衛節制使)가 되었다.

4 __

벗 같은 신하
이래와 정탁의 차이

고려 문과 급제 동기로 깐깐하고 반듯했던 이래

이래(李來, 1362~1416년)의 졸기에 실록에서 찾은 주요 정보를 더해서 그가 어떤 삶을 살았는지 알아보자.

계성군(雞城君) 이래(李來)는 옛 이름이 래(徠)이고 자(字)는 낙보(樂甫)다. 경주 사람이다. 아비는 우정언 이존오(李存吾, 1341~1371년)[24]

---

[24] 1360년(공민왕 9년) 문과에 급제해 수원 서기(水原書記)를 거쳐 사관에 발탁되었다. 1366년 우정언이 되어 횡포가 심한 신돈을 요승이라며 탄핵하다가 왕에게 노여움을 샀으나, 이색 등의 옹호로 극형을 면하고 장사감무(長沙監務)로 좌천되었다. 그 뒤 공주 석탄(石灘)에서 은둔생활을 하며 울분 속에 지내다가 죽었다. 정몽주·박상충 등과 교분이 두터웠다. 신돈의 전횡을 풍자한 시조 1수를 비롯해 3수의 시조가 『청구영언』에 전한다.

로 전조(前朝-고려)에서 공민왕을 섬겨 신돈의 간악함을 논했는데, 그 말이 심히 간절하고 곧았으나[切直] 왕이 크게 노해 순군옥에 내렸다. 돈이 그 도당을 사주해 국문으로 다스려 장차 죽이려 했는데, 이색이 거듭 구해줌에 힘입어 죽음을 면하고 장사감무(長沙監務)로 폄출되었으나 근심하고 분개하다가 화병으로 죽었다.

신돈이 주살 당하자 공민왕이 감동해 깨닫고 이존오에게 성균 대사성을 증직해주었다. 이때 이래의 나이 겨우 10살이었는데, 어필(御筆)로 간신(諫臣) 이존오의 아들이라고 써서 특별히 전객 녹사(典客錄事)를 제수했다.

계해년(癸亥年-1383년) 과거[25]에 합격해서 여러 벼슬을 거쳐 우사의 대부에 이르렀다. 임신년(壬申年-1392년) 4월에 정몽주에게 당부(黨附)했다면서 곤장을 때려 계림(鷄林-경주)에 유배 보냈는데, 이해 겨울에 사유(赦宥-사면령)를 입어 충청도 공주 석탄 별업(別業-석탄에 있던 별장)에 거주했다. 기묘년(己卯年-1399년)에 상이 불러 좌간의대부를 제수했다. 경진년(庚辰年-1400년) 정월에 래가 방간(芳幹)의 처족으로서 방간이 난을 꾸미고자 꾀하는 것을 알고, 그 좌주(座主)[26] 우현보에게 고해 세자 이방원에게 전달했다. 일이 평정되자 즉위한 상이 좌군 동지총제로 발탁해 추충순의좌명공신(推忠徇義佐命功臣)의 호를 내려주었다.

---

25 태종도 이해 과거에 급제했으니, 이래는 태종과 과거 동문이다.
26 고려 때 과거에 급제한 자가 시관(試官)을 일컫던 말로, 평생 문생(門生)의 예를 행했다. 은문(恩門)이라고도 한다.

을유년(乙酉年-1405년)에 대사헌이 되었는데, 이때 종친 이백온이 불법을 저지르자 곧장 탄핵해 아뢰고 잡아 가두었다. 태종이 노해 지평 이흡을 불러서 힐난해 꾸짖고 순금옥에 내렸다. 이때 이래가 대궐에 나아와 간쟁하니, 태종이 깨닫고 감동해서 이흡을 용서했다. 이 일은 그해 5월 11일에 일어났다.

사헌부에서 원윤(元尹) 이백온(李伯溫, ?~1419년)[27]에게 죄줄 것을 청하니 그대로 따랐다.

백온(伯溫)이 노비의 남편인 백성 오마대(吾亇大)를 죽이자 사헌부 대사헌 이래 등이 소를 올려 말했다.

'최근에 백온이 살인한 죄를 갖고서 두 번이나 신청했으나 아직 그대로 윤허를 받지 못했으니 마음이 아픈 것을 이루 다 말씀드리지 못하겠습니다. 신 등이 가만히 듣건대, 천자의 아버지가 사람을 죽여도 사구(司寇)[28]가 법으로써 죄를 논하면 천자는 사사로이 할 수가 없다고 했습니다. 주공도 관숙과 채숙[管蔡]_{관채}[29]에게 천하를 위해 사사로운 은혜[私恩]_{사은}를 폐기했습니다. (그런데) 이제 전하께서 종친이라 하여 만세의 법을 무너뜨리고 만세의 비난을 받으시려 하시니 이

---

27 아버지는 태조 이복형인 이원계(李元桂)이며, 완평군 이조(完平君 李朝) 동생이다. 왕족으로 원윤(元尹)에 봉해졌고 도총제(都摠制), 돈녕부지사 등을 지냈다. 1414년(태종 14년)에는 총제(摠制) 유습(柳濕)과 정조사(正朝使)로 명나라에 다녀왔다. 종친으로서 주색을 탐함이 심해 강상(綱常)을 문란하게 한다는 이유로 여러 차례 사헌부의 탄핵을 받았다.

28 주대(周代)에 형벌을 관장하던 벼슬로, 대사헌에 해당한다.

29 관숙(管叔)과 채숙(蔡叔)은 모두 주나라 문왕의 아들로 주공(周公)의 형제들이다. 주공은 무왕의 아들 성왕(成王)이 아직 어려서 자신이 섭정할 때 관숙과 채숙이 반란을 일으키자 주살했다.

게 될 일이겠습니까? 바라건대 그 죄를 국문하고 법대로 처리하시어 죽임을 당해 눈물을 삼키는 혼령을 위로하고 천지의 생성(生成)하는 기운과 조화를 이루소서.'

윤허하지 않았다. 래 등이 대궐 뜰에 나아와 "백온의 죄는 사형에 해당하니 용서할 수 없다" 했으나 또 윤허하지 않았다. 래 등이 두 번 세 번 거듭 청했으나 윤허를 얻지 못하자, 이에 아뢰어 말했다.

"만약 율(律)대로 따르지 않으시겠다면 죄를 내려 장(杖) 100대를 치고 먼 지방에 유배를 보내십시오."

상이 또 윤허하지 않고 말했다.

"그러면 성문 밖으로만 내보내겠다."

래 등이 복합(伏閤)[30]해 굳게 청하니[固請], 상이 순금사에 내려 장
_{고청}
을 집행하도록 명했다. 래 등이 다시 청해 말했다.

"본래 신 등이 탄핵했으니, 마땅히 신 등으로 하여금 장형을 집행하게 하셔야 합니다."

상이 또 이 사안을 종부시(宗簿寺-종친 담당 기구)로 옮겨서 순금사와 함께 장 60대를 쳐서 함주(咸州)로 유배 보내게 했다.

사헌부에서 사람을 시켜 그를 포박해서 보내도록 했더니 완산군 천우 등이 이 사실을 (상께) 아뢰었다. 상이 노해 지평 이흡(李洽)을 불러 그 까닭을 묻고 흡(洽)을 포박해 순금사에 내렸다. 래가 아뢰어 말했다.

"종부는 본래 형관(刑官-형벌 기구)이 아니라 다만 종친(宗親)의 문부(文簿-족보)만을 맡을 뿐입니다. (그런데) 지금 사람을 죽인 난적을 헌

---

30 대궐문에 엎드려 상소(上疏)하는 것이다.

사(憲司-사헌부)에서 엄하게 다스릴까 봐 염려하시어 그를 순금사로 옮기시고 또 순금사에서도 엄하게 다스릴까 봐 염려하시어 종부시로 옮기셨으니, 이것은 무슨 법입니까? 백온의 형 조(朝)가 전에 이미 사람을 죽였고 백온이 이번에 또 사람을 죽였으니, 이는 백온 형제가 참으로 전하의 성덕(盛德)을 더럽힌 것입니다. 백온이 용서치 못할 죄가 있다면 비록 포박해 보낸다 할지라도 무엇이 의리에 해롭겠습니까? 또 포박해 보낸 까닭은 그가 날래고 용맹스러워서 쉽게 도망칠 것을 염려한 것입니다."

상이 말했다.

"경은 이씨의 사직지신이 아닌가? 그런데 어찌 종친을 이와 같이 대우하는가?"

래가 다시 아뢰어 말했다.

"신 등이 포박해 보낸 것은 종친을 욕보이기 위함이 아니라 전하의 임금다움[德]을 도운 것입니다."
                    덕

래 등은 모두 집으로 물러가 출사(出仕-출근)하지 않았다.

이래의 깐깐한 성품을 그대로 느낄 수 있는 장면이다. 이후 그는 여러 번 공조판서에 전임(轉任)했고, 정해년(丁亥年-1407년)에 좌빈객으로 세자를 따라 중국에 조현(朝見)했으며, 무자년(戊子年-1408년)에 의정부 지사 겸 경승부 판사가 되었다. 태종 시대 말기인 1416년 55세로 죽었다. 다시 졸기다.

이래는 마음가짐이 단정하고 근신하며 몸가짐이 겸허하고 공손했다[謙恭]. 일가에게 은혜로워 화목했고, 사람을 신의로 접대했다. 상
   겸공

이 매우 두텁게 예우(禮遇)해서, 서연(書筵-세자 공부 기구) 일을 이래에게 위임했고 이래도 자임했다. 세자(이제)마저 용자(容姿-용모)를 고쳐 예(禮)로 대접하더니, (이래의) 병이 심해지자 친히 가서 살펴보았다. 부음이 들려왔을 때 상이 놀라고 슬퍼하면서, 따로 치부(致賻)하도록 명하며 말했다.

"부증(賻贈)·예장(禮葬)은 나라의 상전(常典)이 있다. 이것은 나의 사사로운 부의(賻儀)다."

공식적으로 하는 부의만으로는 정이 부족하다고 느낄 정도로 인간적 친밀감이 있던 사이라는 뜻이다. 친구 같은 신하로 분류한 이유다.

『논어』 첫머리에서 "학이시습지(學而時習之) 불역열호(不亦說乎)"[31]를 어렵사리 넘으면 "유붕자원방래(有朋自遠方來) 불역낙호(不亦樂乎)"를 만나게 된다. 오랫동안 우리를 바보스럽게 만들어왔던 기존 번역은 이렇다.

벗이 있어 먼 곳에서 찾아오니 이 또한 기쁘지 아니한가!

조금만 생각해봐도 황당하지 않은가. 공자가 과연 그런 뜻으로 한 말일까. 그러면 가까이에서 늘 만나는 벗이 오면 기뻐하지 말라는 뜻인가. 기껏 공자가 가까이에 있는 벗과 멀리서 찾아온 벗을 차별해서 대우하라고 말했을까. 그런 정도의 말이 『논어』라는

---

31 이에 대한 풀이는 『이한우의 태종 이방원 하』 제1장에서 살펴보게 될 것이다.

책 서두에서 두 번째 자리를 차지할 수 있었을까.

먼저 우(友)가 아니라 붕(朋)이다. 붕은 벗 중에서도 뜻을 같이 하는 벗[同志之友]을 말한다. 임금과 신하의 관계에 적용해서 말하면 임금으로부터 충분한 신뢰를 받는 사람이 바로 붕(朋)이다.

그런 붕이 원(遠)에서 온다? 이건 또 무슨 뜻일까? 임금은 권력을 갖고 있기 때문에 근신(近臣)·후궁·친족 따위에 둘러싸이게 마련이다. 이들이 근(近)이다.

임금은 일반 백성이 가진 공적인 의견이나 비판적인 견해를 들을 기회가 거의 없다. 바로 이럴 때 그냥 자리나 지키는 신하[具臣][32]가 아니라 뜻을 같이하는 붕신(朋臣)이 있어 그가 그런 쓴소리나 비판, 공적인 의견 등을 가감 없이 전해주면, 임금이 성내지 않고 진심으로 즐거워하는 표정을 지을 때라야 신하들도 쉽게 하기 어려운 이야기들을 맘껏 전달할 수 있다. 임금이 조금이라도 즐거워하지 않는 표정을 지으면, 제아무리 신뢰를 받는 신하라도 귀에 거슬리는 이야기를 감히 하기 어렵다.

정리해보자. "학이시습지(學而時習之) 불역열호(不亦說乎)"가

---

32 『논어』 「선진(先進)」편에 나오는 말이다. 계자연(季子然)이 공자에게 물었다. "중유와 염구는 대신이라고 이를 만합니까?" 공자가 말했다. "나는 그대가 남과는 다른 특별한 질문을 하리라고 생각했었는데 기껏 유(자로)와 구(염유)에 관한 질문을 던지는구나! 이른바 대신이란 것은 도리로써 군주를 섬기다가 더 이상 도로써 섬기는 것이 불가능해지면 그만두는 것이다. 지금 유와 구는 숫자나 채우는 신하라고 이를 만하다." 이에 계자연은 "그렇다면 두 사람은 따르는 사람입니까?"라고 묻는다. 공자가 말했다. "아버지와 군주를 시해하는 것은 또한 따르지 않을 것이다."[季子然問 仲由冉求可謂 大臣與 子曰 吾以子爲異之問 曾由與求之問 所謂大臣者以道事君不可則止 今由與 求也 可謂具臣矣 曰 然則從之者與 子曰 弑父與君亦不從也] 염유나 자로가 구신(具臣)보다는 조금 낫다는 말이다.

임금에게 스승 같은 신하[師臣]가 있기 위해 먼저 임금이 가져야
할 마음가짐을 말한 것이라면, "유붕자원방래(有朋自遠方來) 불역
낙호(不亦樂乎)"는 임금에게 뜻을 같이하는 벗 같은 신하[朋臣=
友臣]가 있기 위해서 가져야 할 임금의 마음가짐을 말한 것이다.
이 둘은 모두 임금의 겸손한 마음[謙]을 요구한다.

역사적인 결단을 함께한 공로를 누린 정탁

태종이 세상을 떠난 이듬해인 1423년(세종 5년) 10월 21일, 우
의정 정탁(鄭擢, 1363~1423년)이 세상을 떠났다. 먼저 그의 졸기다.

우의정 정탁(鄭擢)이 졸했다. 탁(擢)의 자는 축은(築隱)이며 본관은
청주이니, 문간공(文簡公) 정공권(鄭公權)의 아들이다. 고려 임술년
(壬戌年-1382년 우왕 8년) 과거에 병(丙)과 제7인으로 급제해 춘추관
수찬(春秋官修撰)에 임명되었다. 사헌부 규정(司憲府糾正)·좌정언(左
正言)·호(戶)·병조좌랑(兵曹佐郎)을 거쳐 임신년(壬申年-1392년)에
광흥창사(廣興倉使)에 임명되었을 때, 태종의 사저(私邸)에 나아가
가장 먼저 태조를 추대하자는 말을 발설했다. 계유년(癸酉年-1393년)
에 사헌부 지평(持平)·성균관 사예(成均館司藝)를 역임했고, 교주 강
릉도 안렴부사(交州江陵道按廉副使)로 나갔다가 다시 들어와 대장
군(大將軍)에 임명되었다. 개국공신의 칭호가 내려졌고 성균관 대사
성에 임명되었다.
명나라 고황제(高皇帝-주원장)가 표문(表文)이 잘못되었다고 노해 북

경에 불러들여 두었다가 늙은 어머니가 있다는 이유로 석방되어 돌아와서 중추원 우승지(中樞院右承旨)에 임명되었고, 이어 좌승지(左承旨)·중추원학사(中樞院學士)·도평의사사(都評議使司)를 역임했다. 무인년(戊寅年-1398년)에 청성군(淸城君)에 봉해지고 정사공신(定社功臣)의 호를 받았다. 첨서중추원사(簽書中樞院使)가 되고, 또 예문(藝文)·춘추관 태학사(春秋館太學士), 정당문학(政堂文學), 지의정부사(知議政府事), 삼사 우사(三司右使), 판한성부사(判漢城府事)를 거쳐 개성 유후(開城留後)가 되었다. 무자년(戊子年-1408년)에 태조가 훙(薨)하자 부고사(訃告使)로 북경에 갔고, 신묘년(辛卯年-1411년)에 참찬의정부사(參贊議政府事)가 되었으며, 정유년(丁酉年-1417년)에 청성부원군(淸城府院君)으로 승진했다. 신축년(辛丑年-1421년)에 의정부 우의정에 임명되었다가 이에 이르러 돌아가니, 나이 61세다.

탁은 성질이 중후(重厚)하고 말이 적었으나, 남보다 뛰어난 재능이 없었고 자못 재물을 탐한다는 이름을 얻은 바 있었다. 다만 개국할 초기에 창의(倡義)한 공로가 있었으므로 태종이 옛 공훈(功勳)을 생각해 우상(右相)을 삼았으나, 그 직위에 있으면서 자기의 의견을 진달해 무엇 하나 제의(提議)한 것이 없으니 당시의 공론이 이를 가볍게 여겼다.

상당히 냉정한 졸기다. 그러나 『태조실록』 총서에는 정몽주를 죽이려던 순간 정탁이 결정적인 한마디를 던지는 모습이 생생하게 기록되어 있다. 앞서 살펴본 바 있으나 정탁이 등장하는 장면만 다시 보자. 이성계는 이방원에게 여막으로 돌아가 친모 한씨(韓氏) 삼년상을 마치라고 했다. 이성계가 사냥 나갔다가 말에서 떨어져

앓아누운 때다.

이에 전하가 남아서 (태상왕의) 병환을 시중들기를 두세 번 청했으나 끝내 허락하지 않았다. 전하가 하는 수 없이 나와서 숭교리 옛 저택에 이르러 사랑에 앉아 있으면서 근심하고 조심해 결정하지 못했다. 조금 후에 문을 두드리는 소리가 나므로, 급히 나가서 보니 광흥창사 정탁이었다. 정탁이 극언해 말했다.

"백성의 이해(利害)가 이 시기에 결정되는데도 여러 소인이 반란을 일으킴이 저와 같은데, 공은 어디로 가십니까? 왕후장상이 어찌 혈통이 있겠습니까?"

이렇게 간절히 말했다.

그는 이방원이 정몽주 격살을 최종 결심하게 만든 장본인이었다. 이 공로로 정탁은 마침내 태종 묘정에 배향될 수 있었다. "남보다 뛰어난 재능이 없었는데도" 말이다.

정탁은 학문이 있어 세자빈객이 되기도 했다. 그러나 태종 5년(1405년)에는 사람을 죽여 유배되기도 했고, 사신으로 가면서 밀무역을 일삼아 탄핵당했으며, 말년에는 박은과 노비 때문에 다투기도 했다. 아무리 조선 시대였다고는 하지만 공직자로서는 좋게 봐줄래도 봐줄 수 없는 편이었다고 하겠다.

다만 특이하게도 태종 18년(1418년) 1월 26일 자에 성녕대군이 위독하자 태종이 정탁에게 주역점을 치게 하는 장면이 나온다. 이를 충녕대군이 매우 명료하게 풀이해서 태종을 비롯한 좌우 신하들이 탄성을 자아냈다. 정탁은 태종 가까이에서 이런 정도의 일이나 하는 신하였다. 그러나 권력욕 없이 태종 뜻을 편안하게 받들었기에 태종은 끝내 그를 보호해주었고, 과도기적 조치였기는 하지만 세종 시대에는 정승으로까지 삼았던 것이다.

이래가 붕신(朋臣) 즉 뜻을 같이하는 신하[同志之臣=朋臣]였다
면, 정탁은 그저 벗 같은 신하[友臣]였을 뿐이라 하겠다

5 ——

형제 같고 수족 같은 신하
이천우와 이숙번

병권을 주관한 종친 이천우

이천우 아버지는 태조 이성계(李成桂) 백형 이원계(李元桂)다. 형은 양우(良祐), 동생은 조(朝)와 백온(伯溫)이다. 이천우(李天祐, ?~1417년)는 어려서부터 활쏘기와 말타기를 잘하고 풍채가 아름다웠으며 그릇이 컸다.

1369년(공민왕 18년) 동녕부(東寧府) 수령으로 있다가 이성계 휘하에 들어가서 여러 번 왜구를 토벌해 공을 세웠고, 1393년(태조 2년) 8월에 강천수 등 595인과 더불어 원종공신에 봉해졌다.

1394년 중추원 상의사가 되고, 1396년 강원도조전절제사가 되어 왜구 방비에 힘썼다. 1398년 중추원 동지사가 되었으며, 이해 1차 왕자의 난이 터지자 정안군 이방원을 도왔다. 형 양우와 더불어 정사공신 2등에 책봉되고 공신전 150결을 받았으며 완산후(完山侯)에 봉해졌다.

1400년(정종 2년) 중추원 판사를 거쳐 삼군부 지사로 있었는데, 이때 2차 왕자의 난이 일어나자 역시 세자 이방원을 도와 좌명공신 2등이 되고 공신전 100결을 받았다. 1402년(태종 2년) 안주도절제사를 지내고, 다음 해 완산군(完山君)에 봉해졌다.

1404년 판사평부사(判司平府事-사평부 판사)를 지내고, 1407년에 정조부사(正朝副使)로 명나라에 다녀왔다. 이듬해 의정부 찬성사에 오르고, 1409년 병조판서로서 삼군진무소가 신설되자 도진무도총제를 겸했다. 1413년 이조판서를 거쳐 서북면 도체찰사로 나갔다. 1414년 완산부원군(完山府院君)으로 진봉되고 의금부도제조를 지낸 뒤 다시 찬성사에 보직되었다. 태종 17년에 죽으니 쌀과 콩 70석을 부의하고 3일 동안 철조(輟朝)했다.

반면 그의 형 이양우(李良祐, 1346~1417년)는 이방간과 가까웠다. 2차 왕자의 난 때 중립을 취했고, 그 뒤에도 병을 핑계로 조정에 잘 나가지 않아 태종에게 미움받아 양주에 안치되었다가 풀려나기도 했다. 그 뒤 1414년에는 전주에 유배 중인 이방간으로부터 선물을 받은 일이 탄로 났다.

이방간과의 사통죄(私通罪)로 다시 대간(臺諫)으로부터 격렬하게 탄핵받았으나, 오히려 대간들이 외방에 부처(付處-유배)되는 소동이 일어나기도 했다. 그도 역시 동생 이천우와 같은 해에 죽었는데, 태종 입장에서는 서운함이 큰 인물이지만 종친이기에 예를 갖춰주었다. 이양우 문제는 뒤에 태종의 왕실 보호 맥락에서 자세하게 살펴본다.

일의 이치[事理=禮]를 몰라 무너진 '비운의 신하' 이숙번

'좌 하륜 우 숙번'이라 할 이숙번(李叔蕃, 1373~1440년)은 태종보다 6살 아래다. 1차 왕자의 난 때 정사공신 2등, 2차 왕자의 난 때 좌명공신 1등에다가 조사의 난을 진압하는 공도 세워 마치 행동대장 같은 이미지로 알려졌다. 그는 정승을 제외한 거의 모든 관직을 차지할 만큼 위세가 대단했다. 우선 그가 누렸던 관직부터 추적해보자.

1393년(태조 2년) 문과에 급제했다. 1차 왕자의 난이 일어난 1398년에 안산군 지사로 있으면서 정안군을 도와 사병을 출동시켜서 세자 방석과 정도전·남은·심효생 등을 제거했다.

이 공으로 정사공신 2등에 책록되고 안성군(安城君)에 봉해졌으며 우부승지에 임명되었다. 그 뒤부터 정안군 최측근이 되었다. 정종이 왕위에 오르자 정안군에게 "공을 왕으로 추대하고 싶을 뿐"이라고까지 말했다.

1399년(정종 1년) 좌부승지가 되었고, 이듬해 초 박포가 방원과 반목하던 방간을 충동해 거병하자 군사를 동원해 이들을 제거했다. 이어 좌군총제가 되고, 태종이 즉위하자 좌명공신 1등이 되었다. 1402년(태종 2년) 새로 설치한 내갑사(內甲士) 좌번(左番) 책임자가 되고 승추부 지사가 되었다. 같은 해 말 안변부사 조사의(趙思義)가 반란을 일으키자 도진무가 되어 좌도도통사와 함께 출정해 진압했다. 의정부 지사를 거쳐 참찬사가 되었고, 1405년 지공거(知貢擧-과거 책임자)에 선임되었다. 1406년 겸중군총제(兼中軍摠制), 겸판의용순금사사(兼判義勇巡禁司事)가 되었고, 이듬해 겸충

좌시위사 상호군(兼忠佐侍衛司上護軍), 겸의흥시위사 상호군(兼義興侍衛司上護軍) 등을 역임했다. 문관과 무관의 핵심 요직을 넘나들며 승진에 승진을 거듭한 것이다.

1408년 십사상호군(十司上護軍)이 폐지되면서 겸중군도총제(兼中軍都摠制)가 되고, 이듬해 동북면절제사가 되었다. 1412년 말 종1품 숭정대부(崇政大夫)로 승진했다. 종1품이면 정2품 판서나 의정부 참찬(參贊)을 뛰어넘어 의정부 내 찬성(贊成)을 맡을 수 있는 품계에 이른 것이니, 남은 것이라곤 정1품 삼정승뿐이었다.

1413년 병조판서, 이듬해 의정부 찬성사가 되었는데, 뒤에 의정부 직제 개편에 따라 의정부 동판사·좌참찬·찬성이 되었다. 한편 1414년 춘추관 지사로서 춘추관 영사 하륜 등과 함께 『고려사』 중에서 공민왕 이후의 사실을 바로잡았다. 이듬해 안성부원군(安城府院君)에 봉해졌다. 이제 정승 자리가 바로 눈앞에 있었다. 하지만 거기까지였다. 한참 아래로 여겼던 박은에게 밀렸다.

원래 성품이 망령된 데다 자신의 공과 태종 총애를 믿고 거만 방자했다. 국왕에게 불충하고 동료들에게 무례하다는 죄목으로 자주 탄핵당했다. 결국은 관작을 삭탈당하고 1417년 경상도 함양에 유배되었다. 세종 때 『용비어천가』를 짓게 되자 선왕(先王) 때의 일을 상세히 알고 있다는 이유로 서울에 불려 와서 편찬을 도왔으나, 일이 끝난 뒤 다시 유배지에 보내져 그곳에서 죽었다. 공신에 대해서는 웬만한 과오는 용서하는 태종이었음에도 불구하고 이숙번은 결론적으로 가까이 두어서는 안 될 인물로 처리된 것이다.

그러면 태종은 언제 무슨 일 때문에 총애를 거두었을까? 사실 태종에게 '그 일'이 있기까지는 은밀한 일을 상의할 수 있는 상대

는 하륜 다음으로 이숙번이었다. 그다음이 황희였고, 재위 말기에
는 조말생이었다. 그렇다면 과연 어떤 일이 언제 일어났던 것일까?

일단 가장 큰 실마리는 태종 16년(1416년) 5월 25일이다. 이날
하륜이 좌의정에서 물러나고 남재를 영의정, 유정현을 좌의정, 박
은을 우의정으로 삼았다. 박은과 다투고 있던 이숙번은 큰 충격을
받을 수밖에 없었다. 이숙번은 안성부원군으로 실직(實職)에서 물
러나 있던 때였다. 신하에 대한 태종의 깊은 마음을 살피는 차원에
서 실록 속으로 들어가 살펴보자. 6월 4일 자다.

이날 안성부원군 이숙번에게 명해 도성을 나가 농장(農庄)에 거주하
게 했다.

애초에 상이 우의정 박은과 병조판서 이원을 불러 숙번이 범한 죄
상을 일깨워주었다. 그때 상이 가뭄을 걱정하자 여러 대신이 날마다
나아가 다투어 미재(弭災-한재를 완화함)할 의견을 바치면서 두려워
하고 몸 둘 곳을 몰라 분주했으나, 숙번은 병을 핑계로 여러 달 동안
대궐에 나아오지 않았다. 이날 승정원에 뜻을 전해 말했다.

"숙번은 근래에 어찌 출입하지 않는가?"

그러고는 불경(不敬)·무례(無禮) 등 6가지 죄목을 꼽으며[數] 말
했다.

"이따위 신하가 있으니, 하늘이 어찌 비를 내리겠는가?"

좌대언 서선(徐選, 1367~1433년)[33]이 말했다.

---

33 1396년(태조 5년) 문과에 급제했다. 여러 관직을 거쳐 1411년 우부대언 겸 군자감
사, 지호조사가 되고, 이듬해 좌부대언·집현전직제학 겸 판사재감사·지형조사를 역

"지난 5월 25일에 신이 마침 강무의 상소(常所-일정한 곳)를 하나로 정하는 일 때문에 명을 받고 숙번의 집에 이르자 숙번이 말하기를 '오늘날의 정사는 어떠한가?' 하므로, 대답하기를 '박은이 우의정이 되었다'라고 했습니다. 숙번이 불편한[不豫] 기색을 보이면서 말하기를 '은(블)은 일찍이 내 밑에 있었는데 명이 통하는 자이다'라고 했습니다. 그 마음은 분명히 '어찌 나를 버리고 은을 뽑았는가?' 하는 것이었습니다."

마침 삼공신(三公臣)과 우의정 박은 등이 소(疏)를 올려 말했다.

'공자가 말하기를 "임금을 섬길 때는 예를 다한다[事君盡禮]"[34]고 했고, 또 말하기를 "신하가 임금을 섬길 때는 충(忠)으로 한다"[35]고 했습니다. (그런데) 만일 인신(人臣-남의 신하 된 자)된 자가 무례하고 불충하다면 죄가 이보다 클 수가 없습니다. 숙번이 상의 은혜를 치우치게 입었으니 마땅히 충을 다하고 예를 다함으로써 만에 하나라도 갚아야 합니다. 상께서 일찍이 칠성군(漆城君) 윤저(尹抵, ?~1412년)를 불러 경계시키기를 "붕당을 짓지 말라"고 하셨는데, 저(抵)가 권

임했다. 그 뒤에 우사간이 되었다가 말을 잘못해 부평도호부사(富平都護府事)로 좌천되었다. 1415년 우부대언(右副代言)이 되어 동료들과 함께 서얼의 차별 대우를 진언했다. 그 뒤 예조우참의·우대언을 거쳐 1417년 충청도관찰사가 되고, 1419년(세종 1년) 고부 겸 청시부사(告訃兼請諡副使)로 명나라에 다녀온 후 한성부윤이 되었다. 그 뒤 경기도·경상도·전라도 등의 관찰사와 형조·예조·이조의 참판 등 내외직을 지냈고 1427년 형조판서에 올랐다. 1429년 판한성부사로 절일사(節日使)가 되어 명나라에 갔다가 이듬해 귀국, 1431년 좌군도총제가 되었다. 마음가짐이 굳세고 자신이 맡은 관직에 부지런하며 정성스러웠다.

34 『논어』「팔일(八佾)」편에 나오는 공자의 말이다.
35 『논어』「팔일(八佾)」편에 나오는 공자의 말이다. "임금은 신하를 예로써 부리고 신하는 군주를 충으로써 섬겨야 합니다."

완(權緩)에게 전했고 숙번에게 그 말이 알려졌습니다. 완(緩)이 마침내 그 말을 통지한 것인데, 숙번이 이를 듣고 마음으로 분개하고 원망함을 품어 내전(內殿)에 들어가 뵐 때 말과 안색에서 나타났습니다. 참찬의정부사(參贊議政府事)가 되었을 때도 정승 하륜과 상 앞에 들어가 앉았다가 숙번이 먼저 나오고 륜(崙)이 머물러 있으면서 국정을 아뢰었는데, 숙번이 계단 아래에 몰래 숨어서 엿들었으니 의이(疑貳-의심해 딴마음을 품음)하는 마음을 가진 것입니다.

상께서 장차 태안에서 강무하려 할 때도 숙번이 정승 하륜의 말을 가지고 나아가 고하기를 "순제(蓴堤)에 운하를 파는 것은 중론(衆論)이 분분해 아직 가부(可否)를 정하지 못했으니, 상께서 친히 보시고 재단하시면 다행이겠습니다"라고 했습니다. 그러나 그 후 상께서 그 땅으로 행차하시어 여러 대신과 함께 이를 토의할 때 숙번은 옆에서 모시고 있으면서도 홀로 말을 하지 않았습니다. 상께서 재삼 묻기에 이르러서도 또한 대답하지 않았으니, 대개 반복(反覆-뒤틀림)하는 마음을 품어서일 것입니다.

무구와 무질이 그 죄에 스스로 복죄한 것은 실로 신충(宸衷-임금의 마음)에 의해 결단된 것인데도 숙번이 들어가 고하기를 "세자가 신을 싫어하지 않겠습니까?"라고 했고, 그 뒤 며칠 만에 문성군 유량(柳亮)과 모의해 함께 대궐로 나아가 이에 고하기를 "신 등은 이제부터 세자를 상견(常見)하기를 원합니다"라고 했으니, 금장(今將-미래를 도모함)의 마음이 있었던 것이 아니겠습니까?

그의 무례하고 불충함이 심합니다. 엎드려 바라건대 유사(攸司-해당 부서)에 내려 그 정상을 국문해서 그 죄를 밝게 결단하심으로써 뒤에 오는 무례하고 불충한 자들의 감계(鑑戒-거울과 경계)로 삼으소서.'

상이 마침내 예조 우참의 정효문으로 하여금 숙번에게 뜻을 전해 그 불경한 죄를 헤아리게 하고, 이어서 명해 자원에 따라 연안부(延安府)로 나가 살게 했다.

사헌부 대사헌 김여지 등이 소를 올렸는데, 대략 이러했다.

'대신이 비록 자원한 곳이라 하더라도 외방에 있게 하는 것은 관계되는 바가 가볍지 아니합니다. 바라건대 유사로 하여금 범한 것을 국문해 법대로 처치하소서.'

사간원 우사간대부 박수기 등이 소를 올려 말했다.

'가만히 생각건대, 훈구(勳舊-큰 공로가 있는 신하)의 신하는 나라 사람들이 우러러보는 바여서 무릇 출입이 있게 되면 이를 알지 못함이 없습니다. 이숙번은 성명(聖明-빼어나게 눈 밝은 임금)을 만나 지위가 1품에 이르렀는데 갑자기 외방으로 추방하게 했으니, 사람들이 그가 범한 것을 알지 못합니다. 엎드려 바라건대 전하께서는 유사에 명해 그 이유를 국문하게 해서 사람마다 함께 밝게 알게 하소서.'

형조판서 안등 등이 소를 올렸다.

'신 등이 듣건대 근일에 삼공신이 대궐로 나아가 글을 올렸다고 했으나 아직 그 연고를 알지 못하다가, 이어서 이숙번이 성문 밖으로 나갔다는 말을 듣고서야 공신들이 말씀을 올린 내용이 숙번의 죄를 청한 것임을 알게 되었습니다. 숙번은 정사좌명공신(定社佐命功臣)으로 지위가 극품(極品)에 이르렀고 총권(寵眷-총애)도 더함이 있었으니, 만약 그 범한 것이 종묘와 사직에 관계되지 않는다면 삼공신이 어찌 감히 그 죄를 청했겠습니까? 그런데도 전하께서는 다만 외방에 나가 거주하도록 하니, 온 나라의 신하와 백성이 그가 범한 것을 알지 못해 놀라워하지 않음이 없습니다. 신 등이 생각하기를 "비록 선비로서 미미한 자라 하더라도 죄가 있으면 반드시 유사에 내려 추국(推鞫)해 죄를 정하는 것이 나라의 상전(常典)이다"라고 여기는데, 하물며 훈구대신으로서 숙번 같은 자이겠습니까? 바라건대 전하께서는 유사에 명해 그 직첩을 거두고 실정과 이유를 국문해서 그 죄를 밝게 바로잡아 뒤에 오는 사람을 경계하게 하소서.'

들어주지 않았다[不聽=不從].
　　　　　불청　　부종

발동은 태종이 걸었다. 우의정 박은과 병조판서 이원을 일부러 부른 이유다. 그러면서도 완급을 조절해 일단 이숙번을 도성밖 농장에 머물게 했다. 다음날에는 편전(便殿)에 나아가 한평군(漢平君) 조연, 병조판서 이원, 공조판서 민여익과 대언 서선·이명덕 등을 인견(引見)하고 이숙번의 불경하고 무례한 죄를 일깨워준다. 조금씩 일을 키우는 모습이다. 연일 이숙번 처벌을 요구하는 소가 올라왔고, 그때마다 태종이 들어주지 않자 신하들은 언로가 막혔다며 비판의 화살을 태종에게로 돌렸다. 들어주지 않을 수 없는 모양새를 만드는 태종의 스타일이다. 이렇게 태종은 대간들을 경쟁시킴으로써 그들의 충성심을 끌어냈다. 일거양득이다.

21일에는 의정부의 유정현·박은·박신·윤향·심온과 육조판서 이원·황희·안등·민여익, 대사헌 김여지와 우사간 박수기 등을 불러 정사를 논한 다음에 이렇게 말했다.

"숙번은 천성이 본래 광망(狂妄)해서 간혹 무례하지만, 마음이 실지로 그런 것은 아니다. 이제 외방으로 추방한 까닭은, 이미 늙어버린 나의 뒤를 이을 자손이 아비가 믿던 사람이라 해서 일을 맡겼다가 혹시 차실(差失-차질)을 가져올까 봐서다."

모든 신하가 드디어 태종이 기다렸던 말로 화답했다.

"불충한 마음이 속에 쌓여 있는 까닭에 무례한 실수가 밖으로 나타나는 것입니다."

이제 끝났다. 같은 날 태종은 이숙번에게서 공신녹권과 직첩을 거둬들이라고 명했다. 공신 자격과 벼슬길에 나설 수 있는 자격 박탈이었다.

해가 바뀌어 태종 17년(1417년) 2월에는 세자를 꾀어 향락에 빠지게 만든 구종수가 이숙번과 몰래 통교한 문제가 드러났다. 이에 이숙번은 한양에 잡혀 와 국문을 당한다. 결국 이숙번은 3월 4일 경상도 함양으로 추방을 당하게 되는데, 이날의 실록에는 과거 태종과 이숙번이 나눈 대화 하나가 나온다.

숙번이 일찍이 사사로이 상에게 아뢰어 말했다.
"신은 지나치게 상은(上恩)을 입었습니다. 우매한 것이 많아 설령 죄를 지었다 하더라도, 엎드려 바라건대 성상께서 성명을 보전해주소서."
상이 말했다.
"일이 종사(宗社-종묘사직)에 관계되지 않는 한 너의 말을 좇아 보전해줄 것이다."
이때에 이르러 숙번이 말했다.

"그전에 상께서 저를 보전해주신다는 말이 계셨음을 신은 늘 잊지 않고 있습니다."

상이 이 말을 듣고 의금부 도사 김안경에게 명해 숙번을 금령역에서 뒤쫓아 잡아 오게 해서 의금부에 가두고 가르쳐 말했다.

"그전에 내가 말한 것은 곧 종사(宗社)와 관계되지 않는 일에 대해서만 말한 것임을 너는 이에 알아야 할 것이다."

드디어 함양(咸陽)으로 유배를 보냈다[放].

이렇게 태종과 이숙번의 관계는 끝났다. 1440년(세종 22년) 3월 15일, 이숙번이 죽으니 조정에서 장례에 쓰일 관곽(棺槨)과 송진, 종이 70권을 내려주었다.

이방원이 왕위에 오르고 왕권을 안정시킬 때까지 세운 공에 비하면 끝내 이숙번을 내치는 태종의 결단은 야멸차 보이기도 한다. 그러나 태종은 단지 사사로운 감정으로 신하 문제를 처리하는 법이 없었다. 무엇보다 이숙번을 그냥 두었을 때 왕실에 미칠 수 있는 위험을 내다보아야 했다. 그러면 공적인 해법은 하나다. 처남 민씨 형제들과 비교할 때, 살려둔 것만으로도 이숙번에게는 큰 은혜를 베푼 것이라 봐야 한다.

또 한 가지, 하륜과 비교해서 잘못된 그의 언사(言辭) 하나를 짚어야 한다. 2차 선위 파동이 한창이던 태종 9년(1409년) 8월 13일의 일이다.

이숙번이 면대(面對)해 선위의 잘못을 진달하고 또 날마다 조회와 정사 보기를 청하니 상이 말했다.

"내가 어찌 만기(萬機-임금의 만기친람)를 싫어해서이겠는가? 천재(天災)가 바야흐로 심하니, 내가 하는 일이 하늘의 뜻에 부합하지 않을까 두렵다."

숙번이 말했다.

"마땅히 정사 듣기를 부지런히 하셔야 합니다. 선위해 재앙을 제거했다는 말은 듣지 못했습니다."

상이 말했다.

"그렇다면 어느 때나 이 무거운 짐을 벗을 수 있겠는가?"

숙번이 말했다.

"사람의 나이 50이 되어야 혈기가 비로소 쇠(衰)하니, 나이 50이 되기를 기다려도 늦지 않습니다."

이때 태종이 나이 43살쯤이었다. 8년 후인 태종 17년(1417년) 초, 결국 이숙번은 세자에게 아부하려 했다는 모호한 죄로 의금부에 갇혔다가 함양으로 유배를 떠나게 된다. 태종은 8년이나 그 말을 잊지 않았던 것일까? 조금만 실마리가 보여도 태종은 놓치는 법이 없었다. 그가 잊지 않았음을 보여주는 실마리는 앞서 하륜을 살필 때 확인한 바 있다.

이숙번과 달리 그 당시 하륜은 선위를 극렬히 반대했다. 상왕으로 물러나 있던 세종 2년(1420년) 5월 8일, 상왕이 거처하는 풍양 이궁(離宮)으로 주상이 문안을 갔다. 그때 태종이 하륜을 떠올리며 이렇게 말했다.

"전번에 내가 선위(禪位)하려고 할 때 륜이 나에게 친히 고하기를

472

'만일 선위하고자 하신다면 신은 마땅히 진양(晉陽-진주)으로 물러가서 쉬겠나이다'라고 하면서 울고 말렸다."

바로 이런 점이 하륜과 이숙번 차이다.

이숙번은 공자의 제자들 가운데 용맹하다는 평을 들었지만, 공자로부터 배우기 싫어한다는 비판도 자주 들었던 자로(子路)[36]를 떠올리게 하는 인물이다.

『논어』「양화(陽貨)」편에서 공자는 자로에게 6가지 좋은 말[六言]과 그에 따른 6가지 폐단[六蔽]을 들어보았느냐고 묻고서
이렇게 말했다.

"어짊[仁]을 좋아하고 (그에 필요한) 배움을 좋아하지 않는다면 그 폐단은 어리석게[愚] 된다는 것이다. 사람을 평하고 논하기[知=知人]를 좋아하고 배움을 좋아하지 않는다면 그 폐단은 쓸데없는 데 시간

---

36 춘추시대 노(魯)나라 변(卞) 땅 사람이다. 이름은 중유(仲由)이고 계로(季路)로도 불렸다. 공자의 제자다. 성격이 강직하고 용맹했다. 공자보다 9년 연하여서 제자 가운데는 가장 연장이고 중심적인 인물이었다. 본디 무뢰한으로 지내다가 공자의 훈계로 입문했는데, 사람됨이 곧고 순진해 헌신적으로 공자를 섬겼다. 공자가 노나라 사구(司寇-형조판서에 해당)가 되었을 때 그를 계손씨(季孫氏)의 네 가신(家臣)으로 보냈다. 뒷날 위(衛)나라 출공(出公) 아래에서 벼슬했는데, 괴외(蒯聵-출공의 아버지)가 출공을 쫓아내고 자신이 장공(莊公)으로 들어서는 정변이 일어났다. 이때 자로는 소식을 듣고 달려가자 친구 자고(子羔)가 이미 끝난 상황이니 자리를 피하라고 충고했는데, 그는 "출공에게서 녹을 먹었다면 그가 어려움에 처했을 때 피해서는 안 된다"고 하면서 성안으로 들어가 장공에게 역적 공회(孔悝)를 내달라고 요구했다. 장공이 거절하자 그들이 있던 대(臺)를 불태우려 하다가 장공의 부하에 의해 죽임을 당했다. 그때 적군의 칼에 갓끈이 끊어지자 "군자(君子)는 죽더라도 관은 벗지 않는다"면서 갓끈을 다시 매고 죽었다. 앞뒤 재지 않는 성품 때문에 종종 공자에게 비판을 받았다.

과 노력을 탕진하게[蕩] 된다는 것이다. 신의[信]를 좋아하고 배움을
좋아하지 않는다면 그 폐단은 남을 해치게[賊] 된다는 것이다. 곧은
것[直]을 좋아하고 배우기를 좋아하지 않는다면 그 폐단은 너무 강
퍅해진다[絞]는 것이다. 용맹[勇]을 좋아하고 배우기를 좋아하지 않
는다면 그 폐단은 어지러워진다[亂]는 것이다. 굳센 것[剛]을 좋아하
고 배우기를 좋아하지 않는다면 그 폐단은 뭐든 제 마음대로 하게
된다[狂]는 것이다."[37]

그에 앞서 「태백(泰伯)」편에서 공사는 좀 더 간단하게 말한 바
있다. 구체적으로 자로를 지목하지는 않았지만, 그 대상은 십중팔
구 자로였을 것이다.

"공손하되 예가 없으면 수고롭고, 삼가되 예가 없으면 두렵고, 용맹
하되 예가 없으면 위아래 없이 문란해질 수 있고, 곧되 예가 없으면
강퍅해진다[恭而無禮則勞 愼而無禮則蒽 勇而無禮則亂 直而無禮則絞]."
　　　　　　공이 무례 즉노　신이 무례 즉시　용이 무례 즉난　직이 무례 즉교

이숙번에게도 해당하는 말임을 단번에 알 수 있다.

37　원문은 다음과 같다. "子曰 由也 女聞六言六蔽矣乎 對曰 未也 居 吾語女 好仁不
　　　　　　　　　　　자왈 유야 여문육언육폐의호　대왈 미야 거 오어여　호인불
　　好學其蔽也愚 好知不好學其蔽也蕩 好信不好學其蔽也賊 好直不好學其蔽也絞
　　호학 기폐 야우 호지 불 호학 기폐 야탕 호신 불 호학 기폐 야적 호직 불호학 기폐 야교
　　好勇不好學其蔽也亂 好剛不好學其蔽也狂."
　　호용 불 호학 기폐 야난　호강 불 호학 기폐 야광

제 7 장

신하들을 길러내는 태종

1 —

태종이 길러낸 정승으로 발탁한 유정현·박은

유정현이 판서에 이르기까지

태종 재위 전반과 중반까지 좌의정과 우의정은 각각 하륜과 (이무 및) 조영무였는데 후반에는 그 자리를 유정현과 박은이 잇게 된다. 이는 정승 자리 주인이 공신에서 전문 관료로 넘어감을 의미한다. 그 과정에서 탈락한 인물이 바로 이숙번이다. 황희는 승정원을 거점으로 태종 바로 곁에서 꾸준히 성장했다. 유정현과 박은이 성장하는 과정은 둘을 함께 대조하며 살펴보아야 한다.

유정현(柳廷顯, 1355~1426년)은 태종보다 12살 위다. 그는 고려 말 음보(蔭補)로 벼슬길에 나서 사헌규정을 거쳐 좌대언 등을 역임했다. 조선이 건국된 직후인 태조 1년(1392년) 7월 28일에 우현보·이색·설장수 등 56인을 유배 보내는데, 여기에 유정현 이름이 보인다. 이들 중 상당수는 뒤에 태종이 즉위하고 나서 요직을 맡게 된다는 점에서 정리해둘 필요가 있다. 당시 정도전이 지은 교서(教書) 중 일부다.

첫째, 우현보·이색·설장수 등은 그 직첩(職帖)을 회수하고 폐해 서인(庶人)으로 삼아서 해상(海上)으로 옮겨 종신토록 같은 계급에 끼이지 못하게 한다.

둘째, 우홍수(禹洪壽)·강회백(姜淮伯)·이숭인(李崇仁)·조호(趙瑚)·김진양(金震陽)·이확(李擴)·이종학(李種學)·우홍득(禹洪得) 등은 그 직첩을 회수하고 장(杖) 100대를 집행해 먼 지방으로 유배를 보낸다.

셋째, 최을의(崔乙義)·박홍택(朴興澤)·김리(金履)·이래(李來)·김묘(金畝)·이종선(李種善)·우홍강(禹洪康)·서견(徐甄)·우홍명(禹洪命)·김첨(金瞻)·허응(許膺)·유향(柳珦)·이작(李作)·이신(李申)·안노생(安魯生)·권홍(權弘)·최함(崔咸)·이감(李敢)·최관(崔關)·이사영(李士穎)·유기(柳沂)·이첨(李詹)·우홍부(禹洪富)·강여(康餘)·김윤수(金允壽) 등은 그 직첩을 회수하고 장(杖) 70대를 집행해 먼 지방으로 유배를 보낸다.

넷째, 김남득(金南得)·강시(姜蓍)·이을진(李乙珍)·유정현(柳廷顯)·정우(鄭寓)·정과(鄭過)·정도(鄭蹈)·강인보(姜仁甫)·안준(安俊)·이당(李堂)·이실(李室) 등은 그 직첩을 회수하고 먼 지방에 유배를 보낸다.

다섯째, 성석린(成石璘)·이윤굉(李允紘)·유혜손(柳惠孫)·안원(安瑗)·강회중(姜淮中)·신윤필(申允弼)·성석용(成石瑢)·전오륜(全五

倫·정희(鄭熙) 등은 각기 본향(本鄉-고향)에 안치(安置)한다.

마지막까지 조선 건국에 협조적이지 않았던 우현보·이색 세력에 대한 숙청임을 한눈에 알아볼 수 있다. 실록은 이 교서를 지은 이가 정도전이라고 밝히고 이렇게 말한다.

정도전은 우현보와 오래된 원한이 있었으므로 무릇 우씨(禹氏) 한 집안을 모함하기 위해 도모하지 않은 바가 없었으나, 그 실정(實情)에는 맞지 않았다.

여기에는 실제로 태종 때 중용(重用)되는 이래·유기·성석린 등의 이름도 포함되어 있다. 태조 6년(1397년)에 유정현은 자기 집안 곡식을 도둑질한 반인(伴人) 강인신을 때려죽이기도 했다. 그러나 태조는 매장에 필요한 비용만 거두고 용서해주었다. 태조 3년(1394년)에 상주목사로 발탁되고 이후 병조전서, 완주부윤을 지냈다는 기록 등이 있지만 실록으로 확인되지는 않는다.

유정현이 관직에 복귀한 것은 태종 3년(1403년) 12월 11일이다. 이날 유정현은 승녕부 윤이 되었는데, 승녕부란 태상왕 이성계를 모시던 관서다. 같은 날 박은은 승추부 제학에 임명되었다. 이듬해 4월 유정현은 전라도 도관찰사에 임명되었고, 돌아와 태종 7년(1407년) 7월 19일 중군총제에 보임되었다. 같은 해 12월에는 다시 충청도 도관찰사로 나갔다. 이를 보면 유정현은 이미 관리로서의 재능, 즉 이재(吏才)를 태종으로부터 인정받고 있었다. 태종 9년(1409년) 4월 16일에는 한성부 판사가 되어 한양으로 돌아온다. 그런데 그의 관찰사 근무 방식에 대해 "각박하게 부세(賦稅)를 거두는 데 시달려 충청도 백성의 굶주림이 더욱 심했다"라고 실록은 평하고 있다.

한성부 판사가 된 지 한 달여가 지난 태종 9년(1409년) 윤4월 23일 실록에는 태종이 유정현을 어떻게 보고 있는지 보여주는 기사가 나온다.

한상덕이 말했다.

"지난해의 흉년은 사람들이 함께 아는 바입니다. 유정현이 충청도에 있으면서 백성에게 많이 거둬들이고, 빚진 것을 독촉해 백성을 거듭 괴롭혔습니다. 신 등이 이미 핵문(劾問)했으나 마침 사유(赦宥-사면령)를 겪게 되어 죄를 청하지는 못했습니다. 신이 듣건대 전(傳)에 이르기를 '백성에게 많이 거두는 신하를 두는 것보다는 차라리 나라 재물을 훔치는 신하를 두는 것이 낫다'[1]라고 했는데, 지금으로 본다면 나라의 재물을 훔치는 것은 무거운 것 같고 백성의 재물을 거두는 것은 가벼운 것 같습니다. 옛사람이 경계한 말이 그 뜻이 깊습니다."

상이 말했다.

"내가 전혀 그 같은 사실을 알지 못했다. 다만 정현이 외방에서 오래 수고한 까닭에 소환(召還)했을 뿐이다. 6대언(代言)이 내 좌우에 있으면서 아직까지 말하지 않았으니, 내가 어떻게 알겠느냐?"

좌대언 이조(李慥)가 말했다.

---

1 『대학』에 나오는 말이다.

"지난해 손실(損實)이 과중(過重)해 한 도(道)의 인민들이 모두 굶주림을 당했으니, 원망하는 것이 단지 한두 사람에 그칠 정도가 아닙니다."

곧바로 사인(舍人-의정부 비서실장) 박강생(朴剛生)을 불러 사실 여부를 구문(究問)해 아뢰게 했다. 상덕이 나가자 상이 근신(近臣)들에게 일러 말했다.

"정현이 그렇게 하지는 않았을 것이다. 향원(鄕愿)[2]의 헐뜯는 말이 아닌지를 어떻게 알겠느냐?"

박강생을 시켜 실상을 조사케 하기는 했지만, 이미 태종은 "정현이 그렇게 하지는 않았을 것이다"라고 말하고 있다. 이때쯤에는 유정현에 대한 신뢰가 매우 높아졌음을 확인할 수 있다. 오히려 그해 6월 3일, 유정현을 탄핵한 안노생(安魯生, ?~?)[3]을 "유정현이 과도하게 거두었다고 탓하면서 조정을 속였다" 해서 직첩을 거두고 영해(寧海)로 유배 보냈다.

그러나 이듬해인 태종 10년(1410년) 2월 7일, 안노생은 과전을

---

2 『논어』「양화(陽貨)」편에 나오는 말이다. 공자가 말했다. "시골에서 덕망이 있다는 소리를 듣는 사람[鄕原=鄕愿]은 (잘 알고 보면 대부분) 다움[德]을 해치는 자이다." 향원은 시골 사람 중에서 신망이 있고 후덕한 자이니, 시류와 동화하고 더러운 세상에 영합해 세상 사람들에게 아첨한다. 이 때문에 시골 사람들 사이에서만 유독 후덕하다고 칭하는 것이다. 여기서는 일종의 지방 토호를 이렇게 부르고 있다.

3 병조총랑(兵曹摠郞) 지위에 있을 때 정몽주가 이방원에게 피살되었는데, 이에 그 일파로 몰려 파직된 후 경상도 영해도호부로 유배되었다. 1399년(정종 1년)에 좌간의대부로 다시 등용되었으며, 1400년(정종 2년)에는 집현전 제학 겸 지제교(知製敎)로 중용되어 왕을 시종했다. 1409년 4월에는 충청도관찰사가 되어 소임을 다했다. 1413년 3월 인녕부윤(仁寧府尹) 등을 역임했다.

환급받고 벼슬길에 복귀한다. 유정현이 각박했음이 사실로 드러났기 때문이다. 의정부에서 이런 사실을 아뢰자 태종이 한 말이 흥미롭다.

"안노생은 백성을 위하다가 죄를 당했으니 그 정상이 불쌍하다. 그의 과전을 돌려주도록 하라."

이 정도면 태종이 자기 잘못을 인정한 것이다. 한편 한성부 판사 유정현은 태종 9년(1409년) 10월 11일 이소(李愫)를 부사로 거느리고 명나라 정월 초하루를 하례하기 위해 사신으로 간다. 이듬해 2월 13일 유정현은 경사(京師-명나라 서울)에서 돌아오고, 얼마 안 지난 3월 7일 형조판서에 오른다. 중앙 정치 한복판으로의 진입이었다.

박은이 판서에 이르기까지

박은(朴블, 1370~1422년)은 태종보다 3살 아래다. 고려 말 학자이자 정치가 박상충(朴尙衷, 1332~1375년) 아들이며 어머니는 이곡(李穀, 1298~1351년) 딸이다. 명문 세가는 아니어도 학자 집안 출신이다. 하지만 그는 6살에 부모를 한꺼번에 잃고 외롭게 자랐다. 19세의 나이로 고려 문과에 급제해 후덕부승(厚德府丞)이 되었고, 1391년(공양왕 3년) 통례문부사(通禮門副使), 이듬해 개성부소윤(開城府少尹)이 되었다.

조선 건국 후 금주 지사가 되었는데, 고과(考課)에 정최(政最-최고) 성적을 받아 좌보궐(左補闕)에 임용되었다. 1394년(태조 3년) 영주 지사로 있을 때를 전후해 정안공 이방원에게 충성을 다짐했다. 그 편지가 세종 4년(1422년) 5월 9일 자 그의 졸기에 실려 있다.

'외람되게도 어리석은 사람이 지나치게 알아주심을 받아서 금주(錦州) 3년의 임기를 면하고 조정으로 들어와 문하부(門下府) 간관(諫官)의 영광을 받았는데, 갑자기 동료의 탄핵을 받게 되었으니 실로 나의 잘못으로 스스로 취한 것입니다. 그러나 다시 군직(軍職)을 받게 되었으니, 오직 공(公)께서 용서한 덕택으로 생각합니다.

학문이 넉넉하지 못함을 슬퍼하고 말과 행실이 그릇될까 두려워하며 외롭고 가난하고 병까지 있는 몸이지만 뜻과 기운은 아직 남아 있습니다. 각하께서 보통 사람으로 대접하지 아니하니, 내 어이 보통 사람과 같이 보답하리오. 이미 각하를 위해 이 세상에 태어났으니, 마땅히 각하를 위해 몸을 바쳐야 할 것입니다.

이제 각하는 임금과 운명을 같이할 것이요 나라와 존망(存亡)을 같이할 것이니, 죽고 사는 것을 각하에게 바치는 것은 아첨하는 것이 아니요 노둔한 자질을 밝을 때에 다 바치는 것은 몸을 위한 것이 아닙니다. 문객이 수없이 드나들어 뛰어난 자와 어리석은 자[賢愚]가 _{현우} 같이 드나들 것이로되, 진실로 뜻 있는 사람이라면 그 누가 이렇게 하지 아니하리오.'

관력과 관련된 그의 졸기다.

태조 6년(1397년)에 사헌시사에 임명되었는데, 계림부윤 유량(柳亮)[4] 이 일찍이 어떠한 일을 가지고 은을 욕했다. 은이 굴하지 아니하고 말했다.

"만일 당신의 나이에 이르면 나도 또한 당신과 같게 될 것인데, 어찌 하여 이처럼 곤욕을 주느냐."

얼마 되지 않아 조정에서, 량이 항복한 왜놈과 결탁해 본국을 배반 했다 하면서 헌부(憲府)를 시켜 다스리게 했다. 그때 집정은 생각 했다.

"은은 일찍이 량에게 곤욕을 당했으니 반드시 잘 적발할 것이다."

(그래서 은을 사헌시사에 임명하는) 인사가 있는 것이다. 은이 대(臺)에 오르게 되자 량이 뜰 아래서 쳐다보고는 문득 머리를 숙이고 눈물 을 흘렸는데, 그것은 은이 반드시 그전의 원망을 갚을 것이라고 생각 했기 때문이다. 형리(刑吏)가 결안(結案)을 가지고 은에게 나오자, 은 이 붓을 던지며 큰 소리로 말했다.

"어찌 죄 아닌 것을 가지고 사람을 죽음에 빠지게 할 수 있느냐."

끝내 서명하지 않음으로써 아무 일 없이 량을 보호해 죽지 않게 했다.

뒤에 량이 정승(政丞)이 되자 은에게 일러 말했다.

---

4 1397년(태조 6년) 계림부윤으로 부임했으며, 다음 해 왜구가 침입해 오자 이에 맞 서 싸워 크게 무찔렀다. 1400년(정종 2년) 이방간의 난을 평정하는 데 협력한 공으로 1401년(태종 1년) 좌명공신 4등에 책록되었다. 1402년 문성군(文城君)으로 봉작되었 고, 그해 동북면순문사(東北面巡問使)가 되어 변방을 살피고 돌아왔다. 1404년에 대 사헌에 이어 형조판서가 되었으며, 예문관대제학도 겸했다. 그 뒤 판한성부사·이조판 서를 거쳐 다시 대사헌이 되었다. 1413년 문성부원군(文城府院君)으로 진봉되었다가 1415년 우의정으로 승진했다.

"량은 진실로 소인이었다. 그대의 말채나 잡고 나의 평생을 마치려고 한 지가 오래다."

집정(執政-정도전)이 은을 미워해서 지방으로 내보내니 지춘주사(知春州事-춘주 지사)가 되었다. 태조 7년(1398년)에 왕자의 난이 일어나자 병사를 이끌고 오니, 태상(태종)이 돌아가지 못하게 하고 사헌중승(司憲中丞)에 임명했다.

정종 원년에 판사수감사(判司水監事-사수감 판사)가 되었다가 곧 지형조사(知刑曹事-형조 지사)가 되었고, 2년에 공정왕이 태상을 세자로 책봉(冊封)하자 인녕부 좌사윤(仁寧府左司尹)과 세자좌보덕(世子左輔德)이 되었으며, 곧 좌산기상시(左散騎常侍)로 전임되었다. 태상이 임금이 되자 형조전서(刑曹典書)에 임명되었고, 태종 원년에 호조전서로 전임되었다. 익대좌명공신(翊戴佐命功臣)의 호를 받았는데, 교서(敎書)를 내려 포장했다. 병조와 이조의 전서(典書)를 역임했으며, 추충익대좌명공신(推忠翊戴佐命功臣)의 호를 더 받고 관계가 올라 반남군(潘南君)에 봉해졌다.

2년에 강원도 관찰사, 3년에 한성부윤(漢城府尹)이 되었다가 승추부제학(承樞府提學)으로 전임했다. 4년에 면직되고 반성군(潘城君)에 봉해졌다가 곧 계림부윤(鷄林府尹)이 되었는데, 조정에서 공신은 외임으로 내보낼 수 없다 해서 정지시켰다. 6년에 전라도 관찰사가 되었다. 이때 명나라에서 환자(宦者) 황엄(黃儼)을 보내 제주(濟州)의 동불(銅佛)을 구했는데, 가는 데마다 위세를 부리므로 여러 도의 관찰사가 위세에 눌려 시키는 대로 했다. 오직 은만이 예(禮)대로 대접하니 엄도 흉악한 버릇을 거두고 감히 방자하게 굴지 못했으며, (서울에) 돌아와서 태상에게 아뢰었다.

"전하에게 충신은 오직 박은뿐이었습니다."

얼마 되지 않아 중앙으로 불러올려 좌군 동지총제에 임명했다. 8년에 의정부 참지사로 사헌부 대사헌을 겸임시켰는데, 이때 하륜이 좌정승이 되어 모든 일을 혼자서 결재했고 우정승 이하는 다만 서명할 따름이었다.

그러나 은은 일이 옳지 못한 것이 있으면 륜의 앞에 나아가 옳지 않다는 것을 역설했고, (자기의 의견을) 받아주지 아니하면 서명하지 않았다. 조금 있다가 형조판서로 임명되고, 9년에 반성군(潘城君)으로 서북면 도순문찰리사 겸 병마도절제사가 되었다.

10년에 왕명을 받아 평양성 수축을 감독했는데, 공사가 끝난 뒤 (준공을) 보고하니 태상왕(태종)이 조정 관원을 보내 선온(宣醞-대궐의 술)과 표리(表裏-옷감)를 내려주었다. 돌아와서 병조판서에 임명되고, 다시 대사헌에 임명되었다가 호조판서로 전임되었다.

정리하자면 ① 이른 시기에 정안군을 알아보고 충성을 맹세한 점, ② 선배 관료 유량과의 멋진 일화, ③ 명나라 환관 황엄을 원리원칙대로 대접한 점, ④ 천하의 하륜에게도 원칙대로 맞선 점 등은 태종의 인정을 받기에 충분했다.

특히 하륜에게 원칙으로 맞서는 박은을 보면서 이미 태종은 미래 정승감으로 꼽았음이 분명하다.

태종이 박은을 형조판서로 임명한 날은 태종 8년(1408년) 12월 15일이다. 그렇다면 나이가 15살이나 어린 박은이 유정현보다 2년이나 먼저 형조판서를 지냈다는 말이 된다. 박은이 유정현과 달리 2차례 공신이었다는 점도 감안했을 것이다.

판서 이후 정승이 되기까지

먼저 유정현이다. 정치 활동과 관련된 이야기는 뒤에 상세하게 살펴보므로 여기서는 일단 두 사람의 졸기 나머지 부분을 통해 전반적인 개요만 살핀다. 유정현의 졸기다.

(형조판서에 이어) 예조판서로 전직되었으며, 또 나가서 서북면 도순문찰리사와 평양부윤이 되었다. 사헌부 대사헌, 이조판서, 의정부 참찬사, 병조판서를 거쳐 다시 참찬이 되었다. 찬성사로 승진되었으며, 병신년(丙申年-1416년)에 좌의정에 임명되었다가 영의정으로 옮겼다. 기해년(己亥年-1419년) 대마도 정벌 때에는 삼군도통사가 되었고, 갑진년(甲辰年-1424년)에는 영돈녕부사(領敦寧府事)·판호조사(判戶曹事)를 겸무하다가 병오년(丙午年-1426년)에 다시 좌의정이 되었다. 병으로써 면직을 청해 치사한 지 4일 만에 돌아가니 나이가 72세였다. 부음이 들리니 상(上-세종)이 매우 슬퍼해 백관을 거느리고 거애(擧哀)했으며, 조회를 3일 동안 폐하고 소선(素膳)을 들었다. 부의로 미두(米豆) 70석과 종이 150권을 내리고 정숙(貞肅)이란 시호를 내렸다. 숨기지 않고 굴함이 없는 것[不隱無屈]을 정(貞)이라 하고,
<small>불은 무굴</small>
꽉 잡은 마음으로 결단하는 것[執心斷肅]을 숙(肅)이라 한다.
<small>집심 단숙</small>
정현의 사람됨은 엄의과단(嚴毅果斷)하고 검약근신(儉約謹愼)했다. 일을 조리 있게 처리했고[處事綜理] 논의할 때에 강정(剛正)해 피하
<small>처사 종리</small>
는 바가 없었다. 태종이 양녕을 폐하고 나라의 근본을 정하지 못하자 여러 사람의 의견이 의위(疑危-불확실하고 위태로움)했는데, 정현이 맨 먼저 뛰어난 이를 골라야 한다[擇賢]는 의견을 내었으니 그 뜻
<small>택현</small>

은 대개 상(上-세종)을 두고 말한 것이다. 태종께서 옳게 여겨 들으시고 드디어 계책을 정했으니, 처음부터 끝까지 상이 그의 소신(所信)을 중히 여겼다. 그러나 정치를 함에 가혹하고 급해 용서함이 적었으며, 집에서는 재물에 인색하고 재화를 늘이느라 비록 자녀라 할지라도 일찍이 마되[斗升]의 곡식일망정 주지 않았다. 오랫동안 호조를
두승
맡았는데 출납하는 것이 지나치게 인색해서, 사람들이 그를 많이 원망해 상홍양(桑弘羊, 기원전 152~80년)[5]으로 지목하기에 이르렀다. 이것이 그의 단점이다. 아들이 둘이니 의(儀)와 장(章)이다.

여러 단점에도 불구하고 태종이 유정현을 높게 평가했던 이유는 "일을 조리 있게 처리하고[處事綜理] 논의할 때에 강정(剛正)해
처사 종리
피하는 바가 없었다"였음을 분명히 알 수 있다. 유정현에 대한 태종의 관(寬), 즉 무구비어일인(無求備於一人)은 바로 이것이었다.
이제 박은 줄기 나머지로 가보자.

(태종) 13년(1413년)에 금천군(錦川君)으로 고쳐서 봉하고, 겨울에 의

---

5 한나라 때 사람이다. 장사꾼의 아들로 태어나 무제 건원(建元) 원년(기원전 140년)에 암산 재능을 인정받고 치속도위(治粟徒尉)에 임명되었다. 대사농이 되어 천한(天漢) 3년(기원전 98년)에 염철(鹽鐵)과 주류(酒類)에 대한 관영(官營-전매) 조치를 취했고, 평준(平準)과 균수(均輸) 기구를 설립했다. 이를 통해 전국의 상품을 통제하고 물가를 억제하면서 상인들이 지나친 이익을 남기지 못하도록 하는 한편 세수(稅收)의 증대도 꾀했다. 좌서장(左庶長)의 작위가 내려졌다. 후원(後元) 2년(기원전 87년) 소제(少帝)가 어린 나이에 즉위하자 무제의 유조(遺詔)로 곽광(霍光)과 함께 정치를 보좌하면서 어사대부(御史大夫)에 올랐다. 그의 정책에 대한 불만이 높아지자 원시(元始) 6년(기원전 81년) 현량문학(賢良文學)의 선비들과 궁정에서 전매법 등 일련의 문제에 관해 격론을 펼쳤는데, 계속 관영을 고수했다. 그 기록이 『염철론(鹽鐵論)』이다. 다음 해 연왕(燕王) 유단(劉旦)과 상관걸(上官桀) 등이 모반을 일으켰을 때 피살되었다.

정부 참찬사로 판의용순금사사(判義勇巡禁司事)를 겸임했다. 이때 옥사를 판결함에 있어 여러 사람의 뜻에 따르지 아니하고 (형장의) 정상을 잡으려고 했다. 심문하는 형장이 일정한 수가 없는 것을 보고 일러 말했다.

"형장 밑에서 무엇을 구해 얻지 못하리오."

곧장 상에게 아뢰어 심문하는 형장을 한 차례에 30대씩으로 정해 일정한 법으로 삼으니 사람들이 많은 덕을 보았다. 품계가 숭정(崇政)으로 오르고 이조판서에 임명되었다. 16년 3월에 판우군도총제부사(判右軍都摠制府事)가 되고 5월에 의정부 우의정에 올랐으며, 11월에 좌의정으로 올라 판이조사(判吏曹事)를 겸했다. 18년에 태상왕이 상에게 선위하려고 했으나 드러내놓고 말하지 못하니, 은이 (그 뜻을) 짐작해 알고 심온에게 일러 말했다.

"요사이 상의 의향을 그대가 아는가?"

또 말했다.

"임금의 처사는 잘되지 않는 것이 없으니 끝내 아무 일이 없을 것이다."

그 뜻은 내선한다 할지라도 아무 탈 없을 것이라고 말한 것이다. 온이 은의 말을 상에게 알리니 상이 은의 말을 옳게 여기지 않았고, 더욱이 온과 말한 것을 옳게 여기지 아니해 곧 태상왕(태종)에게 아뢰었다. 태상왕이 선위한 뒤 상(세종)이 태상왕께 말했다.

"은이 어느 날 온에게 내선한다는 일을 말했으니, 이것으로 보면 은은 순결한 신하[純臣]가 아닙니다."

태상왕이 말했다.

"내가 장차 내선하겠다는 말을 했고, 은이 직접 이것을 들은 까닭에 그런 말을 한 것이다."

심온이 죄를 받게 되자 은이 태상께 아뢰었다.

"온이 이조판서가 되었을 때 자기 사람을 많이 등용했습니다."

태상은 듣고 잠자코 있으면서 대답하지 않았다. 그때 사람들이 그를 비웃었다.

"은은 자기반성은 할 줄 모르고 온의 세력 부린 것만 허물하는구나!"

김점이 항상 조정에서 은을 보면 반드시 큰 소리로 말했다.

"그대가 등용한 사람은 나 그대의 집에 드나들던 자요, 우리들의 부탁한 사람은 모두 들어주지 아니하니 옳은 일인가?"

은이 대답할 말이 없었다. (하지만) 은이 비록 친척을 많이 등용했으나, 조정의 명사를 두루 다 뽑아 썼으므로 남들이 심히 원망하지는 않았다. 은은 췌마(揣摩)[6]하는 재주가 있어 상의 의향을 잘 맞추어 나갔다.

세종 원년 봄에 태상이 내심 평강(平康) 등지에 행차할 것을 작정하고 은과 유정현·이원을 불러 말했다.

"내가 호위하는 사람을 간편히 하고 잠시 동안 평강에 행차하려고 한다."

정현이 말했다.

"이제 농사가 한참 성해, 비록 호위할 사람을 간편히 한다 할지라도 두 임금이 거둥하면 민폐가 많을 것입니다."

은이 대답해 말했다.

---

6 자기 마음으로 다른 사람 속마음을 미뤄 헤아린다는 뜻이다.

"상의 말씀이 심히 옳습니다."

원은 두 사람의 말 사이에서 왔다 갔다 했다. 태상이 뜻을 전해 말했다.

"영의정의 말을 내가 공경해 듣겠지만, 좌의정의 말인들 또한 어찌 망령된 신하라 하겠는가?"

은의 얼굴빛이 크게 변해 정현과 서로 좋게 지내지 않았다. 3년 12월에 병으로 의정(議政)을 사임하고 부원군(府院君)으로 자택에서 요양했다. 병이 짙어지자 태상이 약을 보내어 문병하고, 또 계속해 내선(內膳)을 내리고, 또 내옹인(內饔人-대궐 내의 밥하는 사람)을 그의 집에 보내어 명했다.

"조석 반찬을 그가 원하는 대로 해주되 내가 먹는 것이나 다름없게 하라."

태상이 병환 중에 계시면서도 오히려 환관을 보내 문병하게 했다. 은은 태상의 병환이 오래간다는 말을 듣고 울면서 말했다.

"노신의 병이야 어찌할 수 없거니와, 성명하신 임금께서는 만년을 살아야 할 터인데 어찌 이 지경에 이르렀단 말인가!"

작고한 연령이 53세였다. 사흘 동안 정사를 보지 아니하고 관에서 장례를 치렀으며 시호를 평도(平度)라 했는데, (시호법에) 강기(綱紀)를 펴고 다스려 나가는 것[布綱治紀]을 평(平)이라 하고, 마음이 능히 의(義)를 재량할 줄 아는 것[心能制義]을 도(度)라 한다.

은은 식견이 밝고 통달했으며, 활발하고 너그러우며 의논이 확실했다. 내외의 직을 역임해서 업적이 심히 많았는데, 태상왕이 크게 소중히 여겨서 큰일을 토의할 때는 반드시 그를 참여시켰다. 아들은 규(葵)·강(薑)·훤(萱)이다.

직신 유정현보다 충신 박은을 더 아끼다

두 사람 중에서 태종의 마음은 유정현보다는 박은에게 있었다. 그래서 유정현은 잠깐 좌의정을 하고는 영의정으로 물러났고, 중대사는 늘 좌의정 박은과 의논했다. 그러나 하륜과 비교한다면 박은은 도량이 작았고 계책 또한 비교할 바가 아니었다. 유정현과 박은의 차이를 명확히 보여주는 사례가 세종 1년(1419년) 3월 8일 자 실록에 실려 있다.

영의정 유정현이 수강궁에 나아가 강무(講武-사냥)를 정지할 것을 청하고 또 말했다.

"흉년에다가 농번기는 임박하온데 지금이 두 번째 행차이오니, 만약 어쩔 수 없다 하더라도 세 분 전하께서 다 가시는 것만은 불가하옵니다. 상왕께서는 이미 병무(兵務)를 친히 관장하고 계시는 바이니 무사를 강습하는 것은 오히려 당연하거니와, 주상께서는 즉위하신 처음에 어찌 사냥으로 인해 농사를 방해할 수 있겠습니까?"

좌의정 박은이 말했다.

"상왕께서 지난해 봄부터 울적한 마음을 가지고 계십니다. 평강(平康) 등지는 일찍이 강무하던 땅이요 그곳 백성은 4월이 되어야 농사를 시작하니, 한 번쯤 가시는 것이 무슨 해가 있겠습니까?"

정현이 은에게 일러 말했다.

"그대는 상께 사냥을 권장하나, 대신의 도리[大臣之道]가 아니다."

은이 낯빛이 변해 말했다.

"끝내 정지하시게 할 작정입니까?"

정현도 낯빛이 변했다.

상왕이 말했다.

"나는 주상과 서로 떨어지고 싶지 않다. 주상이 정지한다면 나도 정지하고, 주상이 간다면 나도 가겠다."

은과 정현은 결국 서로 풀지 못하고 물러났다. 상왕이 병조와 승정원에 문의한 결과 모두 다 "가는 것이 옳다"고 했다.

박은을 바라보는 태종의 냉철한 시각

그렇다고 박은의 살짝 아첨 섞인 말에 휘둘릴 태종이 아니다. 세종 3년(1421년) 8월 28일, 박은은 낯간지러운 글 하나를 올린다. 박은 성품을 읽어볼 수 있는 글이기도 하고, 이에 대한 태종의 간결한 반응이 돋보이는 장면이니 들어가 보자.

좌의정 박은이 상왕에게 글을 올려 말했다.

'신이 병중에 있으면서 문득 지나간 일을 생각하며 성총(聖聰)을 번거롭게 더럽히니 황공해 몸 둘 곳이 없나이다.

지나간 때에 양녕군(讓寧君)이 세자로 다음이 없어, 신이 유정현과 함께 천수(天水) 송정(松亭)에서 일찍이 밀지를 받았습니다. 전하가 장차 종묘와 사직의 큰일을 하시려는 것을 알고서는 뜻하고 원하던 것이 이미 정해졌구나 했고, 얼마 뒤에 신 등이 여러 신하를 거느리고 세자를 폐해 밖에다 두기를 청했습니다. 그러나 전하께서는 큰아들의 어린 아들로 세대를 잇고자 조말생·이명덕 등에 명해 그 뜻을 여러 신하에게 유지(諭旨)하게 하니, 김점이 먼저 그 내용을 알고서 여러 신하에게 크게 말하기를 "손자를 세자로 세우기로 상의 뜻이 이미 굳어져서 아무리 해도 돌릴 수가 없다"라고 했습니다. 여러 신하가 듣고는 감히 다른 말을 하지 못하게 되었으나, 신이 조말생·유정현 등에게 눈짓을 하며 말하기를 "저부(儲副-세자)를 정하는 것은 나라의 큰일이니, 대신 이하로 어찌 의견을 올리지 아니할 것인가? 또 아비를 폐하고 그의 아들을 세운다는 것이 옛날부터 정해진 법이 있다면 가하거니와, 그렇지 않으면 의당히 뛰어난 이를 가려서 세워야 한다"라고 했더니, 유정현이 곧 말하기를 "일이 일정한 법으로 나갈 때도 있고 권도(權道)로 할 때도 있으니, 마땅히 뛰어난 이를 가려야 한다"라고 했습니다. 그제야 조연·김구덕·유은지·문효종·이춘생·이발·이적 등 10여 인이 이에 뛰어난 이를 가리자는 의견을 바쳤습니다. 한상경 이하 20여 인은, 혹 상의 뜻에 순종하기도 했고, 혹 점(占)을 쳐서 결정하자고 청하기도 했고, 혹 위에서 결정하게 하자고 하기도 했고, 혹 옛날 법에 따르자고도 했습니다. 조말생과 이명덕이 여러 의견을 갖추어 아뢰었더니, 전하께서는 드디어 맏손자를 세운다는 명을 파하시고 마침내 뛰어난 이를 가린다는 의견을 따르시어, 뛰어나고 다움이 있는 분을 명해 동궁(東宮)의 위(位)에 정하시고 잇따라 내선의 예를 행하셨습니다. 오늘날의 이같이 빼어난 일은 옛날에도 없던 바입니다.

이는 대개 이 신비한 모책과 위대한 계략이 성상(聖上)의 마음에서 나온 것이요, 여러 신하는 그사이에 아무것도 참여함이 없다 하겠습니다. 그러나 전하는 매번 큰일을 처리하실 때에는 실로 빼어난 계산[聖算]에서 나왔으나 그 결단은 공론으로 정하셨고 일이 작정됨에
성산

이르러서는 거기에 대한 상벌을 논해 권징(勸懲)하게 하셨으니, 원종공신(原從功臣)이란 것도 미세한 공로나마 또한 다 빠짐없이 등록하게 했습니다. 신이 망령되게 바라건대, 뛰어난 이를 가리자는 의논에 나선 유정현 등 10여 인과 나머지 조말생이 갖추어 주선해서 아뢰었던 공이 원종공신의 밑에 있지는 아니하니, 병든 신하의 미친 말이라도 혹 취할 것이 있으시다면 정현·말생 등의 충성과 훈공을 상의 재량으로 등분하시어 병조에 선지(宣旨-상왕의 뜻을 전함)해서 주상 전하에게 아뢰고 그대로 받들어 시행해서 인심을 수습하게 하소서. 그리하여 뒷세상으로 하여금 전하께서 맏아들을 폐하고 뛰어난 이를 세운 거조가 공론으로 되었다는 것을 알리시고, 또 양녕군으로 하여금 자신이 공론에서 용납되지 못했음을 알게 해서 원망하고 미워함이 없게 하소서. 그리하신다면 공정한 도리에 있어 실로 다행한 일이라 하겠나이다.

또 신은 본디 아무런 공훈도 없는데, 외람하게도 공신의 반열에 처해 부귀가 이미 극진하게 되었습니다. 신병이 계속되어 요량하오니, 이 세상에 오래 있지도 못할 것을 알겠으니 다시 무엇을 더 바랄 것이 있겠습니까? 다만 받은 은혜가 깊고 무거워서, 비록 보답할 공효가 없고 여러 사람의 구구한 정성처럼은 하기 어렵더라도 진실로 아는 것은 말하지 아니할 수 없습니다. 이 충성을 죽은 뒤에나 알리고자 감히 미친 말을 올려 천청(天聽-임금의 귀)을 번번이 더럽히오니, 오직 성명(聖明)께서 불쌍히 여겨서 살피소서.'

상왕이 읽어보고 말했다.

"다른 사람이 이 글을 보면 반드시 한 푼어치 값도 없는 것이라 할 것이다. 또 그 당시에 큰 의견을 결정하기는 실로 나의 마음에서 나

온 것이요 밖의 토의로 된 것이 아니거늘 은 등이 무슨 공이 있으며,
말생 등은 말만 출납했을 따름이니 또 무슨 공이 있겠는가?"
드디어 그대로 대궐에 머물러 두고 정원(政院)에 내리지 않았다.

한마디로 헛소리하지 말라는 뜻이다.

2 —

태종이 길러 세종의 정승이 된
황희·맹사성·허조·이직·하연

**황희: 태종, "황희는 사단과 같은 사람이니
무슨 죄가 있으랴!"**

태종보다 4살 많은 황희는 문종 2년(1452년) 90세로 세상을 떠
났다. 그의 졸기를 기본 골격으로 하되 실록에 있는 다른 기록들
을 보충해가면서 태종 때 그가 관여했던 중요한 사건들을 하나씩
짚어보자.

황희(黃喜, 1363~1452년)는 본관이 전라도 장수현(長水縣)이다.
강릉부 판사 황군서(黃君瑞) 아들로 개경 가조리에서 태어났다.
고려 말에 과거에 올라 1390년(공양왕 2년) 성균관 학관에 보직되
었다. 조선이 개국하자 태조 3년(1394년)에 성균관 학관으로 세자
우정자를 겸무했다. 태종이 사직을 안정시킨 후 다시 습유(拾遺-

언관) 벼슬로 불러 조정으로 돌아오게 했는데, 어떤 일을 말했다가 파면되었고 얼마 뒤 우보궐에 임명되었으나 또 말로써 임금 뜻에 거슬려서 파면되었다. 그 후 복귀해 형조·병조·이조 등 여러 조(曹) 정랑을 역임했다. 이때 박석명이 지신사로서 오랫동안 기밀(機密)을 관장하고 있었는데, 여러 번 사면(辭免)하기를 청하니 태종이 말했다.

"경은 경과 같은 사람을 천거해야만 그제야 대체할 수 있을 것이다."

마침내 박석명을 대신해 황희가 지신사에 임명되었다. 물론 박석명 추천이었다. 이때가 태종 5년(1405년) 12월 6일이다. 이날 박석명은 지신사에서 의정부 지사로 특진했는데, 실록은 "개국 이래로 없었던 일"이라고 평하고 있다.

뒤에 보게 되겠지만 지신사를 매우 중시했던 태종은 지신사로서 업무를 성공적으로 마친 신하의 경우 이 모델을 따라서 의정부 지사로 특진시켰다. 지신사는 3품, 의정부 지사는 2품이었다. 훗날 황희도 그 길을 걷게 된다.

태종이 지신사 황희를 두텁게 대우함이 비할 데가 없어, 그는 기밀 사무를 오로지 다해야 했다. 하루 이틀 정도라도 눈에 띄지 않으면 반드시 그를 불러서 보았다. 민무구·무질에 대한 탄핵이 한창이던 태종 7년(1407년) 11월 11일 태종이 황희를 불러 말했다.

"이 일은 나와 경만이 홀로 알고 있으니, 만약 누설된다면 경이 아니면 곧 내가 한 짓이다."

훈구대신(勳舊大臣)들이 좋아하지 않아 혹 그가 간사하다고 말하는 사람이 있기도 했다. 대표적인 인물이 하륜이다. 또 이때 민무구·무질 등이 권세가 크게 성해 종지(宗支-왕의 다른 아들들)를 모해(謀害)하니, 황희는 이숙번·이응·조영무·유량 등과 더불어 밀지(密旨)를 받아 이들을 도모했다. 태종이 일찍이 이렇게 말했다.

"만약 신중히 해서 빈틈이 없게 하지 않는다면 후회해도 어떻게 할 수가 없을 것이다."

민씨(閔氏)들은 마침내 몰락했다. 여기서 분명하게 민무구·무질을 제거하는 데 앞장선 신하 네 사람 중 하나로 꼽히고 있다. 태종 8년(1408년) 목인해의 무고로 조대림 사건이 일어났을 때 황희가 보여준 주도면밀함은 태종으로부터 총애를 받기에 충분했다.

무자년(戊子年)에 목인해(睦仁海, ?~1408년)⁷의 변고가 일어나니, 황

---

7 우왕의 기첩 자손이다. 처음에는 김해 관노로 있다가 활을 잘 쏘아 이제(李濟)의 가신이 되었고, 뒤에는 잠저(潛邸)의 이방원(李芳遠)을 섬겼다. 태종은 목인해의 무재(武才)를 아껴 호군(護軍)으로 삼았다. 1398년(태조 7년) 1차 왕자의 난 때 정도전(鄭道傳)과 연루되어 청해수군(青海水軍)에 충군되었고, 1400년(정종 2년) 2차 왕자의 난 때는 이방원 휘하에서 활동했다. 1402년(태종 2년) 처가의 재물을 훔쳐 형조에 고발되었고, 1405년 남편을 잃은 지 3년도 안 된 여동생을 다시 혼인시키려다 사헌부로부터 탄핵받았다. 1408년 반역을 꾀하려다 탄로되자 그 책임을 모면하기 위해 태종의 사위인 조대림(趙大臨)을 무고해 조정에 큰 물의를 일으켰다. 후처가 일찍이 조대림의 가비(家婢)였던 점을 이용해 수시로 조대림 집을 내왕했는데, 이때 조대림이 말을 조리 있게 하지 못해서 제대로 변명하지 못하고 화(禍)를 입게 되었다. 그러나 지신사(知申事) 황희의 노력으로 조대림의 무죄가 밝혀지고, 목인해는 아들과 함께 능지처참되

희가 마침 집에 있었는데 상이 급히 희를 불러 말했다.

"평양군(平壤君-조대림)이 모반하니 계엄(戒嚴)해 변고에 대비하라."

희가 아뢰어 말했다.

"누가 모주(謀主)입니까?"

상이 말했다.

"조용(趙庸, ?~1424년)[8]이다."

희가 대답해 말했다.

"용의 사람됨이 아버지와 군주를 시해하는 일은 결코 하지 않을 것입니다."[9]

후에 평양군이 옥(獄)에 나아가자 희가 목인해를 아울러 옥에 내려 대질(對質)하도록 청하니 상이 따랐는데, 과연 목인해가 꾸민 계획이었다. 그 후에 김과가 죄를 얻었는데, 용(庸)도 또한 공사(供辭-죄인이 범죄 사실을 진술하는 말)에 관련되었다. 상이 대신들을 모아놓고 친히 분변하니 곧음[直]이 용에게 있었다. 상이 희에게 일러 말했다.

었다.

8 조선 건국 초기에는 병으로 성균 좨주를 사임하고 보주(甫州)에서 자제들을 교육했다. 1398년(태조 7년) 7월에 간의대부로 발탁되고, 9월에 우간의로서 이조전서(吏曹典書) 이첨(李詹), 전 지선주사(前知善州事) 정이오(鄭以吾)와 함께 경사(經史)에 기재된 임금의 마음가짐과 정치에 관계되는 것만을 찬집해 상절(詳節)을 만들어 바쳤다. 1401년(태종 1년) 5월에 경연시강관을 맡아보았고, 다음 해 2월 대사성으로서 생원시의 시관(試官)이 되었다. 1402년 7월에 좌사간이 되었다가 1403년 12월에 성균생원 60인의 요청으로 검교한성윤 겸 성균대사성에 제수되었다. 1406년 9월에 다시 우부빈객, 1409년 8월에 검교판한성부사·우빈객, 다음 해 4월에 겸대사성을 제수받았다. 1414년 8월 예문관대제학이 되었으며, 다음 해 정월에 성절사(聖節使)로서 명나라에 다녀왔다. 1415년 12월에 예조판서가 되고, 1417년 5월에 다시 예문관대제학, 다음 해 정월에 우군도총제가 되었다.

9 황희의 이 말은 『논어』 「선진(先進)」편에 나오는 공자의 말이다. 이에 대해서는 제6장 4절의 주에서 상세하게 살펴보았다. 근본은 지킬 줄 아는 사람이라는 말이다.

"예전에 목인해의 변고에 경이 말하기를 '용은 아버지와 군주를 시해하는 짓은 결코 하지 않을 것입니다' 하더니, 과연 그랬다."

조용이 비로소 그 말뜻을 알고 물러가서는 감격해 제대로 말조차 하지 못했다. 그 후 세자 문제로 황희가 쫓겨나게 되는 일은 뒤에 상세하게 나온다. 세종 4년(1422년) 상왕 태종은 신왕 세종에게 황희를 다시 불러올려 중용하라고 명한다. 먼 훗날 세종은 황희를 불러 일을 토의하다가 황희에게 이렇게 말했다. 이 말은 문종 2년(1452년) 2월 8일 황희 졸기에 나온다.

"경이 폄소(貶所-유배지)에 있을 적에 태종께서 일찍이 나에게 이르시기를 '황희는 곧 한나라 사단(史丹)과 같은 사람이니 무슨 죄가 있겠는가?'라고 하셨다."

여기서 우리는 2가지 중요한 사실을 확인할 수 있다. 첫째는 상왕 태종이 세종에게 역점을 두고 전한 일은 다름 아닌 인사(人事)였다는 점이다. 둘째는 여기서도 태종은 『한서』를 자유자재로 활용하고 있다는 점이다.

태종이 읽었을 『한서』 「사단전(史丹傳)」에서 관련 대목을 살펴보자. 태종이 왜 "황희는 곧 한나라 사단과 같은 사람"이라고 했는지 정확히 이해하는 것이 중요하기 때문이다.

원제(元帝)가 태자로 있을 때부터 단(丹)은 아버지 고의 보증으로 중서자(中庶子)가 되어 10여 년 동안 시종했다. 원제가 즉위하자 부마도위시중(駙馬都尉侍中)이 되어 궐 밖을 나설 때마다 항상 참승(驂乘)했으므로 총애가 더욱 심했다. 상은 단이 선대의 신하이자 황고의 외속(外屬)이라며 가까이하고 신임해서, 단에게 조(詔)해 태자(太子)의 집을 지키게 했다. 이때 부소의(傅昭儀)의 아들 정도공왕(定陶共王)이 재예가 있어 아들과 어머니가 함께 사랑과 총애를 받았는데, 반면 태자는 자주 주색에 빠졌고 그의 어머니인 왕황후(王皇后)도 아무런 총애를 받지 못하고 있었다.

건소(建昭) 연간에 원제가 병에 걸려 친히 정사를 챙기지 못하고 음악에 뜻을 두고서 좋아했다. 어떤 사람이 궁전 아래에 작은 북[鼙鼓]를 가져다 두었는데, 천자가 직접 난간 곁에 나아가 구리구슬
_{비고}
을 굴려 북에 던지면 장엄한 북소리가 절도에 맞게 울렸다. 후궁이나 좌우에서 지음(知音)을 익힌 자 중에도 이를 제대로 해낼 줄 아는 사람이 없었는데, 정도왕 역시 그것을 잘하니 상이 여러 차례 그 재주를 칭찬했다. 단(丹)이 나아가 말했다.

"대체로 이른바 재능이라는 것은 민첩하고 배우기를 좋아하며
[敏而好學] 옛것에 온기를 불어넣어 새것을 아는 것[溫故知新]을 말
_{민이호학} _{온고지신}
하니, 바로 황태자가 그런 분이십니다. 만약에 악기나 북의 소리를 맞추는 것으로 인재를 쓴다면, 진혜(陳惠)나 이미(李微)가 광형(匡衡)보다 그런 점에서 뛰어나니 상국(相國-재상)으로 삼아야 할 것입니다."

이에 상은 아무 말을 않고서 웃기만 했다. 그 후에 중산애왕(中山哀王)이 훙하자 태자가 영구(靈柩) 앞에 나아가 조문을 했다. 애왕은 제(帝)의 막냇동생으로 태자와 함께 놀고 공부하면서 자란 사람이다. 상은 태자를 보면서 애왕이 더 그리워져서 슬픔을 절제하지

못했다. 태자는 영구 앞에 서서도 슬퍼하지 않았다. 상이 크게 꾸짖으며 말했다.

"사람으로서 자애롭지도 않고 어질지도 않은데 어찌 종묘를 받들고 백성의 부모가 될 수 있겠는가?"

상은 이 일로 단을 책망해 말했다. 단은 관을 벗고 상에게 사죄하며 말했다.

"신은 진실로 폐하께서 중산왕을 애통해하시어 옥체가 상하실 지경이라는 것을 보았습니다. (그래서) 조금 전에 태자께서 문상하시려 할 때 신이 남몰래 경계시키기를, 절대 눈물을 흘려 폐하의 마음을 더 상하게 해서는 안 된다고 당부드린 것입니다. 죄는 곧 신에게 있으니 죽어 마땅합니다."

상은 그렇다고 여겨 마침내 화를 풀었다. 단이 보필하는 방식은 모두 이런 식이었다.

경녕(竟寧) 원년에 상이 병으로 침상에 눕자 부소의와 정도왕은 늘 좌우에 있었지만, 황후와 태자는 나아가 뵐 기회가 거의 없었다. 상의 질병이 점점 심해지자 의식이 몽롱해져 왔다 갔다 했는데, 그러면서도 상서(尚書)에게 경제(景帝) 때 (태자를 폐하고) 교동왕(膠東王)을 세웠던 옛일을 자주 물었다. 이때 태자의 큰외삼촌 왕봉이 위위시중(衛尉侍中)으로 있었는데, 황후 및 태자와 함께 모두 걱정만 하면서 어떻게 해야 할지를 모르고 있었다. 단은 상의 친밀한 신하로서 가까이에서 병을 돌볼 기회를 얻었기 때문에, 상이 혼자 누워 있는 때를 기다렸다가 침실 안으로 들어가 머리를 조아리고 푸른 청포 돗자리에 엎드려 울면서 말했다.

"황태자께서는 적장자로서 그 자리에 세워진 후 이미 10여 년의 세월이 쌓여 그 이름이 백성 사이에 다 퍼졌으니, 천하는 황태자께 마음이 돌아가서 신하가 되려고 하지 않는 사람이 없습니다. (그런데도 폐하께서는) 정도왕을 평소에 아끼고 자주 찾으니, 지금 거리에는 태자의 자리가 동요하고 있다는 유언비어가 떠돌고 있습니다. 이와 같은 것들을 살펴볼 때 분명 공경(公卿) 이하의 사람들은 (설사 폐하께서 정도왕에게 제위를 물려주려 하더라도) 반드시 목숨을 걸고 반대하며 (폐하의) 조서(詔書)를 받들지 아니할 것입니다. 신이 바라옵건대 먼저 (신에게) 죽음을 내려주셔서 폐하의 본뜻을 여러 신하에게 보여주십시오."

천자(天子)는 평소 어진 성품이어서 단이 눈물을 펑펑 흘리는 것을 차마 보지 못했고, 단의 말 또한 절절해 마음속에 깊은 감동을 주었다. 이에 상이 크게 한숨을 짓고 장탄식을 낸 다음 이렇게 말했다.

"나는 날로 힘들어지고 병약해지는데 태자와 두 왕은 아직도 나이가 어려서 내 마음속이 애틋하니, 이 또한 어찌 걱정스럽지 않겠는가? 하지만 그러한 의논[10]을 한 일은 없다. (태자의 모친인) 황후는 성품이 삼가고 신중하며 또 먼저 돌아가진 황제께서도 태자를 아끼셨는데 내 어찌 그 지침을 어기겠는가? 부마도위는 어디서 그런 말을 들었는가?"

단은 즉각 (청포 위에서) 물러나 머리를 조아린 채 말했다.

"미욱한 신이 망령되게도 그런 유언비어를 들었으니 그 죄는 죽어 마땅할 것입니다."

(그러나) 원제는 단의 주청을 받아들이면서 이렇게 말했다.

---

10 태자를 폐하거나 정도왕에게 태자를 넘겨주는 등의 의논을 말한다.

"나의 병세가 점점 더해가서 아마도 스스로 돌아올 수 없을 듯하니, 태자를 잘 보도하고 나의 이런 뜻을 어기지 말라."

단은 흐느껴 울다가 눈물을 훔치며 일어났다. 태자는 이 일로 말미암아 마침내 후사(後嗣)가 되었다.

그 후 황희는 정승에 올라 세종 시대를 넘어 조선 시대를 대표하는 명재상이 되었다.

동료들이 아껴 목숨을 건진 맹사성

1438년(세종 20년) 10월 4일 맹사성(孟思誠, 1360~1438년)이 세상을 떠났을 때 사관은 황희 때와는 달리 매우 간략한 졸기를 적었다. 태종과 관련된 이력은 따로 보기로 하고, 먼저 그의 사람됨[爲人]에 대한 평가부터 잠깐 살펴보자.
위인

사성(思誠)은 사람됨이 편안하고 고요하며 선이 굵고 간략했으니 [恬靜簡易], 다른 선비들을 예절로 대우하는 것은 천성에서 나왔다.
염정 간이
벼슬하는 선비로서 비록 계제가 얕은 자가 자신을 뵙고자 하더라도 반드시 관대를 갖추고 대문 밖에 나와서 맞아들여 상좌에 앉혔고, 물러갈 때도 역시 몸을 구부리고 손을 모으고서[鞠躬拱手] 가는 것
국궁 공수
을 보되 손님이 말에 올라앉은 후에라야 돌아서 자기 집 문으로 들어갔다.
창녕부원군(昌寧府院君) 성석린은 사성에게 선배가 된다. 그의 집이

사성의 집 아래에 있었으므로, 매번 가고 올 때마다 반드시 말에서 내려 지나가기를 석린이 세상을 마칠 때까지 했다. 또 음률에 능해 혹은 손수 악기를 만들기도 했다. 그러나 타고난 성품이 어질고 부드러워서[仁柔] 무릇 조정의 큰일이나 거관처사(居官處事-벼슬자리에 있으면서 일을 처리함)에 있어 과감하게 결단하는 데[果決] 단점이 있었다.

맹사성은 고려 우왕 12년(1386년)에 문과에 급제해서 고려의 여러 관직을 거쳤고, 태조 때에는 예조의랑으로 있으면서 한 차례 파직당하기도 했다. 태종이 세자로 있던 정종 때 좌산기(左散騎)라 해서 훗날의 사간원(司諫院)에 해당하는 기구에서 간언(諫言)을 맡았다. 태종 초에는 환해(宦海-벼슬살이)가 순풍에 돛을 단 듯했다. 좌사간의대부·동부대언(同副代言-훗날의 동부승지)·이조참의를 두루 역임했다. 말 그대로 핵심 요직들이다. 1407년(태종 7년)에는 예문관제학(藝文館提學)이 되어 세자가 진표사(進表使)로 명나라에 갈 때 시종관(侍從官)으로서 수행해 다녀왔다.

그런데 1408년, 앞서 보았던 조대림 사건 때 사헌부 대사헌이 되어 우정언 박안신(朴安信, 1369~1447년)[11]과 함께 평양군(平壤君)

---

11 1399년(정종 1년) 문과에 급제해 사관(史官)으로 등용되었다. 1408년 사간원 우정언 (司諫院右正言)으로 있을 때 대사헌 맹사성과 함께 평양군 조대림과 목인해 모반 사건을 왕에게 알리지 않고 처리했다가 극형을 받게 되었으나, 옥중에서 지은 "직분을 완수하지 못해 죽음을 감수하나, 우리 임금님 간신(諫臣)을 죽였다는 말을 들을까 두렵도다"라는 시가 태종의 마음을 감동시켰고 황희(黃喜)·하륜(河崙)·권근(權近)·성석린(成石璘) 등이 무마해 유배에 그쳤다. 뒤에 집의(執義)·판선공감사(判繕工監事)를 역임했고, 1424년(세종 6년) 회례사(回禮使)로 일본에 다녀왔는데 도중에 침입해 온

조대림(趙大臨-태종의 딸 경정공주(慶貞公主)의 부군(夫君))을 태종에게 보고도 하지 않고 잡아다가 고문했다. 이 일로 태종의 격노를 사 처형될 뻔했으나 영의정 성석린, 좌의정 하륜, 이숙번 등의 헌신적인 구원으로 죽음을 면할 수 있었다. 상세한 이야기는 『이한우의 태종 이방원 하』 제6장 5절에 실려 있다.

1411년 다시 기용되어 충주목 판사로 임명되었다. 그러자 예조에서 관습도감제조(慣習都監提調)인 맹사성이 음률(音律)에 정통하므로 선왕(先王)의 음악을 복구하기 위해 서울에 머물게 해서 바른 음악을 가르치도록 하자고 건의했다. 그 이듬해에도 풍해도 도관찰사에 임명되었는데, 영의정 하륜이 음악에 밝은 맹사성을 서울에 머물게 하여 악공(樂工)을 가르치도록 하자고 아뢰었다. 지방으로 내보내려 했다는 것은 태종의 마음이 아직 다 풀리지 않았다는 뜻이기도 하다.

그에 대한 총애는 시간이 한참이나 흐른 뒤에 복구될 수 있었다. 1416년, 그는 이조참판에 이어 예조판서가 되었다. 이듬해 생원시에서는 시관(試官-시험관)이 되어 권채(權採, 1399~1438년)[12]

해적을 위력으로 물리쳐서 무사히 귀환하게 되었다. 귀국 후 우사간에 임명되었고, 이어 공조·예조·병조의 참의, 병조·예조·형조·공조·이조의 참판을 거쳐 대사헌, 황해도·전라도·충청도·평안도의 관찰사 등을 역임했다. 1439년 형조판서, 이듬해 우참찬, 1442년 공조판서를 지냈고, 나이가 많아 치사(致仕-벼슬길에서 물러남)를 청했으나 허락되지 않고 이조판서에 전직되어 1444년 예문관대제학을 겸했다.

12 1417년(태종 17년) 사마시에 합격하고 그해 문과에 급제했다. 1425년(세종 7년) 집현전수찬에 임명되었고, 1427년 문과중시에 급제해 집현전응교가 되었다. 그해에 비첩(婢妾)을 학대한 죄로 부처(付處-정해진 장소에 머물도록 하는 유배형)되었다가 얼마 뒤석방되었다. 1430년 변계량의 추천으로 사가독서(賜暇讀書-젊고 유능한 문신(文臣)에게 휴가를 주어 학문에 힘쓰도록 한 제도)하고, 1433년 대사성이 되어 송조(宋朝) 고사(故事)에 따른 과거제도의 개선책을 건의해 시행하도록 했으며, 1435년에는 동부승지

등 100인을 뽑았으며, 왕이 친림한 문과 복시 독권관(讀卷官)이 되었다. 그해 노부(老父)의 병간호를 위해 사직하기를 원했으나 윤허되지 않고, 역마(驛馬)와 약을 하사받았다. 이어 호조판서가 되어서도 고향의 노부를 위해 다시 사직을 원했다. 그러나 왕은 그를 충청도도관찰사로 삼아 노부를 봉양하게 했다. 1418년 공조판서가 되자 또다시 노부의 병간호를 위해 사직하려 했지만 역시 받아들여지지 않았다.

1419년(세종 1년) 이조판서와 예문관 대제학이 되고, 이듬해에 다시 이조판서가 되었다. 1421년 의정부 찬성사를 역임하고 1427년에 우의정이 되었다. 우의정 재임 시에 『태종실록』 편찬 감관사(監館事)로서 감수했다. 『태종실록』 편찬이 완료되자 세종이한번 보려고 했다. 그러자 맹사성이 "왕이 실록을 보고 고치면 반드시 후세에 이를 본받게 되어, 사관이 두려워서 그 직무를 수행할 수 없을 것"이라 하면서 반대했고, 세종이 이를 따르면서 항식(恒式)이 되었다. 1432년 좌의정에 올랐다.

허조: 태종, "이 사람은 나의 주석이다."

1439년(세종 21년) 12월 28일 좌의정 허조(許稠, 1369~1439년)

가 되고 다음 해 우부승지가 되었다. 1438년 유호통·노중례·박윤덕 등과 함께 『신증향약집성방(新增鄕藥集成方)』을 편찬, 간행했다. 그해에 우승지가 되었으나 40세로 죽었다. 시문과 경학에 뛰어나서 세종의 극진한 예우를 받았으며, 『작성도(作聖圖)』를 지었다.

가 세상을 떠났다. 그의 졸기는 한 글자 더 하거나 뺄 것도 없이 그의 생애를 생생하게 전해준다.

허조는 경상도 하양현(河陽縣-경상북도 경산에 속한 현) 사람인데, 자(字)는 중통(仲通)이다. 나이 17세에 진사시에 합격했고 19세에 생원시에 합격했다. 뒤에 은문(恩門)[13] 염정수(廉廷秀, ?~1388년)[14]가 사형을 당했는데, 문생들과 옛 부하이던 아전[故吏]들이 감히 가보는 이가 없는 가운데 조(稠) 홀로 시체를 어루만지며 슬피 울고 관곽을 준비해 장사지냈다.

경오년(庚午年-1390년)에 과거에 급제했다. 임신년(壬申年-1392년)에 우리 태조께서 즉위하시어 특별히 좌보궐(左補闕)을 제수했고, 곧 봉상시승(奉常寺丞)으로 옮겼다. 그때에 예제(禮制)가 산실(散失-흩어짐)된 것을 보고 조가 전적(典籍)을 강구해 힘써 고제(古制)를 따르게 했다. 뒤에 잇달아 부모상(父母喪)을 당했는데, 무릇 치상(治喪-장례를 치름)하기를 일체 『문공가례(文公家禮)』에 의하고 부도법(浮屠法-불교식 장례)을 쓰지 않았다.

애초에 그 어머니가 손수 고치를 켜서 실을 뽑고 그것으로 겹옷을 지어 조에게 주었는데, 매번 기일(忌日)을 당하거나 시제(時祭) 때는 반드시 속에다 입고 맹교(孟郊-당나라 시인)의 「자모수중선(慈母手中

---

13 과거에 급제한 사람이 자기의 시관(試官)을 가리켜 일컫는 말이다.
14 1371년(공민왕 20년) 문과에 급제했고, 1383년(우왕 9년) 지신사(知申事)로서 한때 전주(銓注-인사 행정)를 맡았다. 정몽주와 함께 호복(胡服-원나라의 복식)을 폐지하고 중국의 제도를 따르자고 건의했다. 뒤에 동지밀직(同知密直)·대제학(大提學)에 이르렀으나, 최영·이성계에 의해 형 염흥방과 임견미 등이 제거될 때 함께 살해되었다.

線-인자하신 어머니 손에 쥔 실)」이라는 시를 외었다. 그리고 일찍이 자손들에게 명해두었다.

"내가 죽거든 반드시 이 옷으로 염습하라."

정축년(丁丑年-1397년)에 성균전부(成均典簿)를 제수받았다. 그때에 국가가 초창(草創)인지라 선성(先聖)에게 석전(釋奠-공자 제사)할 겨를이 없어 고제(古制)에 자못 어긋났으므로, 조가 홀로 개탄하며 이에 겸 대사성 권근에게 말해 석전의식(釋奠儀式)을 구해서 강명(講明)해 개정했다.

경진년(庚辰年-1400년)에 사헌부 잡단(雜端-정5품)을 제수받았다가 완산 판관(完山判官)으로 좌천되었다. 뒤에 이조정랑이 자리가 비니, 태종이 그 인선을 어렵게 여겨 친히 관원의 명부[班簿-관리 명부]를 열람하다가 조의 이름을 보고서 말했다.

"사람을 얻었다[得人矣]."

드디어 조를 이조정랑으로 삼았다.

정해년(丁亥年-1407년)에 세자가 경사(京師-명나라 서울)에 갈 적에 특별히 조를 사헌집의(司憲執義)에 제수하고 서장 검찰관(書狀檢察官)으로 삼았다. 가다가 궐리(闕里)[15]에 이르러 동자(董子)[16]·허노재(許魯齋)[17]가 종사(從祀)되고 양웅(揚雄)[18]이 쫓겨난 것을 묻고, 돌아와서는 건의해 모두 그 제도대로 따르게 했다.

---

15 중국 산동성(山東省) 곡부현(曲阜縣)에 있는 공자의 출생지다.
16 한나라 때의 학자 동중서다.
17 원나라 성리학자 허형(許衡)을 말한다.
18 한나라 때의 유학자로, 행실에 문제가 있어 종사 대상에서 빠졌다.

특히 허조는 이때 개경의 역사(役事)에 동원되었다가 죽은 백성 이야기를 태종에게 올린다. 태종 7년(1407년) 10월 8일 자 실록이다.

사헌집의 허조가 소를 올려 토목의 역사를 논했다. 소는 이러했다. '지금 제릉(齊陵-신의왕후 한씨의 능)의 석실(石室)이 이룩되지 않아 (한씨를 받드는 것이) 평민들과 다름이 없으니, 실로 성대한 시대의 전례에 누락이 있는 것[闕典]입니다. 그럼에도 유사(有司)에서 아뢰어 청하는 자가 없었으나 전하께서 신충(宸衷)을 발해 특별히 수조(修造)하게 하셨으니, 선조를 받드는 효성이 지극하다 하겠습니다. 이 일을 맡은 자는 진실로 일의 완급(緩急)의 적중함을 얻어서[得中] 위로는 전하께서 선조를 받드는 효도를 이루고 아래로는 백성의 원망이 전하에게 돌아가지 않도록 하는 것이 마땅합니다. 신이 유후사(留後司)에 도착하던 날에 옛 성(城) 남문(南門) 길옆에 죽은 사람의 시체가 있는 것을 보고서 돌을 운반하는 자에게 물으니, 대답하기를 "이는 전날 밤에 돌을 운반하던 군사입니다"라고 했습니다. 신이 방황하며 가지 못하다가, 그 일을 계기로 생각하니 여정헌공(呂正獻公)[19]이 소인(小人)을 논한 말에 이르기를 "임금이, 나라에 이익이 있다고만 생각하고 마침내는 해(害)가 되는 줄을 알지 못하며, 충성을 바치는 것을 상주기만 하고 그것이 크게 불충(不忠)이 되는 줄

19 송(宋)나라 여공저(呂公著)를 가리킨다. 여공저의 자는 회숙(晦叔)이고 시호는 정헌(正獻)이다. 상서우복야(尙書右僕射) 겸 중서시랑(中書侍郎)이 되어 사마광(司馬光)을 도왔다.

을 알지 못하며, 원망을 자임(自任)하는 것을 아름답게만 여기고 그 원망이 임금에게 돌아갈 줄을 알지 못한다'라고 했습니다. 아아! 이 사람의 부모처자의 원망이 어찌 역사를 감독한 자에게 돌아가겠습니까?'

상이 소를 보고 얼굴빛이 변하며 지신사 황희(黃喜)에게 일러 말했다.

"너희들은 도리를 아는 사람인데 어찌해 이런 일을 듣지 못했는가? 왜 나에게 고하지 않았는가? 나의 충신은 오직 허조(許稠)뿐이로다. 내가 만일 이를 알았더라면 어찌 이 역사를 일으키려 했겠는가! 인명(人命)이 매우 소중하니 어찌 소홀히 할 수 있으리오!"

곧장 역사를 파할 것을 명하고 감독 총제(監督摠制) 박자청(朴子靑)을 소환했다. 자청(子靑)은 성질이 가혹하고 급해서 역사를 감독할 때마다 매번 빨리 이루려는 생각에 밤낮을 가리지 않고 인부를 재촉했기 때문에 가는 곳마다 모두 사람들이 고통을 겪었다.

다시 졸기다.

신묘년(辛卯年-1411년)에 예조참의로 승진되어 글을 올려 처음으로 학당(學堂)과 조묘(朝廟) 의식을 세우고, 아래로는 신서(臣庶-신하와 일반 서민)의 상제(喪制)에 대한 법식에 이르도록 참작(參酌)하고 증손(增損-더하고 덜어냄)해 상전(常典)을 이루었으니, 이때부터 의례상 정소 제조(儀禮詳定所提調)를 겸했다. 처제(妻弟)가 있었는데, 일찍 과부가 되고 자식이 없었으므로 조(稠)의 장자(長子)인 허후(許詡)를 후계로 삼아서 노비[臧獲]·전택(田宅)·자재(資財)를 다 주겠다고
장획

512

했으나 조(稠)가 굳게 사양하며 말했다.

"내 자식이 비록 재주가 없으나 집을 계승할 자이다. 만약 재보(財寶)를 많이 얻으면 반드시 호치(豪侈)한 마음이 생길 것이다."

굳게 거절하고 끝내 들어주지 않았다.

병조와 이조의 참의를 지냈는데, 하루는 (상을) 면대하기를 청해 아뢰었다.

"강무는 군국(軍國)의 중대사이니 비록 폐지할 수는 없습니다. 그러나 무릇 혈기(血氣)가 있는 종류는 군자가 몸소 죽이지 않는 바입니다. 더욱이 험조(險阻-험난)한 곳을 달린다는 것은 위험이 측량할수가 없고, 혹시 맹수라도 만나면 장차 어찌하겠습니까? 바라건대상께서는 삼가시어 친히 쏘고 사냥하지 마옵소서."

눈물이 흐르는 것을 깨닫지 못한 채 잇대어 강무장이 너무 많아서거민(居民-거주민)들이 받는 폐해를 극력 진술하니 태종이 가납했다.

병신년(丙申年-1416년)에 예조참판에 제수되자 상이 특별히 명해 봉상 제조(奉常提調)로 삼으니, 수리하고 건설하는 것이 많았다.

무술년(戊戌年-1418년)에 세종(世宗)께서 선위(禪位)를 받으시자 예조판서에 제수되었고, 신축년(辛丑年-1421년)에 의정부 참찬이 되었다. 이때 태종이 세종께 일러 말했다.

"이 사람은 진실로 재상(宰相)이다."

뒤에 풍양이궁(豊壤離宮)에서 곡연(曲宴)을 했는데, 연회가 파한 뒤에 태종이 명해 조(稠)를 앞으로 나오게 하더니 손으로 조의 어깨를 짚고 세종을 돌아보며 말했다.

"이 사람이 나의 주석(柱石)이다."

임인년(壬寅年-1422년)에 태종이 훙하니 조가 항상 최복(衰服-상복)

을 옆에다 두고 매양 슬피 울었다.

허조는 세종 재위 기간 내내 이조판서를 맡아 공정한 인사로 이름을 남겼으며, 1438년 우의정이 되고 이듬해 좌의정에 올라 세상을 떠났다.

그가 세상을 떠날 때 남긴 말이 졸기에 남아 있다.

"태평한 시대에 나서 태평한 세상에 죽으니 천지간(天地間)에 굽어 보고 쳐다보아도 호연(浩然)히 홀로 부끄러운 것이 없다. 이것은 내 손자가 미칠 바가 아니다. 내 나이 70이 지났고 지위가 상상(上相)에 이르렀다. 성상(聖上)의 은총을 만나 간(諫-간언)하면 행하시고 말하면 들어주시었으니, 죽어도 유한(遺恨-남은 한)이 없다."

다음 임금을 위해 아껴둔 재상감 이직

먼저 2가지 대비되는 장면부터 살펴보자.

첫째, 1차 왕자의 난이 일어나던 태조 8년(1398년) 8월 26일 밤, 실록에 따르면 이직(李稷, 1362~1431년)은 정도전·남은·심효생 트리오를 비롯해 판중추 이근, 전 참찬 이무, 홍성군(興城君) 장지화 등과 함께 태조의 병을 시중든다는 핑계를 대고 밤낮으로 경복궁 옆 송현(松峴)에 있는 남은의 첩 집에 모여 이방원 등을 제거할 것을 비밀리에 모의했다고 한다.

이날 이무가 배신한 덕에 정안군 이방원은 남은의 첩 집을 급

습했다. 이때 이직의 모습을 실록은 이렇게 전하고 있다.

"이직은 지붕으로 올라가서 거짓으로 노복(奴僕-노비)처럼 하고 불을 끄는 시늉을 하다가 마침내 도망쳐 빠져나갈 수 있었다."

둘째는 태종 13년(1413년) 10월 22일 기사다.

애초에 상이 하륜(河崙)과 이숙번(李叔蕃)을 불러 말했다.
"지금 (우정승) 조영무가 병든 지 날이 오래이니 누가 대신할 만한 자인가? 내가 『송사(宋史)』를 보니 재상이 된 자가 혹은 파직되고 혹은 제거되는 일이 거의 없는 해가 없었다. 나는 재상이 될 자로서 그 적당한 사람을 고르기가 실로 어렵다고 생각한다. 태조 때의 재상은 오직 조준, 김사형뿐이다. 이제 이직(李稷)이 있어 그 직임을 대신시키는 것이 마땅하나, 세자 때에 이르러 어찌 재상이 없을 수 있겠는가? 또 이직이 좌상(左相)과 더불어 친척의 혐의가 있으니 지금은 불가하고, 오직 남재가 있을 뿐이다. 다만 남재는 모든 일에 용기 있게 행동함에 있어 나약하지만 이를 재상으로 삼는 것이 어떠할까?"

태종은 이미 자신보다는 다음 임금을 위해 아껴두어야 할 재상감으로 이직을 꼽고 있다. 늘 미래를 그리고 준비하는 태종 모습인 동시에 태종이 이직을 어떻게 생각하는지를 보여주는 장면이다. 이직은 하륜 아내 이씨의 사촌 동생이었고, 태조 사위 이제(李濟, ?~1398년)와는 같은 성주 이씨 집안이었으며, 또 민무휼 장인이었다. 이 점은 매우 불리한 요인이다. 그런데 이직은 어떻게 저

편에 있다가 태종이 키우는 핵심 인재로 변모할 수 있었을까? 이런 의문을 품고서 그의 관력을 추적해보자.

이직은 1377년(우왕 3년) 16세로 문과에 급제, 경순부 주부(慶順府注簿)에 보직되고 1386년 밀직사 우부대언을 거쳐 공양왕 때 예문관 제학을 지냈다. 1392년 이성계를 도와 조선 개국에 공헌해 개국공신 3등으로 성산군(星山君)에 봉해졌고, 1393년(태조 2년) 도승지·중추원학사로서 사은사(謝恩使)가 되어 명나라에 다녀왔다. 1397년 대사헌에 올랐고 얼마 후에 1차 왕자의 난을 당해 관직에서 물러났다. 그런데 이듬해인 1399년(정종 1년) 4월 중추원 지사 겸 서북면 도순문찰리사가 되어 왜구의 침입을 막아냈다. 과연 이직은 어떤 배경이 있었기에 1차 왕자의 난 때까지 정안군의 반대편에 있었음에도 불구하고 죽음을 면했을 뿐 아니라 오히려 곧바로 관직을 받고 승승장구할 수 있었을까?

1차 왕자의 난이 일어난 것이 1398년 8월인데 중추원 지사(정2품)로 복귀한 것은 1399년 4월이니, 채 1년도 안 되어 고위직으로 돌아온 셈이다. 물론 중추원 지사는 한직이지만, 다시 8개월 후인 12월에는 요직인 문하부 지사로 옮긴다. 이듬해 삼사좌사(三司左使)로 옮긴다.

유감스럽게도 실록에는 그에 대한 설명은 나오지 않는다. 추측한다면 정안군이 이직의 재주를 아껴 살려주었다고 볼 수밖에 없다. 그는 1400년 2차 왕자의 난 때는 세자 이방원을 도와 1401년(태종 1년) 좌명공신 4등에 이름을 올린다. 그 후 이직은 부침(浮沈)을 조금 겪기는 하지만 태종대 순조롭게 승진을 거듭한다. 이때부터 1418년까지의 관력(官歷)을 줄기를 통해 정리해보자.

신사년(辛巳年-1401년)에 좌명공신 4등에 책훈되고, 곧바로 참찬의 정부사(의정부 참찬사)로 바꾸어 추충익대개국좌명공신의 호를 더했다. 사명(使命)을 받들고 북경에 가서 고명(誥命)과 인장(印章)을 청해 받아서 돌아왔는데, 어떤 사건으로 양천현(陽川縣)에 안치되었다가 임오년(壬午年-1402년)에 석방되어 다시 참찬의정부사에 제수되었다. 영락(永樂) 계미년(癸未年-1403년)에 판사평부사(判司平府事-사평부 판사)에 임명되었는데, 전(箋-짧은 글)을 올려 사양했으나 윤허되지 않았다. 을유년(乙酉年-1405년)에 비로소 육조판서를 두어 계급을 정2품으로 올렸는데, 직(稷)이 이조판서에 임명되었다. 정해년(丁亥年-1407년)에 동북면 도순문찰리사, 영흥부윤으로 나갔다가 곧 의정부 찬성사로 불러 들여져서 사헌부 대사헌을 겸했다. 무자년(戊子年-1408년)에 다시 이조판서가 되고, 경인년(庚寅年-1410년)에는 천릉도감 제조로서 경원부(慶源府)에 이르러 덕릉(德陵)·안릉(安陵) 두 능을 함흥부로 받들어 옮겼다. 임진년(壬辰年-1412년)에 성산부원군(星山府院君)으로 오르고, 갑오년(甲午年-1414년)에 의정부 판사가 되자 전을 올려 사직했으나 윤허 받지 못했고, 얼마 안 되어 의정부 우의정에 올랐다. 황제가 북정(北征)해 개선하자 직이 표(表)를 받들고 가서 진하했다. 을미년(乙未年-1415년)에 죄로 인해 성주(星州)에 안치되었다가, 임인년(壬寅年-1422년)에 소환되어 다시 성산부원군에 봉해졌다.

여기서 짚어야 점은 2가지다. 첫째, 1405년 관제개혁으로 육조판서 제도를 실시하면서 가장 중요한 자리인 이조판서를 맡을 첫 인사로서 이직을 임명했다는 점이다. 태종은 인사를 맡길 만큼 그의 재주를 높이 평가했다. 둘째는 잠깐이나마 태종 때 우의정에 올랐다는 점이다. 태종은 이미 그를 정승감으로 눈여겨보고 있었다.

그가 을미년에 성주로 쫓겨난 이유는 황희와 마찬가지로 세자 교체를 반대한 때문이다. 당시 하륜은 이직을 지켜주려 했다. 하륜 졸기에 나오는 대화 한 대목이다.

> 을미년 여름에 이직이 그 향리에 안치되었는데, 하루는 하륜이 예궐하니 상이 내진에서 인건했다. 륜이 말없이 웃으니 상이 그 까닭을 물었다.
>
> 륜이 대답했다.
>
> "이직의 죄가 외방에 내칠 죄입니까?"
>
> 상이 대답하지 않았다.

게다가 이직은 민무휼 장인이라는 사실이 불리할 수도 있었다. 그러나 결국 황희와 같은 때 태종으로부터 부름을 받았고, 세종 즉위 초인 1424년 영의정, 1426년 좌의정에 오른다. 이는 태종 뜻에 따른 인사다.

왜 태종은 이처럼 많은 결함에도 불구하고 이직을 아꼈던 것일까? 그는 어떤 재주를 지닌 인물이었을까? 다행히 태종 11년(1411년) 1월 20일 자 실록에 이직에 대해 태종이 갖고 있던 생각이 드러난다. 그때 조정에서는 국방 현안으로 토론이 격렬하게 벌어지고 있었다.

태종은 명나라에 사신으로 갔다가 귀국 중인 이직을 염두에 두고 이렇게 말한다.

"성산군(星山君) 이직(李稷)이 한경(漢京)에서 온다고 하는데, 그도 역시 모의를 잘하는 사람이다. 어찌 그에게 자문(咨問)하지 않을 수 있겠는가?"

모의(謀議)를 잘한다는 것은 태종에게는 '정승감'이라는 말과 같다. 하륜 또한 모의를 잘하는 경우였다. 앞서 본 조연(趙涓)과는 전혀 다른 면모다. 태종 18년(1418년) 5월 12일 자 실록에는 황희 퇴출 기사와 더불어 세월이 지나 임인년(1422년)이 되자 상왕이 세종에게 황희와 이직을 불러올리라는 명을 전했다는 대목이 함께 적혀 있다.

세월이 지나 임인년에 태종이 우리 전하에게 일러 말했다.
"이직과 황희는 비록 죄를 범하기는 했으나 일에 정통한[諳鍊] 구인 (舊人)이므로 버릴 수 없다. 가히 불러서 쓸 만하다."
드디어 소환하도록 명해 우리 전하가 뒤에 모두 크게 썼다.

구인(舊人)이란 그냥 오래된 사람이 아니라 앞 시대 인재라는 뜻이다. 여기서 황희와 이직에 대해 암련(諳鍊)하다는 표현을 쓰고 있다. 암련(諳鍊)이란 처사정심(處事精審), 즉 일 처리가 정밀하고 자세해 훤하게 통달하고 있다는 말이다. 태종이 늘 염두에 두었던 주도면밀(周到綿密)과 그대로 통한다. 일 잘하는 능력이 이직을 구제한 것이라 하겠다.

하연: 태종, "경이 대간에 있을 때 의연하게 일을 말했기에 나도 곧 경을 알아보았다."

하연(河演, 1376~1453년)은 정몽주의 문인으로 1396년(태조 5년) 문과에 급제해서 봉상시 녹사를 거쳐 직예문춘추관수찬관이 되었다. 태종 초에는 주로 이조정랑, 사헌부 장령 등을 역임했다. 태종 17년(1417년) 3월 30일에는 사헌부 집의(종3품)로서 이숙번의 불충한 죄를 청하기도 했다. 아마도 태종은 이 점을 높이 평가했을 것이다. 공신을 두려워하지 않고 탄핵했기 때문이다. 얼마 후에 그는 우대언이 된다. 태종은 눈여겨보던 중견 인재가 있으면 일단 승정원에 두었는데, 마침내 하연이 근신(近臣)이 된 것이다. 세종 즉위년(1418년) 8월, 세종의 첫 지신사(知申事-훗날의 도승지)로 하연이 발탁된다. 이 인사는 누가 보아도 세종이 아닌 태종이 내린 결정이다. 이제 단종 1년(1453년) 8월 15일 자 하연의 졸기를 통해 관련 부분을 살펴보자.

여러 관직(官職)을 더해 사헌부 집의에 이르렀다가 승정원 동부대언에 발탁(拔擢), 제수되었다. 이때 태종이 하연의 손을 잡고 말했다.

"경은 이 벼슬에 이른 까닭을 아는가?"

대답했다.

"알지 못합니다."

태종이 말했다.

"경이 대간에 있을 때 의연하게 일을 말했으므로 내가 마침내 경을 알아보았다."

세종이 내선(內禪-선위)을 받자 지신사에 제수했다. 이때 나라에 일이 많았는데 하연이 조심하고 근신해 그 사이에서 일을 주선(周旋)하니 두 임금의 은우(恩遇-은혜와 예우)가 매우 융숭했다. 예조참판에 제수하고 대사헌으로 옮겼는데, 부도(浮屠-불교)의 일을 논하니 세종이 기꺼이 받아들여서 조계종(曹溪宗) 등 7종(宗)을 혁파하고 단지 선(禪)·교(敎) 2종만 두었으며 아울러 주군(州郡)의 사사(寺社-사찰)와 토지를 헤아려 줄였다. 뒤에 평안도 관찰사가 되었다가 어떤 일로 파면되어 천안군(天安郡)으로 귀양 갔으나, 얼마 안 되어 불려와 병조참판에 제수됐다가 형조판서·이조판서로 승천했으며, 의정부 참찬 겸 판이조사(判吏曹事)에 천전(遷轉-승진)했다. 여러 번 승진해 좌찬성과 좌의정에 이르렀고, 나이가 70이 되자 궤장(几杖)[20]을 하사받았다.

다만 하연은 판서감이기는 했어도 정승감이라고 하기에는 무리가 있다. 이 점은 졸기 후반부에 나오는 인물평에서 알 수 있다.

묘당(廟堂-의정부 건물)에 있은 지 전후 20여 년에 사대부를 예(禮)로 대접하니, 문(門)에서 사알(私謁-사사로운 청탁)을 받지 아니하고 처음에서 끝까지 근신하며 법을 잡고 굽히지 아니했다. 태평 시대의 문물(文物)을 지킨 정승이라 이를 만하다. 그러나 그 논의가 관후(寬厚)함을 숭상하지 않아 대신의 체면을 조금 잃었고, 늘그막에는 일

---

20 70세 이상의 연로한 대신들에게 내린 하사품이다. 궤는 팔을 의지하는 목조 가구이고, 장은 지팡이를 말한다.

에 임해 어둡고 어지러웠으나 오히려 한가롭게 세월을 보내면서 물
러가지 않다가 치사(致仕-은퇴)하기에 이르렀다. 또 급하지 않은 일
을 가지고 글을 올리니, 이때 사람들이 이로써 잘게 여겼다. 그러나
처음부터 끝까지 온전함을 지키기[保全]를 하연과 같이 한 이 또한
_{보전}
적었다.

3 —

태종이 길러 세조의 정승이 된 정인지:
"정인지는 크게 등용할 만하다"

정인지(鄭麟趾, 1396~1478년)는 태종이 장원급제자로 직접 뽑은 신하다. 먼저 태종 14년(1414년) 3월 11일 자 실록 속으로 들어가 보자.

문과 급제를 방방(放榜)[21]했는데 정인지를 제일(第一)로 뽑았다.
조서강(趙瑞康) 등을 복시(覆試-2차 시험)하는데, 춘추관 영사 하륜,
춘추관 지사 정탁, 예조판서 설미수에게 명해 독권(讀卷-시권을 읽음)
하게 했다. 륜 등이 대책(對策) 3통[道]을 골라서 대언 탁신에게 주
어 바치면서 말했다.

---

21 과거에 급제한 사람에게 증서를 주는 일을 가리킨다. 문무과(文武科)는 붉은 종이로,
생원(生員)·진사(進士)는 흰 종이로 주었으므로 홍패(紅牌)·백패(白牌)라고 했다.

"장원은 신 등이 정할 수 있는 바가 아닙니다."

상이 말했다.

"세 시권(試券-시험 답안지)의 잘되고 못 된 등급은 어떠한가?"

신이 대답했다.

"두 시권은 서로 비슷하고 하나의 시권은 조금 아래입니다."

상이 말했다.

"내가 집는 것이 장원이다."

두 시권을 바치도록 해서 능숙한 솜씨로[信手] 그중 하나를 집으니,
바로 인지(麟趾)였다. 류가 헌의해 처음으로 을과(乙科) 3인을 고쳐
서 을과(乙科) 제1등 급제(第一等及第)로 하고, 병과(兵科) 7인을 을
과 제2등 진사(第二等進士)로 하고, 동진사(同進士)를 을과 제3등 동
진사(第三等同進士)로 하고, 은사(恩賜)를 은사 을과(恩賜乙科) 제3등
동진사(第三等同進士)로 했는데, 이는 대개 원조(元朝-원나라)의 과거
예를 본뜬 것이다. 인지를 예빈 주부(禮賓注簿)로 삼았다.

그 후 태종 때는 홍문관 부교리, 예조좌랑 정도로 6품 수준의
관직을 지낸 것이 전부다. 그런데 그의 졸기를 보면 아주 일찍부터
태종은 정인지를 매우 높이 평가했음을 확인할 수 있다. 성종 9년
(1478년) 11월 26일 정인지 졸기를 따라서 태종이 사람 보는 안목
을 느껴보자.

신묘년(辛卯年-1411년)에 16세로 생원시에 합격했다. 갑오년(甲午
年-1414년)에 문과 제일(第一)로 뽑혀 예빈시 주부에 제수되었고, 사
헌부감찰·예조좌랑을 거쳐 병조좌랑으로 옮겼다. 어느 날 여러 신

하가 조정에 모였는데 인지가 전폐(殿陛-정전 계단)에서 모셨다. 태종이 명해 앞에 나오게 하고 말했다.

"내가 그대의 이름을 들은 지 오래였으나, 다만 얼굴을 알지 못했을 뿐이다."

머리를 들게 하고서 자세히 본 뒤에 태종이 세종에게 말했다.

"나라를 다스림은 인재를 얻는 것보다 먼저 해야 할 것이 없는데, 정인지는 크게 등용할 만하다."

그 후 여러 번 승진해 예조·이조 정랑과 집현전 응교에 전직되었고, 정미년(丁未年-1427년)에 문과중시에 장원해 집현전 직제학에 제수되었으며, 이어 모친상을 당했다. 세종이 바야흐로 문학을 숭상해 경연관을 중하게 선발했는데, 무신년(戊申年-1428년)에 특별히 기용해 부제학에 경연시강관으로 삼았다. 인지가 이를 굳게 사양했으나 윤허하지 않았다.

경술년(庚戌年-1430년)에 우군 동지총제로 예문관제학·인수부윤(仁壽府尹)·이조참판을 역임했다. 당시 정인지의 아버지 흥인(興仁)이 노경(老境)으로 부여현(扶餘縣)에 살고 있었는데, 인지가 귀양(歸養)하기를 희망했으나 세종이 윤허하지 않고 이어 충청도관찰사로 제수했다.

병진년(丙辰年-1436년)에 부친상을 당하자 세종이 부의(賻儀)를 특사(特賜-특별 하사)했고, 무오년(戊午年-1438년)에 예문관 제학(藝文館提學)에 제수되었다가 형조참판(刑曹參判)으로 천직(遷職)되었다. 세종이 판서 정연(鄭淵, 1389~1444년)[22]에게 물었다.

---

22 안평대군 이용(李瑢)의 장인이다. 1405년(태종 5년) 생원시에 합격하고 음보(蔭補)로

"경을 대신할 만한 자가 누구인가?"

연이 대답했다.

"인지가 재주와 덕망(德望)이 출중합니다."

마침내 발탁해 판서로 삼았다. 예문관 대제학, 의정부 우참찬, 예조·이조·공조 판서와 의정부 좌참찬을 역임했다. (문종 때인) 임신년(壬申年-1452년)에 병조판서에 제수되고 얼마 안 되어 중추원 판사로 옮겨졌다.

계유년(癸酉年-1453년)에 세조가 정난(靖難)할 때 인지가 대책(大策-임금을 징하는 일)을 참결(參決-참여해 결정함)함으로써 의정부 우의정으로 승진하고 추충위사협찬정난공신(推忠衛社協贊靖難功臣)의 위호를 받았으며 하동부원군(河東府院君)에 봉작되었다. 을해년(乙亥年-1455년)에 세조가 즉위하고는 영의정으로 승진하고 동덕좌익공신(同德佐翼功臣)의 위호를 받았다. 병자년(丙子年-1456년)에 부원군(府院君)으로 체봉(遞封)되고, 곧이어 다시 영의정에 제수되었다.

무인년(戊寅年-1458년)에 부원군에 체봉되었는데, 일찍이 세조와 더불어 유교와 불교의 시비(是非)를 논란하던 중에 세조의 뜻에 거슬러 부여현(扶餘縣)으로 유배 갔다가, 한 달이 지나자 소환되어 다시 부원군에 봉해진 것이다. 을유년(乙酉年-1465년)에 나이 70세였는

지평에 재직 중 당시 수상이던 하륜을 탄핵한 일로 순금사(巡禁司)에 내려져 국문을 받았으나 속죄되어 풀려났다. 도관(都官)·정랑을 거쳐 종부시 소윤(宗簿寺少尹)에 올랐다. 1420년(세종 2년) 장령이 되었을 때 상왕(上王-태종)이 철원에 가려는 것을 간하다가 진산에 유배되었다. 1424년 다시 장령이 되고, 이어 선공감정·집의·동부대언, 형조·이조·병조의 참판을 지냈다. 1430년 천추사로 명나라에 다녀와 인순부윤(仁順府尹)·중추원사, 형조·병조의 판서를 지냈으며, 1442년 사은 겸 주문사(謝恩兼奏聞使)로 다시 명나라에 다녀왔다.

데, 치사(致仕)하기를 청했으나 윤허하지 않고 궤장을 내려주었다.

예종(睿宗)이 즉위하고 남이(南怡)가 모역죄로 복주(伏誅)되자 정난익대공신(定難翊戴功臣)의 위호를 내렸고, 성종(成宗)이 즉위하고는 순성명량경제좌리공신(純誠明亮經濟佐理功臣)의 위호를 내렸다. 이때에 와서 졸(卒)했는데, 나이가 83세였다.

인지는 타고난 자질이 호걸(豪傑)스럽고 영매(英邁)하며 마음이 활달했고, 학문이 해박해 통하지 아니한 바가 없었다. 세종이 천문(天文)과 역산(曆算)에 뜻을 두었으나 그 대소(大小)의 간의(簡儀), 규표(圭表) 및 흠경각(欽敬閣)·보루각(報漏閣)의 제작(製作)에 있어서 다른 신하(臣下)들은 그 깊이를 이해하지 못했는데, 세종이 말했다.

"정인지만이 이것을 함께 토의할 수 있다."

명해 그것들을 모두 담당하게 했다. 또 역대 역법(曆法)의 같고 다른 점과 일식(日食)·월식(月食)·오성(五星)·사암(四暗), 그리고 전도(躔度-천체 운행의 도수)의 유역(留逆-순역(順逆)) 관계를 편찬하게 했는데, 가령 인지가 직접 맡아서 계산한 것은 추보(推步-천체 관측)함이 매우 정확해 노련(老鍊)한 일관(日官)이라도 따라갈 수 없었다. 그 밖에 『자치통감훈의(資治通鑑訓義)』·『치평요람(治平要覽)』·『역대병요(歷代兵要)』·『고려사(高麗史)』도 정인지가 참여해서 만들었다. 정인지가 일찍이 말했다.

"국가에서 일일이 현지를 답사해 조사한 뒤에 세금을 매기는 것은 선왕(先王)의 제도가 아닙니다."

글을 올려 공법(貢法)[23]을 중지할 것을 청했는데, 여러 신하가 각각

---

23 조선조 세종 26년(1444년)에 규정한 지세(地稅) 제도로, 전분(田分) 6등, 연분(年分)

자기의 소견을 고집해 논의가 분분했다. 세종이 마침내 인지의 계책에 따르기로 하고 이에 인지를 순찰사(巡察使)로 삼아서 충청도·경상도·전라도의 토지의 품질을 살펴보고 그에 알맞은 법을 제정하게 하니, 백성이 매우 편리하게 여겼다. 중국의 조사(詔使-사신)인 시강(侍講) 예겸(倪謙)이 왔을 때 인지를 관반(館伴)[24]으로 삼았는데, 어느 날 밤늦게까지 자지 않고 있다가 예겸이 말했다.

"이 달은 어느 분야(分野)[25]에 있소?"

인지가 대답했다.

"동징(東井-지금의 쌍둥이자리)에 있소이다."

예겸이 탄복했다. 인지의 문장(文章)은 호한(浩汗-넓고 큼)하고 발월(發越-기상이 뛰어남)해 조탁(雕琢-다듬어 손질함)함을 일삼지 않았다. 오래도록 문병(文柄-국가 문장을 짓는 권한)을 장악해, 고문대책(高文大冊-국가 또는 임금의 명에 의해 짓는 저술)이 그의 손에서 많이 나왔다.

9등법에 의해 조세를 거두어들였다.

24 서울에 머물러 있는 외국 사신을 접대하기 위해 임시로 임명한 관원으로, 대개 정3품 이상의 문관이었다.

25 옛날 천문학(天文學)에서, 하늘을 사궁(四宮)으로 나누고 다시 궁마다 일곱 성수(星宿)로 나눈 총 이십팔수(二十八宿)를 말한다.

4 ___

태종이 정승감으로 길렀으나 정승에 이르지 못한 조말생: "경을 대신의 자리에 두려 하나 아직 천천히 하려 하니 사양하지 말라!"

조말생(趙末生, 1370~1447년)은 태종 때 어떤 사람이었을까? 먼저 세종 29년(1447년) 4월 27일 졸기를 통해 알아보자.

어려서부터 총명하고 슬기로우며 학문에 힘써서, 신사년(辛巳 年-1401년 태종 1년)에 장원급제해 요물고 부사(料物庫副使)에 제수 되었다. 감찰(監察)·정언(正言)·헌납(獻納)을 거쳐 이조정랑으로 영 전했다가 정해년(丁亥年-1407년) 중시(重試)에 (변계량에 이어) 둘째 로 뽑혀 전농부정(典農副正)에 제수되었다. 이윽고 사헌장령에 제수 되어 직예문관(直藝文館)을 담당했고, 신묘년(辛卯年-1411년)에는 판 선공감사(判繕工監事-선공감 판사)가 되었다가 곧 승정원 동부대언 에 잠시 제배되었다. 여러 번 승진해 지신사가 되었고, 무술년(戊戌 年-1418년)에는 이조참판에 제수되어 품계를 뛰어 정덕대부(靖德大

夫)로 가자(加資-품계 승진)되니 말생(末生)이 사양하며 말했다.

"신이 오래 출납(出納-임금의 말과 신하의 말을 전달함)하는 지위에 있으면서 조금도 계옥(啓沃-의견을 내어 임금에게 도움이 되는 것)한 것이 없사온데 등급을 뛰어 제수하시니, 성은(聖恩)이 너무 지중해서 진실로 마음에 부끄럽습니다."

태종이 말했다.

"경을 대신 자리에 두고자 하나 아직 천천히 하려 하니, 사양하지 말라."

다음 달에 형조판서로 승진시켰다가 곧 병조판서로 옮겨 군정(軍政)에 관한 시종(侍從)을 맡게 하니, 태종이 총애하는 대우가 더욱 융숭했다.

이것만 봐서는 '정승 조말생'은 시간문제였다. 상왕 태종이 신왕 세종에게 조말생을 정승감으로 꼽았으리라는 것은 의심할 여지도 없다. 그러나 끝내 조말생은 정승에 오르지 못했다. 졸기 중에서 세종 때를 살펴보자.

병오년(丙午年-1426년)에 장죄(贓罪-장물죄)에 연좌되어 외직(外職-지방 관직)으로 좌천되었다. 무신년(戊申年-1428년)에 불러들였다가 임자년에 동지중추원사(同知中樞院事)가 되고, 이듬해 봄에 함길도 도관찰사가 되었다가 겨울에 병으로 사면했다. 갑인년(甲寅年-1434년) 9월에 중추원사에 제수되었고, 을묘년(乙卯年-1435년)에 판중추원사(判中樞院事-중추원 판사)가 되었다가 예문관 대제학으로 옮겼다. 무오년(戊午年-1438년)에 도로 중추원 판사가 되었으며, 기

미년(己未年-1439년)에 궤장을 받았다. 임술년(壬戌年-1442년)에 숭
록대부(崇錄大夫-종1품)에 승진하고, 갑자년(甲子年-1444년)에 보국
(輔國-정1품)으로 가자를 받았으며, 병인년(丙寅年-1446년)에 중추원
영사가 되었다. 이해(1447년)에 세상을 떠나니 나이가 78세였다.

세종 즉위년부터 병오년까지 8년 동안 조말생은 줄곧 병조판
서로 있었다. 그런데도 그는 의정부가 아닌, 원로원에 해당하는 중
추원에서 품계만 영의정에 준하는 영중추까지 지냈을 뿐이다. 중
앙 정치에서 더는 아무런 역할을 할 수 없었다.

졸기는 그가 끝내 정승에 오르지 못한 까닭을 뇌물죄 때문이
라고 적고 있다.

> 말생은 기개와 풍도가 넓고 컸으며[氣度恢洪] 일을 처리함에 너그럽
> 고 두터워[處事寬厚] 태종이 소중한 그릇으로 여겼으나, 옥에 티(뇌
> 물죄)가 신상에 오점이 되어 끝끝내 국무대신이 되지 못했다.

국무대신, 즉 정승이 되지 못한 점이 조말생에게 천추의 한이
었음을 졸기가 인정하고 있다.

사람됨에 있어 "넓고[恢] 크며[洪] 일 처리가 너그럽고[寬] 두
터웠다[厚]"면 타고난 정승감 아닌가?

태종 때도 뇌물 수수는 흔했다. 하륜이 그랬고 박은이 그랬다.
그렇다면 왜 세종은 끝내 조말생을 정승의 자리에 올리지 않았을
까? 그 해답은 세종 8년(1426년) 3월 7일 자에 담겨 있다. 세종이
직접 한 말이다.

"옛날에 오랫동안 정권을 잡고 있으면 안 된다는 말을 한 사람이 있었는데, 이제 생각하니 이해가 간다. 대체로 모든 관원을 임명함에 있어서, 임금이 그 사람을 알지 못하기 때문에 정무를 맡은 대신에게 이를 맡기는 것이요, 대신이 사람을 쓰는 것은 반드시 과거부터 알던 사람을 쓰게 되는 것이다. 그러므로 정무를 오래 잡으면 아무리 마음을 정직하게 가지는 사람일지라도 남들이 반드시 그가 사사로운 정실을 행사한다고 의심하는 것은 자연스러운 이치다. 지신사로부터 병조판서까지 10여 년간이나 정무를 잡은 사람으로는 조말생처럼 오래된 사람이 없더니, 과연 오늘과 같은 사건이 발생하고 말았다."

세종은 조말생이 저지른 뇌물 수수를 단순 뇌물죄가 아니라 사사로이 자기 권력을 행사한 문제로 인식했다. 정승은 임금을 돕는 자일 뿐 임금을 대신할 수 없는 존재다. 조말생은 세종의 역린(逆鱗)을 건드렸던 것이다.

이 질문, 즉 "왜 세종은 조말생을 정승으로 삼지 않았을까?"는 "왜 태조는 정도전을 정승으로 삼지 않았을까?"만큼이나 흥미로운 문제 제기다. 게다가 태종에서 세종으로의 권력 이양기에 줄곧 병조판서를 맡아 병권을 쥐었던 인물이 바로 조말생이다. 사실 조말생은 아버지 신하였다. 그럼에도 세종은 『논어』에 나오는 다음 두 구절을 명심했기에 8년 내내 조말생을 병조판서에 그대로 두었다.

첫째는 「학이(學而)」편에 나오는 공자의 말이다.

"아버지가 돌아가신 이후에도 3년이 지나도록 아버지의 뜻을 조금
도 잊지 않고 따른다면 그것은 효라고 이를 만하다."

우선 세종은 태종이 세상을 떠나고도 4년이 지나도록 아버지
의 뜻을 따랐다. 태종이 조말생에게 맡긴 병조판서 자리를 그대로
맡겼다.

둘째는 「미자(微子)」편에 나오는 말로, 주공(周公)이 아들 노공
(魯公)에게 당부한, 임금으로서 갖추어야 할 도리다. 특히 세종이
깊이 마음에 새겼을 내용이다.

"참된 군주는 그 친척을 버리지 않으며, 대신으로 하여금 써주지 않
는 것을 원망하지 않게 하며, 선대왕의 옛 신하들을 큰 문제가 없는
한 버리지 않으며, 아랫사람 한 사람에게 모든 것이 다 갖춰져 있기
를 바라지 않는다[無求備於一人=器之=寬]."
　　　　　　　무구비어일인　　　기지　　관

조말생으로서는 오히려 자신을 내치지 않은 세종에게 고마워
해야 할 일이었다. 단지 그는 본인 처신에서의 잘못, 즉 권세를 즐
긴 잘못으로 인해 끝내 정승 자리에 올라갈 수 없었을 뿐이다.

5 ──

정승에 올랐으나 부패해서 굴러떨어진 이원: 세종, "원은 이(利)만 탐하고 의(義)를 모르는 신하였다."

우선 이원(李原, 1368~1429년)의 관력부터 정리해보자.

무엇보다 그는 태종과 성균시 동년(同年)이다. 1385년 문과에 급제, 사복시승(司僕寺丞)을 거쳐 예조좌랑과 병조정랑 등을 역임했다. 1392년 조선이 개국하자 지평이 되었다. 지평은 사헌부 정 5품직이다. 1400년(정종 2년) 좌승지 때 이방원이 2차 왕자의 난을 평정하고 왕위에 오르는 데 협력한 공으로 1401년(태종 1년) 좌명공신 4등에 책록되었다. 그해 철성군(鐵城君)에 봉작되었고, 같은 해 공안부소윤을 거쳐 대사헌으로 있을 때 순군 윤종을 구타한 죄로 한때 파직되었다가 이듬해 복직되어 경기좌우도도관찰출척사가 되었다.

1403년 승추부 제학으로 있으면서 고명부사(誥命副使)가 되어 명나라에 다녀왔다. 이듬해 평양부윤으로 있으면서 서북면도순문찰리사를 겸했고, 1406년 의정부 참지사와 판의용순금사사(判義勇巡禁司事-의용순금사 판사)를 겸직했다. 이어 대사헌과 판한성부윤을 거쳐 1408년 태조가 승하하자 국장을 주관하는 빈전도감 판사(殯殿都監判事)가 되었고, 이듬해 경상도관찰사로 영상주목사를 겸직했다. 이해 철성부원군으로 진봉되었다.

1414년 영길도도순문사를 거쳐, 이듬해 6월 예조판서로 있다가 12월에 대사헌이 되었다. 이어 참찬을 거쳐 1416년 3월 한성부 판사, 5월 병조판서가 되었고, 1418년 우의정에 올랐다. 1419년(세종 1년) 영경연사(領經筵事)를 겸했고, 1421년 1월 사은사로 명나라에 다녀왔다. 그해 12월 좌의정으로 승진해서 우의정 정탁과 함께 도성수축도감 도제조가 되어 8도의 정부(丁夫-장정) 32만 5,000여 명을 징발, 1422년 1월부터 두 달에 걸쳐 토성이던 도성 성곽을 석성으로 개축했다.

1425년 등극사(登極使)로 다시 명나라에 다녀왔다. 이듬해 많은 노비를 불법으로 차지했다는 혐의로 탄핵되어 공신녹권(功臣錄券-공신에게 주는 공훈 사령장)을 박탈당하고 여산(礪山)에 안치되었다가 배소(配所-유배지)에서 죽었다.

전반적으로 보면 고려 말부터 문명(文名)이 알려져 조선 초기에 국기를 다지고 제도를 확립하는 데 많이 공헌한 중신이다. 그러나 말년에 부귀가 모이자 지나치게 위세를 부리다가 몰락을 자초한 인물이다.

눈여겨봐야 할 대목은 태종이 상왕이던 1421년(세종 3년) 12월, 우의정을 거쳐 좌의정에 올랐다는 사실이다. 그만큼 태종은 그가 지닌 이재(吏才)를 높이 평가했다. 그러나 세종은 노비나 뇌물 문제로 드러난 그의 탐욕을 매우 부정적으로 보았다. 세종 13년(1431년) 9월 8일, 세종은 안숭선을 불러 부왕의 신하들을 평가한다.

> "하륜·박은·이원 등은 모두 재물을 탐한다는 이름을 얻었는데, 륜은 자기 욕심을 채우기를 도모하는 신하이고 은은 임금의 뜻을 맞추려는 신하이며 원은 이(利-이익)만 탐하고 의(義-마땅한 도리)를 모르는 신하였다."

이원은 이익만 탐하고 마땅함을 모르는 신하였던 것이다.

6 ___

'인재 양성 사관학교' 승정원

태종이 만든 승정원

국왕 비서실 승정원(承政院)은 태조 때는 없던 기구다. 학계에
서는 흔히 태조의 관제개혁을 다룰 때 주로 의정부와 육조 관계에
만 관심을 둔다. 그래서 의정부 서사제(署事制)냐 육조 직계제(直啓
制)냐를 놓고서 재상 중심 정치와 왕권 중심 정치로 대별한다. 그
러나 승정원이 탄생하는 과정을 추적하다 보면 태종의 관제개혁
의 비밀을 고스란히 알아낼 수 있다. 게다가 태종 자신이 고려 말
밀직사 대언을 지냈기에 사헌부나 사간원 업무와 달리 승정원의
업무는 속속들이 잘 알고 있었다. 승정원과 관련된 구상을 일찍부
터 했으리라 볼 수 있는 대목이다.

정종 2년(1400년) 1월 28일 남재가 가장 먼저 정안공을 세자

로 삼아야 한다고 주창하고, 2월 1일 문하부 참찬사 하륜 등이 다시 청하자 정종도 이를 받아들인다. 마침내 2월 4일, 정안공은 세자가 되어 군국(軍國) 중대사를 맡았다. 정확히 두 달 후인 4월 6일 전격적으로 사병 혁파를 단행하고, 같은 날 중추원 소속이던 도승지와 승지를 독립시켜 승정원 도승지와 승지로 삼는다.

이 의미를 정확히 알려면 혁파된 사병들을 어떻게 관리하려 했는지부터 살펴야 한다. 승정원 탄생은 이 문제와 겉과 속 관계를 이루기 때문이다. 3월 15일 대사헌이 된 권근은 4월 6일 소(疏)를 올려 사병 혁파를 주장해 바로 그날 세자가 수용함으로써 실행에 옮겼다. 그런데 같은 날 그에 맞는 소 하나를 또 올렸다. 관제개혁소가 바로 그것이다. 그러나 새 관제의 골격은 하륜이 그렸다. 태종-하륜-권근 삼각편대가 함께 움직이고 있었다. 이날 실록 속으로 들어가 보자.

문하시랑 찬성사 하륜에게 명해 관제를 다시 정하게 했다.

도평의사사(都評議使司)를 고쳐 의정부(議政府)로 하고 중추원(中樞院)을 고쳐 삼군부(三軍府)로 해서, 직임이 삼군(三軍)을 맡은 자는 삼군에만 전적으로 나가고 의정부에는 참여하지 못하게 했다. 좌복야(左僕射)·우복야(右僕射)를 고쳐 좌사(左使)·우사(右使)로 하고, 다시 예문관(藝文館)의 태학사(太學士) 1원(員), 학사(學士) 2원(員)을 두었다. 중추원 승지(中樞院承旨)를 고쳐 승정원 승지(承政院承旨)로 하고, 도평의사사 녹사(都評議使司錄事)를 고쳐 의정부 녹사(議政府錄事)로 하고, 중추원 당후(中樞院堂後)를 고쳐 승정원 당후(承政院堂後)로 했다.

조준(趙浚)을 평양백(平壤伯), 이화(李和)를 영삼사사(領三司事) 판의정부사(判議政府事), 이거이(李居易)를 판문하의정부사(判門下議政府事), 성석린(成石璘)을 판의정부사(判議政府事), 민제(閔霽)를 판의정부사로 삼았다. 성석린의 공신호를 고쳐 동덕찬화(同德贊化)라 하고 민제를 동덕좌명(同德佐命)이라 하면서 아울러 녹군국중사(錄軍國重事)를 가(加)하고, 정탁(鄭擢)을 예문춘추관(藝文春秋館) 태학사(太學士)로 삼았다. 도총제(都摠制) 이하는 의정부사(議政府事)를 겸하지 못하게 하고, 정구(鄭矩)를 승정원(承政院) 도승지(都承旨)로 삼았다. 이에 앞서 대성(臺省)에서 다시 교장(交章)을 올려 말했다.

'병권은 흩어서 통속(統屬)이 없게 할 수 없고, 또한 치우쳐서 혼자 전장(專掌)하게 할 수 없습니다. 흩어져서 통속이 없으면 그 위엄이 나눠지고 치우쳐서 혼자 전장하면 그 권세가 옮겨지니, 위엄이 사람에게 나뉘거나 권세가 아래에 옮겨지면 난(亂)을 일으키는 것은 마찬가지입니다. 신 등이 전일에 글장을 올려 사병(私兵)을 혁파하고 삼군부(三軍府)에 붙여서 위엄이 나뉘는 폐단을 막기를 청했는데, 곧 유윤(兪允)을 받았으므로 여러 사람이 마음으로 기뻐합니다. 그러나 중요한 군사를 한 부(府)에 돌린다면, 치우쳐서 맡게 하거나 권세가 옮겨지는 근심을 미리 막지 않을 수 없습니다.

신 등이 삼가 상고하건대, 예전에 병법의 설치에는 명령을 발하고, 군사를 발하고, 군사를 맡는 차등이 있었습니다. 명령을 발하는 자는 재상이요, 군사를 발하는 자는 중간에 있는 총제(摠制)요, 군사를 맡는 자는 명령을 받아서 행하는 자였습니다. 재상은 임금의 명령을 품(稟)한 것이 아니면 명령을 발하지 못하고, 총제는 재상의 명령이 있는 때가 아니면 군사를 발하지 못하고, 군사를 맡은 자는 총제의 명령이 있는 때가 아니면 행(行)할 수가 없었습니다. 상하(上下)가 서로 유지(維持)해 체통이 문란하지 않았으므로, 비록 변을 꾸미고자 하더라도 능히 스스로 움직일 수 없었습니다. 이것이 정해진 법이었습니다.

고려의 옛 제도는 당(唐)나라·송(宋)나라를 본받았는데, 성재(省宰)는 나라의 정치와 군국(軍國)의 일을 맡아서 통속하지 않은 바가 없었으므로 곧 명령을 발하는 자요, 중추(中樞)는 군기(軍機)를 맡았으므로 곧 총제(摠制)해 군사를 발하는 자요, 여러 위(衛)의 상장군(上將軍)·대장군(大將軍) 이하는 부병(府兵)을 전장(專掌)하며 숙위(宿衛)를 맡아서 변이 있을 때 작으면 낭중(郎中)·낭장(郎將)을 보내고 크면 장군(將軍) 이상을 보내 적(敵)에 대응케 함으로써 일찍이 패배한 적이 없었으니 바로 이것이 군사를 맡은 자입니다. (고려는) 원(元)나라를 섬긴 이후로 국가에 일이 많아서 성재(省宰)와 중추(中樞)가 모여 일을 의논했는데, 이것을 양부합좌(兩府合坐)라 했고 인하여 도평의사사(都評議使司)라 했습니다. 충렬왕(忠烈王) 이후로 부병(府兵)이 점점 무너지자 비로소 재상을 보내 군사를 거느리고 적에 대응했으니, 옛 제도가 아닙니다.

우리 태조(太祖)께서 개국한 처음에, 양부합좌하는 것을 인습해서 고치지 않고 의흥삼군부(義興三軍府)를 두어 군무(軍務)를 전장(專掌)하게 했습니다. 이로 말미암아 재상은 군정(軍政)을 듣지 못하고 중추(中樞)는 군기(軍機)를 맡지 못하니, 옛 법에 어그러지는 것입니다. 중추(中樞)의 벼슬이 실상 허직(虛職)이 되어, 인원은 많고 위계(位階)는 높지만 한갓 녹봉만 받을 뿐입니다.

바라건대 이제부터 중추(中樞)를 혁파하고 삼군부(三軍府)를 녹관

(祿官)으로 삼아서, 성재(省宰) 이상으로서 겸직할 수 있는 자는 곧 절제(節制)를 겸직하고, 녹관은 중추(中樞)의 예에 의해 지삼군(知三軍)·동지삼군(同知三軍)·첨서(簽書)·학사(學士) 각각 1원(員)으로 하되 모두 문관이나 혹은 무관 중에서 잘 모획(謀畫)하고 능하게 판단하는 자로 시켜서, 사사(使司)의 직함을 띠고 합좌(合坐)해서 군국(軍國)의 정사를 더불어 토의하게 하소서. 무릇 군(軍)에 관한 일이 있으면 사사(使司)에서 임금의 명령을 품(稟)해 받아서 삼군부(三軍府)로 옮겨, 재상이 명령을 발하는 법에 응하게 하소서. 여러 절제사(節制使)는, 성재(省宰)가 겸직하는 것을 제외하고는, 삼군(三軍)에 각각 1인을 녹관(祿官)으로 해서 비록 중추(中樞)를 지내어 위차(位次)가 지(知)·동지(同知)의 위에 있더라도 다만 1군(軍)만 절제(節制)하게 하소서. (여러 절제사는) 삼군(三軍)을 통솔할 만한 정도는 아니오니 사사(使司)의 직함을 띠는 것을 허락하지 말고, 직접 본부(本府)에 앉아 서울과 외방의 군무(軍務)를 다스리게 함으로써 총제(摠制)의 직책을 존중하게 하소서. 여러 위(衛)의 상장군(上將軍)·대장군(大將軍)은 합해 삼군부(三軍府)에 붙여 그 일에 이바지하게 하소서. 여러 절제사와 상장군·대장군 이하는 번(番)을 나눠 숙위(宿衛)해 불우(不虞)의 변에 대비하고 군사를 맡는 직임에 이바지하게 하되, 변이 있으면 절제(節制) 이하가 명령을 받아서 나가게 하소서. 이렇게 하면 이미 통속이 있어서 위엄이 나눠지지 않고 또한 혼자 전장(專掌)하기 어려워져서 권세가 옮겨가지 않으므로, 이름과 실상이 서로 부합하고 체통(體統)이 존엄해져서 실로 자손만대의 아름다운 법이 될 것입니다.'

가납(嘉納)했다.

과거 중추원은 군사 기능과 왕명 출납을 겸하고 있었다. 사병을 거느린 자들이 곧 권력이었기 때문이다. 그러나 중추원이 무력화되면서 그것이 삼군부와 승정원으로 나눠졌다. 병권과 정권을 분리해서, 병권이 임금-재상-총제-장군으로 내려가는 일관(一貫) 체제로 만듦으로써 병권을 가진 자들의 정치권력 행사를 차단하고 정치권력은 이와 별개로 왕으로부터 나오도록 설계했다.

따라서 처음으로 '말에 의한 정치 영역'이 탄생했다. 그전까지는 사병들을 거느린 세력들 간 파워 게임이 정치였다. 요즘 식으로 말하면 군사정치가 사라지고 처음으로 병권에 대한 문민통제시대가 열린 것이다. 그것은 정치시대 서막이 열린 것이기도 했다.

관직 나눠 먹기식 파워 게임으로 재상이 되던 시대는 끝이 나고 드디어 문신 관료들이 능력과 충성으로 재상이 될 수 있는 길이 열렸다. 물론 태종 중반기까지는 다수 공신이 있었기 때문에 곧장 시행할 수는 없었다. 그러나 태종이 머릿속에 그려둔 사병 혁파 구상은 이미 그 방향까지 염두에 두고 있었다. 미래 기획형 리더십이 제대로 발휘된 것이다.

이런 점을 정확히 파악해야 태종 18년(1418년) 5월 11일 황희를 지방으로 내쫓으면서 태종이 했던 말 중에 나오는 다음과 같은 발언을 제대로 이해할 수 있다.

"비록 공신이 아니더라도 승선(承宣-승정원) 출신인 자를 보기를 공신과 같이 했다. 경 같은 자는 다년간 나를 섬겨 나의 마음을 알 것이다. 나는 항상 나를 위해 목숨을 바치리라고 생각했더니, 그 물음에 대답한 것이 곧지 못하고[不直] 이와 같은 것은 어째서인가?"
_{부직}

여기에 대언 혹은 승지에 대한 태종 생각이 고스란히 들어 있다. 황희에게만 해당하는 것이 아니다. 태종이 대언을 고르는 가장 중요한 원칙은 곧음[直_직]이었다. 그렇게 함으로써 장차 육조로 나아가고 사헌부나 사간원으로 갔을 때도 함께 정치할 수 있을 만한 사람을 고르고 길렀다. 실제로 승정원 지신사와 대언들은 대부분 중요한 자리로 진출하게 된다. 그 점에서 황희에게 '곧지 못하다'라고 말한 것은 내치겠다는 말과 다르지 않다.

관제개혁은 태종 5년(1405년)과 태종 14년(1414년)에 다시 이뤄지지만, 승정원 문제와 관련해서는 정종 2년(1399년)에 이방원이 세자로서 단행한 관제개혁이 가장 큰 의미를 갖는다. 예를 들면 태종 5년의 개혁 중에서 승정원 부분만 보자.

> 그전까지는 대언(代言) 다섯 사람으로 이조(吏曹)·병조(兵曹)·호조(戶曹)·예조(禮曹)·공조(工曹)의 일을 맡게 했고[知=主掌], 다른 관직[他官] 종3품 이상인 사람으로 하여금 형조(刑曹)의 일을 맡아 도관(都官)에 나가 앉아서 노비의 소송(訴訟)을 판결하게 했는데 이를 일러 지부(知部)라고 했다. 이때에 이르러 비로소 대언으로 하여금 형조의 일을 맡게 하고, 형조 우참의(右參議)에게는 오직 도관(都官)[26]의 소송만을 맡게 했다.

비로소 육승지(六承旨) 체계가 갖춰졌다. 노비 문서 관리와 노비 소송을 제외하고는 형조에 대한 통제권도 승정원으로 넘어온

---

26 노비 부적(簿籍)과 결송(決訟)을 담당하던 형부의 속사(屬司)다.

것이다.

초기에는 약간 혼선도 있었다. 태종 1년(1401년) 7월 13일에 문하부를 의정부로 바꾸는 등 소규모 관제 개편을 단행했는데, 대부분은 명칭을 정리하는 수준이었다. 그러나 승정원의 경우에는 큰 변화가 온다. 의흥삼군부와 승정원을 다시 통폐합해 승추부(承樞府)가 생겨난 것이다. 이름에 승(承)자가 들어갔을 뿐 1년 전의 중추부로 회귀해버렸다. 첫 번째 승추부 판사로 조영무가 임명되었다. 이때는 아직 공신들 간 역학 관계가 안정되지 않아 믿을 만한 조영무에게 힘을 몰아서 맡긴 것으로 볼 수 있다. 태종 5년(1405년)의 관제개혁 때 승정원을 다시 승추부에서 분리시키고 승추부에 남아 있던 병권은 병조로 귀속시켰다. 더불어 문관 인사는 이조, 무관 인사는 병조가 맡게 했다. 군권에 대한 문민통제가 마침내 이뤄진 것이다. 그 결과 인사와 관련된 군정권(軍政權)은 병조가, 군사 동원과 관련된 군령권(軍令權)은 삼군도총제부가 갖게된다. 오늘날로 치자면 검찰 인사권은 법무부가, 수사권은 검찰총장이 갖는 것과 유사하다고 하겠다.

중추부 소속일 때는 정3품 도승지(都承旨) 외에 좌우 승지, 좌우 부승지가 있었다. 태종 1년에 다시 승추부 소속으로 들어가게되면서 도승지는 지신사(知申事), 승지는 대언(代言)으로 개칭되었다. 태종 5년의 개편으로 다시 승정원이 독립되자 지신사(知申事) 외에 좌우 대언, 좌우 부대언, 동부대언이 추가되었다.

이는 세종 15년(1433년)에 다시 한번 고쳐지게 된다. 이때 지신사를 도승지로, 대언을 승지로 고쳐 승정원 제도를 완비하고 육조 업무를 분담했다. 즉 도승지는 이조, 좌승지는 호조, 우승지는 예조, 좌부승지는 병조, 우부승지는 형조, 동부승지는 공조를 맡았으며, 이를 이방·호방·예방·병방·형방·공방의 육방(六房)이라 했다.

박석명에서 김익정까지

태종은 즉위하자마자 박석명을 도승지(都承旨)로 삼았다. 박석명(朴錫命, 1370~1406년)은 어릴 때부터 태종과 가까운 사이였다. 박석명 졸기다.

평양군(平陽君) 박석명(朴錫命)이 졸했다.

상은 석명(錫命)이 (충청도 천안 근처) 김제역(金蹄驛)에 이르러 병이 들었다는 말을 듣고 급히[亟=急] 충청도 관찰사에게 명해 말했다.
"만의 하나 불행하게도 죽는다면 빈장(殯葬)을 옮기는 중에 그 아비와 처자(妻子)의 소원을 따르도록 하고, 나의 명을 기다릴 것 없이 예(禮)를 갖추어 빈틈없이 대비하도록 하라."
상이 광연루(廣延樓)에 나아가서 일을 보는 중에 석명의 부음이 이르니 상은 고통스럽게 애도하기를 특별히 심하게 했다. 급히 광연루에서 내려와 철조(輟朝)하고 쌀과 콩 120석과 종이 200권을 내려주었으며 내사(內史-환관)를 보내 빈소에 사제(賜祭)했다.
석명은 (전라도) 순천(順天) 사람으로 재상 가흥(可興, 1347~1427년)[27]

---

27 우왕 때 밀직부사를 지냈으나, 1388년(우왕 14년) 이인임(李仁任)이 숙청당해 경산부

의 아들이다. 몸가짐과 외모[儀表]가 특출나고 시원시원했으며
[俊爽] 귀 밝고 일에 민첩했으며[聰敏] 도리에 아주 빼어났다[絶倫].
턱의 길이가 남들과 달라 스스로 호를 이헌(頤軒)이라 했다. 나이
16세에 과거에 급제해서 빠르게 화려한 요직[華要]의 자리로 승진했
고, 22세에 대언에 제배되었다.

고려가 망하자 귀의군(歸義君) 왕우(王瑀)의 사위였던 까닭에 8년
동안 침폐(沈廢-침체)해 있었다. 상이 즉위하면서 구교(舊交)가 있었
던 까닭에 불러서 좌승지에 임명했고, 지신사로 승진시켜 6년 동안
재직하게 했다. 눈 밝고 통달했으며 기억력이 뛰어나 상이 처음부터
끝까지 의지하고 믿음이 전후로 비할 사람이 없었으므로, 자급을 뛰
어 의정부 지사에 제배했다.

천성이 술을 좋아해 종일 거나하게 마셨으나 일을 결단하는 것이
물 흐르는 듯했다. 그러나 마음속에 다잡고 지키는 바가 없어 여색
(女色)에 빠졌고, 뜻이 높아서 남에게 굽히지 아니하고 독단적으로
결단하니 사람들이 자못 꺼렸다. 졸년(卒年)은 37세로 시호를 문숙
(文肅)이라 했다. 아들 셋를 두었는데 거비(去非)·거완(去頑)·거소(去
疎)[28]다.

(京山府)에 유배되자 그에 연루되어 순천으로 귀양 갔다. 공양왕 때 중랑장 이초(李
初)와 윤이(尹彝)가 명나라에 있으면서 명나라 힘을 빌려 시중 이성계를 제거하려고
모의할 때, 사신으로 명나라에 머무르고 있던 순안군 방(順安君昉)과 동지밀직사 조
반이 돌아와서 그 사실을 임금께 알렸다. 그로 인해 1390년(공양왕 2년) 이색과 우현
보 등 수십 명이 하옥되는 이초의 옥사가 일어났다. 이때 연루된 김종연(金宗衍)을 숨
겨주는 등 이성계 제거에 협력하다가 붙잡혀 유배당했다.

28 거소의 아들 박중손(朴仲善)은 훗날 예종과 성종 때 공신이었고, 그 아들 박원종(朴元
宗)은 연산군을 내쫓은 중종반정의 주역이다.

태종 5년(1405년) 12월 6일 박석명은 의정부 지사로 옮기고 후임은 황희(黃喜)가 맡았다. 의정부 지사는 정2품직으로 판서와 같은 급이다. 태종은 도승지를 잘 수행한 신하는 일단 의정부 지사로 옮겼다가 얼마 후에 그에 맞는 판서로 옮기는 인사 패턴을 일관되게 보여주었다. 그 패턴 제1호 수혜자가 박석명이었고, 제2호가 황희였다.

승지는 임금의 명을 받드는 자리이고, 의정부는 임금과 판서를 조정하는 자리이며, 판서는 분야별로 일을 맡아서 책임지는 자리다. 당시 황희가 발탁되는 과정에서의 일화가 세종 13년(1431년) 9월 8일 자 실록에 실려 있다. 앞서 보았던 세종의, 부왕의 신하들에 대한 안숭선과의 논평에서다.

"태종께서 황희를 지신사로 삼고자 해서 류(하륜)에게 의견을 물어보시니, 류이 말하기를 '희는 간사한 소인이오니 믿을 수 없습니다'라고 했다. 그러나 태종께서 듣지 않으시고 마침내 제수하셨다. 이로부터 류과 희는 서로 사이가 나빠져 매번 서로에 대해 단점을 말했다. 조말생은 류의 편이었는데, 류이 집정(執政-재상이 됨)하자 말생에게 (사헌부) 집의(執義)를 제수했다. 그때 희가 대사헌으로 있었는데 고신(告身-관리 자격)에 서경(署經-서명)하지 않았다. 류이 두 번이나 희의 집에 가서 청했으나 희가 듣지 않았다. 류이 항상 스스로 말하기를, '태종께서 희를 지신사로 삼기를 의논하시기에 내가 헐뜯어 말했더니, 희가 이 말을 듣고 짐짓 내 말을 이처럼 듣지 않는다'라고 했다. 또 희의 과실이 사책(史冊)에 실려 있는 것을 내가 이미 보았다."

4년 후인 태종 9년(1409년) 8월 10일, 황희를 의정부 참지사(參知事)로 보내고 안등(安騰)을 지신사로 삼았다. 그러나 1년 조금 지난 태종 10년(1410년) 12월 10일, 안등을 의정부 참지사로 보내고 김여지(金汝知)를 지신사로 삼았다. 태종 14년(1414년) 초부터는 이관(李灌)이 지신사를 맡았다.

그러나 이관은 1년도 그 자리를 지키지 못했고, 12월 3일 유사눌(柳思訥)이 뒤를 이었다. 그런데 유사눌마저 태종 16년(1416년) 3월에 불미스러운 일로 파면되고 3월 16일 그 뒤를 탁신(卓愼)이 이어받았는데, 탁신도 그 일에 연루되어 나흘 만에 파면되고 3월 25일 조말생(趙末生)이 지신사에 오른다.

조말생은 태종 18년(1418년) 6월 3일 세자 이제(李禔)를 폐하고 충녕대군 이도(李祹)를 세자로 삼기까지 기밀 업무를 도맡아보았다. 이어 양위(讓位-선위)를 한 달여 앞둔 7월 8일, 태종은 조말생은 병조판서로 승진시키고 이명덕(李明德)을 지신사로 삼는다. 그러나 양위 후 상왕 태종은 자신의 신하는 물러나야 한다며 인사를 새롭게 하라고 명한다. 그리하여 이뤄진 8월 11일의 인사 발령에서 이명덕은 이조참판으로 옮겨지고 하연(河演)이 지신사, 원숙(元肅)이 좌대언, 성엄(成揜)이 좌부대언, 이수(李隨)가 동부대언의 직을 맡게 된다. 세종이 어릴 때 그에게 학문을 가르쳤던 이수는 그 직전까지 사재감정(司宰監正-정3품 당하관)이었다. 그에 앞서 태종은 초보 왕 세종에게 이렇게 말했다.

"이명덕은 지신사가 된 지 한 달이 넘지 않았으나, 내가 이미 왕위를 내어놓았으니 명덕도 역시 벼슬을 내놓아야 한다. 주상이 일찍이 이

수에게 배웠으니, 지금 비록 직위가 낮다 하더라도 대언(代言-정3품 당상관) 벼슬을 줄 만하다. 모두 특진 발령하도록 하라."

태종이 상왕으로 있던 4년 동안 세종의 지신사는 하연에 이어 원숙(元肅)이 맡았다가 세종 2년(1420년) 12월 9일 김익정(金益精, ?~1436년)이 뒤를 잇는다. 그러나 세종 4년(1422년) 12월 10일 김익정이 어떤 일에 연루되어 파면되고 조서로(趙瑞老)가 그 뒤를 잇게 된다.

도승지를 지낸 근신들의 관력: 안등·김여지·이관·유사눌

이재(吏才)가 뛰어났던 안등

안등(安騰, ?~1417년)은 1400년(정종 2년)에 사헌부 시사(司憲府侍史-정4품직으로 뒤의 장령(掌令))를 거쳐 1404년(태종 4년)에 지사간원사(知司諫院事)가 되었다. 이때 사헌부 감찰 간의 싸움이 있었는데, 상관으로서 제대로 시비를 가리지 않고 무마하려 한 대사헌 김희선(金希善)과 집의(執義) 김자지(金自知)를 처벌해야 한다고 소를 올렸다. 1408년에는 판예빈시사(判禮賓寺事-예빈시 판사)로서 전라도에 가서 해안 방어 실태를 감찰했다. 1410년 참지의정부사(參知議政府事-의정부 참지사)를 거쳐 이듬해 경상도관찰사가 되었다. 이어서 대사헌을 거쳐 1415년에 충청도관찰사가 되었으나, 노모가 상주에 살고 있고 마침 경상도관찰사 이지강(李之剛)의 처부모는 평택에 살았으므로 관직을 서로 맞바꿔 다시 경상도관찰사가 되었다. 이듬해 한성부윤으로 전근되어 돌아왔다. 경상도 김해 근처에서 말을 방목하기 적합한 곳을 찾아내어 주위 7~8리(里) 규모로 담을 쌓고 양마(良馬)를 기르면 1만여 필을 확보할 수 있다고 건의해 실시되게 했다. 1416년 형조판서가 되었다.

무엇보다 이재(吏才)가 뛰어난 신하였다. 그의 졸기도 이 점을 부각했다.

마음가짐이 질박하고 곧았으며[操心質直]²⁹ 일에 임해 마땅함을 좋
　　　　　　　　　　조심 질직
아하고[臨事好義] 이재(吏才)가 있었다.
　임사 호의

곧음을 갖추고 마땅함을 좋아해서 태종이 좋아할 만한 성품의 소유자였지만 아쉽게도 일찍 세상을 떠났다.

재상의 틀이 있었던 장원급제자 김여지

김여지(金汝知, 1370~1425년)가 세종 7년(1425년) 1월 1일 세상을 떠났을 때 그 졸기가 자세하다.

김여지는 고려 밀직제학 김도(金濤)의 아들이다. 고려 기사과(己巳科-1389년, 고려 창왕 1년)에 장원급제했는데, 그때 나이 20살이었다. 사헌 규정(司憲糾正)에 임명되었다가 어떤 사건으로 인해 전라도에 유배 갔다. 다음 해(1390년)에 다시 불려와 우정언에 임명되었고, 조

---

29 질직(質直)은 앞에 조심(操心)이 명사이니 이렇게 풀이했지만, 경우에 따라서는 '바탕이 곧았다'라고 옮기기도 한다.

선 태조 1년(1392년)에 예조좌랑으로 옮겼다가 나가서 계림부 판관이 되었다. 이때 정도전의 사주를 받은 손흥종이 함창군으로 유배 온 좌주 이종학(李種學)을 해치려는 것을 구했다. 정언으로 있을 때 권신 정도전을 탄핵했더니 정도전이 일러 말했다.

"그때의 성랑(省郎-낭관)은 모두 파직해 내보냈고 다만 여지만이 직임에 있을 뿐이다."

여지가 듣고 그날로 병을 핑계하고 사직했다. 뒤에 사간원 우헌납과 병조·이조 정랑을 역임했고, 계미년(癸未年-1403년)에 사헌부 장령에 임명되었으며 나가서 지봉주사(知鳳州事-봉주지사)가 되었다. 갑신년(甲申年-1404년)에 불려와 예문관 직제학이 되고, 사헌부 집의로 옮겼다가 병으로 사직했다. 정해년(丁亥年-1408년)에 판내섬시사(判內贍寺事-내섬시 판사)를 거쳐 승정원 우대언으로 승진했고, 경인년(庚寅年-1410년)에 지신사로 옮겼다가 어떤 사건으로 인해 파직당했다. 갑오년(甲午年-1414년) 봄에 예문관 제학에 기용되었고, 나가서 충청도 도관찰사가 되었으며, 병신년(丙申年-1416년)에 대사헌에 임명되었다. 정유년(丁酉年-1417년) 봄에 어머니의 병환으로 사직했으나 윤허하지 않았고, 예문관 제학에 임명되고 공조판서로 승진했다가 판한성부사(判漢城府事-한성부 판사)·형조판서로 옮겼다.

무술년(戊戌年-1418년)에 하정사(賀正使)로 북경에 갔다가 다음 해에 돌아와 병으로 사직했다. 임인년(壬寅年-1422년)에 예조판서에 임명되었다가 의정부 참찬으로 옮겼고, 얼마 되지 않아서 또 병으로 사직했다. 이때에 이르러 자기 집에서 졸하니 나이가 56세였다. 아들이 둘이니 방(昉)·승(昇)이다. 영결할 즈음을 당해 친히 붓을 잡고 「계자서서(戒子壻書-아들과 자식을 경계시킨 글)」를 지어 말했다.

'사람이 비록 지극히 어리석더라도 남을 탓하는 데는 밝은 법이니, 하물며 장차 죽으려 할 때는 그 말이 착할 것은 가히 짐작해 알 것이다. 내가 일찍 아버지를 여의어 가히 본받을 말을 알지 못해서 남에게 업신여김을 받을 만한 행동이 많았으니, 이제 뉘우친들 어찌 미치겠느냐. 너희들은 이를 경계하고 나로써 거울을 삼아, 임금에게 충성하고 어버이를 잘 섬기며 친척과 화목하고 벗과 믿음 있게 하되, 청렴하게 몸을 닦는 것을 습관이 되도록 힘쓰며 항상 『소학』1부(部)를 마음속 깊이 새기고 잃지 말 것이다. 무릇 상장(喪葬)에 있어서는 한결같이 『가례(家禮)』를 좇고 불사(佛事)를 해서는 안 될 것이다.' 사람됨이 너그럽고 두터웠으며 충성스럽고 근신해[寬厚忠謹] 재상의 틀이 있었는데, 크게 쓰이지 못하고 죽으니 당시의 사람들이 애석해했다.

충성스럽고 근신하는 모습 또한 태종이 높이 평가한 덕목이다. 태종 14년(1414년) 1월 13일 예문관제학에 제수되었을 때는 실록에서 "상이 여지를 중하게 여겼기 때문에 갑자기 이 직위를 제수했다"라고 적고 있다. 게다가 재상의 틀[宰相之體]이 있는 인재였는데, 역시 일찍 세상을 떠나 더 크게 쓰이지는 못했다.

불행하게 삶을 마친 이관

이관(李灌, 1372~1418년)은 1393년(태조 2년) 문과에 급제했고, 1401년(태종 1년) 지양주사(知襄州事)가 되었으며, 1408년 종부시영(宗簿寺令)으로 충청도경차관(忠淸道敬差官)으로 나가 도망간 군인들을 추쇄(推刷)했다. 이어 사헌부 집의·대언을 지내고

1414년 지신사를 지냈으나, 이듬해 파직되고 의금부에서 국문당한 일이 있었다.

1417년 경기도관찰사를 지냈으나 이듬해 도량형을 바르게 하는 일을 규찰하지 않은 죄로 다시 파직되었다. 곧 함길도도관찰사를 거쳐 이조참판이 되었으나, 강상인 옥사에 연루되어 사형당했다. 죄목은 병권과 관련해서 강상인에게 "모든 처사는 한곳에서 나와야 한다"라고 말한 일이었다. 신어언(愼於言), 즉 말을 함에 있어 조심해야 한다는 교훈을 잊은 결과는 참혹했다.

곧음이 부족해 총애에도 불구하고 끝내 판서에 이르지 못한 유사눌

유사눌(柳思訥, 1375~1440년)의 졸기부터 살펴보자.

나이 어려서 부모가 다 돌아가고 숙부 유관(柳寬, 1346~1433년)의 집에서 자랐다. 힘써 배워서 과거에 뽑혀 사간원 좌정언(左正言), 이조·병조 정랑(正郎)을 지냈고, 정해년(丁亥年-1407년)에 중시(重試)에 뽑혀 특별히 사헌부 장령(掌令)에 제수되었다. 얼마 안 되어 의정부 사인(舍人)으로 옮겼고, 여러 번 사헌부 집의(執義)로 옮겨 일을 말하다가[30] 황해도 안악군(安岳郡)으로 유배 갔다. 뒤에 사간원 좌사간으로 승진했고, 신묘년(辛卯年-1411년) 여름에 승정원 좌부대언에 뽑혔으며, 지신사로 옮겼다가 죄를 얻어[31] 안악군(安岳郡)에 귀양 갔다.

---

30 민무구(閔無咎)·민무질(閔無疾)의 불충(不忠)한 죄와 평양군 조대림(趙大臨)을 탄핵하다가 안악에 유배되었다.

31 태종 16년(1416년) 부실한 약을 궐내에 반입하는 과정에 관여했다가 죄를 얻었다.

병신년(丙申年-1416년) 겨울에 판홍주목사(判洪州牧事)가 되었다. 정유년(丁酉年-1417년) 가을에 동지총제가 되었고, 함길·강원·경기 3도의 관찰사를 거쳐 판한성부사(判漢城府事)·예문관 대제학에 이르렀다. 항상 관습도감(慣習都監)[32] 제조(提調)로 있었는데, 이때에 이르러 죽으니 나이 66세였다. 유언으로 불사(佛事)를 짓지 못하게 했다.

사눌은 사람됨이 헌앙(軒昻-그릇이 큼)하고 작은 절도에 구애하지 않았다. 숙부 유관(柳寬) 섬기기를 아버지 섬기듯이 해서, 유관이 졸하자 복을 입고 애통해하기를 아버지와 똑같이 했다.

유사눌이 지신사로 있다가 유배당할 때인 태종 16년(1416년) 3월 16일, 태종은 육조에 뜻을 전해 말했다.

"유사눌을 신임한 지 벌써 오래인데 나의 편견이었다."

곧음[直]을 신하를 평가하는 잣대로 삼은 태종으로서는 거짓
직

---

32 1393년(태조 2년)에 설치된 관습도감은 1457년(세조 3년) 악학(樂學)과 병합될 때까지 60여 년 동안 봉상시(奉常寺)·전악서(典樂署)·아악서(雅樂署)·악학 등 예조 산하의 음악기관과 함께 음악에 관한 업무를 나눠 맡았는데, 주로 습악(習樂)에 관한 임무를 관장했다. 조선 시대 문무백관의 관제가 최초로 발표되었던 1392년 7월에는 포함되지 않았고, 이듬해 임금을 위한 잔치를 맡으면서 비롯되었다. 그때 관습도감 판사(判事) 정도전과 왕강(王康), 부판사 정사척(鄭士倜)이 전악서의 무공방(武工房)을 이끌고 「몽금척(夢金尺)」·「수보록(受寶籙)」 등을 연주했다. 그 뒤 여러 차례 직제의 변천을 거치면서 60여 년 동안 계속되다가, 1457년 음악기관이 통합될 때 악학과 통합되어 악학도감이라는 이름으로 개칭되었다. 악학도감은 다시 1466년 장악서(掌樂署)에 통합되어, 관습도감의 기능과 직제는 장악원에 흡수, 통합되었다.

으로 말을 전한[詐傳] 유사눌에 대한 실망이 컸을 것이다. 어쩌면 이 문제 때문에 세종도 "유사눌이 헌앙(軒昂-그릇이 큼)하며 작은 절도에 구애하지 않는" 재상감이었음에도 불구하고 판서조차 맡기지 않았는지도 모른다.

그렇지만 태종은 그에 대한 애정을 완전히 거두지는 않았다. 태종 16년 9월 29일 유사눌을 상주목 판사로 삼았다. 사헌부에서 그가 바르지 못하다[不正]며 탄핵하자, 태종은 이렇게 감쌌다.

"유사눌의 죄가 작고 또 일찍이 나를 가까이에서 모신 사람인데, 그 직책 파면을 이렇게 부지런히 청하는 것은 무슨 까닭인가?"

그래도 대사헌 김여지가 계속 문제 삼자 태종은 결국 상주목 판사 임명을 철회했다.

정승 문턱에서 세상을 떠난 탁신

탁신(卓愼, 1367~1426년)은 태종과 동갑이다. 『태조실록』은 "그가 모친을 봉양함에 정성과 공경을 다하니 온 고을에서 효성을 칭찬했다"라며 탁신을 칭송했다.

세종 8년(1426년) 1월 18일 그가 세상을 떠났을 때의 졸기에서 관련 부분만 발췌해 살펴보자.

고려 간의대부(諫議大夫) 탁광무(卓光茂)의 아들이다. 나면서부터 영특했고 12세에 향교에 입학했는데, 동무들이 장난을 치며 희롱했으나 신(愼)은 꿇어앉아서 거들떠보지도 않았다. 길을 걸어 다닐 때는 반드시 공수(拱手)하고 좌편으로 다녔다. 기사년(己巳年-1389년, 공양왕 1년)에 과거에 합격했으나, 부모가 늙었으므로 집에 돌아와서 부모를 봉양했다. 아버지가 병이 들자 그가 옷도 벗지 않고 항상 옆에서 모시니, 광무(光茂)가 이렇게 말했다.

"우리 집의 증삼(曾參, 기원전 506~436년)[33]이다."

죽음에 이르러 상례를 모두 『주문공가례』대로 했다. 공정대왕(恭靖大王-정종)이 왕위에 오른 후 숨어 있는 인재들을 찾았는데, 조정에서 효행으로 서로 추천해 뽑아서 우습유(右拾遺)에 임명했다. 그러나 두어 달 후에 어머니를 모시고자 고향에 돌아가기 위해 벼슬을 사직했는데, 1년이 넘어서 어머니의 상사를 당했다. 상기를 마치고 용담현령(龍潭縣令)에 임명되었다가 들어와서 좌정언(左正言)이 되었고, 여러 번 옮겨 사헌부 장령이 되었다. 곧바로 집의에 승진되었다가, 말한 것이 문제가 되어 장형을 받고 나주에 유배되었다. 얼마 후에 전농정, 성균관 사성에 임명되었다가 승정원 동부대언에 발탁되었다. 태종이 일찍이 공정대왕을 맞아들여 곡연(曲宴)을 베풀었을 때 직접 시를 지었더니, 신이 회답해 올렸다. 태종은 손수 신의 모자에 꽃을 꽂아주면서 이렇게 말했다.

"이 사람처럼 충성스럽고 곧은[忠直] 사람은 없다."
_{충직}

병신년(丙申年-1416년)에 권완과 유사눌이 (잘못된 약을 대궐에 들인)

---

33 증점(曾點) 아들이다. 공자(孔子) 고제(高弟-뛰어난 제자)로 효심이 두터웠다. 내성궁행(內省躬行)에 힘썼으며, 노(魯)나라 지방에서 제자들의 교육에 주력했다. 공자가 제자들을 모아놓고 "나의 도리는 하나로써 일관한다"라고 말했을 때 다른 제자들은 그 말의 참뜻을 몰라 생각에 잠겼으나 증자가 선뜻 '부자(夫子)의 도리는 충서(忠恕)뿐'이라고 해설해 다른 제자들을 놀라게 했다는 이야기가 『논어(論語)』에 나온다.

죄를 지었을 때에, 신이 겸해 임금의 약(藥)을 맡아보고 있었기 때문에 역시 이 사건에 연좌되었다. 태종은 신이 그 내용을 알지 못하고 있었다 해서 특별히 지신사에 임명했으나 법을 맡은 관원들이 그가 (미리) 알아내 살피지 못했음을 탄핵하니, 마침내 이 때문에 면직되었다. 태종이 하루는 대언 등에게 일러 말했다.

"신(愼)이 만일 각 지방의 수재와 한재, 풍년과 흉년, 백성의 잘살고 못사는 실정을 들은 바가 있거든 모두 상세히 보고하게 하라. 내가 민간의 실정을 듣는 일이 드물다."

불러서 경승부윤에 임명했다가 호조참판으로 옮기고, 예조참판과 예문관 제학을 거쳐 신축년(辛丑年-1421년)에 특진시켜 의정부 참찬에 임명했다. 이때에 이르러 졸하니 나이가 60세였다. 사림에서 모두 그를 애석히 여겼다.

태종이 충직하다고 인정했던 탁신은 정승 문턱까지 이르렀다가 아쉽게 삶을 마쳤다.

다음은 그의 사람됨과 관련된 평가다.

신(愼)은 (사람됨이) 굳세고 바르며[剛正] 경학(經學)에 밝았고 음률 (音律)과 무예(武藝)에 이르기까지 통하지 못하는 것이 없었다. 사람을 가르침에 있어서 반드시 효제충신(孝悌忠信)을 위주로 했다. 그는 일찍이 말했다.

"『소학』은 필경 배우는 자라면 가장 먼저 공부해야 할 것이다."

배우러 오는 사람에게는 반드시 이 책을 다 읽힌 다음에 다른 책을 가르쳤다. 평생 살림을 모을 줄을 몰라 집 안에 아무것도 없었다.

『소학』을 강조했다는 사실은 김여지와 마찬가지로 성리학 중에서도 주자학 영향이 컸다는 뜻이다. 학문이 깊었던 그는 태종이 신하 된 도리로 가장 중시했던 곧음을 삶 전반에 걸쳐 실천했던 선비다운 관리였다고 하겠다.

한 달짜리 지신사 이명덕

먼저 이명덕(李明德, 1373~1444년)의 관력(官歷)부터 살펴보자.

1396년(태조 5년) 문과에 급제해 예문춘추관에 보직되었으며, 사헌부감찰·사간원우헌납·장령·사인·집의·좌사간대부·형조참의 겸 지도관사 등을 역임했다.

1415년(태종 15년) 승정원 동부대언이 되고 좌부대언으로 승진했다. 그는 태종 시대 마지막 지신사였다. 세종이 즉위하자 이조참판을 거쳐 병조참판으로 전임했고, 그 뒤 강원도관찰사·예조참판·대사헌·동지총제를 역임했다.

1430년(세종 12년) 공조판서가 되었고, 이듬해 병조판서를 거쳐 다시 공조판서가 되었다. 1438년 중추원 부사로 정조사(正朝使)가 되어 명나라에 갔다가 이듬해 귀국했다. 그 뒤 판한성부사·인순부윤을 지냈다.

1442년 70세가 되어 벼슬에서 물러났으나 다시 지중추원사로 복직했다. 이어서 중추원 판사에 승진해 궤장(几杖)을 하사받았다. 즉 지신사 경력은 한 달에 불과하지만 3년 동안을 동부대언, 좌부대언으로 승정원에서 근무했다는 사실은 태종의 총애가 그만큼 깊었다는 뜻이다.

태종 13년(1413년) 3월 1일 형조우참의 이명덕이 부친상을 당하자 태종은 특별히 쌀과 콩 20석을 내려주며 이렇게 말한다.

"명덕은 충성스럽고 부지런한[忠謹] 사람이다."
　　　　　　　　　　　　　　　　　충근

충근(忠謹)은 두말할 것도 없이 태종이 중시하는 신하로서 덕목이다.

제 8 장

동년 '인재 풀' 활용과 사헌부 장악

1 ——

임금의 눈과 귀:
사헌부·사간원에 대한 태종의 인식

옛날부터 사헌부(司憲府)와 사간원(司諫院)은 임금의 눈과 귀 [耳目]라고 했다. 임금이 보고 듣지 못하는 것을 두루 보고 들어 임금에게 글과 말로 전하는 것이 본분이었기 때문이다. 태종도 이 점을 분명히 인식하고 있었다. 태종 2년(1402년) 1월 26일 신문고 (申聞鼓)를 설치한다고 밝힌 교서에 다음 구절이 들어 있다.

"그렇지만 내 귀와 눈이 미치지 못하는 바가 있어 막히고 가려지는 우환[壅蔽之患][1]에 이를까 두렵다. 이에[爰=於是] 옛 법도를 상고해 서[稽] 신문고(申聞鼓)를 둔다."

---

1   귀 밝음과 눈 밝음[聰明]이 막히고 가려지는 폐단을 말한다.

이어서 말한다.

"원통함과 억울함을 아뢰고 싶어도 그것을 펴서 호소하지 못한 사람[2]이라면 누구나 서울에서는 주무 관청에, 지방에서는 수령(守令)과 감사(監司)에게 글을 올리고, 따져서 다스리지[究治] 아니하면 사헌부에 올리고, 사헌부에서도 따져 다스리지 아니하면 마침내 와서 북을 쳐라. 원통하고 억울함이 훤하게 밝혀질 것이다."

태종은 사헌부와 사간원은 임금의 눈과 귀로서 백성이 말하고자 하는 바를 임금에게 전하는 역할이 가장 중요하다고 보았다. 그리고 사헌부와 사간원이 본분을 다하지 못할 경우 백성에게 신문고를 쳐서 직접 아뢰는 길을 열어주었다. 태종에게 사헌부와 사간원의 존재 이유는 민심을 있는 그대로 임금에게 전해서 권신이 농간을 부릴 수 없게 함이었다.

그러나 신하들 생각은 처음부터 달랐다. 태종 2년(1402년) 6월 14일 사간원에서 올린 소를 보면 강조점이 조금 다르다는 것을 알 수 있다.

신 등이 가만히 생각건대, 옛날에는 임금에게 간언(諫言)하는 관인(官人)이 따로 없었으므로 사람들이 모두 간언할 수 있었습니다.[3] 그

---

2 이 문장은 그대로 세종이 훈민정음을 창제한 목적과도 연결된다.
3 이는 사마광(司馬光)의 「간원제명기(諫院題名記)」에 나오는 말로, 『고문진보(古文眞寶)』에 실려 있다.

래서 임금은 천하 사람들의 귀와 눈[耳目]으로써 자신의 보고 듣는 것[視聽]을 삼았기에 언로(言路)가 넓었습니다. 한(漢)나라 때에 이르러 비로소 간관(諫官)을 두어 그로 하여금 임금의 득실(得失)과 정치의 아름다움과 나쁨[美惡]을 말하게 하면서 그 직책이 언관이 아닌 자는 간언할 수 없게 했으니, 이는 천하의 이목이 간관에게 집결된 것이요 임금이 이에 의지해 보고 듣게 된 것입니다. 만약 간관을 두고서도 그 말을 듣지 않는다면, 이는 임금이 스스로 그 눈과 귀를 틀어막는 것입니다. 그러므로 임금은 마땅히 묻기를 좋아하고 간언하는 말을 좇는 것을 직무로 삼고, 신하는 마땅히 어려운 일을 실행하도록 꾸짖고[責難] 좋은 일을 행하도록 말씀드리는 것[陳善]을 직분으로 삼아서, 임금과 신하가 각각 그 도리를 다한 뒤에야 천하와 국가를 다스릴 수 있는 것이옵니다.

사간원에서는 임금의 정사에 대한 득실(得失)과 미악(美惡)을 말하는 쪽에 더욱 관심을 두고 있음을 알 수 있다. 막 즉위한 태종으로서는 꺼리지 않을 수 없는 바였다. 태종은 자기를 견제하는 쪽보다는 백관(百官)을 규찰하고 백성이 원하거나 원망하는 바를 있는 그대로 전해주는 쪽에 더 비중을 두고 싶었다. 여기서 먼저 사헌부와 사간원 본래 업무에 대해 간략하게 정리하고 본론으로 나아가야 전반적인 시야를 확보할 수 있을 것이다.

먼저 『한국민족문화대백과』에 나와 있는 사헌부에 대한 설명이다. 표현은 살짝 손을 보았다.

상대(霜臺)·오대(烏臺)·백부(柏府)라고도 한다. 신라 시대에도 사정부(司正府)·내사정전(內司正典) 등의 기관이 있었으나, 사헌부의 연원은 진(秦)나라의 어사대부(御史大夫), 한나라의 어사부(御史府) 또는 어사대부시(御史大夫寺), 후한(後漢)의 어사대(御史臺) 또는 난대시(蘭臺寺), 당나라의 어사대, 송나라의 어사대 등에서 찾을 수 있다. 고려 시대는 사헌대(司憲臺)·금오대(金吾臺)·어사대·감찰사(監察司)·사헌부 등 명칭과 관직이 여러 차례 변경되다가 공민왕 때 다시 사헌부로 개칭되었다. 조선이 개창된 뒤 조선은 고려 말의 사헌부를 그대로 계승했다.

고려 시대 사헌부의 직제는 관부의 명칭이 변경될 때마다 변동이 있었다. 고려 중기인 995년(성종 14년) 어사대는 대부(大夫)·중승(中丞)·시어사(侍御史)·전중시어사(殿中侍御史)·감찰어사(監察御史) 등의 관직이 소속되었고, 1308년(충렬왕 34년) 대사헌·집의·장령·지평·규정(糾正) 등이 있었다. 조선 시대에 들어와서는 1392년(태조 1년)의 직제가 1401년(태종 1년)에 이르러 변경되었는데, 그것이 거의 그대로 『경국대전(經國大典)』에 계승되었다. 직무에 있어서 고려 시대는 주로 정치에 대한 언론 활동, 풍속의 교정, 백관(百官)에 대한 규찰과 탄핵, 서경(署經) 등이었는데, 조선에서도 고려 시대의 그것을 거의 그대로 받아들였다.

조선 시대 『경국대전』에 법제화된 직무를 살펴보면, 정치의 시비에 대한 언론 활동, 백관에 대한 규찰, 풍속을 바로잡는 일, 원통하고 억울한 일을 펴주는 일, 외람되고 거짓된 행위를 금하는 일 등으로 되어 있다. 이런 직무들 가운데 정치적 언론과 백관을 규찰해 탄핵하는 언론은 대사헌·집의·장령·지평 등만이 참여했으며 감찰은 관여할 수 없었다. 감찰은 다만 중앙의 각 관서나 각 지방에 파견되어 일의 진행과 처리에 잘못이 있는지를 감찰하는, 이름 그대로 감찰관 임무만 수행했다. 이러한 임무를 수행하는 감찰은 사헌부의 관원이기는 하지만 지평 이상의 관원과는 직무 성격이 완전히 구별되며, 집무실도 따로 있었다. 실제로 조선 시대 정치에서 사헌부의 구체적인 기능을 찾아보면 다음과 같다.

첫째로, 꼽을 수 있는 것이 언론 활동이다. 언론 활동의 궁극적인 목적은 이상 정치의 구현에 있었다. 이러한 언론을 그 직무로 수행하는 기관으로서는 사간원도 있는데, 이 기관을 사헌부와 함께 '언론양사(言論兩司)'라 했다. 이들이 직무로 수행하는 언론의 내용은 대체로 간쟁(諫諍)·탄핵(彈劾)·시정(時政)·인사(人事) 등으로 구분할 수 있다.

여기서 간쟁은 왕의 언행에 잘못이 있을 때 이를 바로잡기 위한 언론이다. 간쟁은 제도적으로는 사간원에서만 하도록 규정되었으나, 실제로는 사헌부에서도 행했다. 탄핵은 관원의 기강을 확립하기 위한 언론으로, 부정·비위·범법한 관원을 논란, 책망해 직위에 있지 못하도록 하는 언론이다. 시정은 그 시대에 이뤄지고 있는 정치의 옳고 그름을 논해 바른 정치로 이끌기 위한 언론이다. 인사는 부정, 부당, 부적한 인사를 막아서 합리적이고 능률적인 정치가 이뤄지도록 하기 위한 언론이다.

둘째로, 중추적인 정치 참여 기관으로서의 위치다. 이 관부에 소속된 관원들은 의정부·육조의 대신들과 함께, 왕이 중신을 접견해 정치적 보고와 자문을 받는 자리인 조계(朝啓-죄인을 논죄할 일에 대해 왕에게 물음)·상참(常參)에 참여했다. 의정부·육조와 함께 정치와 입법에 관한 논의에도 참여했다.

셋째로, 사헌부 관원은 시신(侍臣)으로서의 기능도 있었다. 즉, 왕을 모시고 경서(經書)와 사서(史書)를 강론하는 자리인 경연과 세자를 교육하는 자리인 서연에 입시했고, 왕의 행행(行幸)에도 반드시 호종했다.

넷째로, 중요한 기능 중의 하나는 서경이다. 고신(告身)과 의첩(依牒-의정부에서 논의한 안을 대간들이 서명한 뒤에 예조에서 상세히 고찰해 보내는 공문)은 사헌부와 사간원의 심사와 동의를 거치게 되는데, 이를 서경이라 한다. 고신에 대한 서경은 고려 시대에는 1품에서 9품에 이르는 모든 관원에 대해 행해졌으나, 조선 시대에는 5품 이하의 관원에 한정됐다. 이러한 대간(臺諫)의 서경은 인사 행정과 법령의 제정 및 개정에 신중을 기할 수 있게 한 중요한 제도였다.

다섯째로, 법사(法司)로서의 기능이 있었다. 즉 법령의 집행, 백관에 대한 규찰, 죄인에 대한 국문(鞫問), 결송(決訟) 등의 일을 행사했다. 법령의 집행은 왕명을 받들어 법령을 집행하는 일로서, 주로 금령(禁令)의 집행이었다. 금령으로는 금주·금렵(禁獵)·금음사(禁淫祀)·금분경(禁奔競)·금위조인신(禁僞造印信)·금송(禁松)·금천례기마(禁賤隷騎馬)·금남위(禁濫僞) 등이 그것이다. 백관에 대한 규찰은 중앙과 지방의 모든 관원에 대해 공사 간에 부정과 비위 여부를 살펴서 탄핵, 광정(匡正)하기 위한 것이다. 이를 위해 지방에 분대(分臺-어사의 전신으로 감찰의 임무를 수행했음)를 파견하기도 했다. 이는 모든 관원을 규찰해 관기를 확립시키는 중요한 기능이었다. 죄인에 대한 국문은 범죄를 저지른 관원을 추국(推鞫-왕의 특명으로 의금부에서 중죄인을 심문함)하는 일로서, 사헌부는 형조·의금부와 함께 중대한 범죄자에 대한 국문을 담당했다. 결송은 억울한 사람들의 소송을 재판해주는 일로서, 사헌부는 형조·한성부·장례원(掌隷院) 등과 함께 결송 기관이었다. 따라서 형조·한성부와 함께 삼법사(三法司)의 하나로 일컬어졌다.

사헌부의 직무 가운데는 사간원과 함께하는 경우가 많아 이 두 기관의 관원을 병칭할 때는 대간(臺諫)이라고 하는데, 사헌부의 관원만을 칭할 때는 대관(臺官)이라 했다. 이들 대간은 위세(威勢)와 명망을 중히 여기는 관계로 이들에 대한 예우가 제도적으로 규정되었다. 부내(府內)의 상하 관원 사이에도 예의와 의식이 준엄하게 지켜졌으며, 기강이 매우 엄했다.

사헌부는 왕권이나 신권 또는 당파에 이용되면 큰 폐단을 낳을 수도 있는 기관이었다. 그러나 의정부·육조와 함께 정치의 핵심 기관으로서, 기능이 원만히 수행되면 왕권이나 신권의 독주를 막고 균형 있는 정치를 하는 데 기여할 수 있는 기관이었다.

이번에는 사간원의 직무다.

간원(諫院) 또는 미원(薇院)이라고도 했다. 관원은 간관(諫官)이라고 하며, 사헌부의 관원인 대관(臺官)과 병칭해 대간(臺諫)이라 한다. 연원은 중국 진나라와 한나라의 산기(散騎)·간의대부(諫議大夫)에서 찾을 수 있다. 간관 제도는 당·송 시대에 정비되었는데, 문하성(門下省)과 중서성(中書省)에 산기상시(散騎常侍), 간의대부, 보궐(補闕) 또는 사간(司諫), 습유(拾遺) 또는 정언(正言) 등의 관직이 있었다.

고려 시대의 간관 제도는 당·송대의 제도를 많이 본받았고, 중서문하성(中書門下省)의 낭사(郎舍)가 간관이었다. 고려 시대의 중서문하성과 낭사의 직제는 10여 차례 변동이 있어 그때마다 차이가 있다. 관직명으로는 산기상시, 직문하(直門下), 간의대부, 급사중(給事中), 중서사인(中書舍人) 또는 문하사인(門下舍人), 기거주(起居注), 기거랑(起居郎), 기거사인(起居舍人), 사간, 보궐 또는 헌납, 습유 또는 정언 등이 있었다.

1392년(태조 1년) 7월 신반관제(新頒官制)에서는 고려 말의 문하부 낭사(門下府郎舍)의 제도를 그대로 계승했다. 그러나 1401년(태종 1년)에 문하부(門下府)를 혁파하고 의정부를 설치할 때 문하부 낭사는 독립되어 사산원이 되었다.

중국과 고려 시대에 중서성·문하성의 하위직 관원(낭사(郎舍))이었던 간관이 조선 시대에 비로소 독립된 관부가 된 것이다. 이때 사간원의 직제는 세조 때에 몇 차례의 변동을 거쳐 『경국대전(經國大典)』에 고정되었고, 1894년(고종 31년) 갑오경장 때 관제가 개혁될 때까지 계속되었다.

사간원의 직무는 고려 시대에는 간쟁(諫諍)과 봉박(封駁-옳지 않음을 글을 올려 논박함)이었다. 1392년에는 ① 헌납간쟁(獻納諫諍-간쟁을 올리는 일), ② 박정차제(駁正差除-잘못된 것을 반박하고 바로잡음), ③ 수발교지(受發敎旨-임금의 교지를 받아들임), ④ 통진계전(通進啓牋-계문이나 소(疏)를 왕에게 알리거나 올림)이었다. 이 당시 문하부 낭사의 직무는 간관으로서의 기능(①·②)과 왕명과 문서의 출납 업무(③·④)였다. 그러나 1401년(태종 1년) 문하부가 혁파될 때 간관 업무는 독립해 사간원이 되었고 출납 업무는 승정원으로 이관되었다.

『경국대전』에 명시된 사간원의 직무는 ① 간쟁, ② 논박이었다. ①은 왕에 대한 언론으로서 왕의 언행이나 시정에 잘못이 있을 때 이를 바로잡기 위한 언론이고, ②는 일반 정치에 대한 언론으로 논박의 대상은 그릇된 정치일 수도 있고 부당, 부적절한 인사일 수도 있다. 즉, 사간원의 제도상 직무는 왕과 정치에 대한 언론이었던 것이다.

그렇다면 사헌부와 사간원 모두 임금을 상대로 정치뿐 아니라 임금 개인사에 대해서도 문제 제기할 수 있는 권한이 있었다. 일찍이 왕권 강화를 목표로 삼았던 태종으로서는 분명 부담스러웠을 것이다. 바로 이 지점을 주목하면서 태종이 사헌부와 사간원을 어떻게 자리매김했는지 단계별로 살펴보자.

마침 태종은 상왕으로 물러난 세종 2년(1420년) 4월 25일에 이 문제에 대한 생각을 왕권(王權)과 신도(臣道)의 맥락에서 명확하게 밝힌다.

의금부에 (상왕이) 선지(宣旨)를 내려 말했다.
"전조(前朝-고려) 말년에는 모든 유배 보내는 자에 대해 대간(臺諫-사헌부와 사간원)이 이졸(吏卒)을 보내 중로(中路)에서 구속하고 다시 그 죄를 논핵해 국문할 것을 청했으니, 임금이 약하고 신하가 강해 그런 폐단이 있었다. 근자에 대간이 회양부사 이양수가 그 직임에 합당하지 못했다고 그 관직을 파면하기를 청했으나 주상이 허락하지 아니하자, 헌부에서 그 도에 공문을 보내 공무를 집행하지 못하게 했다. 대체 벼슬 주고 녹을 주는 것은 임금[人主]의 대권(大權)이므로 신하가 감히 제 마음대로 할 수 없는 것이다. 임금이 사람 쓰는 것이 비록 부당하더라도 세 번 간언했다가 듣지 아니하면 물러가는 것일 뿐이다. 지금 헌부의 거동은 특히 신도(臣道)에 어긋남이 있을 뿐 아니라 장차 뒷날의 근심을 열어놓을 것이니, 그 일도 함께 아울러 국문해서 아뢰게 하라."

요약하면 사헌부가 주제넘게 임금에게 고유한 중대한 권한, 즉 인사권에 지나치게 개입하고 있다는 지적이다.

2 ——

태종 재위 1년
대사헌 김약채·유관·이원·이지

오늘날과 단순 비교하면 사간원은 언론, 사헌부는 검찰에 인사혁신처 기능 일부를 합친 것과 비슷하다. 그러니 아무래도 사간원보다는 사헌부가 주도적일 수밖에 없다. 따라서 태종과 대간(臺諫-사헌부와 사간원) 사이의 역학 관계를 알려면 태종과 사헌부 수장 간 관계를 살펴야 한다.

정종 때 대사헌을 맡았던 권근은 사병 혁파를 주창해 관철시킴으로써 그 역할을 마쳤다. 사병 혁파는 고려 말 대사헌 조준이 주도한 전제개혁에 버금가는 중대한 조치였다. 권근이 제기한 사병 혁파는 세자 이방원을 대신해 관철한 것이었다.

당시 권근이 한 역할을 보면 고려 말 토지개혁을 주도했던 대사헌 조준을 떠올린다. 독실한 주자학자였던 권근이 왕권 강화의 토대인 사병 혁파를 주도했다는 사실은 어쩌면 내심 주자학적 사고를 갖고 있던 신하들에게는 받아들이기 힘든 것이었을 수도 있다. 그러나 권근은 분명 태종과 길을 함께하기로 했다고 볼 수 있다. 권근의 도움이 있었기에 세자와 하륜은 큰 어려움 없이 사병 혁파와 관제개혁을 이룰 수 있었다.

세자 이방원은 정종 2년(1399년) 11월 왕위에 오른 뒤 12월 1일 김약채(金若采, ?~?)[4]를 대사헌으로 삼았다. 우선 김약채의 첫 번째 언행을 통해 대사헌에 대한 집권 초 태종의 생각과 입장을 추적해보자.

좌산기(左散騎-좌사간) 김약채는 대사헌 권근과 손잡고 정안군의 숙제였던 사병 혁파를 이뤄낸 인물이다. 그는 공신(功臣)도 아니었고, 심지어 위화도회군에 비판적이었던 인물이다. 다만 그는 정치 상황을 고려하지 않고 직언(直言)을 꺼리지 않았다. 좌산기란 사실상 훗날 대사간(大司諫)에 해당하는 자리다. 또 권근과 김약채는 종친과 부마에게 조정 직책을 주어서는 안 된다는 소를 올려 관철시켰다. 당연히 세자 이방원 구상이었다.

대사헌 김약채는 임명된 그날 함께 대장군에 임명된 권희달(權希達)을 탄핵해서 파직을 끌어냈다. 권희달은 광포한 행동으로 지

---

4 고려 공민왕 때 문과에 급제했으며 성품이 강직해 권세가를 두려워하지 않았다. 우왕 때 좌사의(左司議)로 조반(趙胖)의 옥사를 다스리는 데 참여했는데, 염흥방(廉興邦)이 기필코 조반을 무복(誣服-강제를 당해 없는 죄를 있다고 자복하고 형벌을 받음)시키려고 참혹하게 다스리려 했으나 홀로 불가하다고 주장해 마침내 조반을 석방하게 했다. 염흥방은 그 뒤 죽임을 당해 조야가 모두 통쾌하게 여겼다. 1388년(우왕 14년) 위화도회군 때는 지신사로 이에 항거했다 해서 외방에 유배되었다. 1400년(정종 2년) 문하부 좌산기(門下府左散騎)로 있을 때는 훈친(勳親)들에게 사병을 허여하는 제도를 없애고 병권을 모두 중앙에 집중시키자고 역설해서 단행하게 했다. 그 뒤 대사헌을 지냈고, 1404년 충청도 도관찰사가 되었다.

탄받고 있었지만, 태종이 아끼던 인물이기도 했다. 그러나 첫날부터 대장군 임명을 무색하게 만드는 탄핵을 관철시킨 것이다. 김약채는 외방 유배를 주장했지만 태종은 파직하는 선에서 끝냈다.

하지만 김약채는 변남룡(卞南龍) 부자 처리 문제로 얼마 안 가서 파직당했다. 이는 태종이 매우 서둘렀던 사건으로, 아마도 법대로 처리하자고 주장했던 김약채는 태종 뜻을 미처 따르지 못했다는 이유로 탄핵당했던 듯하다. 이에 김약채는 관찰사로 나간다. 그후 중앙 정치에서는 이렇다 할 활약을 보이지 못했다. 중앙 정치에서 갖춰야 할 유연성이 김약채에게는 없었던 것으로 보인다.

김약채가 파직되고 닷새 후인 2월 15일, 유관(柳觀, 1346~1433년)이 대사헌에 올랐다. 유관은 윤3월 22일 승려 수의 감축과 오교양종(五敎兩宗)[5]의 폐지를 청했다. 다음날 태종은 이 소를 언급하며 곧장 "이 소를 주도한 자는 유관일 것"이라고 말한다. 당연하지만 태종은 대사헌으로 쓴 인물이 어떤 성향인지 잘 알고 있었다는 뜻이다.

5월 10일에는 대사헌 유관 등이 글을 올려 3가지를 청하는데, 태종은 의정부 토의를 거쳐 한 가지만 받아들인다. 여기서 우리는 태종이 무엇을 취하고 무엇을 거부하는지를 볼 수 있다.

'첫째, 풍악을 울리고 잔치에서 술을 마시는 일[宴飮]을 금해야 합
연음

---

5 일반적으로 열반종·계율종·법상종·법성종·원융종의 5교종과 선종의 천태 및 조계 양종을 일러 오교양종이라고 했으나, 다시 계율·법상·열반·법성·원융의 5교는 각각 남산종(南山宗)·자은종(慈恩宗)·시흥종(始興宗)·중도종(中道宗)·원융종으로 불리게 된다. 그러나 조선 초 억불정책에 의해 오교양종은 선교양종으로 통합, 정리되었다.

니다. 둘째, 탄일(誕日)에 조하하는 것을 없애야 합니다. 셋째, 탄일재(誕日齋)와 초례(醮禮) 시행을 없애야 합니다.'

상이 말했다.

"풍악 울리기를 금하는 일은 전에 이미 내 뜻을 드러낸 바가 있었으니 무얼 번거로이 다시 말하는가? 조하(朝賀)를 없애는 일은, 우리나라는 한결같이 홍무예제(洪武禮制)에 입각하고 있고 고황제(高皇帝-주원장)께서는 외국까지도 모두 조하하게 했다. 또 옛날 제왕 중에 당 태종 외에는 조하를 없앤 이가 있다는 것을 듣지 못했다. 잔치해 즐기는 것[宴樂]은 이미 없앴고, 조하의 경우 반드시 없앨 필요는 없다. 탄일재를 없애는 일은, 전조(前朝) 때부터 지금까지 나라에서는 기신(忌晨)에, 아래에서는 추천(追薦)[6]과 기일(忌日)에 모두 중들에게 밥을 먹인다. 이런 일들을 모두 다 금지해 없앤 연후에야 탄일재를 아울러 없앨 수 있을 것이다. (그런데) 어찌 유독 이 한 가지 일에 대해서만 기어코 말하는가?"

정부에 내려 헤아리고 토의한 다음 다시 아뢰도록 했다. 정부가 토의해 결론을 내렸다.

"헌부에서 글을 올린 대로 하기를 청합니다."

탄일재를 정지하고 없앴다.

태종은 주원장이나 당 태종을 사례를 언급하며 불가하다는 입장을 전했다. 또 오래된 인습 때문에 탄일재 폐지는 현실적으로 어렵다고 지적한다.

---

6 죽은 사람의 명복을 비는 일이다.

집권 초부터 태종은 사안마다 정확하게 파악해 가부를 판단하는 스타일이었다.

그러나 7월, 유관은 좌산기 유기(柳沂)에게 탄핵당해 대사헌에서 물러난다. 사간원 소속 좌습유(左拾遺-훗날의 좌정언) 정안지가 환관 박문실이 왕명을 욕되게 했다고 탄핵하자 유관이 박문실 죄목은 따져보지도 않은 채 정안지만 탄핵했다는 이유였다. 사안은 알 수 없지만, 맥락으로 보면 유관은 임금 눈치를 살핀 듯하다.

닷새 후인 7월 13일 이원(李原, 1368~1429년)이 후임 대사헌에 오른다. 이원은 태종과 동년(同年)으로, 함께 1385년 문과에 급제한 인물이다. 그는 이렇다 할 건의를 올리거나 큰 사건에 관계된 바도 없이 9월 21일 통행금지를 어겼다는 사소한 이유로 파직당했다.

이원을 뒤이어 9월 26일 대사헌에 임명된 인물은 이지(李至, ?~1414년)다. 이미 고려 때 다양한 관직을 역임했고 공양왕 세자사부까지 지냈으며 개국공신 3등에 책록된 인물이다. 1, 2차 왕자의 난에 관여한 바는 없다.

예문관 대학사를 거쳐 이때 대사헌에 올라 시무책을 올렸다. 여기서 ① 가묘법(家廟法)을 엄격히 하고, ② 행정을 공평히 하며, ③ 감찰 기능을 강화하고, ④ 서북면에 대해 진휼책을 실시할 것을 주장했다. 당시 대사헌 이지는 의정부 지사를 겸했다.

앞서 본 승정원과 달리 태종 초기에 사헌부와 사간원은 자리를 잡지 못하고 계속 분란이 그치지 않았다. 그것은 어쩌면 대간(臺諫)에 대한 태종의 인사 철학이 아직은 확고하게 자리 잡지 못한 때문인지 모른다.

3 ——

대간의 도리: "말을 해야 할 터인데 하지 않는 것도 잘못이고, 말을 할 것이 아닌데 말하는 것도 잘못이다."

조선 성종(成宗) 때 학자이자 문인인 성현(成俔, 1439~1504년)의 『용재총화』를 보면 사헌부와 사간원의 전혀 다른 조직문화를 알 수 있다. 사람들은 대관(臺官-사헌부 관리)과 간관(諫官-사간원 관리)을 구별하지 않지만, 성현은 전혀 다르다고 말한다. 앞에서도 말했지만, 사헌부는 검찰, 사간원은 언론이다. 사헌부의 핵심 임무는 풍속 규찰이고 사간원의 핵심 임무는 임금의 과실을 바로잡는 것이다. 그래서인지 사헌부는 위계질서 의식이 엄격해, 사헌부 지평(持平-정5품)은 섬돌 밑에서 장령(掌令-정4품)을 맞아들이고 장령은 마찬가지로 집의(執義-종3품)를 맞아들이며 집의는 대사헌(大司憲)을 맞아들이도록 되어 있었다. 심지어 아랫사람이 아직 관아에 도착하지 않았으면 윗사람은 먼저 왔더라도 천막 같은 데서 기다렸다가 아랫사람이 도착한 후에 들어갔다. 이들은 함께 길을 갈 때도 위계질서를 엄중하게 여겼다.

반면 사간원에는 상하가 없었다. 급기야 뒤뜰에 함께 모여 앉아 옷을 벗고 쉬는 게 일상이었다. 날씨가 추우면 선배의 표범 가죽이나 사슴 가죽을 가져다 깔고 앉기도 했다. 회식이라도 할 때면 돈이 필요했는데, 사헌부에서 가져다 썼다. 이처럼 사헌부와 사간원의 서로 다른 문화는 고려 때부터 시작된 것으로 보인다.

사헌부 손을 들어주다

태종 2년(1402년) 들어 빈번해진 특이 현상 중 하나는 사헌부가 사간원 관리를 탄핵하고, 역으로 사간원이 사헌부 관리를 탄핵하는 일이었다. 새해 1월 3일부터 두 기관은 정면으로 대립했다.

먼저 사간원에서 대사헌 이지(李至, ?~1414년)[7], 사헌부 전 장령(掌令) 박고(朴翺)와 전 잡단(雜端-훗날의 사헌부 지평) 김치(金峙, ?~?)[8], 송흥(宋興) 등을 탄핵했다. 이유는 이들이 얼마 전 '사간원

---

7 1388년 상서원 소윤을 역임하며 위화도회군에 참여했고, 조선을 창업하는 데 참여해 3등공신이 되었다. 중추원 부사와 지사를 역임하면서 척불론(斥佛論)을 내세워 유교의 이념 정립에 힘썼다. 태종 2년에 대사헌에 발탁되었다. 직무에 충실했으며 성품이 강직했다고 한다.

8 길재의 문인이다. 고려 우왕 때 문과에 급제했고, 1401년(태종 1년)에 사헌부 지평에 올랐다. 경상도 견내량만호(見乃梁萬戶) 목철(睦哲)이 일본 사신의 왜선(倭船) 1척을 잡아 왜인 15명의 목을 베고는 도적을 잡았다고 하여 후한 상을 받았다. 그 이듬해 일본의 사신이 와서 항의하자, 왕명으로 그를 신문해 그 사실을 밝혀낸 뒤 목철을 목베어 죽이고 일본 사신을 돌려보냈다. 이해(1402년)에 정랑에 제수되었으나 사헌부의 상소로 파직되었다. 세종이 즉위한 1418년에 지사간원사(知司諫院事)가 되었고 김해부사를 지냈으나, 그 뒤로는 사림파(士林派)의 주류를 이룬 김숙자(金叔滋)와 함께 오

헌납 한승안(韓承顔)[9]이 황해도 평주(平州)로 호가(扈駕-국왕의 행차를 호위)했을 때, 주상께서 안렴사(按廉使) 김분(金汾)의 참소를 듣고 죄가 되지 않는 것으로써 장령 박고를 견책하시는데도 간언을 하지 못했으며 김첨은 바로 그들과 동렬(同列)이었다'면서 한승안과 사간 김첨을 탄핵했던 사실을 들며, "만일 그렇다면 그들도 김분이 참소한 죄를 탄핵하고 동시에 위로 전하께서 참소를 믿은 실수를 간언했어야 옳았을 것"이라고 밝혔다. 한마디로 사간원 사람들에게 잘못이 있다면 똑같은 잘못이 사헌부에도 있다는 논리였다. 문제는 논리가 아니란 이런 논리를 전개하는 과정에서 언급된 사실, 즉 태종이 김분의 참소를 받아들였다는 대목이다.

태종은 성격이 불같은 사람이다. 앞서 본 대로 이 대목에서 그는 "이들 무리가 나더러 참소하는 말을 들었다고 여긴다"라고 크게 화를 내며 대언 이응(李膺)을 시켜 소(疏)를 올린 사간원 좌사간 진의귀(陳義貴, ?~1424년)[10]와 우헌납 김여지(金汝知)를 불러들였다.

"내가 평주에 있을 때 어떤 사람이 나에게 들어와서 참소했는가?"

<hr>

직 학문 연마와 후진 양성에 힘썼다. 영남학파를 이룩한 김종직(金宗直)도 그의 문하에서 나왔다.

9 정몽주 사위다.

10 1390년(공양왕 2년) 우상시(右常侍)가 되었고, 1391년 정월에 윤구택(尹龜澤)을 판서운관사(判書雲觀事-서운관 판사)로 제수한 고신(告身)에 서명하지 않다가 귀양 가서 10월에 돌아왔다. 1401년(태종 1년)에 좌사간으로서 대사헌 이지를 탄핵했다가 광주(廣州)에 안치되었다. 곧 풀려나 다음 해 형조전서로서 만산군(漫散軍) 임팔랄실리(林八剌失里)를 압송해 요동에서 명나라의 만산군 추쇄사(推刷使)에게 넘겨주고 돌아왔다. 1409년 8월에 이조참의가 되고, 세종 때 공안부윤으로 죽었다.

평주에서 있었던 일을 설명한다. 자신이 장령 박고를 잘못 견책했을 때 한승안은 간관이면서도 입을 다물었고, 대신 사관만이 극력 간언했다는 이야기였다. 그러면서 태종은 "사관은 기사(記事)만을 관장할 뿐이라, 곧이곧대로 써서 주머니에 간직했다면 이것은 내 허물을 후세에 드러내는 것이다. 사관은 간언하는 직책이 아닌데도 간언했으니, 이것은 진실로 나를 사랑함이다"라고 밝힌 후, 사간원이 올린 소가 왜 문제인지 날카롭게 지적한다.

"한승안은 직책이 간관이면서도 한마디 말도 여기에 대해 간언함이 없었으니, 이것이 어찌 간관의 도리인가? 이 소에 맨 먼저 한승안의 일을 말했지만, 한승안의 죄는 청하지도 않고 도리어 대사헌 이지 등의 직첩을 거두고 국문하고자만 하니 무슨 까닭인가?"

머리끝까지 화가 치민 태종은 상소문을 집무실 한가운데로 집어 던져버린다. 그러면서 다시 한번 자신이 참소나 듣는 사람으로 언급된 데 대해 극도의 불쾌감을 표했다. 그리고 진의귀와 김여지를 순군옥에 하옥시켜버렸고, 얼마 후 두 사람은 유배를 떠나야 했다. 그때 지사간 노한(盧閈)이 동료 진의귀와 김여지가 유배 갔다는 말을 듣고 태종을 찾아가서 "사실 그 이야기를 처음 발언한 것은 두 사람이 아니라 저이니 저도 함께 귀양을 보내는 것이 옳습니다"라고 말했다. 태종은 그냥 집으로 돌아가라고 명한다. 노한은 태종의 아랫동서였다.

3월 13일 태종은 사헌부로 하여금 사간원 근태(勤怠)도 규찰하라고 명한다. 사헌부의 판정승이었다.

여기서 잠깐, 『논어』「안연(顔淵)」편에서 제자 자장(子張)이 명(明)의 의미를 묻자 공자는 이렇게 말했다. 또 한번 음미해보자. 사헌부나 사간원에서 올리는 글을 눈 밝게 분간하지 않으면 쉽게 혼군이 되기 때문이다.

"서서히 젖어 드는 참소(讒訴)와 살갗을 파고드는 하소연[愬]이 행해지지 않게 한다면 그 정사는 밝다[明]고 이를 만하다."

이 문제에 태종은 일생 동안 지극 정성을 쏟았다. 태종 12년 (1412년) 10월 20일 자 실록의 기록이다.

성석린이 아뢰어 말했다.

"예로부터 서로 참소하는 말은 매우 두려운 일인데, 이제 참소하는 말이 어디에서도 들어올 수 없음은 신 등의 경행(慶幸)[11]입니다. 다만 [第=但] 한스러운 것은 신 등이 직임에 맞지 않는[不稱=不副] 것뿐입니다."

의정부지사 이응이 진언해 말했다.

"참소하는 말의 두려움은 비단 군신(君臣) 사이에서뿐 아니라 부자·붕우 사이에서도 그렇습니다."

상이 말했다.

"참소하는 말은 판별하기가 가장 어렵다. 만약 직언(直言)을 참소하는 말로 간주한다면 그 잘못은 큰 것이다. 진서산(眞西山-진덕수)은

---

11 다행으로 얻은 경사로운 일을 말한다.

『대학연의』에서 여희(驪姬)[12]를 참언(讒言)하는 것의 으뜸으로 삼았으니, 나는 매우 절실한 말이라 여긴다."

자중지란에 빠지는 사헌부와 사간원

사헌부와 사간원 간 파워 게임만이 아니었다. 재위 초기 모든 분야에서 권력이 안정되지 않았기 때문에 나름대로 실세라고 생각하는 사람들이 곳곳에서 월권했다. 급기야 사헌부 안에서도 비슷한 일들이 일어났다.

태종 2년(1402년) 2월 15일 대사헌 이지가 물러나게 된 일도 그랬다. 하루는 이지가 사헌부 집무실에 앉아 있는데, 감찰 노상신과 사헌부 관리 전경·이안직 등이 새로 감찰이 된 신입 요원 신고식을 심하게 했다.

노래하고 춤추며 익살을 부리게 하여 온갖 추태를 부리지 아니함이

---

12 중국 춘추시대(春秋時代) 진(晉) 헌공(獻公. ?~기원전 651년) 비(妃)다. 원래는 이민족인 여융(驪戎) 군주 딸이었는데, 헌공이 여융(驪戎)을 정벌했을 때 사로잡혀 동생과 함께 헌공 후궁(後宮)이 되었다. 여희는 미모가 뛰어나 헌공의 총애를 받고 왕비의 자리를 차지했다. 그리고 자기 자식인 해제(奚齊)를 태자로 삼으려고 태자인 신생(申生)을 비롯해 중이(重耳), 이오(夷吾) 등을 모함해서 차례로 죽이려 했다. 결국 태자인 신생이 죽임을 당하고 아버지인 헌공이 자신의 두 아들 중이와 이오를 공격하는 상황까지 벌어지면서 진나라 정치는 큰 혼란에 빠졌다. 중이와 이오는 도망해 진나라를 탈출했는데, 이 사건으로 진의 국력이 크게 쇠퇴했다. 이를 '여희(驪姬)의 난(亂)'이라 부른다. 헌공이 죽은 지 한 달 뒤에 이극(里克) 등이 반란을 일으켜 여희와 해제 등은 모두 살해되었다. 후대 역사가들에 의해 자신의 야욕을 위해 미인계를 쓰고 나라를 혼란에 빠뜨린 희대의 요부로 자주 묘사되어왔다.

없었다.

이를 알게 된 이지가 서리(書吏-비서)를 시켜 노상신에게 "감찰(監察)이 무공(武工)도 아니고 악공(樂工)도 아닌데 어찌 이같이 하시오? 신구귀(新舊鬼-고참이 신참을 길들이는 일종의 관습)란 비록 예로부터 그러하다 해도, 일찍이 법으로 이를 금했으니 법을 집행하는 관리로서 먼저 스스로 법을 무너뜨림이 옳겠소?"라고 따졌다.

감찰이란 사헌부의 정5품 관직으로 법을 집행하는 자리였다. 반면 대사헌은 사헌부 장관으로 종2품 당상관이었다. 특히 위계질서가 엄한 사헌부에서 감찰은 대사헌을 제대로 쳐다보지도 못할 낮은 직위였다. 그런데도 노상신 등은 "본방(本房-사헌부)은 무공·악공의 방이다"라고 떠들고 다니면서 퇴근하는 이지를 맞이하지도 않았다. 기강(紀綱)이 땅에 떨어진 것이다.

이런 사정을 또 다른 감찰 한 명이 이지에게 전했고, 이지는 전말을 기록한 다음에 자신도 사직하겠다고 청했다. 그러자 태종은 사헌부 장령 현맹인(玄孟仁, ?~?)[13]에게 "노상신 등이 법을 무너뜨리고 장관을 업신여긴 죄를 물어서 아뢰라"라고 명했다. 진상은 드러났고, 현맹인 등은 노상신 죄가 중하니 직첩을 거두고 유배 보내

---

13 1400년(정종 2년) 삼군도사(三軍都事)가 되고, 이때인 1402년(태종 2년) 장령을 거쳐 경기좌도안렴사가 되었다. 1405년(태종 5년) 다시 장령이 되고, 1408년 지사간원사(知司諫院事)가 되었다. 1409년 사헌부집의에 이어 1412년 우사간대부, 사간(司諫), 1413년 우사간대부, 사간원좌사간이 되었다. 1414년 사헌부 천거에 의해 전라도수군도만호가 되었고, 1424년(세종 6년) 판안동대도호부사(判安東大都護府事)가 되었다.

야 한다고 청했다. 그러나 노상신 등을 파직하는 선에서 일은 마무리되었다.

태종답지 않은 일 처리다. 감찰이 대사헌에게 이 정도로 오만방자하게 굴었다면 하극상(下剋上)도 보통 하극상이 아니다. 애당초 노상신은 믿는 구석이 있었기 때문에 그럴 수 있었고, 처벌 수위도 낮았다. 공신은 아니었던 것 같고, 아마도 태종의 아랫동서인 광주(光州) 노씨 노한의 집안사람이었을 가능성이 크다. 사직과 파직이라는 말만 달랐을 뿐, 이지도 자리에서 물러났다.

6월에는 사헌부·사간원·태종이 함께 얽혀 들어가는 복잡한 싸움이 전개된다. 먼저 6월 14일 사간원에서 간원들이 간언하는 과정의 말실수로 처벌받는 일이 잦아서 제대로 간언할 수 없다고 하소연하면서 넓은 도량으로 언로를 넓혀달라고 청하는 소를 올렸다.

> 신 등이 언사로 인해 죄를 얻는 것을 근심하거나 죄가 있는데도 구차하게 면하는 것을 다행으로 여기는 것도 아니옵니다. 진실로 전하의 성덕(盛德)에도 오직 이 한 가지 잘못이 있사와, 감히 이 점을 말씀드리오니 유의해주시옵소서.

조심스러우면서도 상당히 단호한 소였다. '한 가지 잘못'이라고 못 박은 것이 특히 그렇다. 그런데 이 일로 사간원에 내분이 일어났다. 원래 이 논의는 우사간대부 송인(宋因), 우헌납 이양명(李陽明), 좌정언 신개(申槪) 등이 나서 "근래에 임금이 간관을 꺾으니 상소해 간함이 옳겠다"라는 의견을 내놓았음으로써 시작되었다.

이에 대해 좌사간대부 최긍(崔兢, ?~?)[14], 사간원 지사 이흥(李興), 내서사인(內書舍人) 이맹균(李孟畇) 등은 처음에는 반대하다가 마지못해 따랐다. 그래서 사간원 전체 이름으로 그 같은 소를 올릴 수 있었다.

그런데 6월 17일, 처음에는 반대했던 최긍·이흥·이맹균 등이 송인·이양명·신개 등을 역으로 탄핵하는 소(疏)를 올렸다. 이런 저간의 사정이 드러나자 6월 23일 사헌부에서 최긍·이흥·이맹균·좌헌납 권우(權遇) 등을 탄핵했다. 물론 이 일은 애당초 큰 문제가 될 사안은 아니었기 때문에 별일 없이 넘어가기는 했다. 그러나 이미 힘의 중심은 태종으로 넘어가 있었다. 태종은 그들 사이에 불거지는 갈등을 한편으로는 즐기는 마음으로 지켜보았을지도 모른다.

대간을 모두 내쫓다

1년 후인 태종 3년(1403년) 6월 17일, 의정부에서 대간으로 인

---

14 1377년(우왕 3년) 진사로서 문과에 급제하고 출사했으며, 1390년(공양왕 2년) 사헌부 장령(司憲府掌令)을 역임했다. 1394년(태조 3년)경 지형조사(知刑曹事-형조 지사)에 제수되었다. 1398년(태조 7년) 주부군현(州府郡縣)의 명칭과 경계를 확정하는 한편 성보(城堡)를 수선하고 참호(塹壕)를 설치하기 위해 동북면에 도선무순찰사로 파견되었던 판의흥삼군부사(判義興三軍府事) 정도전의 종사관이 되어 동북면을 다녀왔다. 1402년(태종 2년) 당상관에 오르면서 사간원좌사간대부에 발탁되고, 이어 이조참의를 역임한 뒤 1406년 전라도관찰사로 파견되었다. 1409년 삼군부좌군동지총제로서 진하사(進賀使) 이백강(李伯剛)의 부사(副使)가 되어 명나라를 다녀온 뒤 졸했다.

한 병폐를 지적하고 나섰다. 사헌부와 사간원이 최근 들어 서로 탄핵을 일삼고 있다고 지적한 뒤, 특히 사간원 사람들은 대체(大體)는 돌아보지도 않고 사소한 일로 사헌부를 탄핵해대니 심각한 문제라며 그들에 대한 징계를 요청한다. 그러면서 대사헌이나 재상에 대해서는 국가 대사나 불법, 부정부패 등과 관련된 일이 아닐 경우 탄핵을 금해야 한다고 건의했다. 당연히 태종은 전적으로 수용한다.

그러나 7월 10일 사간원에서는 보란 듯이 대사헌 박신(朴信), 장령 윤향(尹向)·안종약(安從約), 지평 김음(金愔) 등을 탄핵했다. 골자는 지방관리가 잘못한 일이 있는데 박신 등은 그 관리에게 잘못을 묻지 않고 신고한 사람을 벌했다는 내용이었다. 말 그대로 사소한 일이었다.

그러자 같은 날 사헌부 집의 송우(宋愚), 지평 이제(李悌)가 맞탄핵을 제기했다. 지난달에 사사로이 서로 보복하는 탄핵은 금지하라고 했는데 이를 사간원 관리들이 어겼다는 내용이었다. 이전투구(泥田鬪狗) 그 자체였다.

결국 태종은 분노를 터뜨렸다. 7월 16일 단행한 인사 개편에서 사헌부와 사간원 관리 전원이 외직으로 쫓겨났다. 이첨(李詹)에게 의정부 지사 겸 대사헌을 맡도록 하고 박신을 광주목사로 내보냈다.

이례적으로 인사 배경에 대한 설명이 뒤따랐다.

대간들이 작은 사유를 가지고 서로 보복하기 때문에 밖으로 내친 것이다. 다만 헌납 조말생은 근자에 등극사 서장관으로 명나라에 다녀온 공로가 있고 정언 유박은 사간원에 출근한 지 며칠이 안 되었으므로, 두 사람은 좌천에서 제외했다.

그러면서 태종은 대간이란 어떠해야 하는지 정확히 견해를 밝혔다.

"간관은 마땅히 노성(老成)하고 일을 경험한 사람으로 써야 한다. 말을 해야 할 터인데 하지 않는 것도 잘못이고, 말을 할 것이 아닌데 말하는 것도 잘못이다."

이 말은 그전에도 그 후에도 늘 했다. 태종 2년(1402년) 7월 22일, 사헌부와 사간원이 서로 계속해서 탄핵하며 파워 게임을 해대자 이를 미워한 태종은 대사헌을 박신, 좌사간대부를 조용으로 교체하고서, 다음날 두 사람을 불러 이렇게 당부했다.

"근래에 대간들이 대체(大體)는 돌보지 않고 소절(小節)에만 힘을 써서 출근하는 날에 생각하기를 '무슨 일을 간언할 것인가? 어떤 사람을 탄핵할 것인가?' 하며 밤낮으로 생각하고 찾아내 반드시 그것을 행하려고 하니, 임금과 신하 사이가 소원해지고 동료들이 꺼리어 서로를 용납하지 못하고 있다. 내가 이전에는 대간들과 서로 사이가 좋지 못했다. 대개 대간이 된 자는 말할 만한 일을 말하고 논핵할 만한 일은 논핵해야 하니, 너희들은 직책에 삼가고 조심해 이전 사람들의 소절에만 얽매이던 일을 본받지 말라. 나의 이 말은 나의 과실을 말하지 말고 백료의 옳고 그름을 탄핵하지 말라는 것이 아니라 다만 바르게 간언하고 공정하게 탄핵하기를 바라는 것일 뿐이다."

사사로움에 얽매여 공정(公正)에서 벗어나서는 안 된다는 말이다. 박신과 조용은 그 말뜻을 알아듣고서 이렇게 답했다.

"신 등이 이미 명을 들었으니 어찌 감히 털 한 오라기의 사사로운 뜻이 있겠습니까!"

4 ___

대형 정치 사건마다 선봉장이 되다

이거이 부자 역모 사건에서 사헌부와 사간원의 역할

태종 4년(1404년) 10월 18일 서원부원군 이거이와 그 아들 상당군 이저에게 그들의 고향 진주(鎭州-충청도 진천)로 돌아가라고 명했다. 그에 앞서 태종은 의안대군 이화, 완산군 이천우를 불러 비밀스러운 가르침을 내린다. 신사년(辛巳年-1401년)에 이거이가 조영무에게 태종의 아들들을 제거하고 상왕(정종)을 섬기자고 했다는 충격적인 이야기였다. 당시 태종은 조영무에게 발설하지 말라고 했었지만 이제 이거이와 조영무가 다 늙었으니 한 사람이라도 죽기 전에 마땅히 변별해야 한다는 때늦은 문제 삼기였다.

4년 만의 문제 제기로 전형적인 태종식 정치술이었다. 예상대로 대간(臺諫)과 형조에서는 소를 올려 이거이 부자를 극형에 처해야 한다고 주장했다. 태종은 무인년의 공은 오로지 이저에게 있고, 경진년의 공은 오로지 이거이와 이저에게 있으며, 이거이 아들 이백강이 자기 사위라며 청을 들어줄 수 없다고 강조했다. 대사헌 유량은 굴하지 않고 도승지 박석명을 시켜 더욱 강경하게 주장했다. 재위 4년이 지나고 나자 이제는 사헌부나 사간원 관리들도 태종이 그만두라고 한다고 해서 그만두면 안 된다는 것쯤은 잘 알고 있었다.

상이 다만 거이에게 명해 그의 고향으로 돌아가게 했다. 대간(臺諫)이 다시 대궐의 뜰에 서서 청했다.

"거이는 마땅히 법으로 다스려야 합니다. 만세의 법은 비록 임금이라 하더라도 폐기할 수 없습니다."

상이 말했다.

"경들은 분명 나를 불통(不通)하다고 여길 것이다. 그러나 내가 공신을 보전하고자 하여 이미 황천(皇天)과 후토(后土)[15]에게 맹세한 바 있다. 거이 부자는 일찍이 큰 공이 있었으므로 죄를 가할 수 없다."

유량이 말했다.

"한때의 공로로 만세의 법을 폐기할 수는 없습니다. 어찌 거이 한 사람을 아끼느라[惜=愛] 자손 만세의 계책을 위하지는 않습니까? 반드시 한나라 고조(高祖)처럼 사정(私情)을 없앤 뒤라야 왕업(王業)의 장구함을 기약할 수 있을 것입니다. 거이는 임금을 업신여기는 마음[無君之心]이 마음속에 쌓여 있다가 말로 나타난 것이며 또 그 아들

___
15 땅의 신이다.

저 또한 광망한 자이니, 아울러 법대로 처리할 것을 청합니다."

상이 말했다.

"내가 그들을 보전해주고자 하는 마음이 이미 정해졌다. 경들이 아무리 죄를 가하고자 하더라도 끝내 들어주지 않을 것이다. (그래도) 경들이 억지로 말한다면[强言] 내가 마땅히 문을 닫아걸 것이다. 또
_{강언}
저는 처음에는 알지 못했고 그 사람됨이 어리석지 아니하니, 거이가 유배되면 스스로 마땅히 아비를 따라 고향으로 돌아갈 것이다."

량이 말했다.

"진(晉)나라 조돈(趙盾)이 도망쳤너라도 월경(越境)하지 않았으니[16] 그만이고 허세자가 약(藥)을 허락했더라도 먼저 맛보지 않았을 뿐이니[17] 그만이지만 『춘추』에서는 오히려 대악(大惡)으로 죄를 가했습니다. 하물며 거이의 죄는 『춘추』에서 이른바 '다른 사람이 그런 자를 벨 수 있다[誅]'[18]는 것입니다. 이제 부귀한데 그냥 고향으로 돌아가게 하신다면, 이는 단지 죄를 가하는 것이 아닐 뿐 아니라 도리어 영광으로 여길 것입니다. 전하께서 설사 그를 유배하고자 하시더라

---

16 조돈(趙盾)은 춘추시대 사람으로 양공(襄公) 때 중군(中軍)의 장수가 되어 국정(國政)을 장악했다. 양공이 졸(卒)하자 영공(靈公)을 세웠는데, 서로 뜻이 맞지 않아 조돈은 도망쳐 다른 나라로 망명길에 올라야 했다. 미처 국경(國境)도 넘지 않았는데, 그의 부하 조천(趙穿)이 영공(靈公)을 시해(弒害)하고 주(周)나라에서 성공(成公)을 맞아 왕위에 앉혔다. 태사(太史) 동호(董狐)는 "조돈이 그 임금을 죽였다"라고 사책(史冊)에 썼다.

17 춘추시대 허(許)나라 세자 지(止)를 일컫는 말이다. 허나라 도공(悼公)이 학질을 앓다가 세자 지가 지어준 약을 먹고 죽었다. 공자(孔子)는 세자 지가 약을 미리 맛보지 않았기 때문에 책임이 세자 지에게 있다고 해서, 『춘추(春秋)』 '소공(昭公)' 조에서 "허세자 지가 그 임금 매(買)를 죽였다"라고 했다.

18 이는 대역죄인의 경우 별도로 왕명을 기다리지 않고 아무나 그 사람을 죽일 수 있다는 말이다. 그만큼 죄가 크다는 뜻이다.

도 신 등은 장차 그를 구속하고 보내지 아니하며 '다른 사람이 이를 토죄할 수 있다'[19]는 죄목으로 다스리겠습니다. 거이가 이미 영무에게 말했으니 어찌 그 아들 저에게도 말하지 않았겠습니까? 저 또한 '다른 사람이 이를 토죄할 수 있는' 바에 해당합니다."

태종은 말리는 척하고 있지만, 태종이 사헌부나 사간원에 기대했던 역할은 바로 이런 강경한 처벌 주장이었다. 그러면 태종에게는 자연스럽게 관대한 조치를 베풀 수 있는 여지가 생겨난다.

사건 진행은 다른 곳에서 살펴보았으니 여기서는 유량을 대사헌에 임명한 날짜만 확인해보자. 이거이 부자가 진주로 유배를 떠난 것은 10월 18일이고, 유량이 대사헌이 된 날은 나흘 전인 10월 14일이다. 그렇다면 태종이 이화와 이천우에게 비밀리에 가르침을 내린 것은 12일이나 13일쯤이라고 추정해볼 수 있다.

태종 7년(1417년) 민무구·무질 형제를 제거할 때의 패턴도 이와 정확히 일치한다. 이해 7월 4일 태종은 하륜과 조영무를 좌정승과 우정승에서 물러나게 하고 이화를 영의정, 성석린을 좌정승, 이무를 우정승으로 임명하고 권진(權軫)을 대사헌으로 삼았다. 7일 후인 7월 10일 영의정 이화 등이 민무구·무질 형제와 신극례의 처벌을 청하는 소를 올렸다.

사건 초기에 세 사람에 대한 처벌을 강력하게 요구했던 인물 가운데 하나가 바로 대사헌 권진이다. 형조판서 이지와 대사헌 권진 등이 앞장섰다. 이들은 연일 다투어 세 사람을 극형에 처해야

---

19 바로 위에서 말한 '다른 사람이 그런 자를 벨 수 있다[誅]'와 같은 뜻이다.

한다는 소를 올렸고, 태종이 들어주지 않자 집으로 가버리기도
했다. 태종은 그들을 다시 불러들였다. 7월 25일 태종은 형조판서
와 대사헌을 불렀다.

대간과 형조가 대궐에 나아와 예전의 청을 거듭 아뢰니 상이 말
했다.

"경 등이 내 말을 갖춰 들었고 나 또한 경 등의 말을 다 아는데 어찌
다시 이러는가!"

형조판서 이지, 대사헌 권진 등이 아뢰어 말했다.

"전하께서 이들 세 사람을 사사로운 마음으로 대하시어 여러 신하
의 청을 윤허하지 않으시는데, 엎드려 바라건대 큰 의로움으로 결단
해 만세 군신(君臣)의 분수를 바로잡아야 할 것입니다."

상이 말했다.

"내 끝내 경 등의 말을 들어주지 않을 것이니 물러가는 것이 좋
겠다."

지(至) 등이 대답했다.

"신 등이 자주 대궐 뜰에 나와 상께서 들으시는 바를 번거롭게 하고
더럽히는 것이 어찌 두려운 줄을 알지 못하겠습니까? 그러나 유사
(有司)가 법을 지키자면 그리하지 않을 수 없습니다. 만일 그대로 윤
허하지 않으신다면 신 등으로 하여금 집으로 물러가 있게 해주십시
오."

상이 말했다.

"옛날의 (훌륭한) 임금들을 보면 말을 들어주는 이도 있었고 말을 들
어주지 않는 이도 있었다. 내가 이미 경 등의 말을 들어주지 않을 것

이니, 물러가 집에 있는 것은 경 등이 알아서 해라."

지 등이 대답했다.

"전하께서는 곧은 말[直言]을 품어주고 받아들여서 일찍이 유사(有
司) 중에 법을 지키는 자를 죄주지 않으셨습니다. 신 등이 어찌 상감
(上鑑)을 헤아리지 못하고 망령되게 진달해 청하겠습니까? 전하께
서 세 사람의 죄를 덮고자 하시지만 죄는 더욱 밝게 드러났습니다.
전하께서 만일 한 번만 윤허하시면 상덕(上德)이 더욱 나타날 것이
고 법도 또한 이와 같을 것입니다."

상이 말했다.

"경 등이 이미 법을 거행한다고 말하니 내가 다시 무슨 말을 하겠는
가! 그러나 무구가 형제 사이에 실언한 것일 뿐이다. 이제 이미 부처
했으니 어찌 다시 무거운 죄를 가하겠는가!"

지 등이 아뢰어 말했다.

"전하께서 비록 신 등의 청을 따르지 않으시나 신 등의 청은 그만둘
때가 없을 뿐입니다."

대언 이승간(李承幹)이 전해 아뢸 수가 없게 되자 지 등은 마침내 물
러갔다.

대간이 소를 올리고 태종이 물리치는 일은 1410년 이들이 자
진(自盡)할 때까지 3년 넘게 계속 이어졌다. 이는 동시에 태종으로
서는 사헌부·사간원 신하들로부터 동의(同意)와 충성(忠誠)을 경
쟁적으로 끌어내는 정치술이기도 했다. 태종은 이거이 부자 사건
과 민무구·무질 형제 제거 과정에서 사헌부 수장 대사헌과 사간
원 수장 좌사간대부를 거의 장악했다.

5 ——

사헌부 대사헌에
동년들을 임명한 까닭

태종의 성균시 동년

태종이 고려 문과에 급제한 사실은 자주 언급되지만, 그에 앞서 16세 때인 우왕 8년(1382년) 4월에 성균관시에 응시해 아원(亞元), 즉 2등으로 급제한 사실은 잘 언급되지 않는다. 2018년 성신여대 인문과학연구소 전세영 연구원은 『고려사』를 비롯한 각종 자료를 바탕으로 이방원과 함께 합격한 동년(同年) 12명의 명단을 597페이지와 같이 밝혔다.

당시 진사시를 주관한 사람은 상호군 이숭인이었고 전체 합격자는 99명이다. 그중 눈길을 끄는 인물은 장원을 한 이승상·변계량·이원·권간 네 사람이다.

이를 통해 우리는 청년 이방원에게 스승이나 좌주(座主) 역할

번호	성명	생몰 연도	본관	비고
1	이승상(李升商)	?~1413년	경주(慶州)	장원, 좌명공신 4등
2	민수산(閔壽山)	1376~1430년	여흥(驪興)	10운시 장원, 정미갑계
3	변계량(卞季良)	1369~1430년	밀양(密陽)	우왕 11년(1385년) 문과 급제
4	한유문(韓有紋)	?~1436년	–	–
5	이원(李原)	1368~1430년	고성(固城)	우왕 11년(1385년) 문과 급제 좌명공신 4등
6	정복주(鄭復周)	–	하동(河東)	–
7	최선(崔宣)	–	전주(全州)	우왕 11년(1385년) 문과 급제
8	오승(吳陞)	1364~1444년	동복(同福)	태종과 문과 동년
9	이백전(李伯全)	–	함안(咸安)	–
10	양수(梁需)	–	–	–
11	권간(權幹)	1360~1446년	안동(安東)	권홍(權弘)으로 개명 태종의 후궁 의빈 권씨의 아버지
12	조경(趙璥)	–	–	–

을 한 사람이 모두 4명임을 확인하게 된다. 원천석·민제는 어려서 공부할 때의 스승이었고 이숭인은 진사시에서 좌주, 우현보는 문과에서 좌주였다.

훗날 태종은 왕위에 올라 파벌과 붕당의 배경이 된 좌주-문생 관계를 혁파한다.

이숭인은 이색의 수제자라 할 수 있는데, 태조 초 정도전의 사주로 억울한 죽음을 당하게 된다. 실제로 태종도 스스로를 이숭인 제자로 생각하고 있었음을 보여주는 발언이 있다. 태종 4년(1404년) 5월 24일 여러 사람을 감형하면서 감형 이유에 대해 누구는 평소 공로가 있고 누구는 공신의 아들이라고 하면서 태종은 이렇게 말한다.

"허해(許晐)는 나의 은문(恩門) 사위이고…."

허해는 이숭인 사위다. 은문이란 곧 좌주를 말한다. 좌주 사위
도 이처럼 감형 이유에 포함될 수 있었다. 허해는 호조참의와 중
추원부사를 지냈다. 세종 22년(1440년) 7월 13일에 그의 행태에 대
한 언급이 나오는데, "매번 임금 앞에서 진퇴할 때 몸을 구부린 채
예를 잃는 일이 많았다"라고 되어 있다.

이숭상(李升商, ?~1413년)[20]에 대해서는 훗날 졸기가 태종과의
인연을 잘 서술하고 있다.

계림군(鷄林君) 이숭상(李升商)이 졸했다. 숭상(升商)은 경주(慶州)
사람 문정공(文靖公) 이달충(李達衷, 1309~1384년)[21] 손자로 풍채가
온화하고 당당했다[溫懿]. 임술년(壬戌年-1382년) 성균시 제일인(第
一人-장원)으로, 드디어 동(同) 진사과(進士科)에 급제하고[中=及第]
화요(華要)의 직을 여러 차례 거쳤다. 상이 잠저에 있을 때 함께 성균

20 1382년(우왕 8년) 성균관시에 장원으로 합격하고, 그 뒤 시행된 진사과에서도 합격
   했다. 특히 성균시에서 방원(芳遠-태종)과 함께 합격했으므로 뒤에 태종의 특별한 후
   대를 받았다. 1400년(정종 2년) 방간의 난을 평정하고 태종이 왕위에 오르는 데 협력
   한 공으로 1401년(태종 1년) 좌명공신 4등에 책록되었다. 1402년 좌대언(左代言-좌승
   지)이 되어 태종 측근에서 왕명 출납을 맡았다. 1412년 4월 형조판서가 되었다.
21 1326년(충숙왕 13년) 문과에 급제, 성균관좨주(成均館祭酒)를 거쳐서 공민왕 때 전리
   판서(典理判書), 감찰대부(監察大夫)를 역임했다. 1359년(공민왕 8년)에는 호부상서로
   동북면병마사가 되었다. 호부상서로 있던 1360년 팔관회 때 왕의 노여움을 사서 파면
   되었으나, 훌륭한 학자였으므로 1366년에 밀직제학으로 다시 기용되었다. 신돈이 전
   횡하던 때에 그에게 주색을 일삼는다고 공석에서 직언한 것이 화근이 되어 다시 파
   면되었다. 신돈이 주살(誅殺)된 뒤에 계림부윤(鷄林府尹)이 되었고, 1385년(우왕 11년)
   계림부원군(鷄林府院君)에 봉해졌다.

시에 급제했는데, 장원이라 해서 대우하기를 두텁게 했다. 신사년(辛巳年-1401년)에 좌명공신이 되고 드디어 대언 겸 상서윤(代言兼尚瑞尹)에 임명되어 전선(銓選-인사 선발)을 관장했으며, 벼슬이 형조판서에 이르렀다.

태종과 세종 때 문형(文衡) 변계량이 성균시 동년이라는 사실도 눈길을 끈다.

이원은 이때부터 인연을 맺어 앞서 보았듯이 세종 때 정승에까지 오르게 된다. 물론 끝은 좋지 않았다.

태종 문과 동년의 관직 진출

태종은 이듬해인 우왕 9년(1383년) 문과에서 10등(병과 7등)으로 급제한다. 당시 장원급제는 훗날 양녕대군 장인이 되는 김한로(金漢老)가 차지했다. 문과를 총괄한 지공거(知貢擧)는 문하평리 우현보, 동지공거(同知貢擧)는 정당문학 이인민이었다. 모두 33명이 합격했는데, 이들의 순위와 아버지, 주요 정치 행적을 표로 정리하면 600페이지와 같다.

문과 동년 중 상당수 인물이 승지가 되었거나 사헌부·사간원에서 언관으로 근무했음을 알 수 있다. 임금에 오르기 전 '문과 급제'라는 특이한 이력의 소유자이자 고려 조정 관리로 근무하면서 유능한 인재들을 직접 살펴볼 기회를 가졌던 것도 집권 후 태종에게는 큰 힘이 되었으리라는 것은 얼마든지 유추해볼 수 있다.

번호	성명	아버지	정치 행적
1	김한로(金漢老)	김자빈(金子贇)	장원급제, 좌부대언, 이조전서, 예문관제학, 좌군총제, 예조판서, 대사헌, 의정부찬성, 병조판서
2	심효생(沈孝生)	심인립(沈仁立)	이조전서, 중추원지사세자 방석의 장인, 1차 왕자의 난 때 주살
3	김음(金愔)	–	지평, 헌납
4	이래(李來)	이존오(李存吾)	대사헌, 공조판서, 우빈객, 좌빈객
5	유염(柳琰)	유혜손(柳惠孫)	한성부목사
6	윤규(尹珪)	윤승례(尹承禮)	우부대언, 좌부대언, 이조참의
7	성부(成傅)	성사달(成士達)	세종 때 승문원판사
8	권문의(權文毅)	–	사재감판사
9	이조(李藻)	이원굉(李元紘)	
10	이방원(李芳遠)	이성계(李成桂)	전리정랑, 우부대언, 우대언, 밀직제학
11	장자수(張子秀)	–	개성유후사교수관
12	박부(朴簿)	박임종(朴林宗)	
13	정안도(鄭安道)	정의(鄭義)	정랑
14	윤종문(尹宗文)	윤동명(尹東明)	
15	이반(李蟠)	이창로(李彰路)	
16	김약시(金若時)	김정(金鼎)	
17	정역(鄭易)	정윤규(鄭允珪)	대사헌, 이조판서. 효령대군 장인
18	이맹반(李孟潘–이반)	–	내사사인, 장령
19	신봉생(辛鳳生)	–	–
20	윤수미(尹須彌–윤수)	윤보로(尹普老)	우사간대부, 좌부대언
21	오승(吳陞)	오중화(吳仲和)	–
22	신포시(申包翅)	신덕린(申德隣)	
23	이운로(李云老)	이귀생(李貴生)	제용감판사
24	권훈(權壎)	권주(權鑄)	지사간원사
25	왕렴(王廉)	왕승(王昇)	
26	이차점(李次點)	이숭인(李崇仁)	–
27	현맹인(玄孟仁)	–	사헌집의, 좌사간대부

번호	성명	아버지	정치 행적
28	안속(安束)	–	좌사간대부, 병조참의
29	박습(朴習)	박덕상(朴德祥)	우사간대부, 동부대언, 대사헌, 형조판서, 병조판서 심온 사건 때 주살
30	안희덕(安希德)	–	세종 때 의금부진무
31	손구성(孫九成)	–	–
32	윤사수(尹思修)	윤방안(尹邦晏)	좌사간대부, 좌대언, 의정부참지사
33	홍상부(洪尙溥)	홍징(洪徵)	–

　문신들이 원하는 바를 알고 그들의 장단점을 접하면서 대등한 차원에서 사람들을 접할 기회를 가짐으로써 훗날 인재 발탁에도 큰 도움이 되었을 것이다. 아무래도 왕자나 세자로 있다가 임금이 된 사람들보다는 낮은 눈높이에서 사람 보는 눈을 익혔을 것이기 때문이다.

6 —

대사헌 맹사성과의 정면충돌

맹사성이 대사헌에 오른 것은 태종 8년(1408년) 11월 7일이다. 한 달여 후인 12월 5일 호군 목인해가 평양군 조대림을 모반 혐의로 함정에 빠트리려 한 다소 황당한 사건이 일어난다. 주요 사건 진행은 『이한우의 태종 이방원 하』 제6장 5절에 자세히 서술되어 있기에 여기서는 태종과 맹사성 간의 정면충돌 부분만 정리해보자.

사건의 실상은 금세 드러났다. 목인해가 어수룩한 조대림을 끌어들여서 역모를 꾸민 것으로 만들고, 자신은 조대림을 붙잡아 공신이 되고자 했던 것이다. 그런데 두 사람을 조사하는 과정에서 사헌부가 조대림이 범인일 수 있다고 보고서 가혹하게 형벌을 가했다.

12월 8일 태종의 분노는 대사헌 맹사성으로 향했다. 최규가 잘못 이해하고서 맹사성에게 전한 말 때문에 일이 엉뚱한 방향으로 진행됐다. 특히 맹사성이 목인해의 사형 집행을 늦추고 조대림과 대질해야 한다고 주장하자 분노가 폭발했다. 정확히는 자신의 속내를 제대로 읽어내지 못하는 맹사성에 대한 분노가 컸다. 어쩌면 태종은 맹사성에게 병길 같기를 기대했다가 크게 실망했을 수도 있다. 태종은 무섭게 몰아붙였다.

그날의 실록 속으로 들어가 보자.

상이 말했다.

"대역을 범한 사람은 대신이 죽었다 하여 사형을 폐할 수 없다. 대림은 나이가 어려서 인해에게 속임을 당했으니 마땅히 불쌍히 여겨야 하고, 또 매를 많이 맞았으므로 반드시 다시 물어 그 정상을 알아내야 할 필요가 없다. 대사헌과 좌사간은 함께 옥사(獄事)를 국문한 자인데 어째서 사형을 늦추자고 청하는가? 그러나 대간(臺諫)의 말이 있으니 지금은 우선 따르겠다."

이에 인해를 옥에 도로 가두고 대림을 잡아다 함께 대변(對辨-대질)하니 인해가 다시 다른 말이 없었다. 상이 곧 명해 대림을 석방해 집으로 돌려보냈다.

대사헌 맹사성(孟思誠), 좌사간 유백순(柳伯淳), 지평 이안공(李安恭), 정언 박안신(朴安臣) 등을 순금사에 내려 보내 완산군 이천우(李天祐), 병조판서 남재(南在), 의정부 참지사 박은(朴訔)에게 명해 사성(思誠) 등이 인해의 사형을 늦추자고 청한 까닭을 국문하게 하고, 최규(崔揆)를 체포해서 왕지(王旨)를 잘못 전한 죄를 물었다. 또 박영문(朴英文)을 체포했는데, 옥관(獄官)이 지나치게 대림을 형벌하는 것을 제지하지 못한 때문이다.

태종의 속뜻을 읽지 못한 후폭풍은 컸다. 태종은 맹사성뿐 아니라 아들 귀미와 다른 헌부 관리들을 속히 처형하라고 명했다.

"평양군이 본래 꾀한 바가 없는데 지금 사성이 인해와 수범(首犯) 및 종범(從犯)을 나누려고 했다. 모반(謀叛)이나 대역(大逆)도 수범과 종범을 나누느냐? 대간(臺諫)의 의견은 대림을 죽여 번병(藩屛-왕실 울타리)을 제거함으로써 왕실을 약하게 하려고 꾀한 것이니, 그 공초(供招)에서 '모약왕실(謀弱王室)'이란 네 글자를 받으라."

10일에는 권근이 나서 절절한 문장으로 맹사성을 구원해달라고 청하는 글을 올렸다. 이숙번도 구원에 나섰다. 다음날 태종은 신하들과 언쟁을 벌였다. 하륜까지 나서고서야 겨우 맹사성은 목숨을 구할 수 있었다.

12월 12일 대사헌 맹사성을 장 100대를 때려 (충청도) 한주(韓州-한산) 향교의 재복(齋僕-재계를 돕는 노비)으로 정배(定配)했다. 사간원 우정언 박안신은 영덕현으로 유배 보내고, 그 나머지 대간(臺諫)은 모두 석방했다.

왕실 강화는 곧 왕권 강화라는 점에서, 대사헌이라도 이 문제를 건드리면 용서할 수 없다는 점을 보여주었으니 태종으로서는 크게 나쁘지 않은 성과였다.

다만 이 사건으로 인군(仁君), 즉 어진 임금 혹은 간언을 잘 들어주는[從諫] 임금 모습에서는 많이 멀어졌고, 그로 인해 신하들과의 간격 또한 적지 않게 생겨났다. 임금과 신하 모두에게 불미스러운 일이었다고 하지 않을 수 없겠다.

7 ——

민씨 형제 사형을 앞두고
대사헌에 앉힌 김한로

태종 7년(1407년) 7월 10일 영의정 이화가 발의함으로써 시작
된 민무구·무질에 대한 처벌 주청은 결국 태종 10년(1410년) 3월
17일 두 사람의 자결로 끝을 맺게 된다. 그런데 두 사람이 죽음에
이르게 되던 바로 그 시점에서 대사헌은 김한로(金漢老)다. 세자
장인이자 태종과는 문과 동년이다. 김한로가 대사헌에 임명된 때
는 두 사람이 자결하기 한 달여 전인 2월 13일이다. 3월 5일, 김한
로 등이 대궐에 나와 소를 올렸다.

사헌부 대사헌 김한로 등이 대궐에 나아와 소를 올려 무구 등의 죄
를 청했다. 소는 이러했다.
'지난날에 무구·무질이 가만히 불궤(不軌-반역)를 모의했으니 이
보다 더 클 수 없는 죄를 징치(懲治)하지 않을 수 없건만, 전하께서

은유(恩宥-사면)를 굽혀 베푸시어 그 머리를 보전하게 한 지가 여러 해가 되었으니 이는 이른바 악을 징계하는 것이 아닙니다. 이무 등은 죄가 반역에 걸려들었으니 그 아비와 자식도 마땅히 법에 따라 처치해야 할 것인데, 전하께서 강등해 가벼운 법에 따라 외방에 안치해 편안히 누워서 쉬게 했으니 이는 이른바 법을 지키는 것이 아닙니다. 악을 징계하지 않고 법을 지키지 않는다면 난역(亂逆)이 뒤를 이어 일어날 것이고 법령은 한갓 문구(文具)²²만 될 뿐입니다. 바라건대 전하께서는 위로 조종(祖宗)의 뜻을 체화하시고 아래로 신민(臣民)의 바라는 바를 받아들이시어 큰 의로움[人義]으로 결단해서 무구·무질과, 이무의 아들 이간(李衎)·승조(承祚)·공유(公柔)·공효(公孝)·공지(公祗)·이탁(李托)과, 희민(希閔)의 아들 금음동(今音同)·가벌(加伐) 및 그 아비 조호(趙瑚)와, 유기(柳沂)의 아들 방선(方善)·방경(方慶)·선로(善老)·막동(莫同)·효복(孝福) 및 그 아비 유후(柳厚)와, 윤목(尹穆)의 아들 주남(周南)·소남(召南)과, 사덕(思德)의 아들 강대(姜待)·말동(末同) 등을 율(律)에 따라 과죄해 난역(亂逆)의 문을 막음으로써 영세(永世)의 감계(鑑戒)를 밝히셔야 할 것입니다.'

상이 말했다.

"이미 다 끝난 일을 어찌 다시 청하는가?"

대답했다.

"지당(支黨-곁가지 파당)은 비록 제거되었으나, 적(賊)의 괴수가 아직도 남아 있는데 어찌 끝났다고 말할 수 있겠습니까? 신 등이 생각건대 탐라(耽羅) 사람들은 횡역(橫逆)한 것이 습관이 되어 금세 신하

---

22 실속 없이 겉만 꾸민 허문(虛文)이라는 뜻이다.

노릇 했다가도 금세 반역을 하는데, 지금 또 이 두 사람을 그곳에 두었으니 크게 안 될 일입니다. 이들은 스스로 죄악이 깊고 중한 것을 알고서 항상 죽기를 면할 계책을 도모하니, 가만히 그 백성을 꾀어서 화환(禍患)을 일으킬지 알 수가 없습니다. 혹시 한두 사람의 간악한 백성과 더불어 마음을 같이하고 서로 약속해서 배를 타고 다른 지경으로 도망해 들어간다면 어찌 후회가 없겠습니까?"

상이 말했다.

"두 사람은 이미 해도(海島)에 두었는데 장차 또 어느 땅으로 옮기라는 말인가?"

대답했다.

"하루도 하늘과 땅 사이에 용납할 수 없는데 다시 어느 곳에 둘 필요가 있겠습니까? 마땅히 법에 의해 처치할 뿐입니다."

상이 말했다.

"내가 장차 다시 처치할 방법을 생각하겠으니 경들은 일단 물러가라."

태종 반응이 많이 달라져 있다. 세자 장인을 대사헌으로 삼을 때부터 예상되었던 상황이다. 태종은 이미 민무구 형제를 제거하기로 결심을 굳히고서 굳이 세자 장인을 대사헌으로 삼았다. 그랬기에 보통 때는 결코 받아들일 수 없다고 했으면서도 이제는 매우 수동적으로 반응했다. 그는 세자 외삼촌을 제거하는 칼로는 세자 장인이 적절하다고 판단했다. 그래야 훗날 세자가 혹시 보복이라도 하려 해본들 할 수가 없을 것이기 때문이다. 실제 생각해보아도 김한로만 한 적임자는 없었다. 결국 김한로 소가 올라오고 12일 지나서 마침내 태종은 두 처남에게 자진(自盡-자살)을 명했다.

8 ——

태종의 뜻을 따르는 대사헌들

태종 11년(1411년) 7월에 박은(朴訔)이, 8월에 박경(朴經)이, 11월에 유정현(柳廷顯)이 차례로 대사헌에 임명된다. 눈길을 끄는 것은 박은과 유정현은 훗날 하륜과 조영무의 뒤를 잇는 태종 후기 투톱 정승이라는 사실이다. 이때 이미 두 사람이 태종에게 크게 신임받고 있었음은 물론이다.

박은 때는 이색 비문 논란이 한창이었다. 태종은 개국공신 세력들이 하륜을 몰아세우자 이를 막아내려는 차원에서 박은을 대사헌으로 삼았다. 이색은 박은에게 외삼촌이기도 했다. 대사헌 유정현은 주로 조사의의 난에 연루되었던 박만(朴蔓, 1362~1423년) 등의 죄를 청하는 데 힘을 쏟았다. 또 태종 12년(1412년) 4월 19일에는 행실에는 문제가 있지만, 태종에게서 총애를 한 몸에 받았던 중군총제 권희달을 탄핵해서 면직시켰다. 6월 1일에는 미천한 출신이지만 토목에 능해 태종 총애를 받았던 박자청을 논죄했고, 6월 13일에는 심지어 조영무까지 탄핵했다. 죄목은 불경(不敬)이었다. 궁궐에 있다가 나간 여인 관음(觀音)을 첩으로 삼은 것이 문제였다. 즉 주로 태종 최측근들을 과감하게 탄핵했다. 6월 13일 실록은 유정현이 훗날 정승에 오를 수 있었던 이유랄까 성품이랄까를 어느 정도 알려준다.

사헌부에서 소를 올려 다시 조영무의 죄를 청했다. 소는 대략 이러했다.

'전일에 영무(英茂)의 죄를 소를 갖춰 아뢰었는데 그냥 두고서 묻지 않으시고 이어 그 직위를 회복시켰습니다. 신 등이 가만히 생각건대, 정승은 백관의 사표(師表)이니 이른바 자기를 바로잡고서 임금을 바르게 하는[正己而格君] 자입니다. 만일 적합한 사람이 아니면 어떻게 백관을 바로잡겠습니까? 지금 영무가 원훈(元勳-으뜸 훈신)으로서 직책이 이런 소임에 있으면서도 불경하고 무례한 죄를 범했으니, 조금도 재상의 체통이 없습니다. 어찌 뻔뻔하게 묘당(廟堂-정승 집무실) 오른쪽(우정승)에 앉아 있을 수 있겠습니까? 엎드려 바라건대 비록 견책을 가하지는 않더라도 그 직사를 파해 조정을 무겁게 하고 강상(綱常)을 바로잡아야 할 것입니다.'

상이 말했다.

"올린 소 안에 '비록 견책을 가하지는 않더라도 그 직사를 파해'라는 말이 있는데, 견책을 가한다는 뜻이 어떠한 것인가? 그 직사를 파하는 것이 곧 견책을 가하는 것이 아닌가? 헌사(憲司-사헌부)에서 어찌 사람의 죄를 청하면서 말이 곧지 않은가? 영무는 이씨(李氏)의 사직을 지탱해주는 신하이고 또 나의 원훈(元勳)인데 영구히 서용(敍用-들어 씀)하지 않을 수 있겠는가?"

대사헌 유정현이 나아와 말했다.

"영무의 행실이 백료(百僚)의 위에 합당치 않은 까닭으로 다만[止] 파직만을 청한 것일 뿐입니다. 뒤에 다시 쓰는 것은 전하에게 달려 있습니다."

상이 말했다.

"지금 불량하다고 해서 파직하면 이는 영구히 폐고(廢錮-등용하지 않음)하는 것이다."

드디어 지신사 김여지(金汝知)에게 명해 가견(加譴) 두 글자의 뜻을 풀어내게 하니 대답했다.

"(견책에) 견책을 더하는 것[加譴責]을 말하는 것입니다."

상이 말했다.

"이 여자의 일은 내가 아주 훤히 알고 있다. 뽑히어 들어온 지 다섯 달 동안에 하루도 가까이서 모신 일이 없고 오래도록 행랑(行廊)에 있었다. 궁중 사람들이 모두 어리석고 미혹하다[愚惑]고 했기 때문에 나가서 시집가라고 명했는데, 마침 행차가 있었기에 다섯 달을 머물렀을 뿐이다. 나가서 있은 지 여러 달 만에 영무가 취했으니 무슨 허물이 있겠는가? 또 당(唐)나라 태종이 후궁 6,000명을 놓아 보냈는데 그 뜻이 모두 여승이 되라고 생각한 것이겠는가? 대간은 그 뜻을 자세히 진달하라."

사간(司諫) 이륙(李稑)이 대답해 말했다.

"지금 영무가 대신이 되어 불경을 범했기 때문에 청한 것입니다. 영무의 충성스럽고 의로운[忠義] 마음이 지금 이 일에서는 결함이 생겼습니다."

상이 웃으며 말했다.

"내가 이미 알고 있다."

상이 정현에게 일러 말했다.

"내가 잠저(潛邸-왕자) 때부터 경이 충성스럽고 곧은[忠直] 줄을
안다. 지금 들으니 헌사의 법에 한 사람이 발언하면 말리는 자가
없다고 한다. 지금 경이 하관(下官)의 말에 말려든 것이니, 다시는 청
하지 말라."

정현이 말했다.

"중의(衆議)가 같아진 뒤에야 일을 말하는 것이지, 어찌 한 사람의
말을 들어서이겠습니까?"

상이 말했다.

"처음에 청한 소 가운데서 한두 글자가 영무의 실상에 부합하지 않
아 내가 보고서 곧 불사르고자 했다가, 내가 비록 임금답지 못하나
즉위한 이래로 대간이 올린 소를 찢거나 불태운 적이 없었던 까닭으
로 이번에도 참았다. 비록 다움[德]이 나보다 훨씬 많은 송나라 태조
(太祖) 같은 이도 오히려 간언하는 소를 찢는 일이 있었다. 지금 관음
(觀音)을 특별히 영무에게 주면 어떠하겠는가? 그러나 내가 군왕(君
王)이 되어서 어찌 감히 신하와 더불어 희롱하겠는가?"

정현이 대답했다.

"특별히 주신 뒤에 취(娶-첩으로 맞아들임)하는 것은 가능합니다. 지
금은 하사(下賜)를 받지 않고 취했기 때문에 감히 청하는 것입니다."

상이 정현을 긴절하게 꾸짖었으나 정현이 모조리 대답했으므로, 묻
고 대답하다가 아침을 다 보내었다. 정현이 마침내 말했다.

"신이 어리석어서 직사를 감당하지 못하겠습니다."

상이 말했다.

"경은 어찌해 이런 말을 하는가? 내가 경더러 유능하지 못하다는 것이 아니다. 죄를 청하는 것이 실상에 지나쳤기 때문이다. 내가 본래 성질이 가볍고 급해서[輕急] 말을 발하는 것이 절도가 없었을 뿐이다."

정현이 말했다.

"말을 해야 하는데 말하지 않는다면 잘못된 것입니다. 신 등은 빠뜨리는 것이 있을까 두려워하며 무릇 서로 힙하지 않는 것이 있더라도 대소경중이 없이 모두 청하고, 상의 명을 기다릴 뿐입니다."

상이 웃으며 말했다.

"경이 충성스럽고 곧은[忠直] 까닭으로 말이 여기에까지 이른 것이다. 대간의 말을 내가 모두 따른다면 아래에 온전한 사람이 없을 것이다. 조금만 하자가 있어도 모두 죄준다면 사람이 모두 성인(聖人)일 수 있겠는가? 다시는 청하지 말라."

영무에게 직사에 나오도록 명했다.

주목해야 하는 유정현 발언은 "말을 해야 하는데 말하지 않는다면 잘못된 것입니다"이다. 바로 이 말을 받아서 태종이 말한다.

"경이 충성스럽고 곧은[忠直] 까닭으로…."

같은 해 8월 21일, 유정현을 이어 정역(鄭易, ?~1425년)이 대

사헌으로 임명되었다. 정역은 태종과 동년(同年)이며 효령대
군 장인이니 태종 사돈이기도 했다. 재임 기간 중 이렇다 할 사
건은 없었다. 그 뒤를 태종 13년(1413년) 4월 7일 안성(安省,
1344~1421년)²³이 이어받는데, 12일 만인 19일에 간통죄에 걸려
파직되고 24일 윤향(尹向)이 대사헌이 되었다. 윤향은 그 후 공조
판서·형조판서·호조판서 등을 두루 지내는 관력이 말해주듯 정치
가형 신하라기보다는 관료형 신하였다.

이어 10월 22일에 심온이 대사헌에 올랐다. 같은 해 12월
16일, 심온은 의정부 혁파를 주장하는 충격적인 소를 올렸다. 이
런 사안은 태종 밀지(密旨) 없이 대사헌이 함부로 올릴 수 있는 내
용이 아니다. 관제개혁을 능가하는 혁명적 조치이기 때문이다. 그
날 실록을 보면 심온이 이런 소를 올린 까닭에 대해 "대개 륜(崙-
하륜)이 권력을 차지해서[專權] 오로지 독단하고 피혐(避嫌)하는
바가 없는 것을 미워했기 때문이다"라고 적고 있다. 이는 사실 심
온보다는 태종 마음이었다.

일단 태종이 미온적인 반응을 나타내자 사헌부와 사간원에서
소를 올렸다. 정부에서 권력을 농간해 나라를 병들게 하는 폐단을
거론하면서 중국에서 중서성(中書省-조선 의정부에 해당)을 혁파하
고 육부(六部)에 오로지 위임하는 사례를 인용한 소였다.

상이 말했다.
"정부를 혁파한 뒤에 만일 무슨 사고라도 있으면 누가 가히 서무(庶

---

23 조선 전기에 참지의정부사, 강원도도관찰사, 참찬 등을 역임한 문신이다.

務)를 대리할 것인가? 근일에 뇌우(雷雨)의 재변(災變)이 정부에서 그 적임자를 얻지 못한 소치에서 비롯된 것이라면 정부에 있는 자들은 모두 이 적임자가 아니라는 것인가? 옛날 간신(諫臣)이 직언해서 큰 양(羊)을 삶아 제사 지내니 하늘에서 바로 비가 온 적이 있었다.[24] 너희들은 어찌 그 적임자를 가리키지 않는 것이냐? 고황제(高皇帝-명나라 주원장)는 실로 고금 천하의 영주(英主)이므로 비록 중서성이 없더라도 가(可)하지만, 나는 용렬해 정부가 없는 것은 불가하다. 더군다나 중국 사신을 응대하는 것은 더욱 곤란하다."

육조에서 아뢰었다.

"사신 접대는 예조가 맡은 임무이니 일을 폐(廢)하는 경우는 없을 것입니다."

상의 뜻도 이를 옳게 여겼으나, 오히려 드러내놓고 이를 혁파하자고 말하지는 않았다. 그때 하륜이 권세를 농간해 뇌물을 받는 일이 매우 많아서 종종 노예[臧獲]에게도 매관(賣官)한다는 비난이 있었으니, 대간에서 논한 뜻은 대개 여기에 있었다.

이것이 태종이 생각했던 전형적인 대간(臺諫) 역할이었다. 태종은 임금보다는 대신들을 제대로 견제해주기를 사헌부나 사간원에 기대했고, 실제로 이때 대사헌이나 좌사간대부는 이런 '임무'를 충실히 수행했다. 하륜으로서는 자제(自制)와 자겸(自謙)이 필요한

---

24 큰 양[弘羊]이란 상홍양(桑弘羊)을 말한다. 복식(卜式)이라는 신하가 한나라 무제에게 간언하며 "지금 상홍양이 관리들로 하여금 시장에 앉아서 가게를 벌여놓고 물건을 팔아 이익을 구하게 하니, 큰 양을 삶아 죽여야 하늘이 비로소 비를 내릴 것입니다"라고 했다.

매우 위태로운 때였다고 하겠다.

대사헌 심온 역할은 거기까지였다. 3개월 만인 태종 14년 (1414년) 1월 13일, 안등(安騰, ?~1417년)[25]이 대사헌이 되었다. 열흘 후인 1월 24일, 그는 종친인 이양우(李良祐, 1346~1417년)를 탄핵해서 함경도 영흥부 본가로 돌아가게 했다. 심온에 이어 안등도 공신 제거 임무를 떠맡은 바였다.

한 달 후인 2월 25일 유관(柳觀)이 대사헌에 임명되었다. 유관은 이양우가 유배지에 있던 이방간과 몰래 내통한 사실을 문제 삼아 이양우를 논죄했다. 7월 2일 태종은 그냥 넘어가달라고 점잖게 부탁한다.

> "정적(情迹-행적)이 이미 드러난 죄를 내가 용서한 것이 얼마나 되느냐? 죄가 의심스러우면 오로지 가볍게 형벌하는 것[罪疑惟輕]은 나에게서 시작된 것이 아니다. 경들은 용렬하게 고집부리지 말고 나의 덕(德)을 보필하라."

고전(古典)을 끌어들인 노련한 회유와 설득이 빛난다. "죄가 의심스러우면 오로지 가볍게 형벌하는 것[罪疑惟輕]"은 『서경』 「대우모(大禹謨)」편에 나오는 말이다. 그런데도 이양우와 이방간 사이에 내통을 캐는 과정에서 고문이 지나쳤던 사실이 드러나자, 태종은

---

25 마음이 곧고 성실해 맡은 임무를 잘 처리했으므로 태종의 총애를 받았다. 1416년에는 한성부윤으로 있으면서 왕에게 건의해 경상도 김해 근처 초원에 목장을 만들도록 했다. 그해 형조판서에 임명되어, 공을 믿고 횡포를 부리던 이숙번을 여러 차례 탄핵했다.

이를 왕실에 대한 도전으로 받아들였다. 조대림 사건 때 후폭풍을 연상시킨다. 이에 7월 8일 사헌부와 사간원 관리들을 모두 외방에 부처했다. 가벼운 유배형을 내린 것이다. 다만 대사헌 유관은 태조의 개국 원종공신이라 해서 면제해주었다. 태종은 사간원이 사헌부 잘못을 탄핵했어야 하는데 오히려 함께 소를 올린 것은 큰 잘못이라고 보았다.

7월 20일에는 유관에 이어 이은(李垠)이 대사헌이 되었다. 이은은 보기 드물게 이듬해(1415년) 5월까지 대사헌을 맡았다. 대체로 대사헌 임기가 매우 짧았던 이유는, 육조 같은 업무 연속성이 없는 관계로 그때마다 사안별로 적임자를 투입했기 때문이다. 그런데 이은이 재직하는 기간에는 굵직한 정치 사건이 없다 보니 이처럼 10개월이나 재직할 수 있었다.

이은은 물러나는 그달 4일에 다른 사헌부 관리들과 함께 의금부 옥에 내려진다. 죄목은 한 달 전인 4월 6일에 발생한 민무회·염치용 사건을 곧바로 문제 삼지 않았다는 것이었다. 이는 동시에 이 사건이 돌발 사건임을 암시한다. 태종이 기획한 사건이 아니었다는 말이다. 그날 실록 속으로 들어가 보자.

대언을 두 의정(정승) 집에 보내 헌부 관원을 의금부에 내린 까닭을 일러주었다. 하륜과 남재·이직·유정현 등이 대궐에 나아와 아뢰어 말했다.

"의금부에서 상의 교지를 의정부에 고하지 않았기에 은(垠) 등을 옥에 가둔 까닭을 알지 못했으나, 어제 전하신 교유(教諭)를 받고서야 상의 뜻을 알게 되었습니다. 사헌부 관원들이 그 직책에 부응하지 못함은 진실로 예감(睿鑑-임금의 살핌)과 같습니다."

상이 말했다.

"본래는 인견(引見)하고 면대해 일러주고자 했으나, 다만 재계(齋戒)로 인해 결과적으로 그러지 못했다. 치용과 무회의 일은 4월 초6일에 발단되었고 내가 초9일에 육조에게 추핵(推覈)하기를 명해 거짓말이 현저하게 드러났으므로, 곧장 그들을 의금부에 내려 국문해서 치용과 무회의 불충한 실상을 훤하게 알 수 있었다. 내가 특별히 말감(末減-감형)을 좇았는데, 육조와 사간원 대언 등은 재삼 죄주기를 청했으나 헌부는 풍기(風紀)를 맡은 관청으로서 생각건대 이것을 마침내 편안히 여겨서 염려하지 않았다. 이래서야 되겠는가? 내 진실로 그들의 간사한 마음가짐을 더럽게 여겼으나 꾹 참고 지금에 이르렀는데, 끝까지 참을 수 없어서 지금 옥에 내려 다스리려는 것일 뿐이다. 우리나라는 본래부터 군신(君臣)의 예절이 있는 나라라고 일컬어오는 터에 헌사에서 감히 이럴 수가 있는가? 정승들은 지위가 높고 직품도 높으니 진실로 세미한 임무에 친히 응할 수 없다고 하겠으나, 어찌 감히 (사헌부가) 강기(綱紀)를 바로잡는 자루[柄]를 쥐고서_병도 도리어 이같이 심하게 하는가? 우리나라 기강(紀綱)이 진실로 가소로울 뿐이다."

류 등은 서로 쳐다보면서 놀라 머리만 수그리고 잠잠히 있었고, 이직은 황공해하는 것이 더욱 심했다.

이직은 민무회 동생 무휼의 장인이었기 때문이다. 민씨 집안 눈치를 살핀 대가는 컸다. 이은은 그 이후 관직에 복귀하지 못하고 유배지를 떠돌다가 세상을 떠나야 했다. 5개월이 지난 12월

7일에 이발(李潑)이 후임으로 임명되었지만, 토지 문제 판결을 잘못한 일로 탄핵받아 직무에 나아오지 못했다. 그래서 12월 28일 이원이 대사헌이 되었다. 앞서 본 대로 이원은 태종의 성균시 동년이다. 이때는 이미 의정부·육조·대간에서 연일 민무휼·무회에 대한 죄를 청하던 때였다. 이원이 대사헌으로 있던 태종 16년(1416년) 1월 13일 민무휼·무회 두 사람은 자진했다.

태종 16년(1406년) 3월 25일, 지신사를 거친 태종 복심 김여지가 대사헌으로 자리를 옮겼다. 그는 이숙번 탄핵을 전면에서 떠맡았다. 태종 17년(1417년) 9월 7일, 박습이 대사헌을 맡았다. 그 또한 태종 동년이다. 그러나 그는 태종 18년(1418년) 1월 6일에 일 처리를 잘못했다는 이유로 의금부 옥에 내려졌다. 얼마 후 풀려나 병조판서에 오르지만, 심온 옥사에 연루되어 같은 해 말에 압슬형(壓膝刑-무릎을 압박하는 고문)을 받고 사형을 당했다.

그 이후 상왕 태종이 대사헌으로 낙점한 인물은 세종 즉위년(1418년) 8월 12일에 허지(許遲, 1372~1422년)[26], 세종 1년(1419년) 4월 17일에 신상(申商, 1372~1435년)[27], 세종 2년(1420년)

---

26 그 후 이조판서를 지낸 허지는 사람이 무겁고 너그러우며 술을 잘 마셨는데 많이 마셔도 취하지 아니했다. 가는 곳마다 칭찬이 있어 크게 쓰일 사람이라고 여론이 기대했는데, 나이 50에 돌아가니 사람들이 애석하게 여겼다.

27 1390년(공양왕 2년) 문과에 급제, 예조정랑이 되었다. 조선조에 들어와서는 사헌시사(司憲侍史)·경력·병조의랑·이조의랑·연안부사 등을 역임했고, 1405년 상호군으로 동북면에 파견되어 동맹가첩목아(童猛哥帖木兒)를 회유하는 등 국경 경비를 맡았다. 1417년(태종 17년) 강원도도관찰출척사를 거쳐 병조참판이 되었을 때, 당(黨)을 만들어 죄 없는 신하들에게 죄를 뒤집어씌운다는 박은(朴訔)의 소(疏)로 인해 의금부에 갇혔다가 풀려났다. 공조·예조 참판을 지냈고, 1419년(세종 1년) 진하사(進賀使)로 명나라에 다녀왔다. 이어 경상도도관찰출척사가 되었는데, 이때 기근에 처한 백성을 진휼하는 데 진력했다. 대사헌·이조참판·한성부윤·우군도총제 겸 평안도도관찰출척사

618

1월 7일에 김자지(金自知, 1367~1435년)[28], 3월 16일에 이발(李潑, 1372~1426년)[29], 3월 29일에 홍여방(洪汝方, ?~1438년)[30], 세종 4년

등을 지냈고, 1424년 예조판서로 성절사(聖節使)가 되어 명나라에 다녀왔다. 1425년 형조판서를 지내고, 이듬해 다시 예조판서가 되었다. 풍채가 매우 컸고, 오랫동안 예조판서로 있으면서 실수 없이 일을 무난히 처리했다.

28 고려 우왕 때 과거에 급제했다. 1404년(태종 4년) 사헌부 집의가 되었고, 1407년 우사간대부(右司諫大夫)가 되었는데 태종이 대사헌의 소(疏)에 의해 그를 처벌하려다 그쳤다. 1408년 형조참의가 되었다. 그 뒤 1418년 경기 도관찰사(京畿都觀察使), 호조참판, 이듬해에 형조참판이 되고, 다시 예조참판을 거쳐 대사헌·원주목사가 되었다. 1423년(세종 5년)에는 평안도관찰사, 1428년에는 형조판서가 되었다. 이때 마침 동지총제(同知摠制) 성개(成槩)의 노비에 대한 오결사건(誤決事件)이 일어나고, 이를 계기로 형조의 기구 확대를 둘러싸고 논란이 거듭되는 가운데 파직당했다. 만년에는 개성부 유후가 되었다가 1434년 68세로 관직에서 물러났다. 학문이 뛰어나 음양(陰陽)·복서(卜筮)·천문·지리·의약·음률까지 두루 통달했다. 배불론자(排佛論者)의 한 사람으로, 자신의 상(喪)을 『주자가례(朱子家禮)』에 따르도록 여러 아들에게 유언했다.

29 음보(蔭補)로 별장(別將)이 되었고, 조선이 개국된 후 1397년(태조 6년)에 좌군첨절제사(左軍僉節制使), 1399년(정종 1년)에 상주목사(尙州牧使), 1403년(태종 3년)에 공조전서가 되고 형조·예조의 전서(典書)를 거쳐 원주목사(原州牧使)로 나갔다. 1407년(태종 7년)에 병조참의, 1410년(태종 10년)에 동부대언(同副代言)이 되고, 이어 충청도도관찰사를 역임했다. 1416년(태종 16년) 공안부윤(恭安府尹)이 되었고, 정조사(正朝使)가 되어 명나라에 다녀와서 공조참판이 되었다. 이어 함길도·경상도의 도관찰사를 거쳐 1421년(세종 3년) 형조판서가 되고, 이듬해 태종이 사망하자 고부사(告訃使)로, 1426년(세종 8년) 사은사(謝恩使)로 명나라에 다녀와 병조판서를 지냈다.

30 사마시를 거쳐 1401년(태종 1년) 문과에 급제했다. 이듬해에 원자우동시학(元子右同侍學)이 된 뒤 예문관검열과 사헌부감찰 등을 지냈다. 1410년 지평이 되고, 1414년 집의가 되었다. 이듬해에 동부대언(同副代言)과 지형조사(知刑曹事)를 겸했으나 판결을 잘못한 책임으로 한때 면직되었다. 1415년 복관되어 좌부대언(左副代言)이 된 뒤 1417년 이조참의에 임명되었다. 이어 강원도관찰사가 되었으나 어머니 병으로 일시 사직했다가 곧 순승부윤(順承府尹)이 되었다. 1418년 세종이 즉위하자 인수부윤(仁壽府尹)을 거쳐 예조·형조 참판으로 옮겼다. 다음 해에는 사은부사(謝恩副使)로 명나라에 다녀온 뒤 대사헌이 되었다. 그러나 병조 아전(衙前)을 불법으로 책문해 문외출송(門外黜送)을 당했다. 처음에는 장기(長鬐)에 유배되었다가 다시 장단으로 이배되었다. 1426년에 풀려나 인순부윤(仁順府尹)·평안감사·한성부윤 등을 거쳐 좌군총제(左軍摠制)가 되었다. 이어 경상도관찰사가 되었으나, 진상한 문어가 정결하지 못하다 해서 파직되었다. 1433년 복관되어 전주부윤이 되었고, 1437년 판한성부사에 올랐다. 이듬해 사은사로 명나라에 갔을 때 본국으로부터 예문관대제학에 임명되었다. 귀국 때

(1422년) 2월 16일에 성엄(成揜, 1375~1434년)이었다. 성엄이 대사헌을 맡고 있던 5월 10일 태종은 훙(薨)했다.

상왕 때 대사헌들은 모두 세종 시대에 큰 신하들이 되었다. 성엄은 벼슬이 참판에 그쳐서인지 졸기가 없고 각종 인물 사전에서도 그 이름을 찾아볼 수 없다. 우선 실록에 나오는 그의 관력을 정리해보자.

그의 이름이 처음 나타나는 것은 정종 2년(1400년) 6월 20일이다. 그는 사헌부 감찰로서 벼슬길을 시작했다. 이로 볼 때 그는 태조 때는 참여할 수 없는 이유가 있었던 듯하다. 그 후에도 몇 차례 유배와 파면 등을 당하는 기록이 나온다. 관직은 사헌부 집의·동부대언·우부대언·좌부대언·우대언·좌대언 등으로, 주로 사헌부와 승정원에서 관리 경력을 쌓았다. 그가 좌대언으로 있던 세종 즉위년(1418년) 10월 28일에 눈길을 끄는 기록 하나가 나온다. 여러 신하를 불러 주연(酒宴)을 베푸는 자리에서 상왕 태종은 성엄이 술을 올리자 이렇게 말한다.

"너를 보니 성녕(誠寧)이 생각나는구나."
그러고는 여러 신하에게 말했다.
"성씨 일문은 원종공신에 견줄 만하다."

는 황제가 칙명을 내려 원유관복(遠遊冠服-먼 길을 움직이는 데 필요한 관리 복장)을 보내주었다. 귀국 후 이조판서가 되었다. 성품이 온화하고 시와 술을 좋아했으며 직언을 잘했다.

그냥 하는 말이 아니었다. 성씨에 대해서는 원종공신에 준해 대우하라는 뜻이다. 성엄은 성녕대군 부인 성씨 백부(伯父)였다.

그 후 성엄은 상왕 시대에 좌우군 동지총제·강원도관찰사·한성부윤·경기도관찰사·호조참판·대사헌을 지냈다. 세종 시대에는 형조참판·황해도관찰사·병조참판·우군총제·이조참판·병조참판·한성부판사·평안도관찰사 등을 거쳐 중추원 동지사로 있다가 세상을 떠났다. 아마도 판서에 이르지 못했기 때문에 실록에 졸기를 써주지 않았고, 그 때문에 각종 인물 사전에도 그에 대한 언급이 빠지게 된 것으로 보인다. 그런데 성엄이 죽자 세종은 이례적으로 세종 16년(1434년) 1월 11일 다음과 같은 치제(致祭) 교서를 내려주었다.

'내가 힘을 국내에 널리 베풀고자 하는지라 바야흐로 경에게 보익(輔翼)의 공효를 기대했건만, (하늘도 믿기 어렵고 무상한 것이 인명이런가!) 빨리도 이 충량한 보필을 빼앗아갔으니 이 뼈저린 슬픔을 어찌 견디랴. 마땅히 애영(哀榮)의 은전(恩典)을 다해야 할 것이로다.

생각건대, 경은 훈벌 가문에 태어나서 재능 또한 낭묘(廊廟)에 담기에 합당했다. 온후겸공(溫厚謙恭)한 덕은 족히 갖은 무리를 용납했고, 공정가명(公正剛明)한 재능은 국사를 함께 다스릴 만했다. 일찍이 연방(蓮榜-생원과와 진사시 급제자 명단)에 올라 마침내 태조의 지우(知遇)를 받았으며, 다시 태종을 섬김에 이르러서는 우리의 융성한 대업을 도와서 이루고 중외의 모든 관직을 역임해 명성을 드날렸다. 재차 백부(柏府-사헌부의 별칭)의 기강을 잡으니 온 조정이 숙연히 맑았으며, 한번 은대(銀臺-승정원)의 직임에 참여하니 임금의 이목(耳目)이 밝음을 얻었도다. 의금부와 호조의 직책을 맡으니 틀림없는 회계는 마치 유안(劉晏, ?~780년)[31]과 같았고, 신중한 논단은 소공(蘇公)을 능가했도다. 동·서 양전(兩銓-이조와 병조)에서의 전형은 산도(山濤, 205~283년)[32]와 같은 인물 등용에 사람들이 모두 감탄했고, 3개 도의 감사로 나가서는 도민들이 소백(召伯)[33]과 같이 널리 편공덕을 노래했다. 한성부에 재직할 때나 중국으로 사명을 받들고 갔던 날에도 그 소재에 따라 임무를 다함으로써 임명해 마땅하지 않은 적이 없었다. 실로 국가의 뛰어난 인재였고, 얽히고설킨 어려운 일을 해결해내는 유익한 공구(工具)와도 같았도다.

이제 홀연히 부음을 들으니 슬픈 심정을 억제할 길이 없어서, 이에 시호를 내리고 관원을 보내어 제사하노라. 아아 슬프도다. 살아서는 한 몸과도 같아서 기쁘고 슬픈 마음을 함께했으니, 죽어서 길이 다르다 한들 어찌 애도하고 우척(憂慼-슬퍼함)하는 예절을 잊으리오.'

이 교서를 실은 이유는 태종 시대 문(文)과 세종 시대 문(文)을 비교해보기 위함이다. 성엄에 대한 인물평보다는 태종풍(太宗風)과 세종풍(世宗風)을 살짝이라도 비교해볼 기회를 갖고자 이 교서를 언급했다. 아마도 태종 때였다면 참판급 인물에게 이렇게 정성스레 치제(致祭)하는 글을 내려주는 일은 없었을 것이다. 태종

---

31 당나라 제일의 재정가로 평가되며, 부하 중 많은 재정 관료가 배출되었다.

32 서진(西晉) 사람으로, 공정한 인사로 유명하다.

33 주(周)나라 문왕(文王)의 아들인 소공(召公) 석(奭)이다. 선정을 베풀었던 인물로 유명하다. 『시경』「소남(召南)·감당(甘棠)」의 시에 백성이 소백의 덕을 깊이 사모해서 그가 집을 짓기도 하고 쉬기도 했던 팥배나무를 아꼈다는 내용이 나온다.

때와는 달리 외적인 격식(格式)을 높이는 부화(浮華)의 폐단이 시작되었음을 알 수 있다.

태종이나 세종 언급대로 성씨(成氏) 가문은 성엄 이전뿐 아니라 이후에도 조선 왕실의 중요한 훈구 집안으로 자리 잡게 된다. 성엄 아버지는 성석인(成石因)이고 어머니는 유관(柳寬) 딸이며 부인은 김약항(金若恒) 딸이다. 태종이 언급한 성녕대군 장인 성억(成抑, 1386~1448년)은 훗날 병조판서와 좌찬성에 이른다. 성엄 아들 성염조(成念祖, 1398~1450년)는 세종 1년(1419년) 문과에 급제해 두루 벼슬을 거쳤으나, 아버지와 마찬가지로 판서에는 오르지 못하고 참판급에 머물렀다. 그 아들이 바로 우리에게 『용재총화』로 유명한 성현(成俔, 1349~1504년)으로, 형 성임(成任)·성간(成侃)과 함께 3형제가 모두 문과에 급제했다. 성엄의 또 다른 아들 성봉조(成奉祖, 1401~1474년)는 세조비 정희왕후 윤씨(尹氏) 여동생과 혼인해 세조와는 동서 관계가 된다. 이미 세종 때 승지와 각 도 관찰사를 지낸 후 문종(文宗) 2년(1452년)에 대사헌이 되었고, 세조 때는 형조판서로서 사육신 사건을 다스렸다. 성종 때는 성종 즉위를 도운 좌리공신(佐理功臣) 3등에 책록되어 우의정에 오른다.

태종풍(太宗風)이 남긴 여열(餘烈)은 이렇게 후대에도 깊은 영향을 미쳤다.

KI신서 10101
이한우의 태종 이방원 【상】

1판 1쇄 인쇄 2022년 1월 24일
1판 1쇄 발행 2022년 2월 16일

지은이 이한우
펴낸이 김영곤
펴낸곳 (주)북이십일 21세기북스
출판사업부문 이사 정지은
인문기획팀 양으녕 최유진
디자인 제이알컴
출판마케팅영업본부장 민안기
마케팅2팀 나은경 정유진 이다솔 김경은 박보미
출판영업팀 김수현 이광호 최명열
제작팀 이영민 권경민

출판등록 2000년 5월 6일 제406-2003-061호
주소 (10881) 경기도 파주시 회동길 201 (문발동)
대표전화 031-955-2100 **팩스** 031-955-2151 **이메일** book21@book21.co.kr

(주)북이십일 경계를 허무는 콘텐츠 리더

21세기북스 채널에서 도서 정보와 다양한 영상자료, 이벤트를 만나세요!
페이스북 facebook.com/jiinpill21   포스트 post.naver.com/21c_editors
인스타그램 instagram.com/jiinpill21   홈페이지 www.book21.com
유튜브 youtube.com/book21pub

서울대 가지 않아도 들을 수 있는 명강의! 〈서가명강〉
유튜브, 네이버, 팟캐스트에서 '서가명강'을 검색해보세요!

ⓒ 이한우, 2022

ISBN 978-89-509-9932-2 04900
      978-89-509-9934-6 (세트)